江苏方言研究丛书

顾　黔　鲍明炜　主编

泰兴方言研究

顾黔　著

中 华 书 局

图书在版编目(CIP)数据

泰兴方言研究/顾黔著. —北京:中华书局,2015.7
(江苏方言研究丛书/顾黔,鲍明炜主编)
ISBN 978-7-101-10693-0

Ⅰ.泰… Ⅱ.顾… Ⅲ.吴语-方言研究-泰兴市 Ⅳ.H173

中国版本图书馆 CIP 数据核字(2015)第 010286 号

书　　名　泰兴方言研究
著　　者　顾　黔
丛 书 名　江苏方言研究丛书
主　　编　顾　黔　鲍明炜
出版发行　中华书局
　　　　　(北京市丰台区太平桥西里 38 号　100073)
　　　　　http://www.zhbc.com.cn
　　　　　E-mail:zhbc@zhbc.com.cn
印　　刷　北京市白帆印务有限公司
版　　次　2015 年 7 月北京第 1 版
　　　　　2015 年 7 月北京第 1 次印刷
规　　格　开本/850×1168 毫米　1/32
　　　　　印张 10¼　插页 3　字数 260 千字
印　　数　1-1500 册
国际书号　ISBN 978-7-101-10693-0
定　　价　46.00 元

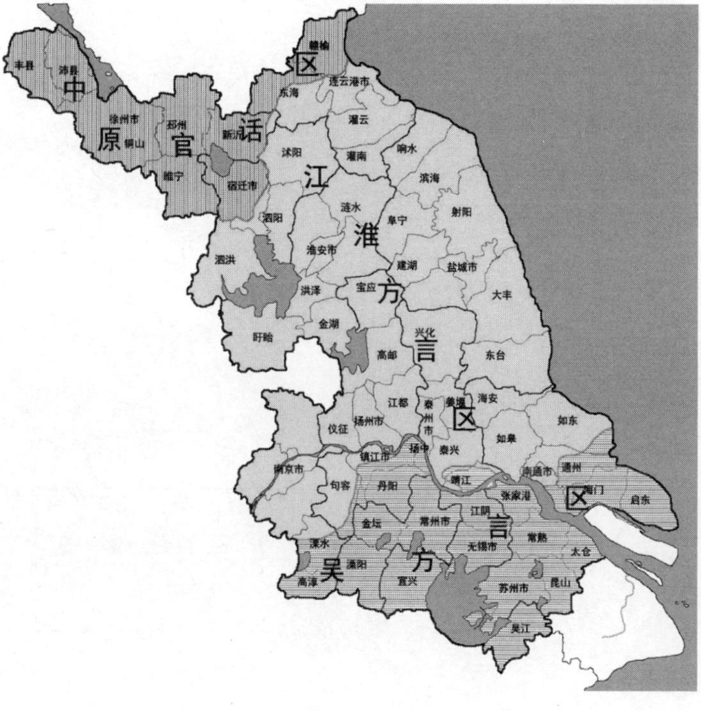

中原官话区
江淮方言区
吴方言区
赣榆
丰县
沛县
东海
连云港市
徐州市
邳州
新沂
铜山
灌云
沭阳
灌南
响水
睢宁
宿迁市
滨海
涟水
阜宁
射阳
泗阳
淮安市
泗洪
建湖
盐城市
宝应
洪泽
大丰
金湖
兴化
盱眙
高邮
东台
江都
泰州市
姜堰
海安
如东
仪征
扬州市
如皋
镇江市
扬中
泰兴
南京市
靖江
南通市
通州
句容
丹阳
张家港
海门
启东
江阴
金坛
常州市
常熟
溧水
无锡市
太仓
溧阳
高淳
宜兴
苏州市
昆山
吴江

江苏方言地图

古溪镇
元竹镇
新街镇
宣堡镇
根思乡
黄桥镇
分界镇
河失镇
济川街道
姚王镇
珊瑚镇
滨江镇
张桥镇
曲霞镇
广陵镇
长
虹桥镇
江
图 例
市政府驻地
乡、镇驻地

泰兴行政区划图

总 序

江苏位于我国东部沿海中心地区，介于东经116°18′—121°57′，北纬30°45′—35°20′之间，跨江滨海，长江横穿东西425公里，京杭大运河纵贯南北718公里，海岸线蜿蜒954公里。东南与浙江、上海毗邻，西连安徽，北接山东。全省面积10.26万平方公里，占全国1.06%，列全国第24位。总人口7438万，居全国第五位，人口密度为736人/平方公里，居全国各省区之首。

江苏平原辽阔，水网密布，湖泊众多。全国五大淡水湖，江苏得其二：太湖2250平方公里，居第三；洪泽湖2069平方公里，居第四。平原、水域面积分别占69%和17%，比例之高居全国首位。低山丘陵面积占14%，集中分布在西南和北部。

江苏是方言大省，拥有北方方言、江淮方言和吴方言，由北向南依次过渡，方言间交互影响，情况复杂，语言资源丰富。江苏又是方言文献大省，由于经济、文化发达，历史上有不少方言文学和方言研究著作。方言文学如南北朝时期的子夜歌、吴声歌，明代冯梦龙《山歌》《挂枝儿》，吴承恩的《西游记》，刘鹗的《老残游记》，清代张南庄《何典》、韩子云《海上花列传》等。方言研究著作如明代李登《书文音义便考私编》（南京方言），清代胡垣《古今中外音韵通例》、胡文英《吴下方言考》、何萱《韵史》（泰兴方言）、《徐州十三韵》（北方方言，作者未详），民国时期孙锦标《南通方言疏证》等。

中国现代方言学的历史，从赵元任《现代吴语的研究》(1928)和《南京音系》(1929)问世算起，已经有80多年了。以方言调查为基础，创立了汉语方言调查方法，作为现代汉语方言学建立标志的赵先生的方言学著作，是以江苏方言为研究对象的。因此，从某种意义上说，江苏方言的调查研究，是与中国现代方言学的肇始联系在一起的，江苏方言学是中国现代方言学的一个缩影。

半个多世纪来，汉语方言的研究经历了两个阶段：第一阶段是50年代开始的方言普查，以市县政府所在地为方言点，进行大规模调查，初步了解各市县方言概况，目的是找出方言与普通话间的对应规律，据以编写各地区普通话学习手册，为推广普通话服务。第二阶段是随着80年代编写地方志工作开始的。方言最富有地方性，因此是志书中必不可少的内容，必须进行全面调查，编写出较为深入细致的调查报告，收入志书。这一部分一般包括方言的音系、同音字汇、词汇和语法，以及当地成语、谚语、歇后语等。这一阶段的调查更加深入，反映了方言的基本情况。但是就方言的共时体系而言，涉及的广度和深度都还不够，尚未完成全面、系统的共时描写任务，至于深入的历史及比较研究成果则更为鲜见。

随着普通话的推广、经济一体化的深入和现代传媒手段的发展，方言正在逐渐弱化乃至消亡。而方言一旦消失，便无法再生，其承载的重要文化信息也随之不复存在，必将造成永久的遗憾，损失将无法弥补。因此，方言研究的任务更加紧迫。在这样一种社会文化背景之下，汉语方言研究新的阶段已经悄然开始。这一阶段以分省方言研究为主要内容，既有系统的共时描写和比较分析，又有深入的历时研究，山西、山东、云南、湖南、陕西等省已有详略不等的丛书出版。与此同时，一些综合性、基础性的方言研究成果近年相继问世，如《现代汉语方言大词典》《普通话基础方言基本词汇集》《中国语言地图集》《汉语方言地图集》等，为这一时期的方言研究提供了丰富的资料，奠定了坚实的基础。

江苏的方言工作者深知自己的使命，认为在完成《江苏省志·方言志》的编写任务后，应该对江苏方言进行全面、系统、深入的调查研究，编撰《江苏方言研究丛书》。先师鲍明炜先生在世时，于2006年6月便着手筹备《江苏方言研究丛书》工作，计划从重点方言做起，分期分批出版地方方言研究专著。不幸的是先生夙愿未及遂，于2007年8月遽归道山。为了实现先生的遗愿，我们经过多方奔走协调，江苏省委省政府于2008年12月正式批准立项，对江苏方言进行全面调查研究，组织编撰《江苏方言研究丛书》30部。《丛书》立项后，南京大学和南大文学院领导十分重视，于2009年2月成立"南京大学方言与文化研究所"，专门负责实施此项工作。我们广泛征询国内外同行专家对《丛书》编撰工作的意见，其中包括中国社科院语言研究所、北京大学、复旦大学、山东大学、北京语言大学、陕西师范大学、山西大学、美国新泽西大学、苏州大学、南京师范大学、徐州师范大学等单位的汉语方言学名家。研究所成员及在宁方言学者召开19次《丛书》编撰工作会议，拟定《丛书》编写大纲及撰写规范，制定《丛书》统一的音系基础字（1000个）、规定词表（1910条）、语法例句（100个）、规定话题（3个：北风与太阳、牛郎织女、狼来了）四种规定调查文本。编写大纲及撰写规范要求每位作者结合自己的研究专长，对所承担的方言点作实地田野调查。因此，本套丛书既有统一的规定内容，以便进行全国和全省的横向比较研究；又有自选内容，以体现《丛书》作者的学术专长和各地方言的特殊性。

《丛书》在依循方言研究学术规范的基础上有所开拓创新。根据方言学研究传统，从语音、词汇、语法、语料等方面进行调查研究。同时,要求每部著作均有规定的录音内容,并运用现代科技手段及语音软件,用语图进行实验语音学分析,这在方言丛书的编撰中尚属首创。语图可作为语音变化发展的客观见证,期以能为实验语音学领域的读者提供有益的资料。将来,我们还打算在《丛书》的基础上,分别对江苏境内的中原官话、江淮方言、吴语进行区内和区间的语音、词汇、语法比较研究,出版相关研究成果,进行重点方言有声影像数据库建设,进而编撰江苏方言地图集。

这套丛书得以陆续出版,我们要感谢江苏省委省政府、省文化厅的领导,在他们的指导与支持下,《丛书》才得以顺利立项。感谢南京大学和文学院的领导,他们对《丛书》的编撰与出版给予了热情的关心和支持。我还要对《丛书》编写提出宝贵建议的同行专家表示诚挚的敬意,他们或将尚未出版的材料无私地提供给我们参考,或在我们求助时总是提供最及时的建议。是这些专家们无私、慷慨的帮助,才使我们的《丛书》工作得以顺利进行。

《丛书》的作者大多数有教学和科研任务,他们只能挤出时间,甚至是放弃休息时间,以极大的热情、高度的责任感投入到《丛书》的撰写工作中,在写作过程中不时提出宝贵建议,完善我们《丛书》的体例与规范。他们对学术精益求精的精神是保证这套《丛书》学术质量的先决条件。我可敬的同仁们,你们辛苦了!

中华书局的编辑为《丛书》的出版付出了艰辛的劳动,《丛书》有大量的国际音标、语图、表格、地图等,非常烦琐,排版十分困难,制版和校对任务也很繁重,谨向秦淑华先生等诸位编辑表示衷心感谢!

值此《丛书》行将付梓之际,我深深地怀念这一工程的奠基者、恩师鲍明炜先生。先生以满腔的热情,不遗余力地倡导、组织江苏方言研究工作，几乎倾注了晚年全部的心智与精力。令我终身难以忘怀的是，先生患病住院之后，意识到将不久于人世，因吸氧不能言语交流，弥留之际，没有嘱咐家事，而是以笔、手代口，艰难地表示对方言研究《丛书》的殷殷期许。先生对语言学事业、对江苏方言研究事业至死不渝的热爱和忠诚，令人感佩。这是他留给我们最宝贵的财富，深深地激励着我们。今天，鲍先生多年的夙愿将要实现，我们谨以这套《丛书》作馨香祝祷，告慰先生在天之灵。

是为序。

顾黔

2011年6月19日于南京龙江寓所

目　录

第一章　绪　论

第一节　历史地理概况

一　地理与自然环境

泰兴市位于江苏省中部，长江下游北岸，东接如皋，西濒长江，与扬中、武进隔江相望，南界靖江，北邻姜堰，东北与海安接壤，西北与泰州高港毗连。市境南起北纬31°58′，北抵北纬32°23′，南北最大直线距离为43.5公里；最西点在东经119°54′，最东点在东经120°21′，东西最大直线距离为47.0公里；总面积1252.6平方公里，水域230.3平方公里（含江域面积42.88平方公里），占总面积18.4%。

泰兴地处长江三角洲冲积平原，地势东北高、西南低，由东北向西南渐次倾斜。按地貌特征，大致可分为高沙平原、沿靖平原、沿江平原和江边滩地。泰兴河流，旧时分属淮河水系和长江水系。自1958年新通扬运河开通后，淮水被切断，境内河流统属长江水系。全市现有常流河道350多条，河网密布，无名小溪不可尽数。

泰兴属北亚热带海洋性季风气候，兼受西风带、副热带和热带气候的共同影响。年平均气温14.9℃，一月最冷，平均气温

2.0℃；七月最热，平均气温27.6℃，最高气温40℃。年平均降水量1027毫米，日照2125小时，无霜期220天。总体气候特征：温和湿润，四季分明，雨量充沛，日光充足，霜期较短。

境内自然资源丰富，物产丰饶。银杏栽培历史悠久，所产白果颗大果满，年产量占全国的三分之一，有"银杏之乡"之美誉。黄桥大型二氧化碳气田是迄今发现的全国储量最大、纯度最高、可开发程度最高的二氧化碳气田，含气面积达52.5平方公里，可采储量在1000亿立方米以上，纯度在99.8%以上。

泰兴区位优势明显，水陆交通便利，1986年经国务院批准，成为最早的沿海对外开放工业卫星城镇之一。工商业繁荣，建筑业久负盛名，多次摘取全国建筑工程质量最高荣誉"鲁班奖"和全面质量管理"金屋奖"，被誉为"建筑之乡"。

二 人文概况

三国前泰兴一带已有人口居住的记载，三国时因战争人口骤减。西晋至南宋初年，北人为逃避战乱，大量南迁，一部分移民定居于此。清末至民国，由于长江中下游地区近代工业的兴起，浙江、安徽、湖北、山东、河南、山西等地人前来经商、定居。1949年以后，人口变动不大(《泰兴县志》)。

1987年底泰兴共有348936户，1376662人，平均每平方公里963人，是江苏省人口密度高的县份之一。据1990年人口普查统计，总人口1389362人。2000年第五次人口普查，总人口1235454人。2011年末全市户籍人口120.21万人，主要是汉族，还有回、满、壮、白、蒙古、朝鲜族等36个少数民族。

泰兴人文底蕴深厚，尊师重教，人才辈出，素有"教育之乡"之称。宋有名臣潘及甫；明有抵御荷兰侵略者的福建巡抚朱一冯、吏部尚书翟善；清有藏书家季振宜、书法家陈潮、音韵学家何萱。近代以来，涌现了中国地质事业创始人之一的丁文江，陆军中将成桃、朱履先，医学家杨百城，喜剧作家丁西林，中国无线电事业广播奠基人于润生，中国著名教育家吴贻芳，文学批评家朱东润，当代著名作家陆文夫等一大批文人贤士。

三 历史沿革

据《泰兴县志》记载，泰兴故地为《禹贡》所载扬州之域。周时为海阳属地，春秋时属吴。周元王四年（前472）越灭吴，遂为越地。战国中期，楚威王灭越后，归楚。

秦时，为广陵地，属九江郡；楚汉之际属东楚，为东阳郡地。

汉高祖六年（前201），复为广陵地，属荆州。十一年改属吴。十二年，为吴王刘濞封地，名海陵仓。武帝元狩六年（前117）置海陵县，时泰兴故地为海陵县之济川镇。三国时，曹操强令滨江郡县徙民，成为隙地，海陵县废。

晋武帝太康元年（280），复立海陵县。成帝咸康四年（338），改名海阳县。

南朝宋、齐年间，海阳县复名海陵县，泰兴故地仍属海陵县地。其后历经隋、唐两代，均为海陵县地。

五代南唐昇元元年（937），因为广陵为东都，升海陵县为泰州，置泰兴县，"泰兴"是随泰州兴起之意，隶属于泰州。

北宋徽宗宣和四年（1122），改属扬州。南宋绍兴初，再属泰州。五年，仍改属扬州。十年，以泰州移治县境，又属泰州。十二年，又改属扬州。

元代，泰兴升为上等县，属扬州路总管府。明属扬州府。清初仍属扬州府。雍正二年（1724），因升通州为直隶州，改属通州。

民国三年（1914）5月属苏常道，民国十六年直属江苏省，民国二十二年属泰州行政督察区，民国二十三年改属扬州行政督察区。

1949年属苏北行署泰州行政区，1953年改属扬州专区。1983年后属扬州市。1992年撤泰兴县设泰兴市（县级），由江苏省直辖，扬州市代管。1996年由新设的地级市泰州代管。1997年行政区划调整后，泰兴市辖17个镇、20个乡：泰兴镇、黄桥镇、燕头镇、姚王镇、宣堡镇、古溪镇、大生镇、蒋华镇、广陵镇、河失镇、过船镇、马甸镇、新市镇、七圩镇、南新镇、曲霞镇、天星镇、十里甸乡、南沙乡、珊瑚乡、宁界乡、溪桥乡、汪群乡、横垛乡、常周乡、胡庄乡、刘陈乡、焦荡乡、根思乡、分界乡、长生乡、北新乡、横巷乡、孔桥乡、老叶乡、元竹乡、张桥乡。市政府驻泰兴镇。

2011年撤泰兴镇设济川街道，市政府驻济川街道。行政区划调整后，泰兴市辖1个街道、14个镇、1个乡：济川街道、分界镇、古溪镇、元竹镇、珊瑚镇、广陵镇、曲霞镇、张桥镇、黄桥镇、河失镇、新街镇、姚王镇、宣堡镇、滨江镇、虹桥镇、根思乡。

2012年10月1日，泰兴被列为江苏省直管试点城市之一。

第二节　方言概况

一　方言概况及境内方言分片

泰兴方言属江淮方言通泰片，处于江淮方言与吴语的交界地带。江淮之间古为吴语，由于历史上多次北人南下，特别是4世纪永嘉之乱，北人充实江淮间，其方言渐次改变吴语性质，演变为江淮官话。泰兴位于长江北岸，与吴语仅一江之隔，受吴语影响不小，加之它的底层很可能是吴语，又与赣客方言有密切关系，情况颇为复杂。如：璺$_{裂纹}$[məŋ^{21}]、蔷薇花[tɕ^{h}iaŋ^{45} mi^{45} xua^{21}]、沟[kəi^{21}]、流[ləi^{45}]，等字，读音与吴语接近，反与南京话、扬州话读音差别较大。词汇也有一些是共同的，如：落雪[laʔ$^{\underline{45}}$ ɕiɪʔ$^{\underline{43}}$]、时辰[$sɿ^{45}ts^{h}əŋ^{0}$]、斫麦割麦[$tsaʔ^{\underline{43}}mɔʔ^{\underline{45}}$],等等。

泰兴方言内部的一致性较强,通话没有困难,略有地域差异,主要是老叶、根思、刘陈、河失、常周等乡,古精、知、照组的部分字,今声母分别为[tʂ][$tʂ^{h}$](如"罪、资、制"等字的今声母分别为[tʂ][$tʂ^{h}$]),当地人称为"老龙河话"或"咬舌子音",县城人称之为"乡下话";黄桥以东地区的泰兴话夹杂一些如皋、海安话的特点,被称为"东乡话";境内西南部的永安洲、蒋华、七圩等乡的泰兴话与县城有别,被称为"洲上话";西北角的刁铺、口岸一带与东北角的古溪语音相近,而与城关有别。

二 方言特征

泰兴方言语音方面的主要特点有:

1.古全浊声母,今逢塞音、塞擦音不论平仄,白读一律送气。这也是通泰方言区内的共同特征,与客赣方言相同,而与北邻的洪巢片方言迥异。如古並、定、从、邪、澄,今音不论平仄,一律送气。现在,受普通话影响,泰兴方言全浊声母产生新变,部分字的文读或读书音,仄声演变为不送气塞音、塞擦音,如"定"白读为[$t^{h}iəŋ^{21}$],文读为[$tiəŋ^{43}$]。

2.不分尖团,古精组字和见组字逢细音均为[tɕ][$tɕ^{h}$][ɕ],如"酒=九",音[$tɕiɤɯ^{213}$]。

3.精组和知照系比较复杂,境内三分之二以上地区有tʂ-组与ts-组的对立,古溪话和城关话只有[ts][ts^{h}][s]。

4.古流摄开口三等知系演变有地域差异,位于泰州、姜堰、如皋、海安四市县交界处的古溪话,知系今音为ts-组。城关、乡下为tɕ-组。

5.古疑母有三种音读,分别为[ŋ][v][Ø],其中以[ŋ]为多。

6.古咸山两摄今三分,为[ɛ̃][ʊ̃][ĩ],如:班[$piɛ̃^{21}$]、

搬[$p\tilde{o}^{21}$]、边[$pi\tilde{\imath}^{21}$]。

7.有入声,分阴阳。已无[-p][-t][-k]三者对立,入声韵萎缩成喉塞尾[-ʔ],喉塞尾显著。

词汇方面,泰兴方言词汇过渡色彩较浓。南方诸方言的“落雨、落雪”,泰兴仍为“落雨”,泰州“落雨/下雨、落雪/下雪”两可,稍西、稍北的南京、扬州则为“下雨、下雪”。考察泰兴方言词汇渊源,不少词语保留古汉语单音节形式,如“涎口水、惯宠爱、壮肥沃、筋血管、秧秧苗”等;一些词语保留较早时期的表达方式,如“釜冠木制、带提梁锅盖、箸笼筷笼、络系提绳、跑走、溜跑、落雨下雨、相看、治鱼杀鱼”等。

语法方面,泰兴方言有三种句式值得注意:

1.反复疑问句。泰兴方言以“个(可)VP”句式为主,“VP不VP”句式不常用。

2.双宾语句。泰兴方言直接宾语和间接宾语的位置接近南方诸方言,如普通话的“给我一本书”,泰兴方言、吴语等说“把本书我”。

3.差比句。泰兴方言比较短语常位于中心形容词后,例如:

这个好似那个。(这个比那个好)
我拿钱多似他。(我挣的钱比他多)
他矮似我。(他比我矮)

桥本万太郎认为(44页),“比较短语(比较前置词+宾语)位于中心形容词后的最北方的方言,据目前所知为安徽省长江沿岸的安庆和东流(今属东至县)方言:这个好似那个(这个比那个好)”。随着调查研究的深入精密,这种顺行结构的最北界至少应在江淮官话。泰兴普遍存在的这种句式,是一种区域性推移,可以当作历史演变的反映来考察,此项研究亦具有类型学意义。

第三节　泰兴方言研究综述

一　传统方言学时期

早期的泰兴方言研究比较零散，多见于历代地方志，承袭古人研究，多为方言词汇记载和简单释义，未见方言的系统描写分析或方言本字考订之类。

泰兴人何萱(1774—1841，道光岁贡)，字石闾。著作甚丰，以《韵史》八十卷最为称著，1936年由商务印书馆印行。这是一部训诂学著作，编排体例以语音为纲，其音学体系以及对音韵的理解基于泰兴方言。他认为见溪群疑等三十六母，有复有漏，未为精善，“非敷泥娘，皆一误为二，复矣。见端等母有阳无阴，漏矣。知彻澄三母之字古音同于端透定，今音同于照穿床，不必另出，另出亦复矣……疑乃鼻音，非牙音也，帮滂明非微唇音也(重唇三轻唇二)。萱之所以拟廿一字母曰：见起影晓，短透乃赉，照助耳审，井净我信，滂並命匪未也。”①为此，他还特别注明自己审定的二十一字母与传统三十六字母的关系：见见、起溪群、影影喻、晓晓匣；短端、透透定、乃泥娘、赉来、照照知、助穿彻床澄、耳日、审审禅、井精、净清从、我疑、信心邪、谤帮、並滂並、命明、匪非敷奉、未微。这种对应关系一直延续至今，现今泰兴方言声母仍为21个，古全浊声母遇塞音、塞擦音不论平仄一律变送气清音，与何氏所记完全一致。

对于声调，何氏的看法是：“音之有清浊也，为平声言之也。阴平为清，阳平为浊，不容淆也。上去二声，各只一音，无阴阳清

① ［清］何萱《何石闾答吴百盉〈韵史〉书》，《韵史》第14册《附录》第2—3页，商务印书馆1936年。

浊之可言也。强欲言之,亦姑曰上去相为阴阳而已。旧乃有上浊最浊之说,非自扰与?……入声每字皆含阴阳二声,视水土之轻重而判。轻则清矣,其出音也送之不足而为阴;重则浊矣,其出音也送之足而为阳。《韵史》内入声阴阳并合者此也。"①何氏对声调的理解,显然是承元明以来五声之说,他的四声表实际包含五声:阴平、阳平、上声、去声、入声。明方密之《通雅·切韵声原》定为开、承、转、纵、合(按:即阴平、阳平、上、去、入)五声,清李汝珍《李氏音鉴》卷一:"敢问五声何谓也?对曰:五声者,阴阳上去入也。"②何萱感觉到"入声每字皆含阴阳二声",明确指出二者的差别:阴入出音送之不足,阳入出音送之足。这是就发音的高度、响度而言,是对两个入声调值高低的具体描述:阴入调值低于阳入。此为今通泰方言的重要特点之一。

今泰兴方言入声的喉塞韵尾显著,阴入调值为$\underline{43}$,阳入调值为$\underline{45}$,例如:设$\underline{43}$/舌$\underline{45}$、发$\underline{43}$/伐$\underline{45}$、八$\underline{43}$/拔$\underline{45}$、得$\underline{43}$/特$\underline{45}$、约$\underline{43}$/药$\underline{45}$、式$\underline{43}$/食$\underline{45}$、切$\underline{43}$/侄$\underline{45}$,两者壁垒分明。而何萱则囿于传统,拘执五声之说,不顾当时的语言事实,过而合之。这也是时代的局限。古无去声说、四声一贯说、五声说皆有一定影响,时人莫衷一是,而入声问题最令人头疼,江永在《四声切韵表·凡例》中亦叹(16页):"韵学谈及入声尤难,而入声之说最多歧,未有能细辨等列,细寻脉络,为之折中归于一说者也。"尽管如此,《韵史》仍对我们研究18世纪通泰方言及其历史发展具有重要意义。罗常培在该书的《跋》中认为:"体大功深,未尝不令人心折也。"③

① [清]何萱《何石闾答吴百畬〈韵史〉书》,《韵史》第14册《附录》第4页,商务印书馆1936年。

② [清]李汝珍《李氏音鉴》卷一第8页,上海扫叶书房1888年。

③ 《泰兴何石闾〈韵史〉稿本跋》,《罗常培文集》第八卷,第20页。

劳乃宣（1843—1921），主张推行简字拼音，著有《简字全谱》《等韵一得》等，对方言关注亦多。《等韵一得》对通泰方言亦曾述及："戛类浊母，北音于平声，皆读透类之浊，上去入则仍读戛类。而江西、皖南有数处及江苏之泰州、如皋诸处则上去入亦读透类。"①他实际上指出了泰州、如皋、泰兴一带古全浊声母不论平仄，一律送气的特点。

二　现代方言学时期

20 世纪初，西方语言学理论传入，方言学研究开始从传统的语文学范畴向现代方言学转型。1928 年赵元任《现代吴语的研究》出版，标志着现代汉语方言学的建立。

这一时期，魏建功（1901—1980）的名著《古音系研究》，经常引证通泰方言，对这一地区方言作出分区，多次指出其特点，讨论的方言现象是研究通泰方言的重要参考。

50 年代以后，泰兴方言的研究取得了较大成绩，如：

《江苏省和上海市方言概况》，全书分为三部分：第一部分总说，包括各区语音特点和方言地图两项内容。第二部分是字音对照表。第三部分是常用词对照表。书中首次提出了"区"的概念，将江苏省和上海市的方言分成四区，泰兴归为第三区泰如片。

李人鉴《泰兴方言中动词的后附成分》（《中国语文》1957 年第 5 期），讨论泰兴方言动词完成体及其对南北方言语法差异研究的意义；《泰兴方言里的"拿"字句》（《中国语文》1962 年 8、9 期合刊），描写、分析泰兴方言中与普通话"把"字句大致相当的"拿"字句，指出"拿"和"把"的语法作用不只是"使宾语前置"，还是引进动作的致使对象；凡是能表示致使意义的动词，

① ［清］劳乃宣《等韵一得·外篇》第 41 页，清光绪戊戌（1898）刻本。

都能构成“拿”字句和“把”字句;“拿”和“把”后置的有定无定跟动词表示的意义有密切关系。这两篇文章是泰兴方言语法研究的重要论文。

鲁国尧《泰州方音史与通泰方言史研究》是第一部专门研究通泰方言的学术著作,也是学界较早对某一个方言区进行综合研究的著作,对泰州方言的研究十分精到,其中涉及泰兴方言。

20世纪80、90年代,泰兴方言的调查研究继续深入,如:

《泰兴县志·方言卷》系统描述了泰兴方言的语音、词汇、语法,泰兴方言第一次以专章形式出现在地方志中。

顾黔《泰兴方言同音字汇》(《方言》1990年第4期)、《泰兴方言本字考》(《南京师大学报》1990年第3期)、《泰兴方言词汇》(《方言》1994年第3、4期)等,对泰兴方言作了专题研究。

鲍明炜《江淮方言的特点》论述江淮方言语音、词汇、语法各方面的特点,指出江淮方言的性质“不南不北,又南又北。但是它不是带有某些南北方言特点的过渡地带,而是具有自己独特的方言特点”,其中包括泰兴方言。

《江苏方言总汇》(江苏省公安厅,中国文联出版公司1998年),介绍江苏方言的概况、语音、语汇、语法特点。主要贡献是列举了江苏省75个方言点(含泰兴)的俗语、歇后语、特殊语和习俗字等语汇以及40个点的方音字汇表。

《江苏省志·方言志》,全省每个市县方言点均有音系,并附54幅方言地图。该书汲取了近年来的研究成果,反映出江苏方言包括通泰方言20世纪末的方言面貌。

张光宇《东南方言关系综述》全面考索东南诸方言之间的关系,对通泰方言有专门论述,认为“作为吴楚江淮连续体的一环,通泰方言原属吴语,由于两次北方方言的冲击改变了通泰方言的形貌”。

汪如东《通泰方言的吴语底层及历史层次》(《东南大学学报》2003 年第 2 期)，论述通泰方言和以苏州话为代表的吴方言之间的关系，尤其是明初大批苏州移民迁移江淮之间对通泰方言语音系统的影响；分析通泰方言文白异读，勾稽历史层次。

以上论著或涉及、或专题讨论泰兴方言，为泰兴方言的研究提供了重要参考。

第四节　音标符号及主要发音人

一　音标符号

本书标音采用国际音标系统。以下是本书使用的辅音、元音、声调和其他符号。

1.辅音符号

发音方法 / 发音部位	塞音		塞擦音		擦音		鼻音	边音
	清音		清音		清音	浊音	浊音	浊音
	不送气	送气	不送气	送气				
双唇音	p	p^h					m	
唇齿音					f	v		
舌尖前音			ts	ts^h	s			
舌尖中音	t	t^h					n	l
舌尖后音			tʂ	$tʂ^h$	ʂ	ʐ		
舌面音			tɕ	$tɕ^h$	ɕ			
舌根音	k	k^h			x		ŋ	

[ø]表示零声母，未列入表内。

2.元音符号

舌位前后 / 唇形 / 舌位高低	舌面元音						舌尖元音			
	前		央		后		前		后	
	不圆	圆	不圆	圆	不圆	圆	不圆	圆	不圆	圆
高	i	y			ɯ	u	ɿ		ʅ	
次高	ɪ					ʊ				
半高						o				
中			ə							
半低	ɛ					ɔ				
次低	æ									
低	a									

鼻化元音在元音上加"～"表示，如 ɛ̃ 是 ɛ 的鼻化音、ʊ̃是 ʊ 的鼻化音。ʔ 表示喉塞尾。

3.声调符号

声调调值采用五度标记法，单字调值以数字标记在音标的右上角，如：多[tɤɯ^{21}]、毛[mɔ^{45}]、写[ɕia^{213}]、气[tɕʰi^{43}]、七[tɕʰiəʔ$^{\underline{43}}$]、舌[ɕiɪʔ$^{\underline{45}}$]。轻声音节用"0"标记，如：椅子[i^{213}tsɿ^{0}]。

4.其他符号

方括号[ ]里是国际音标，如[mɔ^{45}]。"□"表示有音无字的音节；"～"代替例字；字下加单线"—"表示白读音；字下加双线"＝"表示文读音；"( )"表示例句中的注释。

二　主要发音人

顾为祥，男，1930 年 1 月，小学，古溪镇钱桥村五组。

顾为佳，男，1932 年 5 月，高中，古溪镇钱桥村五组。

顾为英，女，1936 年 3 月，小学，古溪镇钱桥村五组。

段玉明,女,1938 年 12 月,小学,古溪镇赵家桥三组。

尹家必,男,1939 年 4 月,初中,古溪镇尹垛村。

李克勤,男,1940 年 5 月,大专,泰兴镇健康路 72 号。

朱慰南,女,1941 年 5 月,初中,泰兴镇富泰华庭 11 幢。

段玉美,女,1941 年 7 月,初中,古溪镇赵家桥三组。

张庆霞,女,1944 年 4 月,小学,泰兴镇金凤商城住宅楼 1 号楼。

许振如,女,1947 年 3 月,高中,泰兴镇国庆二村 2 区。

王宝娣,女,1947 年 12 月,小学,泰兴镇商井新村 33 号楼。

谢荣娟,女,1948 年 2 月,小学,泰兴镇仙鹤湾 14 号楼。

王立君,男,1948 年 7 月,中师,泰兴镇永兴小区 1 号楼。

雍余林,男,1949 年 3 月,老初中,泰兴镇永兴小区 5 号楼。

张庆寿,男,1949 年 9 月,初中,泰兴镇延令路 38 号。

薛恒盛,男,1950 年 11 月,高中,泰兴镇板桥 28-2 号。

张　定,男,1951 年 2 月,大专,泰兴镇长征路 2 号楼。

谢荣妹,女,1957 年 7 月,高中,泰兴镇仙鹤湾 12 号。

顾仁新,男,1958 年 9 月,高中,古溪镇钱桥村五组。

顾为新,男,1963 年 2 月,高中,古溪镇钱桥村六组。

顾新华,男,1967 年 8 月,高中,古溪镇钱桥村五组。

凌晓君,男,1974 年 10 月,本科,泰兴镇中心小学。

李　伟,女,1976 年 7 月,大专,泰兴镇襟江巷 2 号。

沈　峰,女,1978 年 4 月,本科,泰兴镇襟江巷 2 号。

吉隽知,男,1979 年 8 月,大专,泰兴镇仙鹤湾 57 号。

蔡红琴,女,1979 年 11 月,高中,泰兴镇联盟路 299 号。

于　璇,女,1979 年 12 月,中专,泰兴镇中心小学。

徐　磊,女,1980 年 1 月,大专,泰兴镇泰盛新村 5 号楼。

蒋　鼎,男,1980 年 2 月,本科,泰兴镇襟江巷 2 号。

印臻伟,女,1990 年 2 月,本科,张桥镇焦荡村。

第二章　语　音

第一节　音系

一　声母

泰兴方言声母 21 个①：

p	布半帮	p^h	怕盘步	m	母门没	f	飞符虎	v	外万挖
t	到当答	t^h	太达稻	n	南年能			l	来拦辣
ts	知组争	ts^h	草处助			s	苏诗生	ʐ	任人饶
tɕ	几精急	$tɕ^h$	期桥旧			ɕ	西修薛		
k	贵果光	k^h	空共柜	ŋ	袄爱牛	x	红好黑		
ø	儿日热								

说明：

1.[n]与齐齿及撮口相拼时实际读音为[ȵ]。

2.[tɕ][$tɕ^h$][ɕ]与北京话相比，舌面与上腭摩擦较强。

3.[x]比北京话稍后。

---

① 音系以古溪镇为代表点。

二 韵母

泰兴方言韵母 51 个：

ɿ	资支示	i	齐地妻	u	故粗赌	y	雨鱼喂
a	巴蛇架	ia	架姐野	ua	花瓜挂	ya	瘸曰茄
ɛ	爱盖来	iɛ	界且解	uɛ	拐快歪		
əi	飞流斗			uəi	灰桂柜		
ər	耳而二						
ɔ	包烧早	iɔ	表条交				
ɤɯ	婆河火	iɤɯ	九就酒				
ɛ̃	反眼间	iɛ̃	三间闲	uɛ̃	关还患	yɛ̃	赚删撰
ʊ̃	官岸专					yʊ̃	卷远全
		iɪ̃	年尖烟				
aŋ	上缸忙	iaŋ	央羊枪	uaŋ	王光广	yaŋ	□栽种
əŋ	硬门冷	iəŋ	灵林行	uəŋ	魂准昏	yəŋ	云群永
ɔŋ	公东风	iɔŋ	用兄胸				
aʔ	剥作落	iaʔ	药削学	uaʔ	扩郭捉		
əʔ	色失十	iəʔ	七吃极	uəʔ	忽骨窟	yəʔ	橘穴役
ɔʔ	屋木国	iɔʔ	菊育玉				
æʔ	辣夹鸭	iæʔ	甲杂插	uæʔ	刮滑猾	yæʔ	刷
ʊʔ	合活割					yʊʔ	月血缺
		iɪʔ	铁舌接				

说明：

1.[i]单独与声母相拼时带有明显的摩擦。

2.[ə]偏后。[uəi]中的[ə]在非上声时不显著。

3.[a]偏低、偏央。

4.[əʔ]中的[ə]偏后较开。

5.[iəŋ]中的[ə]不显著,这里只表示一个动程。[iəŋ]的实际读音接近[iŋ]。

6.[yaŋ][yæʔ]均只有一个音节,分别是□$_{\text{~树:种树}}$[yaŋ^{21} su^{21}]、刷$_{\text{~子}}$[çyæʔ$^{\underline{43}}$tsɿ^{0}]。

三　声调

泰兴方言声调 6 个：

调类	调值	例字
阴平	21	敲知近是厚共害坡
阳平	45	穷寒娘人平才爬文
上声	213	古纸口丑好死五女
去声	43	汉正盖靠帐唱菜变
阴入	$\underline{43}$	急七各湿失竹曲出
阳入	$\underline{45}$	六食白物纳入合舌

说明：

1.去声先平而后稍降。

2.入声是短调,而且带有明显的喉塞韵尾。

3.阳平调值起点略低于 4,在 3 与 4 之间。

4.上声调值介于 213 与 214 之间。

四　声韵调配合表

声韵调配合表一

韵 调 声	ɿ	i	u	y	a
	阴阳上去 平平声声	阴阳上去 平平声声	阴阳上去 平平声声	阴阳上去 平平声声	阴阳上去 平平声声
p		屄　比闭	补布		巴　把爸
p^h		披皮痞屁	步菩普铺		趴爬　怕
m		妹迷米秘	父扶斧富		妈麻马
f					
v			乌无五雾		
t			都　赌度		大　打大
t^h			度涂吐兔	腿	他
n		泥你腻		女	拿　那
l		厉鹂鲤厉	路炉鲁赂	驴	拉　哪
ts	资　子志		朱　煮注		渣咱　炸
ts^h	自词齿次		初除暑醋		车茶扯岔
s	思时死四		苏　数素		沙蛇洒赦
ʐ			如乳		惹
tɕ		机①挤计		居　举据	
$tɕ^h$		妻齐起气		句渠取去	
ɕ		西　洗细		虚　许岁	
k			姑　古顾		家　　架
k^h			枯　苦裤		咖②卡
ŋ					丫牙哑垩
x					哈还
ø		厉姨椅亿		芋鱼雨喻	啊

声韵调配合表二

韵 调 声	ia	ua	ya	ε	iε
	阴阳上去 平平声声	阴阳上去 平平声声	阴阳上去 平平声声	阴阳上去 平平声声	阴阳上去 平平声声
p	③			⑦ 摆拜	
p^h	④ ⑤			败 排派	
m	眄			卖埋买	
f					
v				歪 ⑧	
t	爹 嗲			呆 歹带	
t^h				代台大太	
n	⑥			耐 奶鼐	
l				赖来⑨	
ts		抓 爪		灾 宰载	
ts^h				在才睬菜	
s		耍		社	
ʐ					
tɕ	家 假借				阶 解介
$tɕ^h$	谢邪		茄		
ɕ	夏霞写泻		靴		
k		瓜 寡挂		街 改盖	
k^h		夸刳垮跨		开⑩楷隑	
ŋ				哀挨矮爱	
x				害孩蟹嗨	
ø	夜衙也亚	划瓦洼	曰	哎埃蔼	液

注:泰兴城关及大部分乡村蟹摄开口一等精组读作细音,如“灾”读[tɕiε^{21}]、“猜”读[$tɕ^h$iε^{21}]、“社”读[ɕiε^{21}];古溪镇仍作洪音,如“灾”读[tsε^{21}]、“猜”读[ts^hε^{21}]、“社”读[sε^{21}]。泰兴城关等地一等读细音的现象有待进一步研究,或许经历了这样的音变:ai→e/ε/ᴇ→ie/iε;ts→tɕ。

声韵调配合表三

韵 调 声	uɛ	əi	uəi	ər
	阴阳上去 平平声声	阴阳上去 平平声声	阴阳上去 平平声声	阴阳上去 平平声声
p		杯 比贝		
pʰ		胚陪 配		
m		妹梅美昧		
f		飞肥匪废		
v		威围伟胃		
t		堆 抖队	堆 队	
tʰ		推头腿透	推	
n		内牛你		
l		类楼柳陋		
ts	跩拽	周 走昼	追 嘴最	
tsʰ	揣 踹	抽绸丑凑	吹垂 脆	
s	衰 甩帅	收 手瘦	虽隋水岁	
ʐ		柔		
tɕ				
tɕʰ				
ɕ				
k	乖 拐怪	勾 狗构	归 鬼贵	
kʰ	挎 ⑪快	抠⑬口寇	柜葵傀溃	
ŋ		欧牛偶沤		
x	坏怀⑫	后侯吼⑭	灰回悔慧	
∅				二儿耳

声韵调配合表四

韵 调 声	ɔ 阴阳上去 平平声声	iɔ 阴阳上去 平平声声	ɤɯ 阴阳上去 平平声声	iɤɯ 阴阳上去 平平声声	ɛ̃ 阴阳上去 平平声声
p	包 饱报	标 表	坡 跛		班 板办
pʰ	抱跑 泡	飘瓢殍票	婆颇破		攀⑰ 盼
m	冒毛卯	庙苗秒	墓蘑某		曼蛮
f			否		番凡反范
v					万玩晚
t	刀 岛到	刁 屌吊	多 躲剁		丹 胆旦
tʰ	稻桃讨套	挑条誂跳	拖驼妥		贪谈坦叹
n	闹挠脑	鸟	懦挪努怒		难男
l	涝劳老	料辽了	啰罗裸		烂兰懒
ts	召 早灶		左做		
tsʰ	造曹草糙		搓 错		
s	烧韶扫哨		梭 锁		
ʐ	绕饶扰		柔		
tɕ		交 饺叫		纠 九救	
tɕʰ		轿乔巧窍		秋求⑯	
ɕ			消淆小笑		休 朽秀
k	高 搞告		哥 果过		甘 拣干
kʰ	敲 考靠		科 可课		铅 砍嵌
ŋ	⑮熬咬傲		饿鹅我		淹颜眼晏
x	蒿豪郝浩		贺河火货		苋韩 汉
ø		腰摇舀要	阿讹 卧	优尤有幼	按

声韵调配合表五

韵 调 声	iɛ̃	uɛ̃	yɛ̃	ʊ̃	yʊ̃
	阴阳上去 平平声声	阴阳上去 平平声声	阴阳上去 平平声声	阴阳上去 平平声声	阴阳上去 平平声声
p				搬　　半	
p^h				潘盘　判	
m				漫瞒满	
f					
v					
t				⑲　短锻	
t^h				断团　⑳	
n				男暖	
l				乱峦卵	
ts				专　转钻	
ts^h				穿蚕喘串	
s				酸　㉑算	
ʐ				软	
tɕ	艰　减鉴		⑱　　赚		娟　卷眷
$tɕ^h$	餐残产灿				圈全犬劝
ɕ	山涎伞散		删		宣旋选楦
k		关　　惯		官　管灌	
k^h		攒环		宽　款看	
ŋ					
x		还　患		欢含　唤	
ø				岸完碗暗	院元远怨

声韵调配合表六

韵 调 声	iĩ	aŋ	iaŋ	uaŋ	yaŋ
	阴阳上去 平平声声	阴阳上去 平平声声	阴阳上去 平平声声	阴阳上去 平平声声	阴阳上去 平平声声
p	边 扁变	帮 绑蚌			
p^h	偏骈 片	棒旁髈胖			
m	面棉免	忙蟒			
f		方房访放			
v		汪王网旺			
t	颠 点店	裆㉔党当			
t^h	天田舔㉒	荡唐躺烫			
n	念年脸㉓		娘仰		
l		浪狼朗浪	亮凉辆晾		
ts		张 掌帐		庄 ㉖壮	
ts^h		丈肠厂唱		窗床闯创	
s		上尝赏尚		双㉗爽	
ʐ		让瓤壤			
tɕ	尖 展见		姜 蒋酱		
$tɕ^h$	千前浅欠		枪强抢跄		
ɕ	先贤险线		香 响向		
k		刚 港杠		光 广逛	
k^h		康抗 抗		筐狂 矿	
ŋ		肮昂㉕盎			
x		巷航		荒簧谎晃	
ø	烟盐演燕		央羊养漾	王	㉘

声韵调配合表七

韵 / 调 / 声	əŋ	iəŋ	uəŋ	yəŋ	ɔŋ
	阴阳上去 平平声声	阴阳上去 平平声声	阴阳上去 平平声声	阴阳上去 平平声声	阴阳上去 平平声声
p	奔 本笨	兵 饼柄			崩 碰
p^h	喷盆 笨	病平品聘			烹朋捧碰
m	焖门 闷	命民敏			梦蒙猛
f	分坟粉奋				风冯讽凤
v	问文吻				
t	登 等顿	丁㉚顶订			东 懂冻
t^h	吞疼 ㉙	定亭挺听			动同筒痛
n	嫩能				弄农 ㉛
l	论轮冷	令林领吝			龙拢
ts	真 整正		尊 准		中 肿众
ts^h	阵成惩趁		春存蠢寸		充从宠冲
s	生神沈圣		孙纯笋舜		松㉜耸送
ʐ	认人忍				茸㉝
tɕ		今 井竞		军 骏	
$tɕ^h$		青晴请庆		群	
ɕ		心行醒信		熏询 汛	
k	根 耿更		滚棍		工 拱共
k^h	坑 肯掯		昆 捆困		共㉞孔控
ŋ	恩 摁				
x	恨痕很肵		昏浑混溷		轰红$哄_1$$哄_2$
Ø		阴银影应		运云永孕	翁横 齆

说明：$哄_1$为“哄人”的“哄”，$哄_2$为“起哄”的“哄”。

声韵调配合表八

韵 调 声	iɔŋ	aʔ	iaʔ	uaʔ	əʔ	iəʔ	uəʔ	yəʔ
	阴阳上去 平平声声	阴阳 入入	阴阳 入入	阴阳 入入	阴阳 入入	阴阳 入入	阴阳 入入	阴阳 入入
p		剥			不	笔		
pʰ		帕薄			勃饽	匹荸		
m		寞膜			没	觅灭		
f		缚			沸佛			
v					殟物			
t		沰			得	滴		
tʰ		托踱			忑特	踢笛		
n		诺	虐虐			匿逆		
l		乐落	略略		肋	栗力		
ts		作		桌	只			
tsʰ		绰昨		戳浊	策直		出	
s		索勺		朔	色十			
ʐ		若弱			入			
tɕ	窘		脚			急		橘
tɕʰ	穷		却爵			七席		屈
ɕ	兄熊		削学			吸席		穴
k		角		郭	格嗝		骨	
kʰ		壳		扩㉟	客克		窟	
ŋ		恶			厄额			
x		貉鹤		霍	黑核		忽	
ø	用容勇壅	阿	约药	握㊱		亦		疫

声韵调配合表九

韵 调 声	ɔʔ		iɔʔ		æʔ		iæʔ		uæʔ		yæʔ		ʊʔ		yʊʔ		iɪʔ	
	阴入	阳入	阴入	阳入	阴入	阳入	阴入	阳入	阴入	阳入	阴入	阳入	阴入	阳入	阴入	阳入	阴入	阳入
p	北				八								拨				憋	
pʰ	拍	白				拔							泼	㊵			撇	别
m	牧	木				抹							末	末				
f	复	伏			法	伐												
v					挖	滑												
t	笃				答								掇				跌	
tʰ	秃	毒			塔	达							脱	夺			铁	
n						纳								㊶				
l	录	六				腊								㊷				
ts	竹												拙					
tsʰ	促	族											撮	㊸				
s	叔	俗											说					
ʐ		肉																
tɕ			菊				甲				㊴				决		结	
tɕʰ			曲	局			插	闸							缺	绝	切	侄
ɕ			旭				杀	刹			刷				血		涉	舌
k	国				夹				刮				鸽	㊹				
kʰ	哭				掐	轧			㊳				渴	㊺				
ŋ					压	㊲												
x	或				瞎	狭			搳	猾			喝	合				
ø	屋		玉	欲											阅	阅	噎	叶

注：

①象声词，动物的叫声。

②~食：吃饭时多拿多占。

③象声词。

④象声词。

⑤歪，不正。

⑥你的，你家的：~妈妈。

⑦~~：姑姑。

⑧晃动。

⑨向两边张开。

⑩~气：嗳气。

⑪歪斜：~在一边。

⑫甩手。

⑬形容词，凹陷状：~眼儿（眼眶深陷）。

⑭跳。

⑮夸奖。

⑯捉弄。

⑰~本：赚回本钱，反败为胜。

⑱~腰：弯腰。

⑲酒~子，《集韵》覃韵都含切。

⑳~毛：掉毛。

㉑撒：~种子（撒种）。

㉒蛇~子：蛇舌。

㉓用脚掌在地面磨搓。

㉔锣声。

㉕~烟：只冒烟，不见明火。

㉖粗大：他养得胖，腿子~。

㉗液体往下滴。

㉘~树：栽树。

㉙~裤子：慢慢脱下。

㉚象声词。

㉛齆~味：腐败的气味。

㉜精液。

㉝太差。

㉞隆起成弧形。

㉟液体晃动。

㊱~闪：打闪。

㊲~子：豁口。

㊳~住了：卡住，牵绊，纠缠着。

㊴~啊~的：蹒跚。

㊵搬运。

㊶~子：尿布。

㊷笨拙。

㊸不该紧张而紧张。

㊹~~鸡：鸡（儿语）。

㊺~下来：塌下来、盖下来。

第二节 音系语图及实验语音学分析

本书语图和数据采用 Praat 语音分析软件制作、提取。语音材料用斐风（FieldPhon）软件录制，采样率为 44100Hz，采样精度为 16bit。语图采用三维宽带频谱图，纵轴表频率，横轴表时长，颜色深浅表振幅强弱，频率取值范围为 0—5000Hz。语图的制作参数为 Gaussian 窗，窗长为 0.005 秒，时间步长为 0.002 秒，频率步长为 20Hz。

一　辅音语图及分析

泰兴方言声母包括不送气清塞音、送气清塞音、不送气清塞擦音、送气清塞擦音、擦音、鼻音、边音及其他浊辅音。

1.不送气清塞音[p][t][k]

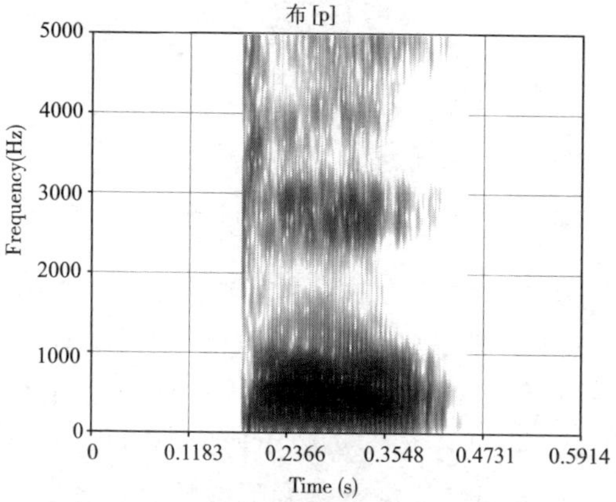

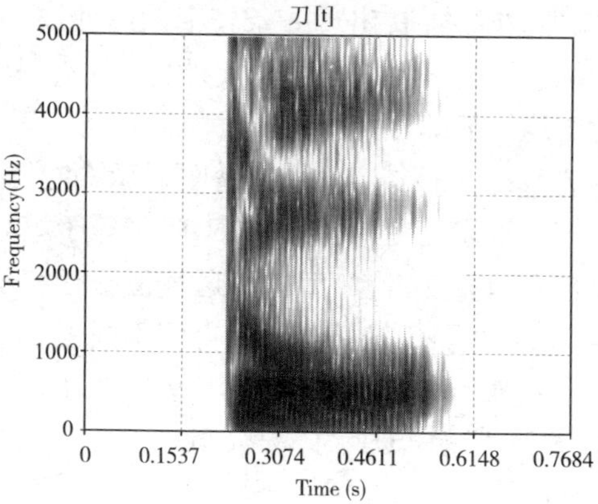

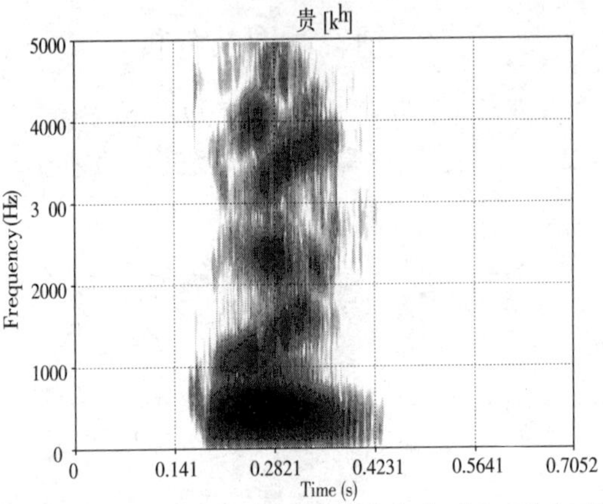

如语图所示，泰兴方言的双唇音“布[p]”、舌尖音“刀[t]”和舌根音“贵[k]”都是典型的不送气清塞音，均有明显的成阻、持阻和除阻段，且在破裂之前都没有浊音横杠。它们分别是上下唇、舌尖与齿龈、舌根堵塞鼻腔而形成的阻碍，在持阻阶段声带不振动，之后受阻气流突然爆发形成的。在频谱图上的表现是，元音周期性波动之前，出现一条较窄的脉冲波——冲直条，这是塞音的标志性语图特征之一。此外，[p][t][k]除阻段的整体能量分布均较强，语图颜色偏重。

不送气清塞音[p][t][k]的频谱图显示，冲直条与后接元音的浊音横杠几乎连接在一起，亦即 VOT 约等于零①，说明气流爆破之后声带立即振动，是典型的不送气清塞音特征。通过测量“布[p]、刀[t]、贵[k]”的波形图，得到不同发音部位不送气清塞音的 VOT：“布[p]”的 VOT 约等于 9ms，“刀[t]”的 VOT 约等于 10ms，“贵[k]”的 VOT 约等于 15ms。

---

① VOT(voice offset time，嗓音起始时间)，指某一辅音从除阻点到声带开始振动之间的时长，是塞音重要的声学参数，在语图上表现为冲直条到浊音横杠出现之间的距离。

2.送气清塞音[p^h][t^h][k^h]

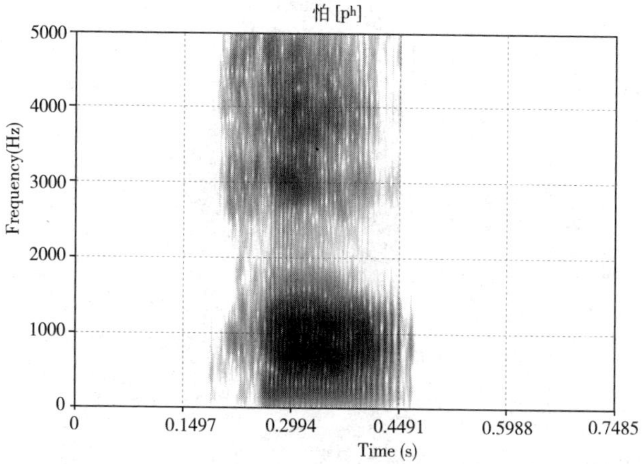

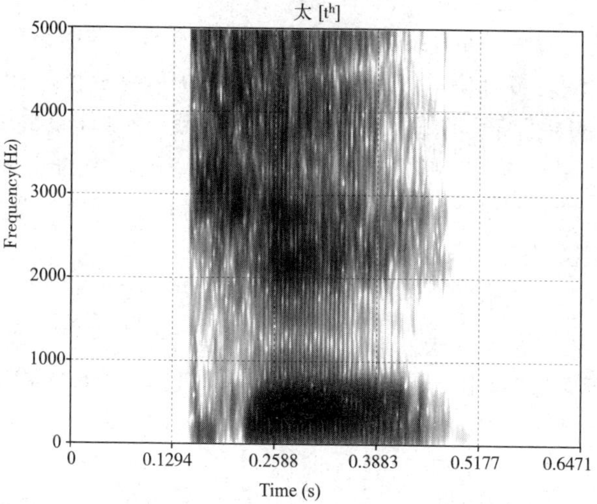

语图显示,双唇音“怕[p^h]”、舌尖音“太[t^h]”、舌根音“开[k^h]”是典型的清送气塞音。它们在阻塞部位爆破除阻后,声门

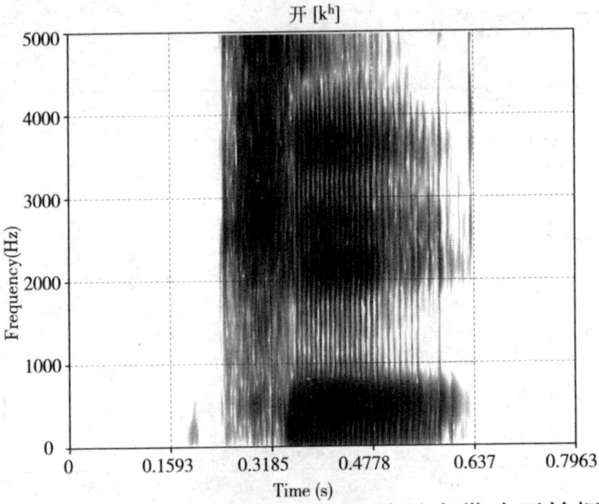

仍敞开延续一段时间，气流从中逸出，随后声带才开始振动。语图上，冲直条之后是一段噪音乱纹，然后才出现元音浊音横杠，这与不送气清塞音冲直条之后立即出现浊音横杠形成明显对立。

不同发音部位送气段乱纹的能量集中区域有所不同。“怕[p^h]”的冲直条不明显，语图上的颜色较浅，整体能量较弱；“太[t^h]”和“开[k^h]”整体能量较强，但在频率区域中的分布不同：“太[t^h]”主要集中在3000Hz以上的高频区，“开[k^h]”主要集中在1000Hz—2000Hz之间。

与不送气清塞音不同，送气清塞音[p^h][t^h][k^h]的频谱图显示，冲直条与后接元音的浊音横杠之间有一定距离，说明VOT较大，这是由于形成阻碍的器官爆破后，气流持续逸出一段时间，然后声带才振动。通过测量“怕[p^h]、太[t^h]、开[k^h]”波形图，可以比较不同发音部位的送气清塞音的VOT。“怕[p^h]”的VOT约等于67ms，“太[t^h]”的VOT约等于63ms，“开[k^h]”的VOT约等于100ms。

3.塞擦音声母[ts][tsʰ][tɕ][tɕʰ]

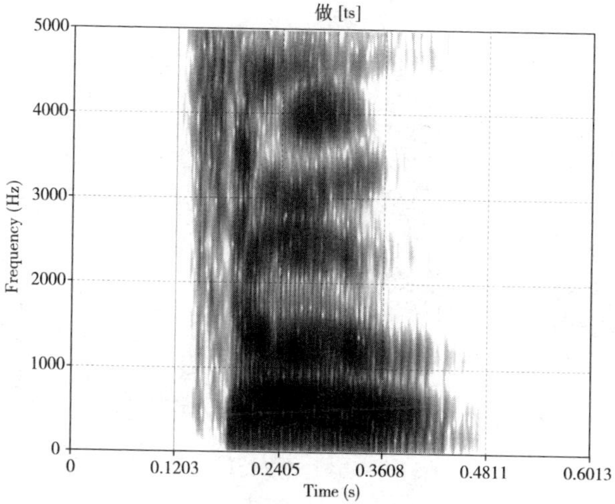

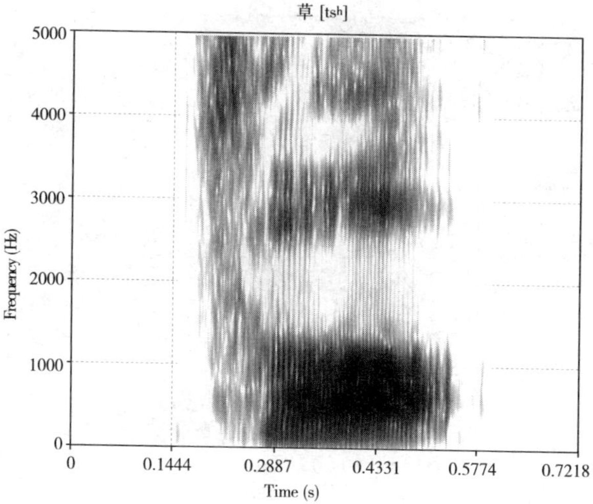

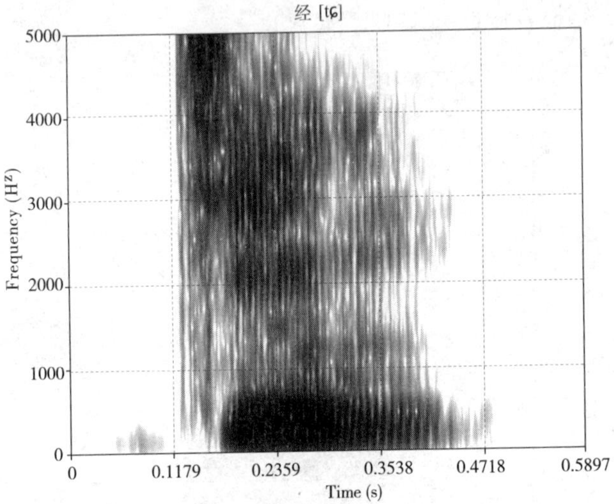

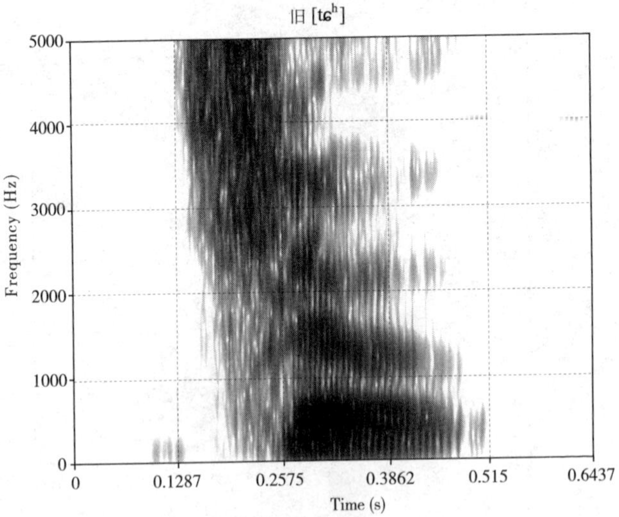

泰兴方言的塞擦音有[ts][tsʰ][tɕ][tɕʰ]四个。从语图可以看出,"做[ts]、草[tsʰ]、经[tɕ]、旧[tɕʰ]"都是典型的塞擦音,它

们在冲直条后均有一片噪音乱纹。“做[ts]、经[tɕ]”除阻之后噪音乱纹很短，声带随后振动，浊音横杠出现，说明它们是不送气塞擦音；而“草[tsʰ]、旧[tɕʰ]”除阻之后，仍有气流从声门逸出，噪音乱纹时间较长，然后声带才开始振动，与送气清塞音相似。[tsʰ][tɕʰ]乱纹的持续时间明显长于不送气的[ts][tɕ]。

语图显示，“做[ts]、经[tɕ]”的冲直条较明显，短暂的乱纹段整体能量较强，而且集中在3000Hz以上的高频区。“草[tsʰ]、旧[tɕʰ]”的冲直条由于送气噪音的影响，都不太明显，且送气段乱纹的整体能量较弱，颜色较淡，主要集中在4000Hz以上的高频区。

[ts][tsʰ][tɕ][tɕʰ]的频谱图显示，它们的冲直条与后接元音的浊音横杠之间都有距离，通过测量“经[tɕ]、旧[tɕʰ]、做[ts]、草[tsʰ]”的波形图，可比较它们的VOT时长。“经[tɕ]”的VOT约等于48ms，“旧[tɕʰ]”的VOT约等于145ms，“做[ts]”的VOT约等于58ms，“草[tsʰ]”的VOT约等于105ms。

4.擦音声母[f][s][ɕ][x]

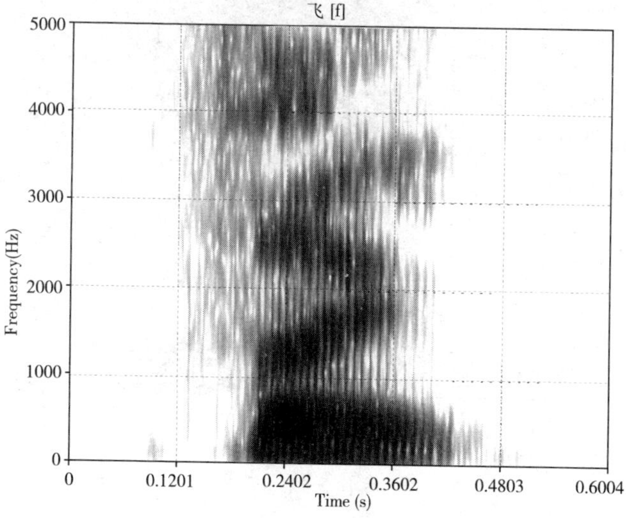

生 [s]

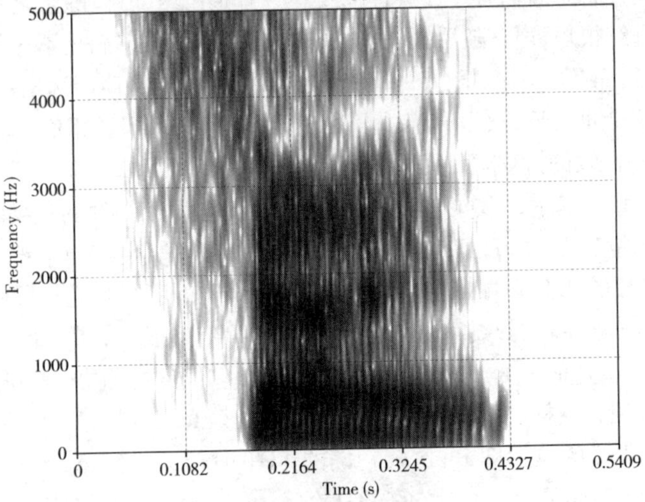
5000
4000
3000
2000
1000
0
Frequency (Hz)
0
0.1082
0.2164
0.3245
0.4327
0.5409
Time (s)

西 [ɕ]

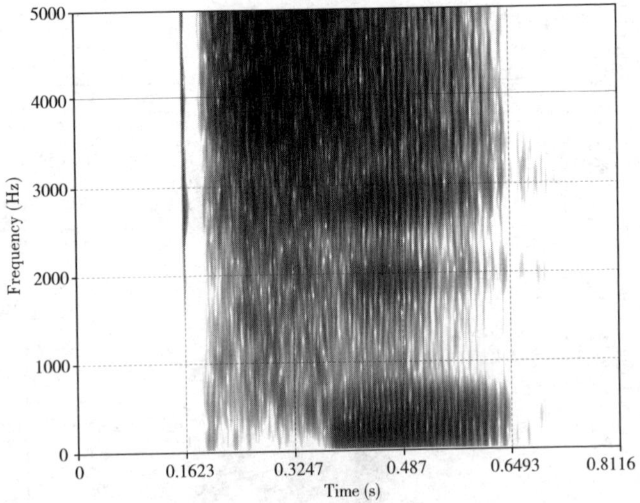
5000
4000
3000
2000
1000
0
Frequency (Hz)
0
0.1623
0.3247
0.487
0.6493
0.8116
Time (s)

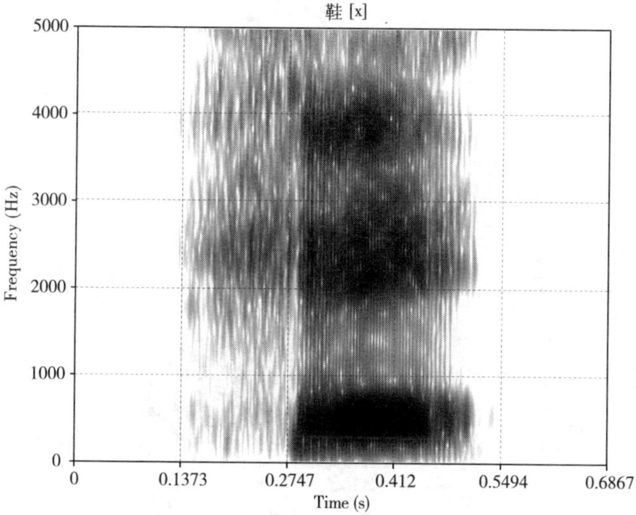

泰兴方言的擦音有[f][s][ç][x]四个。"飞[f]、生[s]、西[ç]、鞋[x]"都是典型的擦音，它们在除阻之后，气流从声门逸出，持续时间较长，然后声带才开始振动。语图显示，它们的元音浊音横杠之前均有一段相当长的送气乱纹，"西[ç]、鞋[x]"的乱纹段几乎占了整个音节时长的一半。

[f][s][ç][x]送气段乱纹中的强频分布区域有所不同。"西[ç]"的整体能量较强，强频区集中在3000Hz及以上；"飞[f]、生[s]、鞋[x]"的整体能量较弱，颜色较浅。其中，"鞋[x]"的强频区集中在2000Hz—3000Hz，"飞[f]"和"生[s]"的强频区集中在4000Hz以上。

5.鼻音、边音及其他浊辅音[m][n][ŋ][l][ʐ][v]

母 [m]

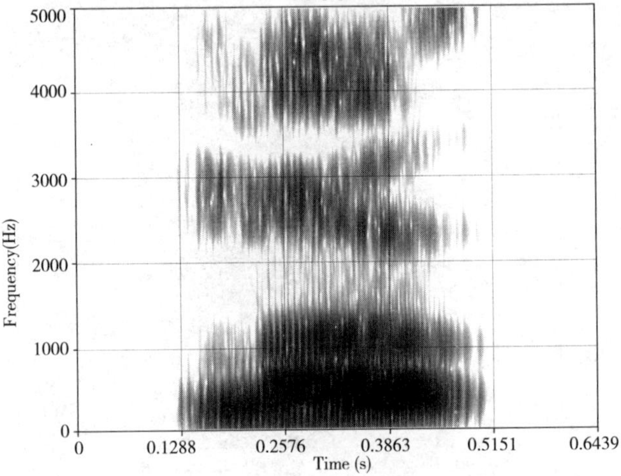
5000
4000
3000
2000
1000
0
Frequency(Hz)
0
0.1288
0.2576
0.3863
0.5151
0.6439
Time (s)

南 [n]

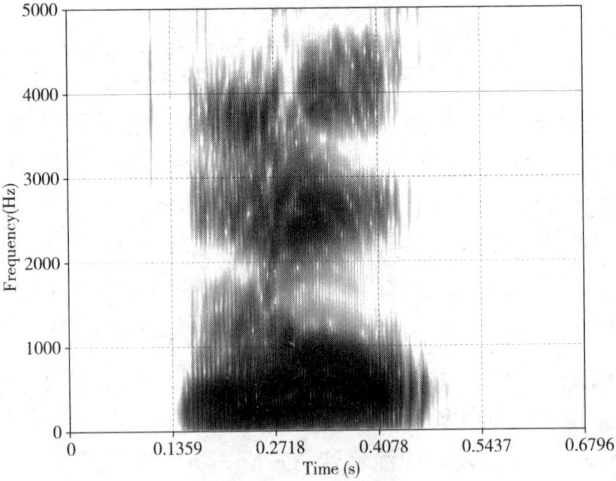
5000
4000
3000
2000
1000
0
Frequency(Hz)
0
0.1359
0.2718
0.4078
0.5437
0.6796
Time (s)

爱 [ŋ]

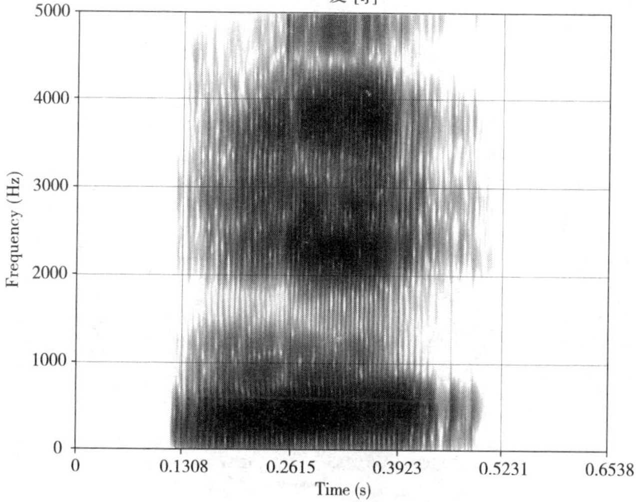
5000
4000
3000
2000
1000
0
Frequency (Hz)
0
0.1308
0.2615
0.3923
0.5231
0.6538
Time (s)

来 [l]

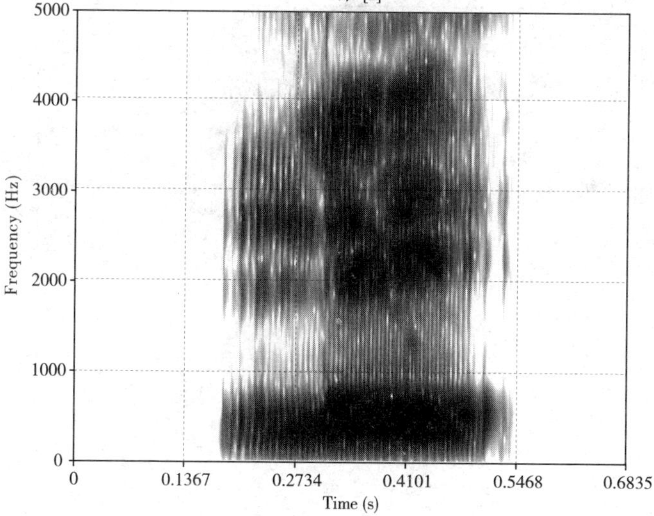
5000
4000
3000
2000
1000
0
Frequency (Hz)
0
0.1367
0.2734
0.4101
0.5468
0.6835
Time (s)

人 [ʐ]

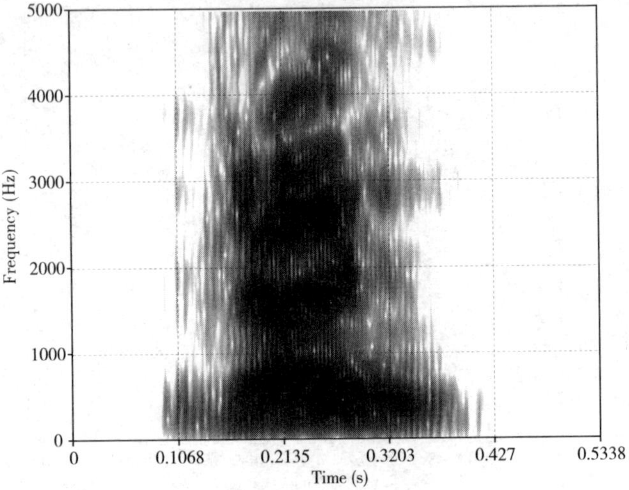
5000
4000
3000
2000
1000
0
Frequency (Hz)
0
0.1068
0.2135
0.3203
0.427
0.5338
Time (s)

外 [v]

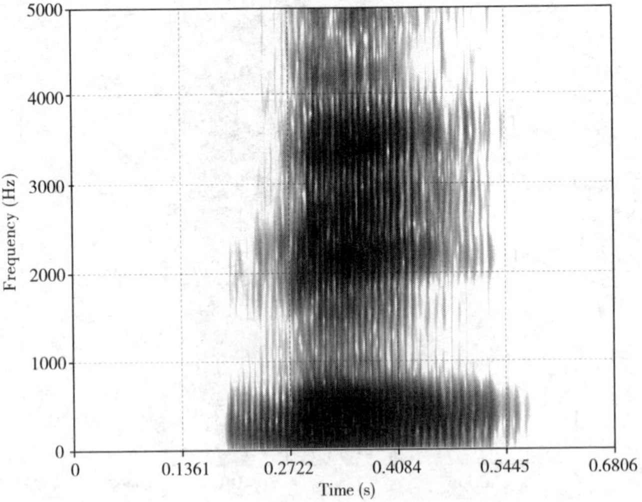
5000
4000
3000
2000
1000
0
Frequency (Hz)
0
0.1361
0.2722
0.4084
0.5445
0.6806
Time (s)

泰兴方言的鼻音、边音等浊辅音有[m][n][ŋ][l][ʐ][v]六个，均为带音。“母[m]、南[n]、爱[ŋ]”分别是双唇、舌尖、舌根鼻音，“来[l]”是边音，“人[ʐ]、外[v]”分别是舌尖后和唇齿浊擦音。它们都是带音，语图上的表现是低频区元音共振峰之前就有较粗的浊音横杠，但在高频区能量都较弱，乱纹不明显，这是因为气流分别从鼻腔和舌两边狭小的空间逸出。“来[l]”的气流逸出较强，语图上有较强能量的噪音乱纹。

值得注意的是，鼻音的浊音横杠虽然与一般元音共振峰相似，但并不完全相同。一般来说，鼻音的浊音横杠频率更低，带宽较宽，更贴近基线。因为鼻音气流通道更长，内壁面积较大，会被吸掉更多的能量，加上反共振效应，所以它听上去比元音更低沉。

“人[ʐ]、外[v]”都是浊擦音，在元音共振峰之前都出现浊音横杠，但是比鼻音和边音的浊音横杠更细，时长更短，都在2000—3000Hz处有明显的摩擦。

二　元音语图及分析

泰兴话元音包括单元音、复元音、鼻化韵元音、鼻音韵尾元音和入声韵尾元音。

1.单元音韵母[ɿ][i][u][y][a][ɛ][ɔ]

元音一般有五个共振峰F1、F2、F3、F4、F5，语图上表现为不同的能量集中区域，其中F1与F2是辨别元音的重要语音特征，F3和软腭的下降以及卷舌相关。F3、F4、F5一般用于区分个人独特音色，因此本书一般只讨论F1和F2。

资 [ɿ]

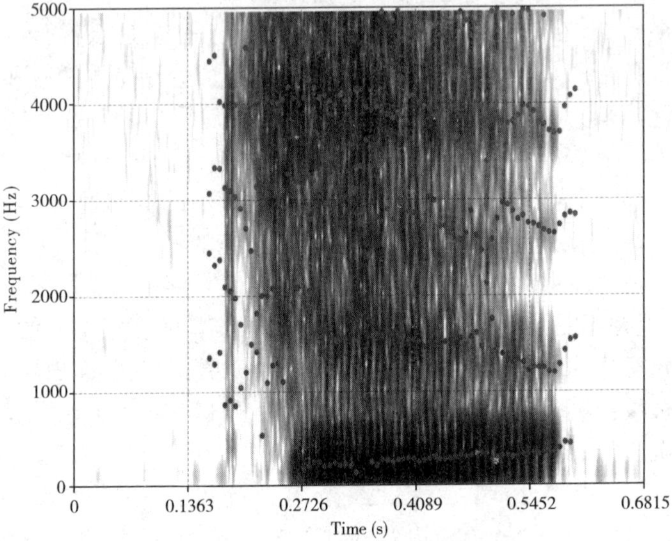
5000
4000
3000
2000
1000
0
Frequency (Hz)
0
0.1363
0.2726
0.4089
0.5452
0.6815
Time (s)

米 [i]

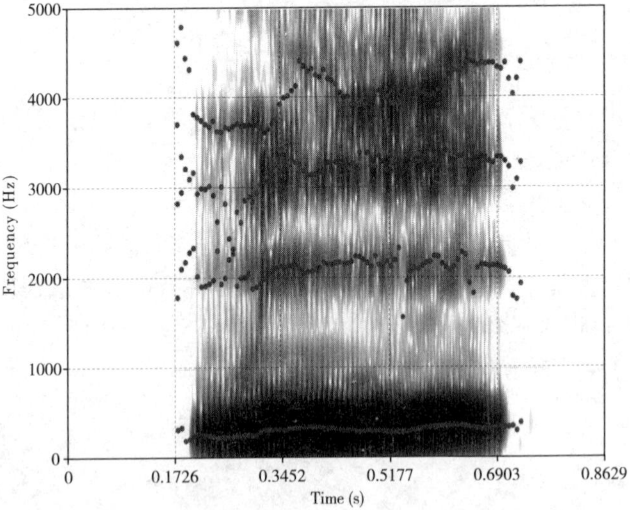
5000
4000
3000
2000
1000
0
Frequency (Hz)
0
0.1726
0.3452
0.5177
0.6903
0.8629
Time (s)

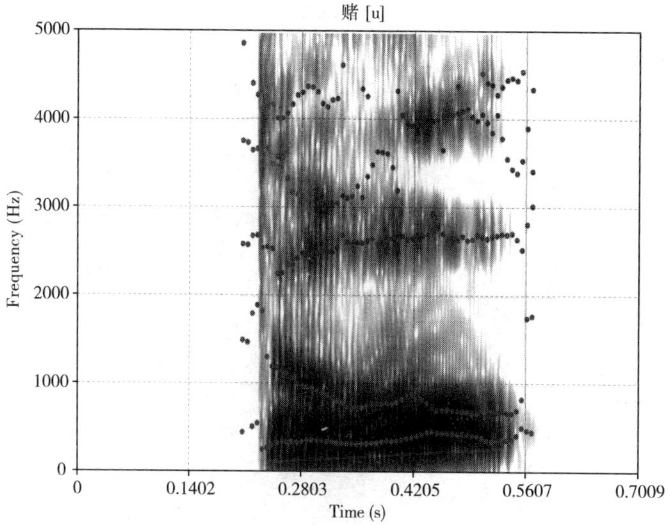
赌 [u]
5000
4000
3000
2000
1000
0
Frequency (Hz)
0
0.1402
0.2803
0.4205
0.5607
0.7009
Time (s)

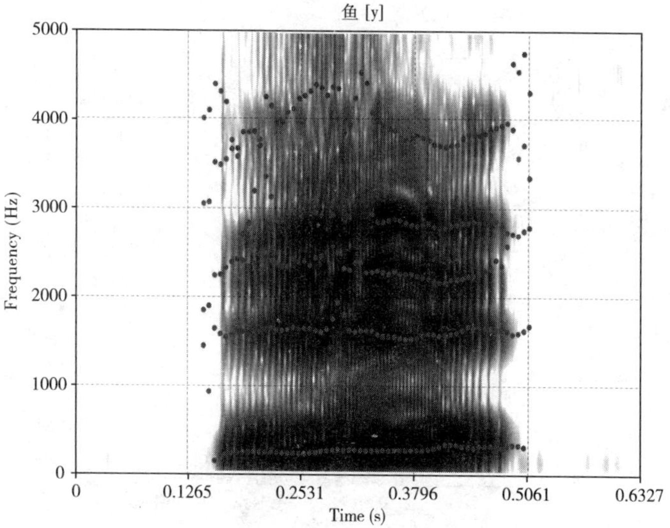
鱼 [y]
5000
4000
3000
2000
1000
0
Frequency (Hz)
0
0.1265
0.2531
0.3796
0.5061
0.6327
Time (s)

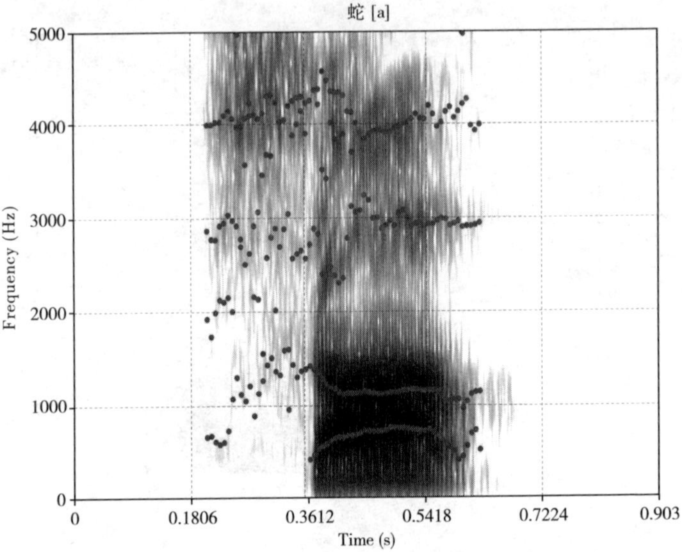
蛇 [a]
5000
4000
3000
2000
1000
0
Frequency (Hz)
0
0.1806
0.3612
0.5418
0.7224
0.903
Time (s)

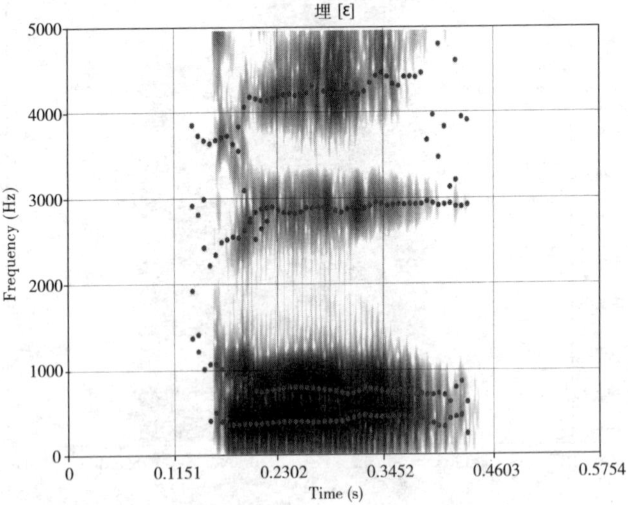
埋 [ɛ]
5000
4000
3000
2000
1000
0
Frequency (Hz)
0
0.1151
0.2302
0.3452
0.4603
0.5754
Time (s)

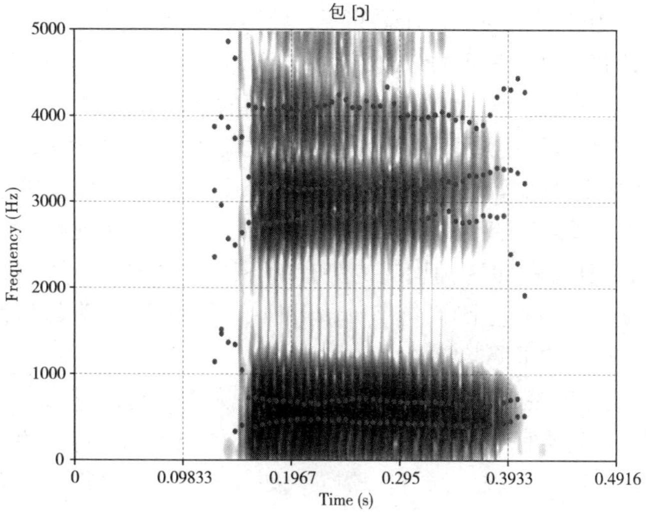

泰兴方言有七个单元音韵母，分别是[ɿ][i][u][y][a][ɛ][ɔ]。从宽带语图可以看出，“资[ɿ]、米[i]、赌[u]、鱼[y]、蛇[a]、埋[ɛ]、包[ɔ]”的前三个共振峰都接近平行，说明发音时共鸣腔的形状基本保持不变，即为纯粹的单元音韵母。使用 Praat 可以测量这些音节的 F1 平均值：[i]约为325Hz，[ɿ]约为 417Hz，[u]约为 398Hz，[ɔ]约为 377Hz，[y]约为 339Hz，[ɛ]约为 413Hz，[a]约为 662Hz。其中，[a]的 F1 均值最大，说明它的舌位最低；[i]的 F1 均值最小，说明它的舌位最高①。七个单元音 F1 值的大小顺序[a]>[ɿ]>[ɛ]>[u]>[ɔ]>[y]>[i]，可大致说明它们舌位高低的相对位置。

七个单元音 F2 的平均值分别为：[i]约为 2211Hz，[ɿ]约为1740Hz，[u]约为 855Hz，[ɔ]约为 712Hz，[y]约为 2136Hz，[ɛ]约

① F1 与舌位高低有关，F1 越高，舌位越低；F1 越低，舌位越高。

为 792Hz,[a]约为 1155Hz。可见,[i][y]的 F2 均值最大,舌位靠前[①];同时,由于圆唇的缘故,[y]的 F2 略小于[i]。[ɿ]的 F2 均值较大,舌位居中;[ɛ][u][ɔ]的 F2 均值都较小,舌位靠后。

辅音对邻接元音共振峰的影响,主要体现在 F2 弯头的指向趋势上,即所谓音征,一般表现为升、降或平三种变化,反映了发音器官从辅音到元音的运动过程。泰兴方言七个单元音语图的 F1 都是比较平缓的,但 F2 走势有所不同,其中[i][y]的 F2 平缓,F1 与 F2 大致平行,[ɿ][u][ɛ][a][ɔ]的 F2 弯头都是朝上的,呈明显的下降趋势。

此外后接元音的频谱图,除了反映从辅音到元音的发音过程中,有关器官之间协同作用的情况,还体现了元音自身的某些特性。兹以"资[ɿ]、米[i]、赌[u]、蛇[a]"为例,说明泰兴方言[ɿ][i][u][a]的元音特征。

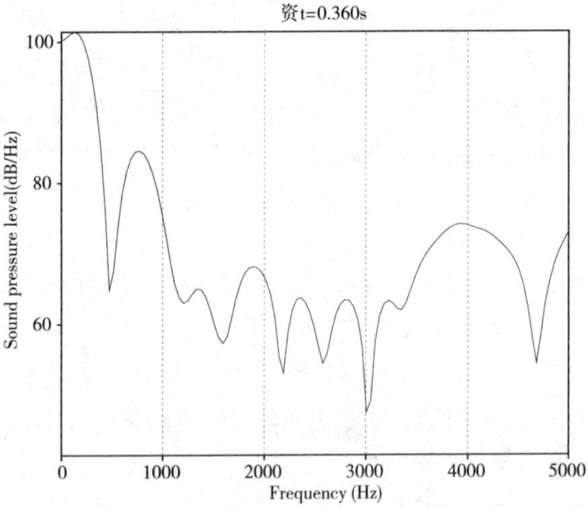

① F2 与舌位前后有关,F2 越高,舌位越前;F2 越低,舌位越后。另外,在舌位前后相同的情况下,圆唇作用会使 F2 略低。

米t=0.300ms

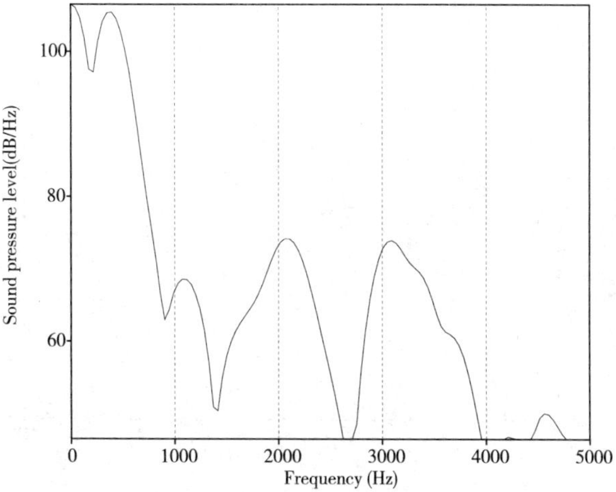

赌t=0.180s

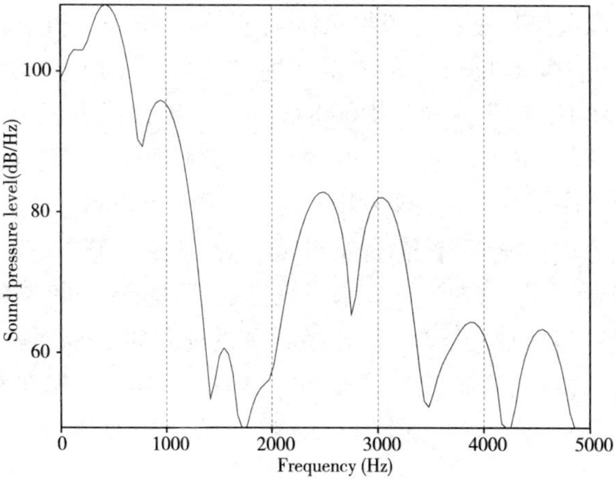

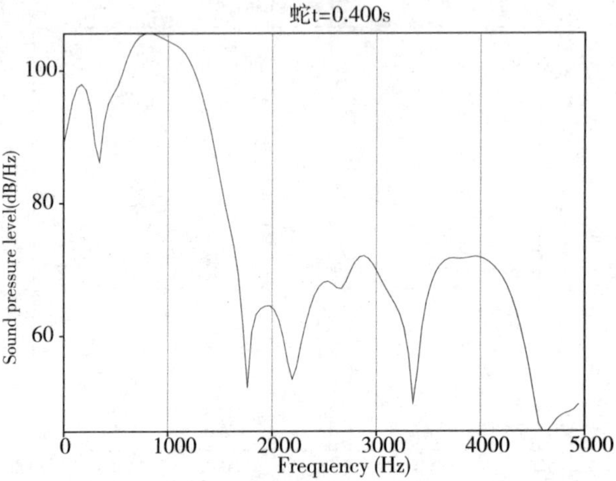

我们选取这四个元音周期波开始规律变化的时间点制作离散谱。离散谱显示,“米[i]、赌[u]、资[ɿ]、蛇[a]”元音起始段的能量集中区域的分布有一定区别,“资[ɿ]”的能量集中区一个在1000Hz以下,一个在4000Hz左右;“米[i]”有三个能量集中区,分别在1000Hz以下、2000Hz和3000Hz处;“赌[u]”的两个能量集中区,一个在1000Hz以下,一个在2000—3000Hz之间;“蛇[a]”有三个能量集中区,分别在1000Hz、3000Hz、4000Hz处。此外,“资[ɿ]、米[i]、赌[u]”的第一谐波的振幅均高于第二谐波的振幅,且在高频区的能量都较弱,说明声源能量衰减得快,声带较松;“蛇[a]”的第一谐波的振幅略低于第二谐波的振幅,差值较小,说明声源能量衰减得慢,声带较紧。

根据以上语图,我们选取单元音稳定段的第一、第二共振峰值,制出声学元音图,以便直观反映它们之间的关系。其中,纵坐标是第一共振峰F1,横坐标是第二共振峰F2。

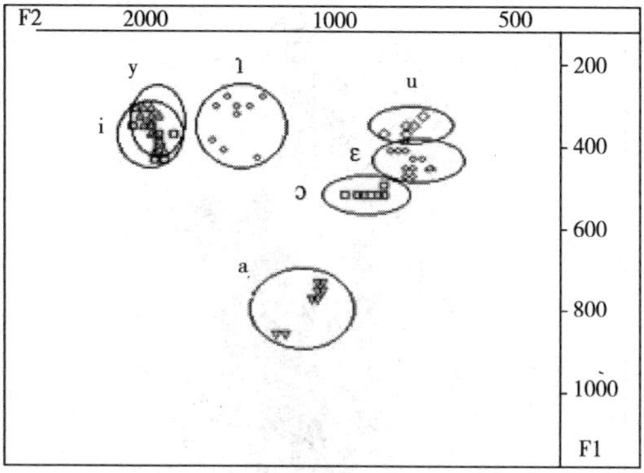

声学元音图跟元音舌位图位置上大致对应。由图可知，泰兴方言元音格局以[a][i][u]为顶点。图中[i]和[y]的位置很接近且有重叠，这主要因为 F2 和唇的圆展也有关系，圆唇作用会使[y]的 F2 降低一些。

2.复元音韵母[ɤɯ][əi][ər][ia][iɛ][iɔ][iɤɯ][ua][uɛ][uəi][ya]

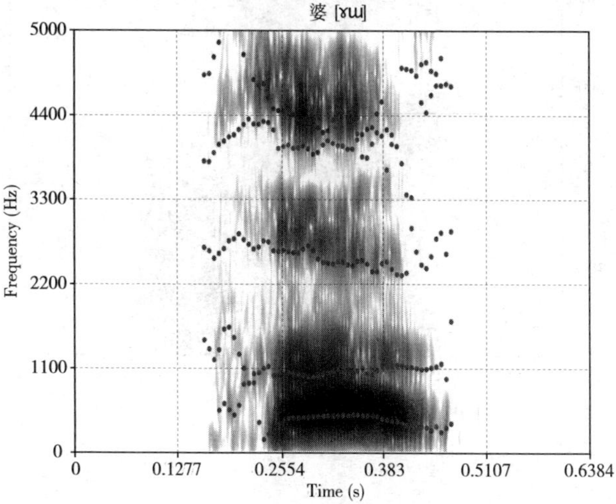

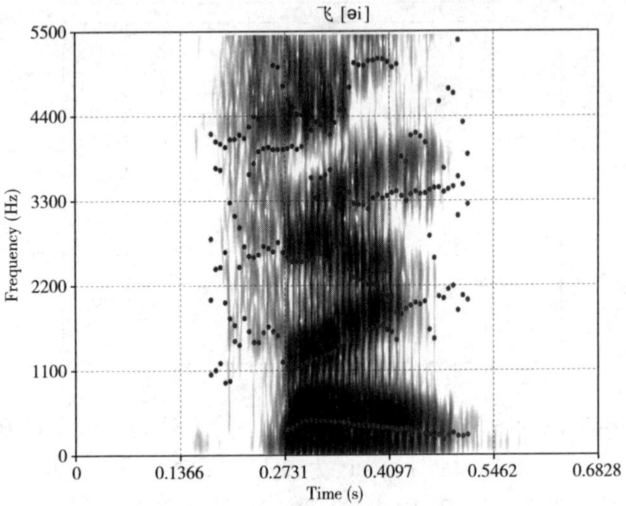
飞 [əi]
5500
4400
3300
2200
1100
0
Frequency (Hz)
0
0.1366
0.2731
0.4097
0.5462
0.6828
Time (s)

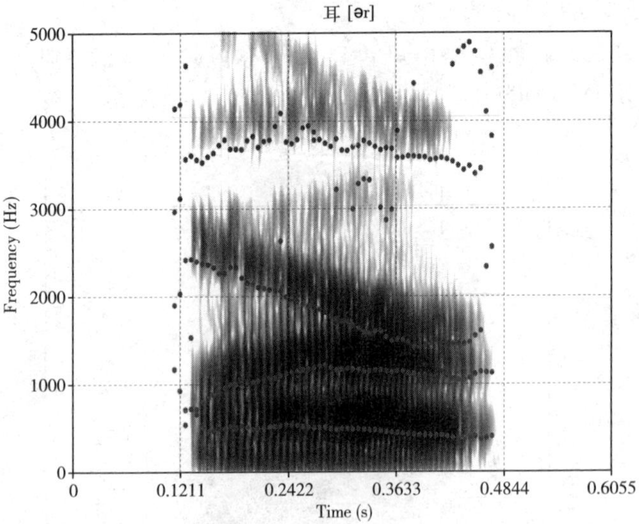
耳 [ər]
5000
4000
3000
2000
1000
0
Frequency (Hz)
0
0.1211
0.2422
0.3633
0.4844
0.6055
Time (s)

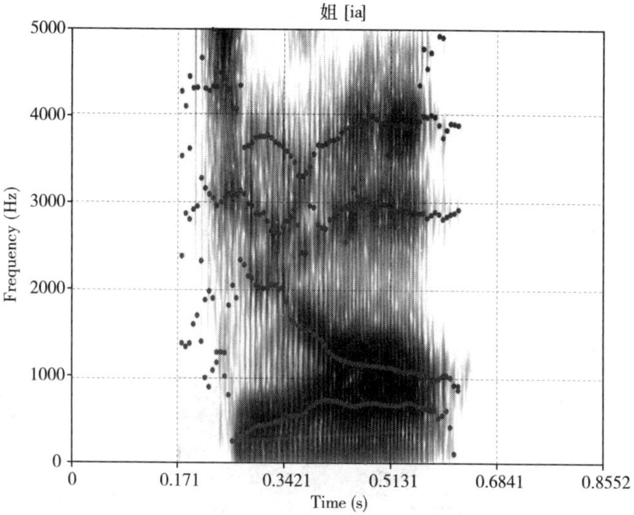
姐 [ia]
5000
4000
3000
2000
1000
0
Frequency (Hz)
0
0.171
0.3421
0.5131
0.6841
0.8552
Time (s)

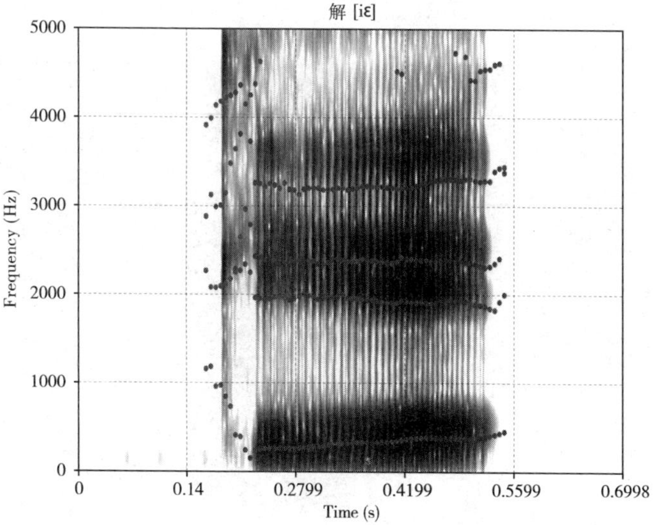
解 [iɛ]
5000
4000
3000
2000
1000
0
Frequency (Hz)
0
0.14
0.2799
0.4199
0.5599
0.6998
Time (s)

表 [iɔ]

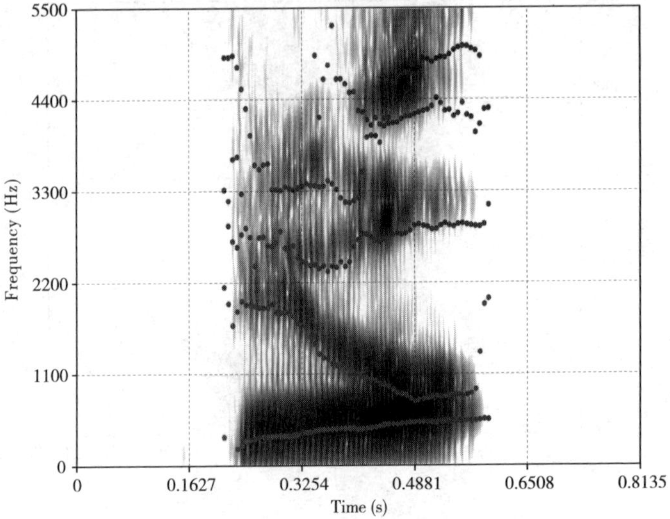
5500
4400
3300
2200
1100
0
Frequency (Hz)
0
0.1627
0.3254
0.4881
0.6508
0.8135
Time (s)

九 [iɤɯ]

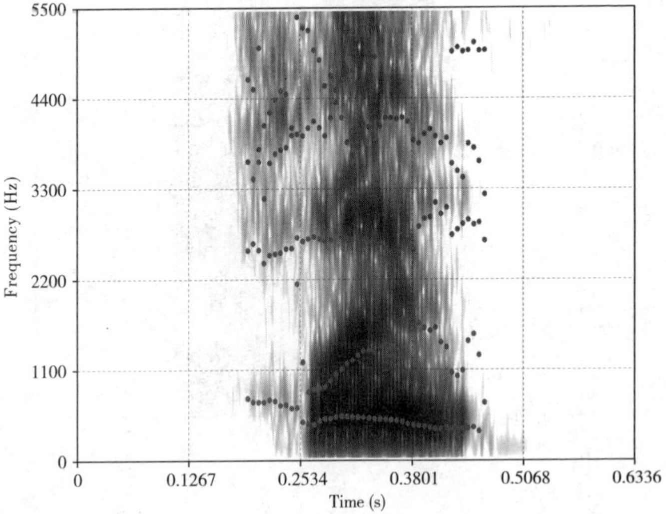
5500
4400
3300
2200
1100
0
Frequency (Hz)
0
0.1267
0.2534
0.3801
0.5068
0.6336
Time (s)

花 [ua]

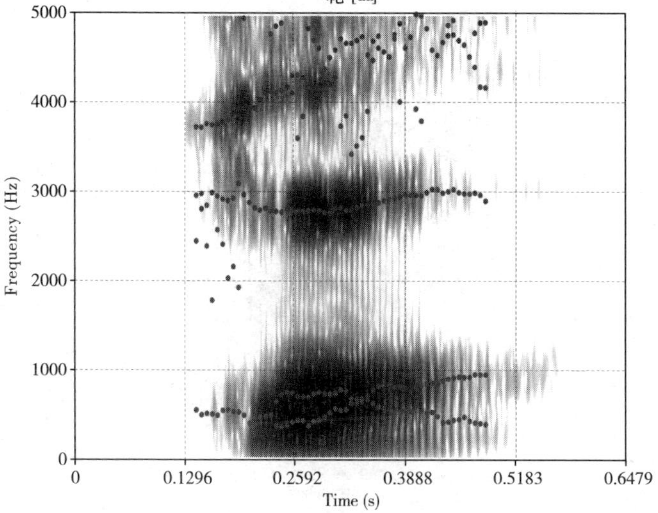
5000
4000
3000
2000
1000
0
Frequency (Hz)
0
0.1296
0.2592
0.3888
0.5183
0.6479
Time (s)

怪 [uɛ]

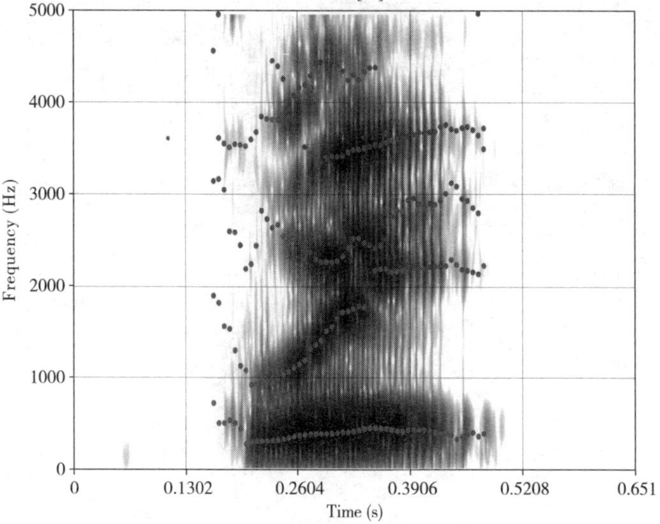
5000
4000
3000
2000
1000
0
Frequency (Hz)
0
0.1302
0.2604
0.3906
0.5208
0.651
Time (s)

灰 [uəi]

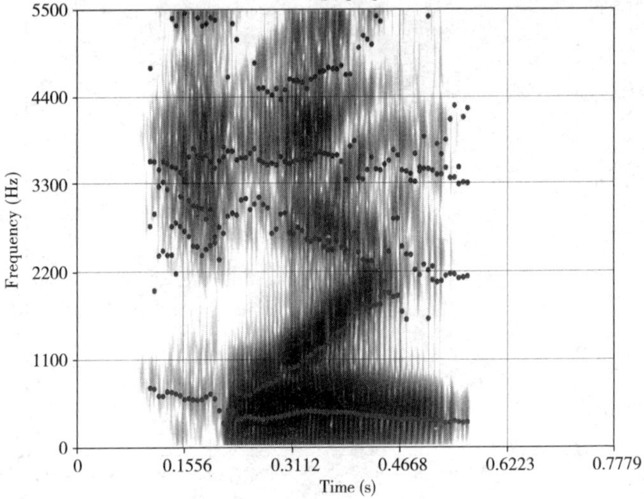
5500
4400
3300
2200
1100
0
Frequency (Hz)
0
0.1556
0.3112
0.4668
0.6223
0.7779
Time (s)

茄 [ya]

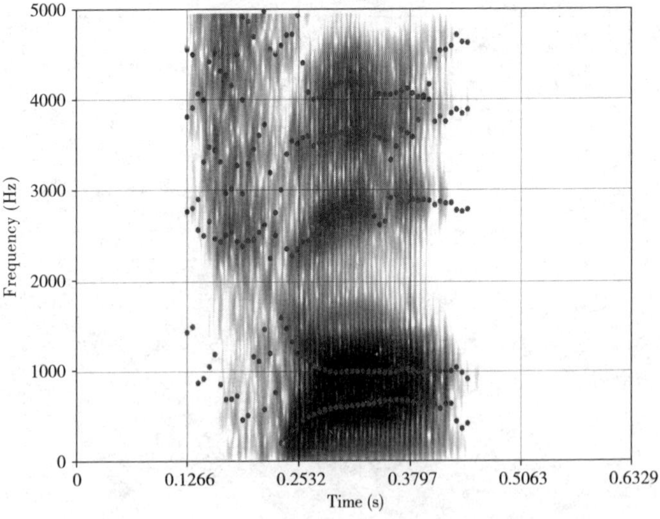
5000
4000
3000
2000
1000
0
Frequency (Hz)
0
0.1266
0.2532
0.3797
0.5063
0.6329
Time (s)

泰兴方言的复元音韵母共有 11 个,分别是[ia][ua][ya][iɛ][uɛ][iɔ][ɤɯ][əi][ər][iɤɯ][uəi]。语图上,这些复元音的共振峰,特别是 F1 和 F2,都有明显的动程变化。

开口呼有"婆[ɤɯ]、飞[əi]、耳[ər]",它们的 F2 走势分别是平缓、陡升、缓升。"飞[əi]"的共振峰前后变化幅度不大,F1 微升,说明[i]比[ə]舌位稍高;F2 较高,说明舌位变化渐高渐前,且韵尾[i]舌位偏前,相对应的发音开口度由大变小。F1 与 F2 之间相距较远,说明这个复韵母的舌位较高较前。"婆[ɤɯ]"整个音节没有明显的动程变化,因为从[ɤ]到[ɯ],共鸣腔形状变化非常小,F1 与 F2 几乎是平行的。"耳[ər]"的 F2 也是微升的,从[ə]到[r]有卷舌过程,因此 F3 降势明显,与 F2 趋近。

齐齿呼有"姐[ia]、解[iɛ]、表[iɔ]、九[iɤɯ]"。其中,"表[iɔ]、姐[ia]"的后接元音[ɤ][ɔ][a]舌位均在前高元音[i]后,F2 起点较高,因此整个音节呈明显降势动程;而"解[iɛ]"中[i]和[ɛ]舌位均靠前,因此 F2 的走势比较平缓,且数值较高,与 F3 靠近。

合口呼有"花[ua]、怪[uɛ]、灰[uəi]",均以后高元音[u]为介音,F2 起点较低,整个音节呈升势动程,但"怪[uɛ]、灰[uəi]"的升势很陡,"花[ua]"升势较缓,后渐趋于平。这是因为从[u]到[a]舌位略前移,F2 只是微升后渐趋平缓;而[u]与[ɛ][ə]的舌位相距较远,因此 F2 上升趋势明显,而"灰[uəi]"以前高元音[i]结尾,音节尾部 F2 上升坡度更陡。

撮口呼有"茄[ya]"。[y]是圆唇前高元音,因此"茄[ya]"元音开头部分的 F1 和 F2 间距很大,分得很开,因后移到[a],F2 弯头有明显下降。

3.鼻化韵母[ɛ̃][ʊ̃][iɪ̃][iɛ̃][uɛ̃][yɛ̃][yʊ̃]

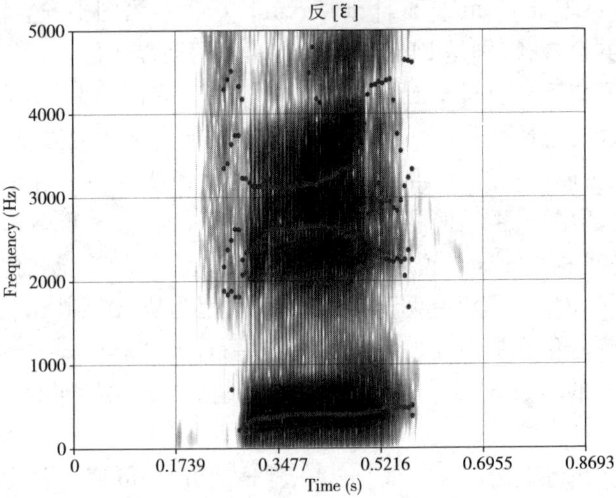

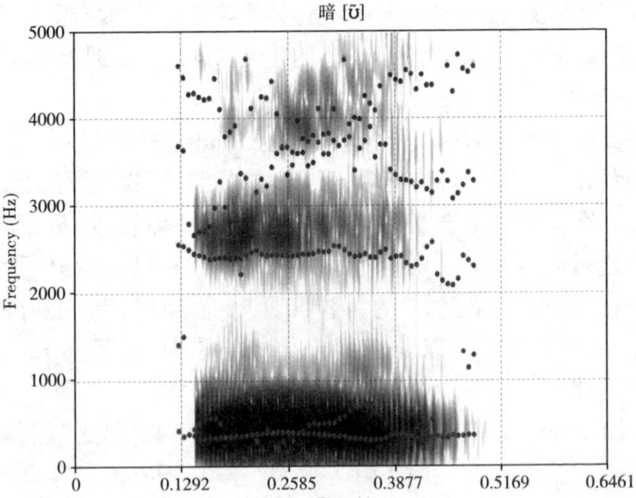

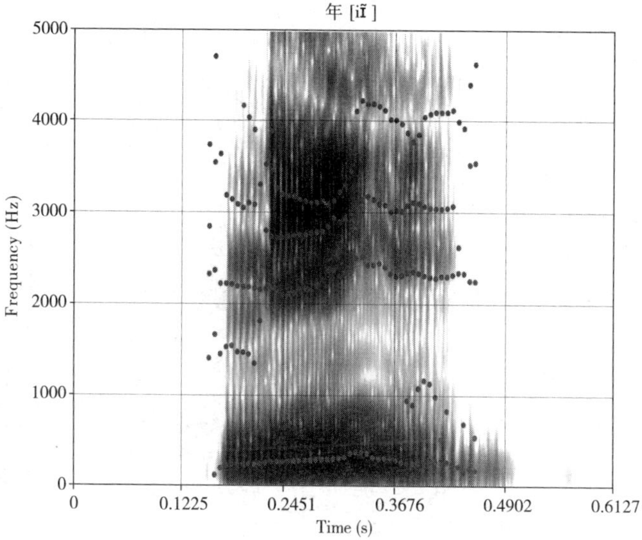
年 [iĩ]
5000
4000
3000
2000
1000
0
Frequency (Hz)
0
0.1225
0.2451
0.3676
0.4902
0.6127
Time (s)

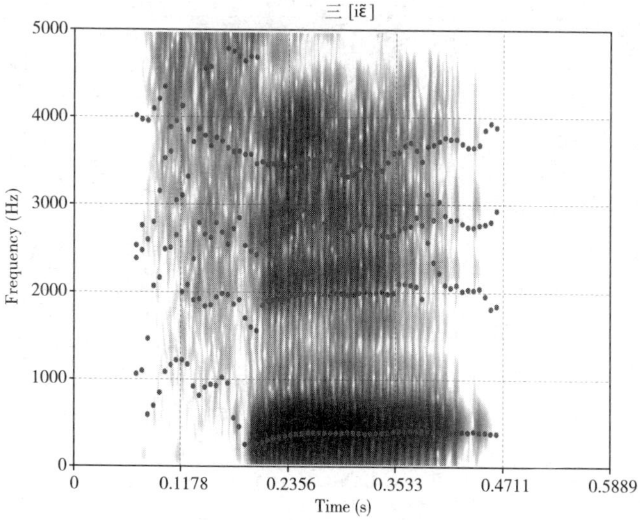
三 [iɛ̃]
5000
4000
3000
2000
1000
0
Frequency (Hz)
0
0.1178
0.2356
0.3533
0.4711
0.5889
Time (s)

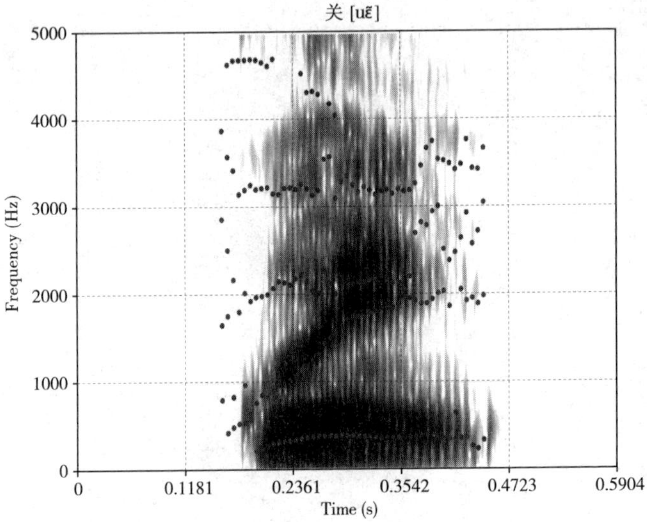
关 [uɛ̃]
5000
4000
3000
2000
1000
0
Frequency (Hz)
0
0.1181
0.2361
0.3542
0.4723
0.5904
Time (s)

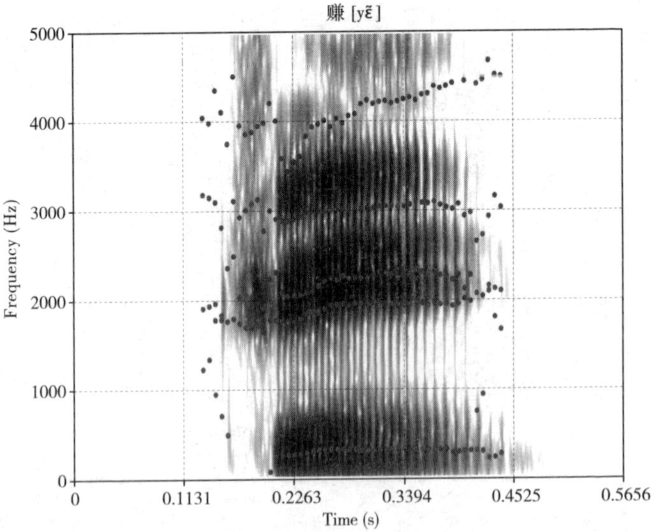
赚 [yɛ̃]
5000
4000
3000
2000
1000
0
Frequency (Hz)
0
0.1131
0.2263
0.3394
0.4525
0.5656
Time (s)

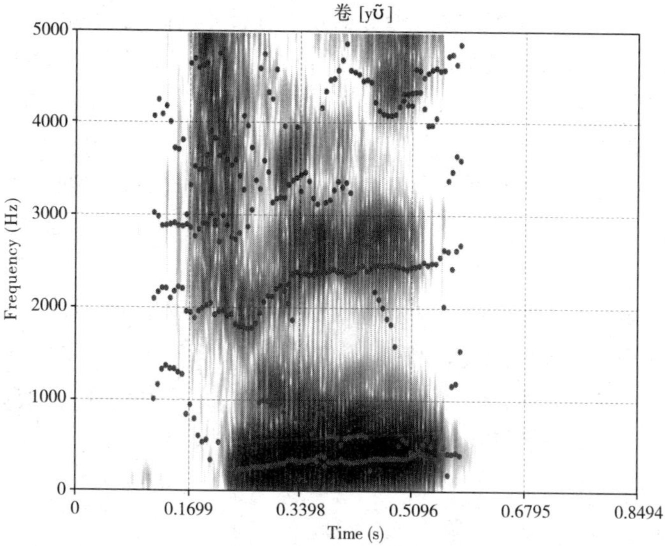

泰兴方言的鼻化韵有“年[iĩ]、反[ɛ̃]、三[iɛ̃]、关[uɛ̃]、赚[yɛ̃]、暗[ʊ̃]、卷[yʊ̃]”七个。语图显示，元音脉冲结束后，与元音 F1 共振峰相接的部分，没有明显的能量变化，说明泰兴方言这些韵母不存在纯粹的鼻音韵尾，而是鼻化韵。鼻化韵不像一般鼻音韵尾在后半部分能量衰减明显，其高频区没有明显的能量变化。泰兴方言鼻化韵的低共鸣部分带宽较粗，这是由于鼻腔的表面积较大，腔壁吸收大量能量，产生了耦合效应①。

开口呼“反[ɛ̃]”和“暗[ʊ̃]”的 F1、F2 几乎平行，没有明显动程。[ɛ]舌位靠前，因此 F2 较高。[ʊ]舌位靠后，F2 较低，与 F1 贴近。

齐齿呼“年[iĩ]”和“三[iɛ̃]”的动程趋势均不明显。“年

① 耦合效应，即鼻腔对口腔产生的反共振影响。

[iɪ̃]”F1 与 F2 大致平行，走势都较平缓，F1 位低且贴近基线，F2 位高，两者相距甚远；[i]和[ɪ]舌位很靠近，因此发音部位的动程变化不明显。“三[iɛ̃]”F1 与 F2 整体走势也很平缓，说明舌位变化并不明显。

合口呼只有“关[uɛ̃]”。“关[uɛ̃]”F1 略升，F2 在明显上升后趋于平缓，介音[u]是后高圆唇元音，故韵头部分 F2 与 F1 接近。

撮口呼“赚[yɛ̃]”和“卷[yʊ̃]”的共振峰走势不同。“赚[yɛ̃]”中的[y]是前高圆唇元音，因此开头部分 F1 与 F2 相距较远，F1 位低平缓，F2 位高，微降后整体上升。“卷[yʊ̃]”开头部分 F2 与 F1 相距甚远，之后 F2 明显下降，与 F1 趋合。

4.鼻尾韵母[aŋ][əŋ][ɔŋ][iaŋ][iəŋ][iɔŋ][uaŋ][uəŋ][yaŋ][yəŋ]

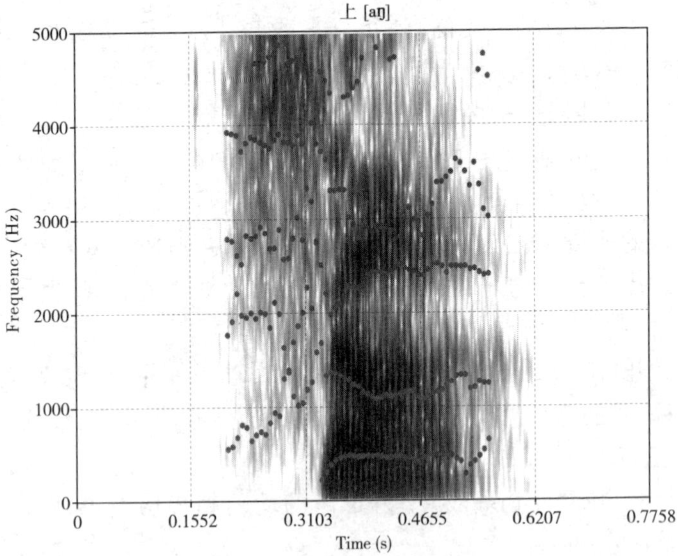

门 [əŋ]

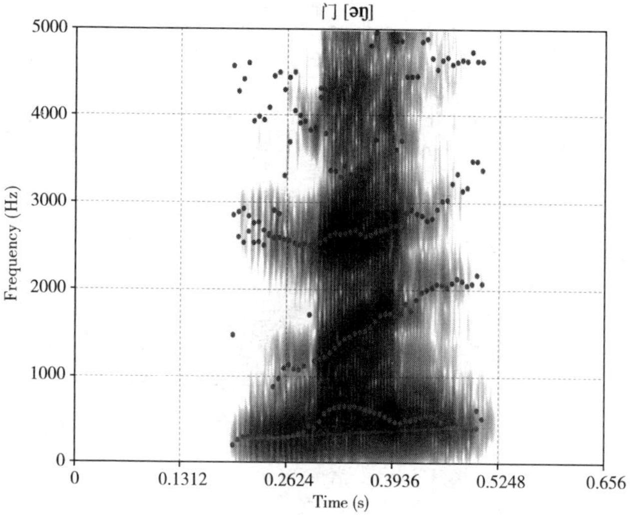
5000
4000
3000
2000
1000
0
Frequency (Hz)
0
0.1312
0.2624
0.3936
0.5248
0.656
Time (s)

东 [ɔŋ]

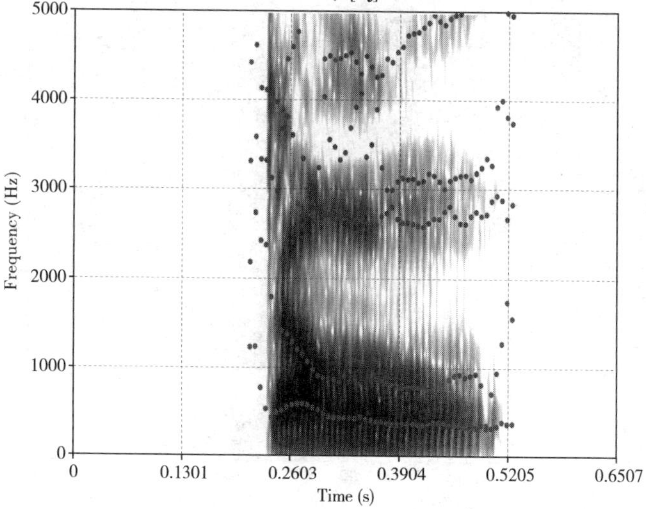
5000
4000
3000
2000
1000
0
Frequency (Hz)
0
0.1301
0.2603
0.3904
0.5205
0.6507
Time (s)

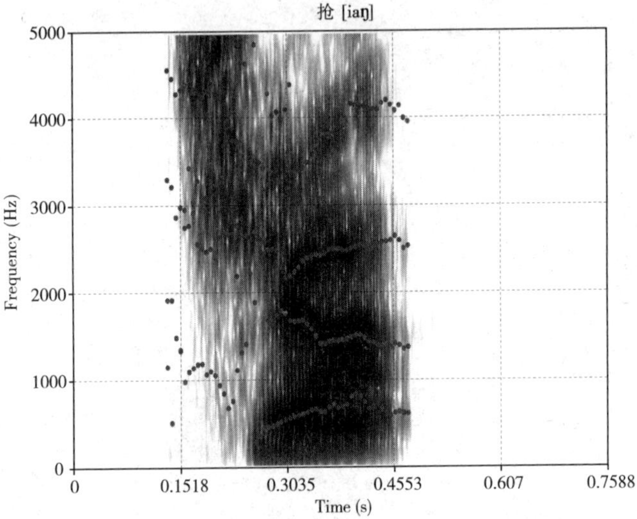
抢 [iaŋ]
5000
4000
3000
2000
1000
0
Frequency (Hz)
0
0.1518
0.3035
0.4553
0.607
0.7588
Time (s)

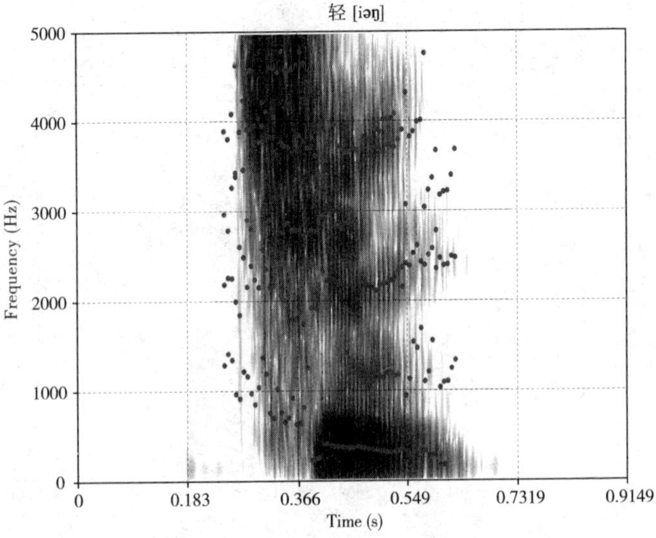
轻 [iəŋ]
5000
4000
3000
2000
1000
0
Frequency (Hz)
0
0.183
0.366
0.549
0.7319
0.9149
Time (s)

兄 [iɔŋ]

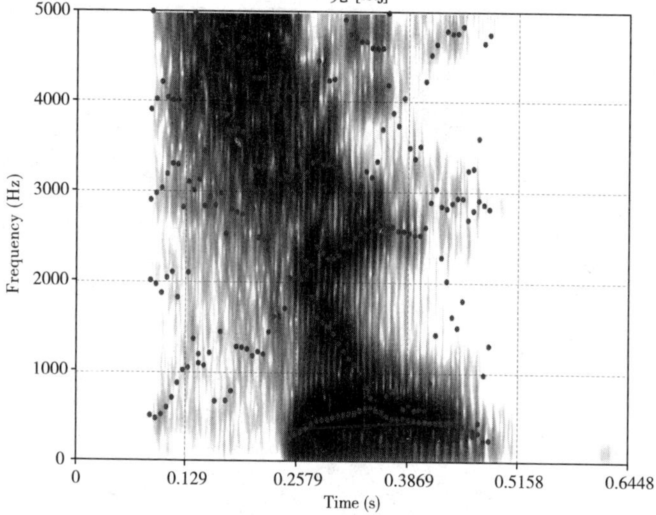
5000
4000
3000
2000
1000
0
Frequency (Hz)
0
0.129
0.2579
0.3869
0.5158
0.6448
Time (s)

黄 [uaŋ]

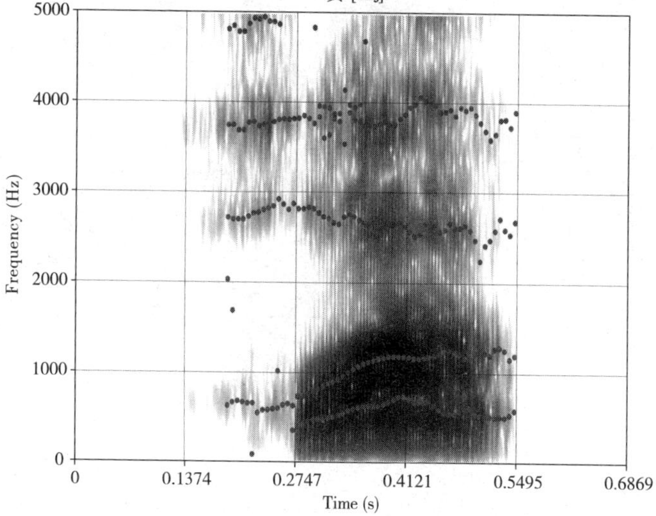
5000
4000
3000
2000
1000
0
Frequency (Hz)
0
0.1374
0.2747
0.4121
0.5495
0.6869
Time (s)

魂 [uəŋ]

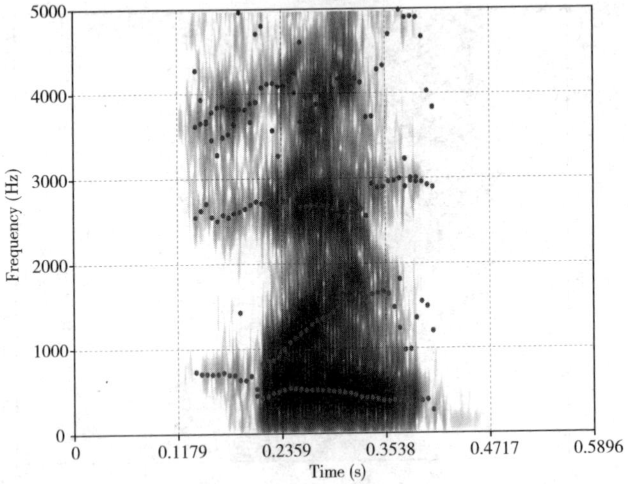
5000
4000
3000
2000
1000
0
Frequency (Hz)
0
0.1179
0.2359
0.3538
0.4717
0.5896
Time (s)

云 [yəŋ]

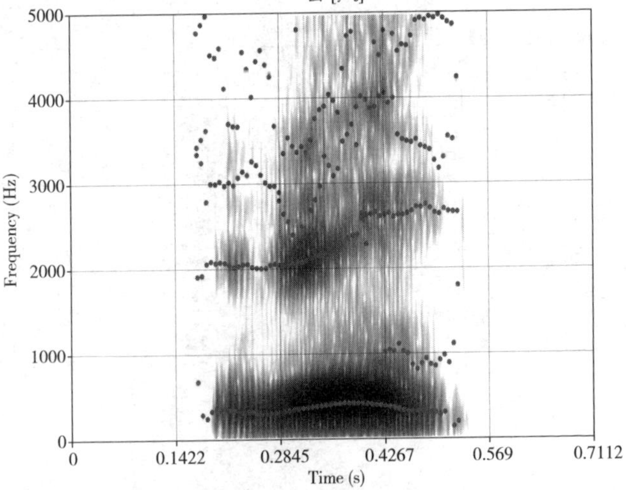
5000
4000
3000
2000
1000
0
Frequency (Hz)
0
0.1422
0.2845
0.4267
0.569
0.7112
Time (s)

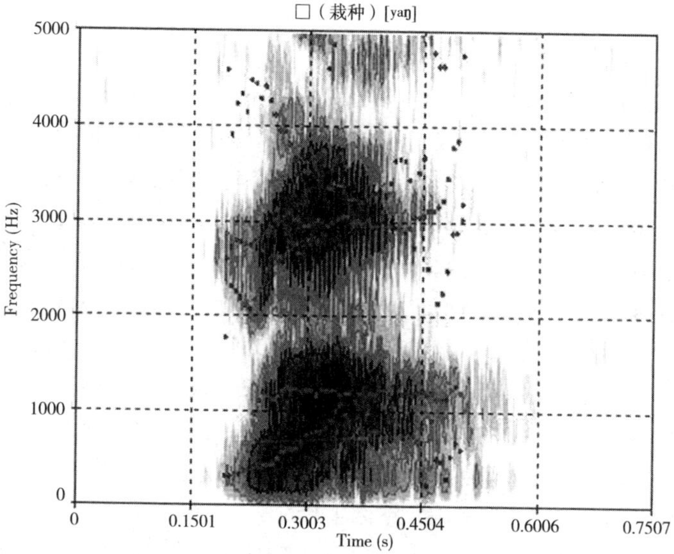

泰兴方言鼻尾韵母有 10 个，分别是开口呼“上[aŋ]、门[əŋ]、东[ɔŋ]”，齐齿呼“抢[iaŋ]、轻[iəŋ]、兄[iɔŋ]”，合口呼“黄[uaŋ]、魂[uəŋ]”，撮口呼“□栽种[yaŋ]、云[yəŋ]”。鼻韵尾元音的语图特征主要体现为元音结束之后低频区的浊音横杠，但鼻音韵尾的浊音横杠比元音横杠的颜色浅、能量弱，并与元音的第一共振峰相接。从语图上可以明显看出，泰兴方言有些鼻音韵尾较明显，如“轻[iəŋ]、兄[iɔŋ]、魂[uəŋ]、门[əŋ]”；有些则不明显，如“抢[iaŋ]、东[ɔŋ]”。

开口呼“上[aŋ]、门[əŋ]、东[ɔŋ]”的共振峰呈现出不同走势。[ŋ]是偏后的音，[a]受其影响，也靠后，因此它们 F2 都大致平行于基线，呈平稳走势。[ə]是央元音，而[ŋ]是舌根鼻音，舌位较后，因此 F2 有明显升势，说明发音部位有后移的动程。“东[ɔŋ]”韵头部分 F2 有明显降势，说明从辅音到元音[ɔ]，发音部位后移，韵腹部分 F1 与 F2 几乎都与基线平行，说明[ɔ]与

[ŋ]发音部位均偏后。

齐齿呼“抢[iaŋ]、轻[iəŋ]、兄[iɔŋ]”的F2均呈明显降势。[i]是高元音,因此这三个韵头部分的F1均很低,贴近基线,之后都有上升走势,说明发音部位均下移。[iɔŋ]的F2由靠近F3下降至贴近F1,说明发音部位有幅度较大的由前到后的动程。“轻[$tɕ^hiəŋ^{21}$]”中的[iəŋ]受塞擦音声母[$tɕ^h$]的影响,F2与F3不太清晰;[i]后接的[ə]和[ŋ]发音部位偏后,因此F2明显上升。[iaŋ]中的[i]是前高元音,因此F1与F2开头部分相距甚远,[a]因受后接的[ŋ]影响,靠后偏低,F1与F2又彼此趋近。

合口呼“黄[uaŋ]”和“魂[uəŋ]”F2都有明显升势,而F1微升后降,因为[u]是后高圆唇元音,故开头部分F2与F1彼此靠拢。其中[a]是低元音,因此F1微升后又明显下降。[ə]是中央元音,F1微升后略降,整体平稳。

撮口呼“□栽种[yaŋ]、云[yəŋ]”中的[y]是前高元音,从[y]到[a][ə],再到[ŋ],发音部位逐渐后移,F2到音节尾处微降。

5.入声韵母[æʔ][ʊʔ][aʔ][əʔ][ɔʔ][iæʔ][iʔ][iaʔ][iəʔ][iɔʔ][uæʔ][uaʔ][uəʔ][yæʔ][yʊʔ][yəʔ]

开口呼入声韵有“辣[æʔ]、活[ʊʔ]、落[aʔ]、不[əʔ]、北[ɔʔ]”五个。泰兴方言入声韵喉塞尾-ʔ显著,短而促,从语图上可直观看出,如“辣[æʔ]”的时长约为0.318s,而同韵母的舒声韵[æ]约为0.412s。韵尾因喉头关闭、肌肉紧张,语图上有明显的冲直条,在宽带语图上可观察到多条有规律的脉冲波。由于受前面元音的影响,多条清晰的脉冲波中还保留了元音的共振峰结构。

辣 [æʔ]

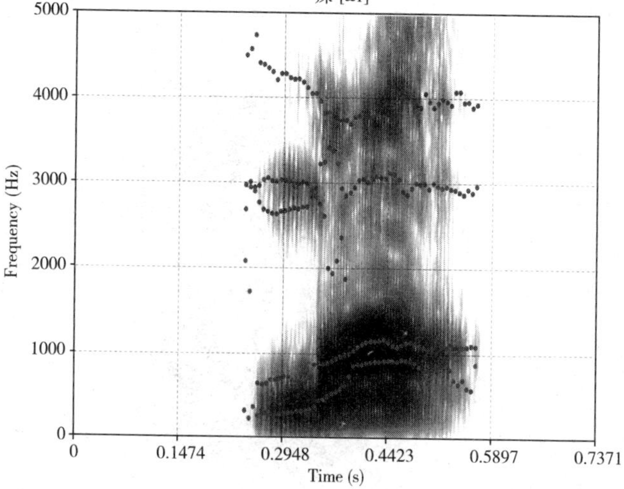
5000
4000
3000
2000
1000
0
Frequency (Hz)
0
0.1474
0.2948
0.4423
0.5897
0.7371
Time (s)

活 [ʊʔ]

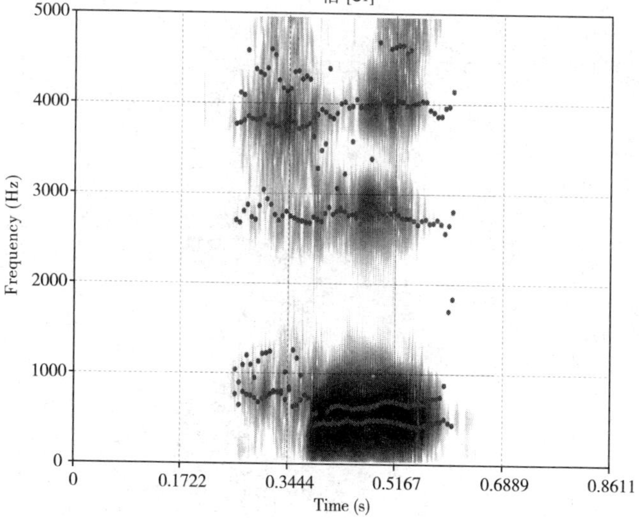
5000
4000
3000
2000
1000
0
Frequency (Hz)
0
0.1722
0.3444
0.5167
0.6889
0.8611
Time (s)

落 [aʔ]

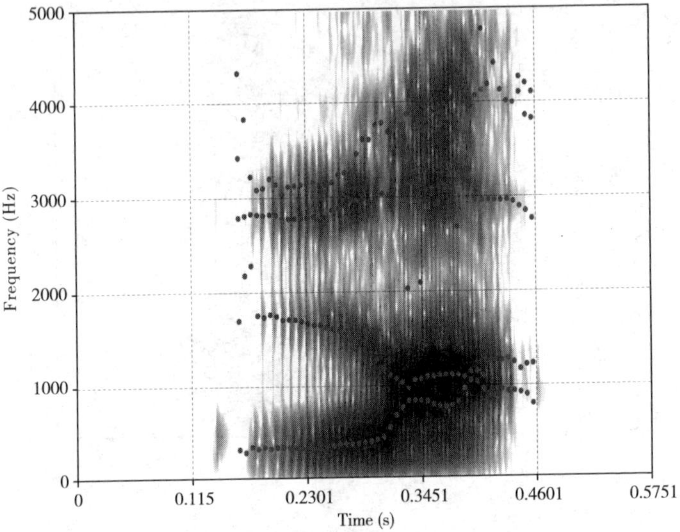
5000
4000
3000
2000
1000
0
Frequency (Hz)
0
0.115
0.2301
0.3451
0.4601
0.5751
Time (s)

不 [əʔ]

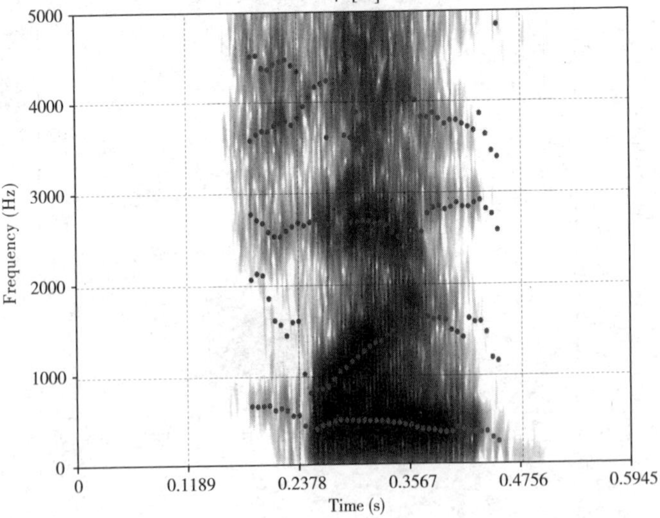
5000
4000
3000
2000
1000
0
Frequency (Hz)
0
0.1189
0.2378
0.3567
0.4756
0.5945
Time (s)

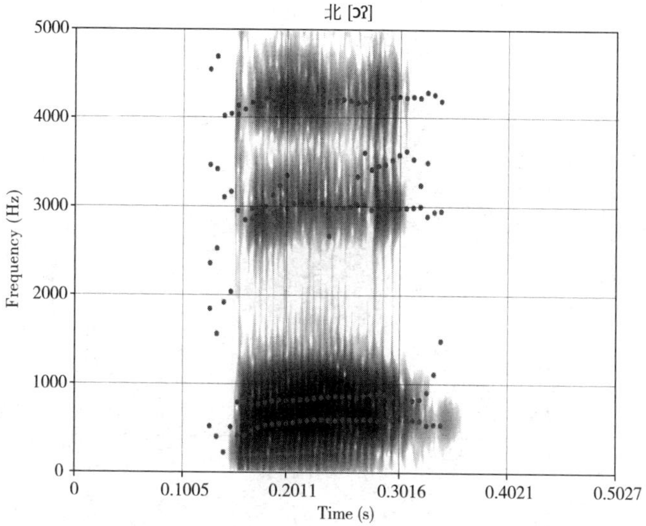

"辣[æʔ]"中的[æ]是前半低元音,F1、F2 都较高,F1 与 F2 贴近,且它们都受到辅音影响,弯头都朝下,F1 微升之后趋降,F2 微升之后趋于平缓。"活[ʊʔ]"中的[ʊ]发音部位靠后,因此 F2 很低,与 F1 靠近,几乎平行。"落[aʔ]"中的[a]是偏前的低元音,F2 明显高于其他几个入声韵,F2 明显降势后趋于平缓,与 F1 趋合。"不[əʔ]"中的[ə]是央元音,故 F2 缓升后,与 F1、F3 之间几乎是等距的。"北[ɔʔ]"中的[ɔ]是后半低圆唇元音,F1 与 F2 均略升。

泰兴方言中的齐齿呼入声韵主要有"甲[iæʔ]、笔[iɪʔ]、脚[iaʔ]、七[iəʔ]、菊[iɔʔ]"。"甲[iæʔ]"的介音[i]是前高元音,从[i]到[æ],舌位降低,因此 F1 有上升的坡度;随着舌位后移,F2 有明显的降势,与 F1 逼近。"笔[iɪʔ]"中的[i]是前高元音,因此 F1 位低贴近基线,与 F2 相距甚远;F1 微升后平缓,F2 略升。"脚[iaʔ]"中[a]是偏前低元音,又受到前高元音[i]的影响,开头部分 F2 与 F1 相距甚远;因为喉塞尾-ʔ的作用,发音部位后移,F1 和 F2 由开到合,逐渐靠拢。"七[iəʔ]"的语图显示,韵腹部分 F2 与 F1 之

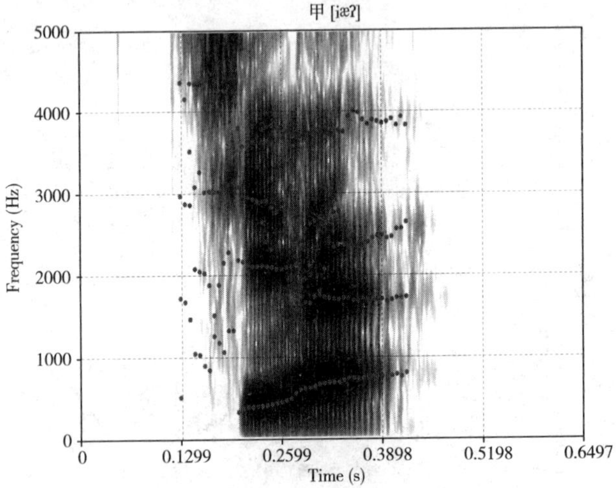

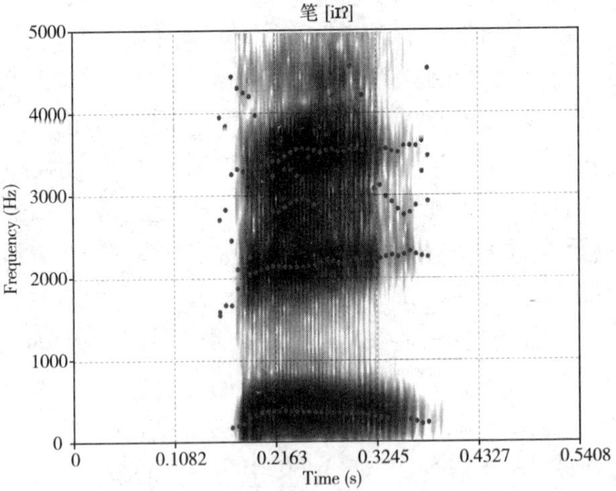

间的距离远大于 F2 与 F3 之间的距离，说明[ə]受到介音[i]的影响，舌位偏前，F2 较高。“菊[iɔʔ]”中[ɔ]是后半低圆唇元音，受到前高元音影响，开头部分的 F2 与 F1 相距甚远，后彼此迅速靠拢。

脚 [iaʔ]

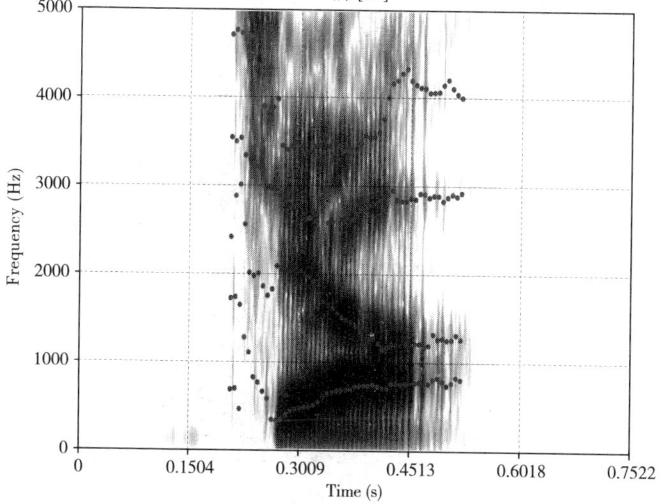
5000
4000
3000
2000
1000
0
Frequency (Hz)
0
0.1504
0.3009
0.4513
0.6018
0.7522
Time (s)

七 [iəʔ]

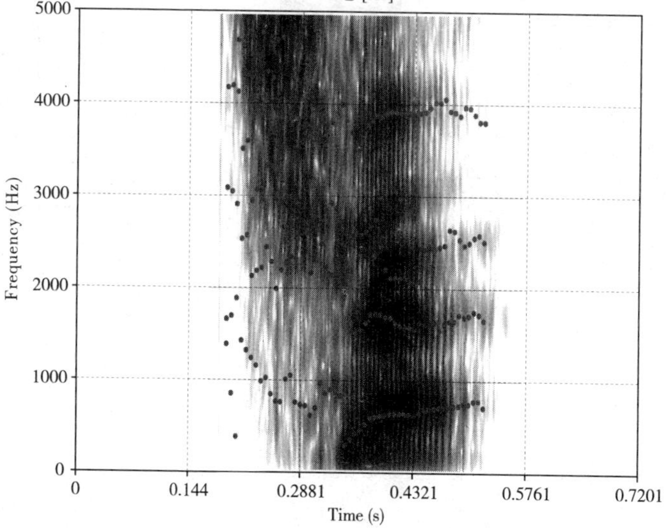
5000
4000
3000
2000
1000
0
Frequency (Hz)
0
0.144
0.2881
0.4321
0.5761
0.7201
Time (s)

菊 [iɔʔ]

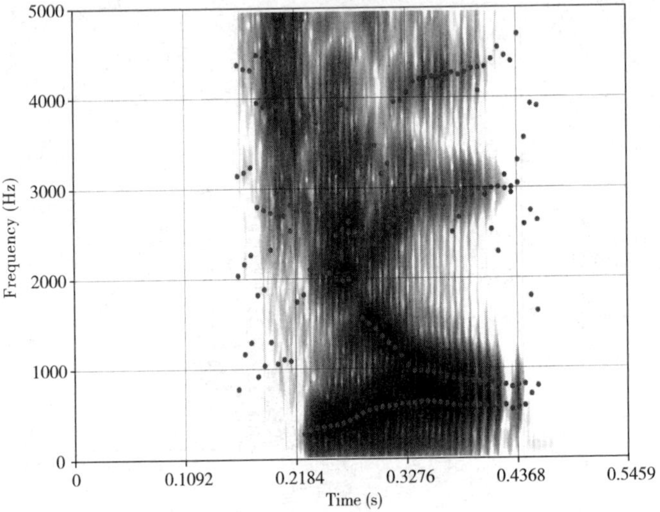
5000
4000
3000
2000
1000
0
Frequency (Hz)
0
0.1092
0.2184
0.3276
0.4368
0.5459
Time (s)

滑 [uæʔ]

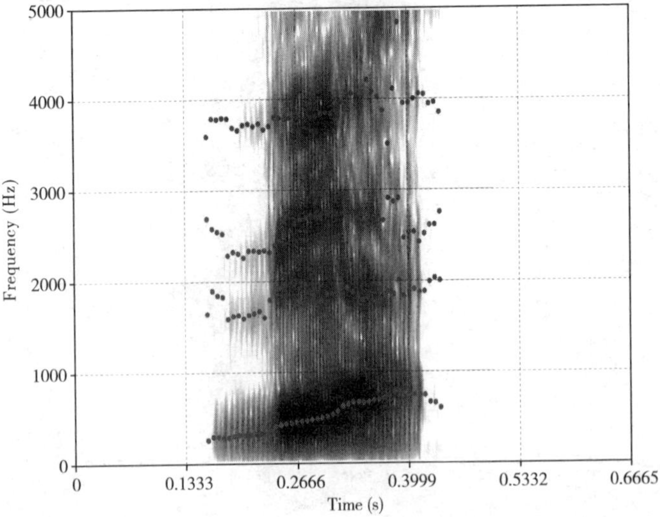
5000
4000
3000
2000
1000
0
Frequency (Hz)
0
0.1333
0.2666
0.3999
0.5332
0.6665
Time (s)

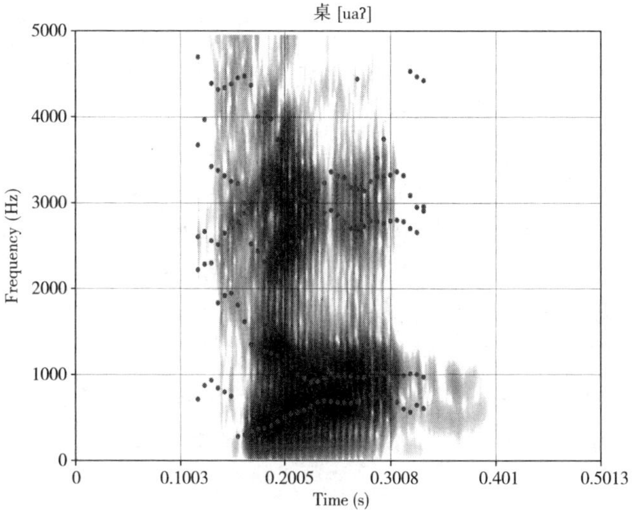

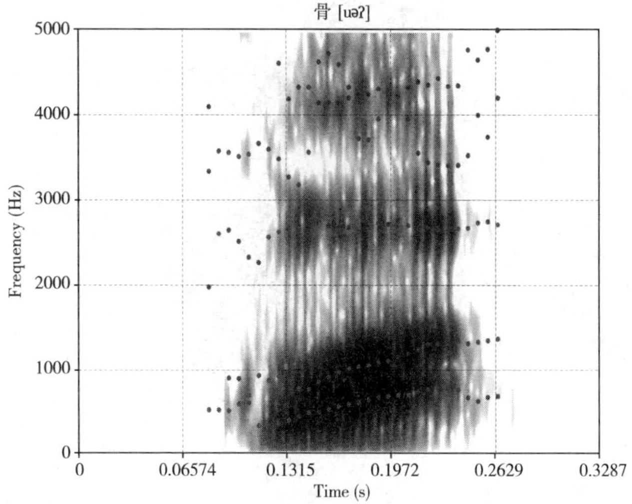

合口呼入声韵有“滑[uæʔ]、桌[uaʔ]、骨[uəʔ]”三个，与开口呼入声韵完全对应。因为有介音[u]，开头部分的 F2 与 F1

彼此靠拢且贴近基线。“滑[uæʔ]”中的[æ]是前半低不圆唇元音，F1、F2、F3都是上升走势。“桌[uaʔ]”中的[a]是低元音，F1上升，F2位低。“骨[uəʔ]”中的[ə]是央元音，因此F2趋升，向F3靠近。

撮口呼入声韵有“刷[yæʔ]、缺[yʊʔ]、橘[yəʔ]”三个。“刷[yæʔ]”的韵头是前高圆唇元音[y]，韵腹[æ]是前半低元音，因此F2整体位高，与F3贴近，而F1有明显上升走势，与F2渐趋合。“缺[yʊʔ]”中的[ʊ]是后半高元音，从[y]到[ʊ]，F2明显下降，F1略升，与F2趋近。“橘[yəʔ]”中的[ə]是央元音，从[y]到[ə]，发音部位后移，因此F2明显下降，F1略升，与F2趋近。它们的音节尾部都是喉塞尾-ʔ，因此语图上有多条明显的脉冲波。

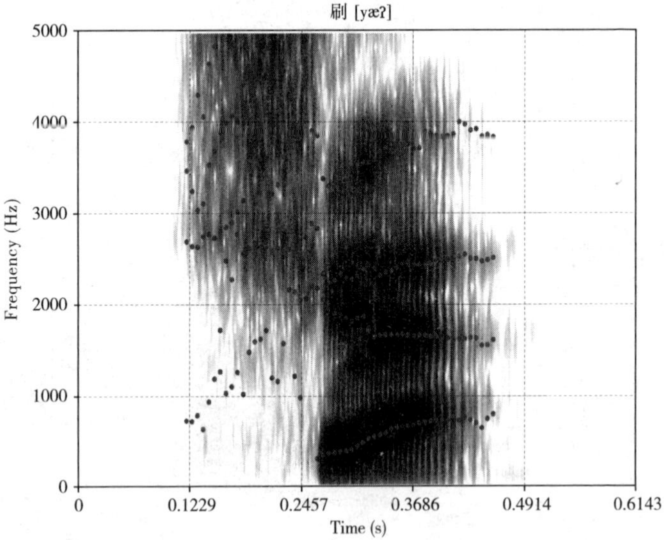

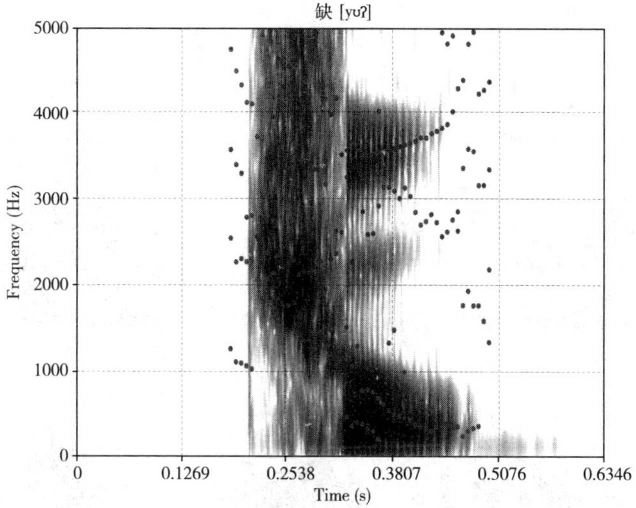
缺 [yʊʔ]
5000
4000
3000
2000
1000
0
Frequency (Hz)
0
0.1269
0.2538
0.3807
0.5076
0.6346
Time (s)

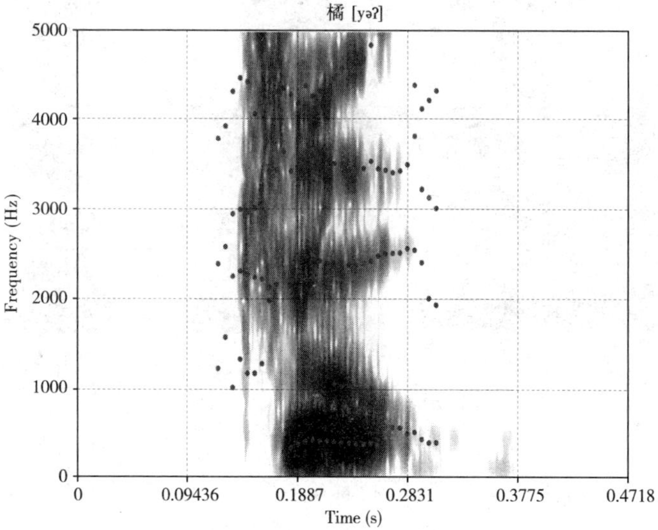
橘 [yəʔ]
5000
4000
3000
2000
1000
0
Frequency (Hz)
0
0.09436
0.1887
0.2831
0.3775
0.4718
Time (s)

三 声调语图及分析

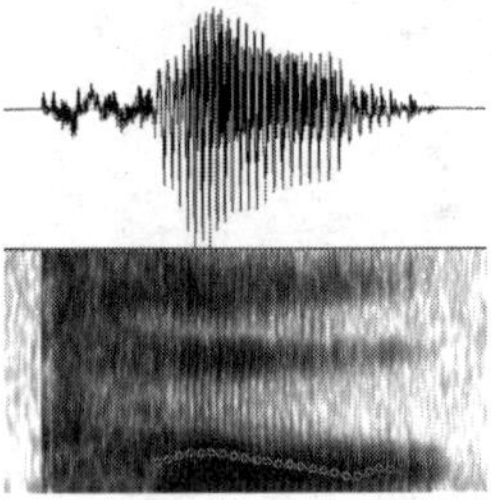

敲[kʰɔ^{21}]

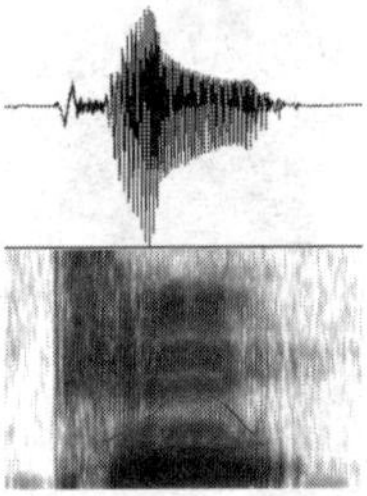

平[pʰiəŋ^{45}]

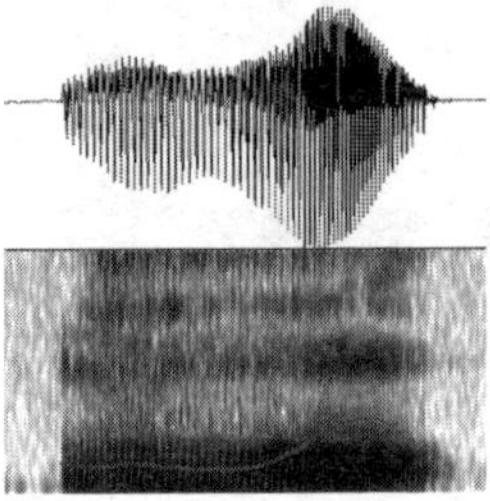

五[vu^{213}]

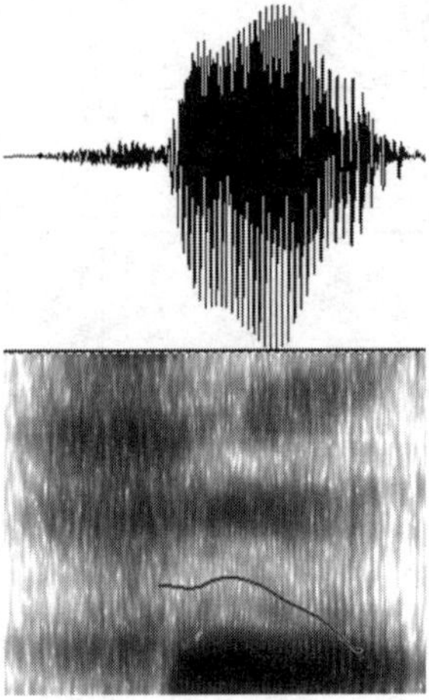

汉[xʊ̃^{43}]

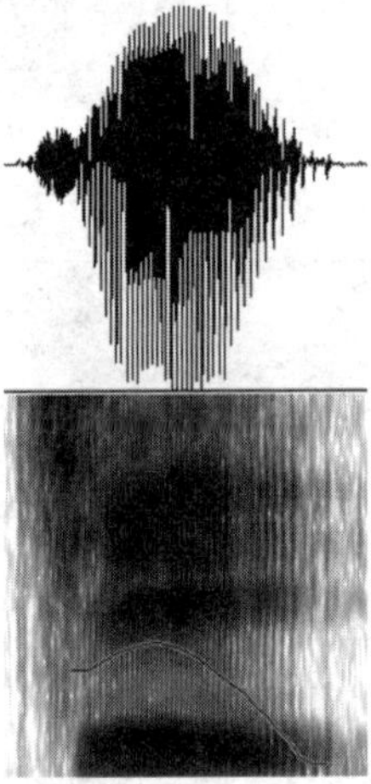

急[tɕiɪʔ$^{\underline{43}}$]

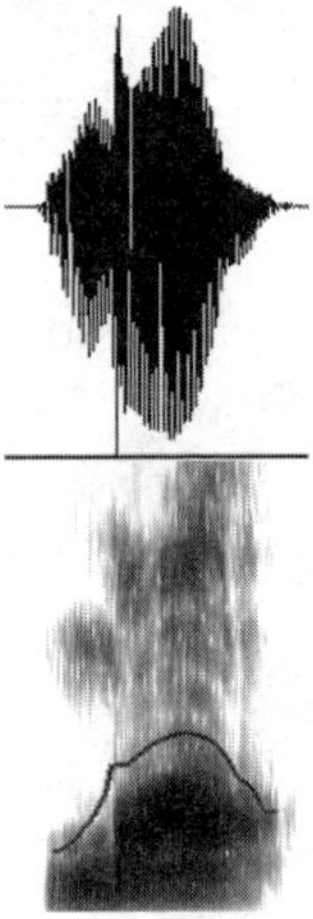

辣[læʔ$^{\underline{45}}$]

上图所列例字分别代表阴平 21、阳平 45、上声 213、去声 43、阴入 $\underline{43}$、阳入 $\underline{45}$。从声调时长看，阴入和阳入的调长是最短的，“急”约为 0.23s，“辣”约为 0.19s；阴平、阳平和去声的调长较长，“敲”约为 0.36s，“平”约为 0.25s，“汉”约为 0.32s；上声的调长最长，“五”约为 0.43s。

从宽带语图的基频曲线看，阴平是低平调，调程贯通整个调域，呈现缓慢的下降趋势。阳平是高调，起始部分陡升，高升之后，随着音节结束自然下降。上声在微降之后上升，且拱顶位置在调域中线以后，起点低于终点。去声在微平后下降，起点调高。阴入在微升后下降，为高降调，调型与去声相似。阳入是高升调，呈微升趋势，后随音节结束自然下降。

第三节　音变

一　连读变调①

1.前字阴平的变调

前字为阴平，后字为上声，前字不变，后字由 213 变同阳平 45。

开水[kɛ^{21}suəi$^{213/45}$]　　东海[tɔŋ^{21}xɛ$^{213/45}$]

甘草[kʊ̃^{21}ts^{h}ɔ$^{213/45}$]　　双打[suaŋ^{21}ta$^{213/45}$]

凄惨[tɕ^{h}i^{21}tɕ^{h}iɛ̃$^{213/45}$]　　腰鼓[iɔ^{21}ku$^{213/45}$]

2.前字阳平的变调

(1)前字为阳平，后字为阴平，前字由 45 变同去声 43，后字不变。

连心[niĩ$^{45/43}$ɕiəŋ^{21}]　　红花[xɔŋ$^{45/43}$xua^{21}]

龙虾[lɔŋ$^{45/43}$xa^{21}]　　肥皂[fəi$^{45/43}$ts^{h}ɔ^{21}]

桃酥[t^{h}ɔ$^{45/43}$su^{21}]　　人家[zʅəŋ$^{45/43}$ka^{21}]

(2)前后字均为阳平，前字由 45 变同去声 43，后字由 45 变同阴平 21。

寒毛[xʊ̃$^{45/43}$mɔ$^{45/21}$]　　黄桥[xuaŋ$^{45/43}$tɕ^{h}iɔ$^{45/21}$]

---

① 泰兴境内连读变调情况不尽相同，东部变调不多，但西部比较复杂。此处为城关话连读变调。

名堂[miəŋ$^{45/43}$tʰaŋ$^{45/21}$]　游龙[iɤɯ$^{45/43}$lɔŋ$^{45/21}$]

牛郎[ŋə$^{45/43}$laŋ$^{45/21}$]　明朝$_{明天}$[məŋ$^{45/43}$tsɔ$^{45/21}$]

(3)前字为阳平,后字为上声,前字不变,后字由213变同阳平45。

茶碗[tsʰa^{45}ʊ̃$^{213/45}$]　麻饼[ma^{45}piəŋ$^{213/45}$]

团体[tʰʊ̃^{45}tɕʰi$^{213/45}$]　长短[tsʰaŋ^{45}tʊ̃$^{213/45}$]

铜板[tʰɔŋ^{45}pɛ̃$^{213/45}$]　红枣[xɔŋ^{45}tsɔ$^{213/45}$]

3.前字上声的变调

前后字均为上声,二字均由213变同阳平45。

检举[tɕiĩ$^{213/45}$tɕy$^{213/45}$]　处理[tsʰu$^{213/45}$li$^{213/45}$]

小巧[ɕiɔ$^{213/45}$tɕʰiɔ$^{213/45}$]　水果[suəi$^{213/45}$kɤɯ$^{213/45}$]

草稿[tsʰɔ$^{213/45}$kɔ$^{213/45}$]　五反[vu$^{213/45}$fɛ̃$^{213/45}$]

4.前字去声的变调

(1)前字为去声,后字为阳平,前字不变,后字由45变同去声43。

菜油[tsʰɛ^{43}iɤɯ$^{45/43}$]　应酬[iəŋ^{43}tsʰəi$^{45/43}$]

看头[kʰʊ̃^{43}tʰəi$^{45/43}$]　算盘[sʊ̃^{43}pʰʊ̃$^{45/43}$]

(2)前字为去声,后字为上声,前字不变,后字由213变同阳平45。

放手[faŋ^{43}səi$^{213/45}$]　汽水[tɕʰi^{43}suəi$^{213/45}$]

报喜[pɔ^{43}ɕi$^{213/45}$]　对比[təi^{43}pi$^{213/45}$]

到底[tɔ^{43}tɕi$^{213/45}$]　报纸[pɔ^{43}tsɿ$^{213/45}$]

5.前字阴入的变调

前字为阴入,后字为上声,前字不变,后字由213变同阳平45。

铁饼[tʰiɪʔ$^{\underline{43}}$piəŋ$^{213/45}$]　黑枣[xəʔ$^{\underline{43}}$tsɔ$^{213/45}$]

索粉$_{粉丝}$[saʔ$^{\underline{43}}$fəŋ$^{213/45}$]　竹笋[tsɔʔ$^{\underline{43}}$suəŋ$^{213/45}$]

粥碗[tsɔʔ$^{\underline{43}}$ʊ̃$^{213/45}$]　吃饱[tɕʰiəʔ$^{\underline{43}}$pɔ$^{213/45}$]

6.前字阳入的变调

(1)前字为阳入,后字为阴平,有两种情况:

前字由$\underline{45}$变同阴入$\underline{43}$,后字不变。

十三[səʔ$^{\underline{45}/\underline{43}}$ɕiɛ̃^{21}]　　肉丝[ʐɔʔ$^{\underline{45}/\underline{43}}$sɿ^{21}]

学生[ɕiaʔ$^{\underline{45}/\underline{43}}$səŋ^{21}]　　越冬[yʊʔ$^{\underline{45}/\underline{43}}$tɔŋ^{21}]

学校[ɕiaʔ$^{\underline{45}/\underline{43}}$ɕiɔ^{21}]　　滑车[xuæʔ$^{\underline{45}/\underline{43}}$tsʰa^{21}]

前字由 $\underline{45}$ 变同阴平 21,后字不变。

十二[səʔ$^{\underline{45}/21}$ər^{21}]　　日夜[iɪʔ$^{\underline{45}/21}$ia^{21}]

学问[ɕiaʔ$^{\underline{45}/21}$uəŋ^{21}]　　热量[iɪʔ$^{\underline{45}/21}$liaŋ^{21}]

月亮[yʊʔ$^{\underline{45}/21}$liaŋ^{21}]　　白面[pʰɔʔ$^{\underline{45}/21}$miɪ̃^{21}]

(2)前字为阳入,后字为阳平,有三种情况:

前字由 $\underline{45}$ 变同阴平 21,后字不变。

木棉[mɔʔ$^{\underline{45}/21}$miɪ̃^{45}]　　腊梅[laʔ$^{\underline{45}/21}$məi^{45}]

药丸[iaʔ$^{\underline{45}/21}$ʊ̃^{45}]　　肉圆[ʐɔʔ$^{\underline{45}/21}$yʊ̃^{45}]

前字由 $\underline{45}$ 变同阴平 21,后字由 45 变同阴平 21。

石榴[səʔ$^{\underline{45}/21}$ləi$^{45/21}$]　　别人[pʰiɪʔ$^{\underline{45}/21}$ʐəŋ$^{45/21}$]

特为[tʰəi$^{\underline{45}/21}$uəi$^{45/21}$]

前字由 $\underline{45}$ 变同阴入 $\underline{43}$,后字由 45 变同阴平 21。

木头[mɔʔ$^{\underline{45}/\underline{43}}$tʰəi$^{45/21}$]　　合同[xʊʔ$^{\underline{45}/\underline{43}}$tʰɔŋ$^{45/21}$]

肋条[ləʔ$^{\underline{45}/\underline{43}}$tʰiɔ$^{45/21}$]　　舌头[ɕiɪʔ$^{\underline{45}/\underline{43}}$tʰəi$^{45/21}$]

(3)前字为阳入,后字为上声,有两种情况:

前字不变,后字由 213 变同阳平 45。

白果[pʰɔʔ$^{\underline{45}}$kɤɯ$^{213/45}$]　　月饼[yʊʔ$^{\underline{45}}$piəŋ$^{213/45}$]

日本[iɪʔ$^{\underline{45}}$pəŋ$^{213/45}$]　　药水[iaʔ$^{\underline{45}}$suəi$^{213/45}$]

木板[mɔʔ$^{\underline{45}}$pɛ̃$^{213/45}$]　　物品[vəʔ$^{\underline{45}}$pʰiəŋ$^{213/45}$]

前字由 $\underline{45}$ 变同阴平 21,后字不变。

物理[vəʔ$^{\underline{45}/21}$li^{213}]　　白脸[pʰɔʔ$^{\underline{45}/21}$liɪ̃^{213}]

十五[səʔ$^{\underline{45}/21}$vu^{213}]　　肉碗[ʐɔʔ$^{\underline{45}/21}$ʊ̃$^{h\,213}$]

落雨[laʔ$^{\underline{45}/21}$y^{213}]　　白眼[pʰɔʔ$^{\underline{45}/21}$ŋɛ̃^{213}]

(4)前字为阳入,后字为去声,前字由 $\underline{45}$ 变同阴平 21,后字不变。

肉案[ʐɔʔ$^{\underline{45}/21}$ʊ̃^{43}]　　烙印[laʔ$^{\underline{45}/21}$iəŋ^{43}]

(5)前字为阳入,后字为阴入,前字由 45 变同阴平 21,后字不变。

十一[səʔ$^{\underline{45}/21}$iɪʔ$^{\underline{43}}$]

(6)前后字均为阳入,有两种情况:

前后字均由 45 变同阴平 21。

药物[iaʔ$^{\underline{45}/21}$vəʔ$^{\underline{45}/21}$]　　腊月[læʔ$^{\underline{45}/21}$yʊʔ$^{\underline{45}/21}$]

六月[lɔʔ$^{\underline{45}/21}$yʊʔ$^{\underline{45}/21}$]　　热烈[iɪʔ$^{\underline{45}/21}$liɪʔ$^{\underline{45}/21}$]

白药[pʰɔʔ$^{\underline{45}/21}$iaʔ$^{\underline{45}/21}$]　　学历[ɕiaʔ$^{\underline{45}/21}$liɪʔ$^{\underline{45}/21}$]

前字由 45 变同阴平 21,后字不变。

绿叶[lɔʔ$^{\underline{45}/21}$iɪʔ$^{\underline{45}}$]　　毒药[tʰɔʔ$^{\underline{45}/21}$iaʔ$^{\underline{45}}$]

十六[səʔ$^{\underline{45}/21}$lɔʔ$^{\underline{45}}$]　　六六一种农药[lɔʔ$^{\underline{45}/21}$lɔʔ$^{\underline{45}}$]

前字为阳入时,若其后紧跟一个以 m、n、ŋ、l、v、ʐ 或零声母起头的音节,那么前字阳入 45 变同阴平 21(如"石棉"[səʔ$^{\underline{45}/21}$miĩ^{45}]、"木耳"[mɔʔ$^{\underline{45}/21}$ər^{213}]),喉塞韵尾弱化。这一规律亦见于通泰区其他市县方言。

二　轻声

泰兴话另有大量轻声,一般出现在双字组的后字、三字组的中字。轻声(用"0"标识)的音高与前一字调值的终点相近,而与其原调无关。具体如下:

1.前字为阳平,后字阴入,前字不变,后字变轻声。后字实际调值接近前字阳平 45,入声尾模糊。

完结[ʊ̃^{45}tɕiɪʔ$^{\underline{43}/0}$]　　原则[yʊ̃^{45}tsəʔ$^{\underline{43}/0}$]

条约[tiɔ^{45}iaʔ$^{\underline{43}/0}$]　　时节[sɿ^{45}tɕiɪʔ$^{\underline{43}/0}$]

皮色[pʰi^{45}səʔ$^{\underline{43}/0}$]　　回答[xuəi^{45}tæʔ$^{\underline{43}/0}$]

2.前字为去声,后字阳入,前字不变,后字变轻声。后字入声尾模糊,实际调值接近前字去声 43。

化学[xua^{43}ɕiaʔ$^{\underline{45}/0}$]　　势力[sɿ^{43}liɪʔ$^{\underline{45}/0}$]

秘密[pi^{43}miəʔ$^{\underline{45}/0}$]　　泡沫[p^{h}ɔ^{43}mʊʔ$^{\underline{45}/0}$]

3.前字为阴入,后字为阴平,前字不变,后字变轻声。实际调值接近前字阴入 $\underline{43}$。

黑心[xəʔ$^{\underline{43}}$ɕiəŋ$^{21/0}$]　　菊花[tɕiɔʔ$^{\underline{43}}$xua$^{21/0}$]

作兴[tsaʔ$^{\underline{43}}$ɕiəŋ$^{21/0}$]　　出路[ts^{h}uəʔ$^{\underline{43}}$lu$^{21/0}$]

第三章　泰兴方言语音的历史演变

第一节　声母

一　声母的演变规律及地域差异

古全浊声母，在今泰兴方言逢塞音、塞擦音不论平仄，一律送气。此为通泰方言区内的统一特征，与客赣方言同，而与北邻的洪巢片方言迥异。其中从母有两种演变情况，后接洪音为 ts-组，后接细音为 tɕ-组。见表 1。

表 1　古全浊声母演变表

古组	声调	今音	例字
並	平	p^h	袍
	仄		抱
定	平	t^h	徒
	仄		度

续表

古纽	声调	今音	例字
从(洪)	平	ts^h	曹
	仄		造
从(细)	平	$tɕ^h$	齐
	仄		就
邪	平	$tɕ^h$	囚
	仄		谢
澄	平	ts^h	除
	仄		柱

现在,受普通话影响,泰兴方言全浊声母产生新变。並、定、从母部分韵摄字,文读或读书音仄声演变为不送气塞音、塞擦音。见表2。

表2　古全浊声母新变情况表

古纽	白读	文或书	例字
並	p^h	p	暴毙
定	t^h	t	定段
从(洪)	ts^h	ts	罪造
从(细)	$tɕ^h$	tɕ	就荠

随着普通话的推广,文化教育的普及,方言逐渐向普通话靠拢,此类字越来越多。

1.帮系。泰兴方言帮系声母的情况一般为:帮[p],滂、並[p^h],明[m],非、敷、奉[f],微[v]、[Ø],仍有部分字保留古无轻唇音的残迹,例如:

表3 古无轻唇音例字表

例字	甫杜~	孵~小鸡	辅~导	璺裂~	薇蔷~花
古纽	非	敷	奉	微	
今音	p^h	p^h	p^h	m	

2.端组。端组的演变一般是端[t],透、定[t^h],但在蟹摄开口四等韵、止摄开口三等前有腭化,为[tɕ][$tɕ^h$],如"低[$tɕi^{21}$]蟹开四端齐平、体[$tɕ^hi^{213}$]蟹开四透荠上、地[$tɕ^hi^{21}$]止开三定至去"等。

3.泥组。泰兴方言有[n][l]的音位对立。但来母遇今[i]韵,显示出不稳定的趋势,声母可读[l]或[n],甚至脱落,为自由变体。如"李",可读为[li^{213}][ni^{213}][i^{213}]。

4.精组、知系。泰兴方言精组与知系关系密切,情况颇为复杂。精组后接洪音今读 ts-组,与知照系 ts-合流;后接细音,读 tɕ-组。

表4 精组声母演变表

	精	清	从	心	邪
洪音	ts 灾	ts^h 猜	ts^h 在	s 赛	
细音	tɕ 挤	$tɕ^h$ 妻	$tɕ^h$ 齐	ɕ 细	$tɕ^h$ 席

值得注意的是,在大片乡村地区,精组还有 tʂ、$tʂ^h$一读。以"字止开三从之去"为例,见图1。

图1　泰兴“字”的音读分布

其演变条件如下：

城关、古溪　　精组/今洪>ts-组（表示在今洪音条件下，演变为 ts-，下同）

　　精组/今细>tɕ-组

泰兴乡村　　精组/今洪、蟹摄开口三四、臻梗摄>ts-组

　　精组/今洪、其余韵摄>tʂ-组

　　精组/今细>tɕ-组

泰兴方言知系声母读 ts-组，但城关、乡村地区流摄知系为 tɕ-组，与古溪不同，存在地域差异，见表 5。

表 5　流摄知系声母音读地域差异表

	古溪	城关	乡下
昼(知)	ts	tɕ	tɕ
丑(徹)	ts^{h}	$tɕ^{h}$	$tɕ^{h}$
绸(澄)	ts^{h}	$tɕ^{h}$	$tɕ^{h}$
皱(庄)	ts	tɕ	tɕ
愁(崇)	ts^{h}	$tɕ^{h}$	$tɕ^{h}$
搜(生)	▯	ɕ	ɕ
周(章)	ts	tɕ	tɕ
臭(昌)	ts^{h}	$tɕ^{h}$	$tɕ^{h}$
收(书)	s	ɕ	ɕ
受(禅)	s	ɕ	ɕ

表 5 显示，古溪流摄知系并未腭化，而城关、乡下已然腭化，与精组、腭化了的见组合流，因此“昼 = 皱 = 咒 = 就 = 救 [tɕiɤɯ^{43}]”，这种归并方式是罕见的。

此外，泰兴方言古邪母音读形式有多种，详见表 6。

表 6　邪母今读表

古纽	今音	韵摄	例字
邪	tɕ^h	假开三	邪斜谢
		遇合三	徐
		止合三	穗
		流开三	袖$_{白:衣\sim}$
		深开三	寻$_{白:\sim死}$
		宕开三	祥$_{吉\sim}$像$_{\sim样}$
	ɕ	遇合三	序
		山开三	涎羡
		山合三	旋
	ts^h	止开三	词寺嗣
		止合三	随
	s	止开三	似
		通合三	松俗

表 6 显示，泰兴方言邪母读塞擦音[tɕ^h][ts^h]是主流，与从母合流，这与粤语、平话类似；今读擦音，又与吴语类同。邪母在泰兴方言有多种音读现象，不能简单地用“例外”解释，其成因和演变类型有待进一步研究。

7.见系。泰兴方言见系后接洪音读 k-组，后接细音读 tɕ-组。一些开口二等字的腭化正在进行中，见表 7。

表 7　见系开口二等腭化情况表

例字	家	姜	敲	确	虾	牙	鸭
今读	k	tɕ	k^h	k^h/tɕ^h	x/ɕ	ŋ/Ø	ŋ

一些字只有[k]组一读，如“家、敲”；一些字只有[tɕ]组一读，如“姜”；而“确、虾、牙”等字二者兼具，语言演变的不平衡性由此可见一斑。

二　声母的分合及条件

古今声母演变及分合条件表一

泰兴	中古	演变及分合条件	例字
p	帮		帮波把布北
p	並	文读	暴毙拌
p^h	並		皮抱拔暴毙拌
p^h	滂		坡普盼泼匹
m	明		麻米墓末灭
f	非		方匪废法发
f	敷		芳仿副赴彿
f	奉		肥父饭乏伐
v	微	合口三等（宕合三除外）	无尾问袜物
v	疑	合口一、三等	危五外玩杌
v	影		威委稳畏挖
v	喻（云）		围伟卫胃

古今声母演变及分合条件表二

泰兴	中古	演变及分合条件	例字
t	端		多抖到冻跌
	知		爹摘
	定	文读或书面语	盾队段
t^h			堂荡段夺突
	透		胎讨透塌铁
n	疑		倪虐
	泥		拿暖怒耐聂
l		深开三	赁
	来		罗卵路立劣

古今声母演变及分合条件表三

泰兴	中古	演变及分合条件	例字
ts	精	洪音	租紫赞作足
	知		追珍拄置桌
	澄	文读	滞
	庄		斋阻榨责捉
	章		专止志正拙
ts^h	清		搓村草次促
	从		曹坐造字昨

续表

泰兴	中古	演变及分合条件	例字
ts^h	邪		词饲
	徹		超耻丑趁戳
	澄		除箸柱治浊
	初		叉吵厕创察
	崇		锄柴助状镯
	昌		车吹穿喘出
	禅		晨垂
s	心		苏嫂素塞
	邪		随寺诵俗续
	崇	蟹开二、止开三	柴士事
	生		沙所使瘦色
	书		舍手失胜说
	禅		时垂社慎勺
ʐ	日	三等(止开三除外)	如惹绕入弱

古今声母演变及分合条件表四

泰兴	中古	演变及分合条件	例字
tɕ	端	蟹开四	低底
	精	细音	尖酒姐浸接
	从		聚藉寂
	知	咸开三	沾
	澄	咸开二、山开二	赚绽$_{破\sim}$
	庄	咸开二	斩蘸眨
	章	咸开三	占折
	见		鸡九寄据结
tɕ^h	透	蟹开四	梯体替
	定	蟹开四、止开三	题弟第地
	清	细音	签蛆抢七切
	从		齐聚尽就集
	邪		囚寻袖斜谢
	徹	山开三	撤
	澄	山开三	缠
	初	咸开二	插
	崇		栈闸
	溪		轻丘去恰缺
	群		茄奇群轿及

续表

泰兴	中古	演变及分合条件	例字
ɕ	心		西三写笑薛削
	邪		涎寻袖羡夕
	生	咸开二、山开二、山合二	杉删山杀
	船	山开三	舌
	书	咸开三、山开三	闪扇设
	晓		希靴朽孝血
	匣	开口二等、四等	嫌霞穴

古今声母演变及分合条件表五

泰兴	中古	演变及分合条件	例字
k	见		家架界割
kʰ	见		会~计愧
	溪		科考靠磕哭
	群		跪柜共
ŋ	疑		熬我眼艾额
	影		鸦矮爱压
x	晓		虾昏化瞎
	匣		下霞害合~作

泰兴	中古	演变及分合条件	例字
Ø	疑		宜蚁卧业岳
	影		淤椅亚幼噎
	喻(云)		于雨往芋晕
	喻(以)		羊勇引夜药
	微	宕合三	亡网忘

第二节　韵母

一　韵母的分合条件及演变规律

泰兴方言韵母系统与南方诸方言接近,尤其是北部吴语。保留入声,但无[-p][-t][-k]三者对立,入声韵萎缩成一个喉塞尾[-ʔ];单元音多,鼻化韵丰富;前后鼻音不分,如"今=京、陈=诚"。本节考察韵母的演变及分合条件,详见下表。

韵母分合条件表一

		一等			二等			
		帮系	端系	见系	帮系	泥组	知庄组	见系
果	开		ɤɯ 多	ɤɯ 哥				
	合	ɤɯ 波	ɤɯ 坐	ɤɯ 果				

续表

		一等			二等			
		帮系	端系	见系	帮系	泥组	知庄组	见系
假	开				a 巴	a 拿	a 茶	a/ia 鸦
	合							ua 花
遇	合	u 布	u 土	u 古				
蟹	开	əi 贝	ɛ 胎	ɛ 开	ɛ 拜	ɛ 奶	ɛ 柴	ɛ/ia 街/佳
	合	əi 杯	əi 腿	uəi 灰				uɛ/ua 怪/画
效	开	ɔ 毛	ɔ 刀	ɔ 高	ɔ 包	ɔ 闹	ɔ 吵	ɔ/iɔ 敲/孝
流	开	ɤɯ 亩	əi 豆	əi 沟				

韵母分合条件表二

		三、四等							
		帮系	端组	泥组	精组	庄组	知章组	日母	见系
果	开								
	合								ya 靴
假	开				ia 借		a 蛇		ia 夜
遇	合			y 女	y 徐	u 初	u 住	u 如	y 雨

续表

		三、四等							
		帮系	端组	泥组	精组	庄组	知章组	日母	见系
蟹	开	i 米	i 低	i 泥	i 西		ɿ 世		i 鸡
	合	əi 废			ʮ/uəi 岁		uəi 税		uəi 桂
止	开	i/əi 眉		i 离	ɿ 子	ɿ 事	ɿ 知	ər 耳	i 衣
	合	əi 飞		əi 泪	ʮ/uəi 醉	uɛ 帅	uəi 水		uəi 鬼
效	开	iɔ 表	iɔ 挑	iɔ 料	iɔ 小		ɔ 烧	ɔ 绕	iɔ 桥
流	开	u 富	əi 丢	əi 柳	iɤɯ 酒	əi 搜	əi 周	əi 柔	iɤɯ 九

韵母分合条件表三

		一等			二等			
		帮系	端系	见系	帮系	泥组	知庄组	见系
咸舒	开		ɛ̃ 贪	ʊ̃ 暗			iɛ̃ 杉	ɛ̃/iɛ̃ 咸
深舒	开							
山舒	开		ɛ̃ 旦	ʊ̃ 岸	ɛ̃ 班		iɛ̃ 山	ɛ̃/iɛ̃ 眼/限
	合	ʊ̃ 般	ʊ̃ 酸	ʊ̃ 官				uɛ̃ 关

续表

		一等			二等			
		帮系	端系	见系	帮系	泥组	知庄组	见系
臻舒	开		əŋ 吞	əŋ 跟				
	合	əŋ 盆	uəŋ 村	uəŋ 昏				
宕舒	开	aŋ 帮	aŋ 桑	aŋ 康				
	合							uaŋ 光

韵母分合条件表四

		三、四等							
		帮系	端组	泥组	精组	庄组	知章组	日母	见系
咸舒	开	iɪ̃ 贬	iɪ̃ 点		iɪ̃ 尖		iɪ̃ 陕	iɪ̃ 染	iɪ̃ 嫌
	合	ɛ̃ 帆							
氾深舒	开	iəŋ 品		iəŋ 林	iəŋ 浸	əŋ 森	əŋ 枕	əŋ 纫	iəŋ 今
山舒	开	iɪ̃ 片	iɪ̃ 天	iɪ̃ 连	iɪ̃ 千		iɪ̃ 展	iɪ̃ 然	iɪ̃ 言
	合	ɛ̃ 帆			yʊ̃ 全		ʊ̃ 传		yʊ̃ 悬
臻舒	开	iəŋ 贫		iəŋ 邻	iəŋ 信	əŋ 榛	əŋ 真	əŋ 人	iəŋ 斤
	合	əŋ 分		əŋ 轮	yəŋ 旬		uəŋ 春	uəŋ 闰	yəŋ 允

续表

		三、四等							
		帮系	端组	泥组	精组	庄组	知章组	日母	见系
宕舒	开			iaŋ 亮	iaŋ 想	uaŋ 床	aŋ 章	aŋ 让	iaŋ 香
	合	aŋ 方							uaŋ 狂

韵母分合条件表五

		一等			二等			
		帮系	端系	见系	帮系	泥组	知庄组	见系
江舒	开				aŋ 棒		uaŋ 窗	iaŋ/aŋ 江/巷
曾舒	开	ɔŋ 朋	əŋ 灯	əŋ 肯				
	合			ɔŋ 弘				
梗舒	开				ɔŋ 烹	əŋ 冷	əŋ 生	əŋ/iəŋ 耕/杏
	合							ɔŋ 轰
通舒	合	ɔŋ 蓬	ɔŋ 东	ɔŋ 工				

韵母分合条件表六

		三、四等							
		帮系	端组	泥组	精组	庄组	知章组	日母	见系
曾舒	开	iəŋ 冰		iəŋ 菱			əŋ 升	əŋ 仍	iəŋ 凝
梗舒	开	iəŋ 平	iəŋ 丁	iəŋ 令	iəŋ 青		əŋ 成		iəŋ 经
	合								iɔŋ 荣
通舒	合	ɔŋ 风		ɔŋ 隆	ɔŋ 松	ɔŋ 重	ɔŋ 忠	ɔŋ 绒	ɔŋ/iɔŋ 弓/胸

韵母分合条件表七

		一等			二等			
		帮系	端系	见系	帮系	泥组	知庄组	见系
咸入	开		æʔ 答	ʊʔ 磕			iæʔ 插	æʔ 掐
深入	开							
山入	开		iæʔ 擦	ʊʔ 渴	æʔ 八		iæʔ 察	æʔ 瞎
	合	ʊʔ 泼	ʊʔ 脱	ʊʔ 活				æʔ 挖

韵母分合条件表八

		三、四等							
		帮系	端组	泥组	精组	庄组	知章组	日母	见系
咸入	开		iɪʔ 跌	iəʔ 镊	iɪʔ 接		iɪʔ 摺		iɪʔ 业
	合	æʔ 法							

续表

		三、四等							
		帮系	端组	泥组	精组	庄组	知章组	日母	见系
深入	开			iəʔ 立	iɪʔ 集	əʔ 涩	əʔ 十	əʔ 入	iəʔ 及
山入	开	iəʔ 篾	iɪʔ 铁	iəʔ 捏	iɪʔ 节		iɪʔ 舌	iɪʔ 热	iɪʔ 结
	合	æʔ 发		iəʔ 劣	iɪʔ 雪		ʊʔ 说		yʊʔ 血
臻入	开	iəʔ 笔		iəʔ 栗	iəʔ 七	əʔ 瑟	əʔ 失	iɪʔ 日	iəʔ 一
	合	əʔ 物		iəʔ 律	yʊʔ 恤		uəʔ 出		yəʔ 屈

韵母分合条件表九

		一等			二等			
		帮系	端系	见系	帮系	泥组	知庄组	见系
宕入	开	aʔ 博	aʔ 落	aʔ 各				
	合			uaʔ 郭				
江入	开				aʔ 剥		uaʔ 桌	aʔ/iaʔ 角/岳
曾入	开	ɔʔ 北	əʔ 德	əʔ 黑				
	合			ɔʔ 国				
梗入	开				ɔʔ 白		əʔ 泽	əʔ 革
	合							ɔʔ 获

续表

		一等			二等			
		帮系	端系	见系	帮系	泥组	知庄组	见系
通入	合	ɔʔ 木	ɔʔ 毒	ɔʔ 哭				

韵母分合条件表十

		三、四等							
		帮系	端组	泥组	精组	庄组	知章组	日母	见系
宕入	开			iaʔ 略	iaʔ 雀		aʔ 勺	aʔ 弱	iaʔ 约
	合	aʔ 缚							
江入	开								
曾入	开			iəʔ 力	iəʔ 息	əʔ 测		iəʔ 极	
	合								yəʔ 域
梗入	开	iəʔ 碧	iəʔ 笛	iəʔ 历$_{日\sim}$	iəʔ 席		əʔ 石		iəʔ 吃
	合								yəʔ 疫
通入	合	ɔʔ 服		ɔʔ 绿	ɔʔ 俗	ɔʔ 缩	ɔʔ 竹	ɔʔ 肉	iɔʔ 局

泰兴方言韵母的重要特点之一，是咸山两摄的今读仍分三类，为[iĩ][ɛ̃][ʊ̃]，如：边[piĩ^{21}]、班[piɛ̃^{21}]、搬[pʊ̃^{21}]。具体情况是：咸、山两摄开口为[iĩ]，咸摄合口、山摄合口帮系为[ɛ̃]，山摄合口精组、知组、见系为[ʊ̃]。北方话大片已经混同，江淮官

话一般分三类或两类。

咸山两摄今读三分，是通泰方言的统一特征，也是江淮方言的主要特点。《中原音韵》这两摄也分三类，江淮方言是这个系统的直接继承者（鲍明炜 1993）。

二　流摄的历史演变及地域差异

泰兴方言韵摄的分合情况颇为复杂。其中，流摄最为分歧，与果、遇、蟹、止摄均有关联。限于篇幅，本节仅以流摄为例，探讨泰兴方言韵母的历史演变及地域差异。

流摄的今读情况，详见表 8。

表 8　泰兴方言流摄今读表

	帮系	端组	泥组	精组	庄组	知章组	日母	见系
一等	ɤɯ 母	əi 豆	əi 楼	əi 走				əi 沟
三等	u 富	əi 丢	əi 柳	iɤɯ 酒	əi 搜	əi 周	əi 柔	iɤɯ 九

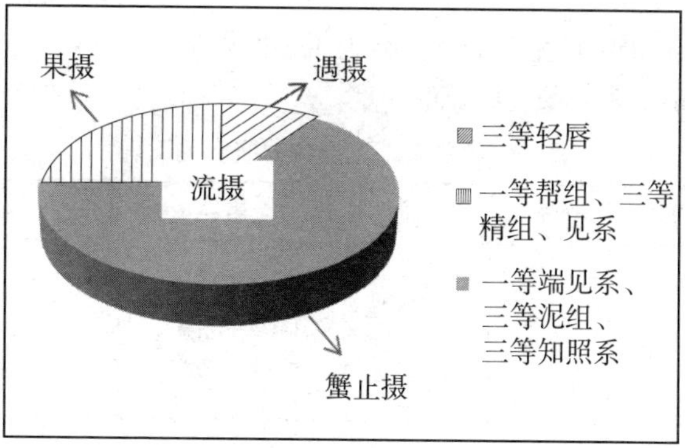

图 1　泰兴方言流摄归并图

泰兴果摄今读[ɤɯ],遇摄为[u],蟹摄齐韵、止摄微韵为[əi];表8显示,流摄一等端见系、三等端泥组和知照系读同蟹止摄的齐微韵[əi];一等帮组、三等精组及见系读同果摄[ɤɯ]。其中,唇音分为两类,轻唇音读同遇摄[u],如尤韵“富负妇副”等;重唇音读同果摄[ɤɯ],如侯韵“母亩牡”等。因而,《切韵》流摄在泰兴方言被其他韵摄吸纳、瓜分,实际上不存在独立的韵类。详见图1。

1.流摄唇音字的演变

诗文用韵材料是考证韵摄演变的重要依据。我们依据韵文、韵语,参考王力《汉语语音史》构拟的历代音系,归纳出魏晋至宋流摄各韵的演变关系:

魏晋南北朝时期,《切韵》流摄幽侯尤为幽部,音[u];遇摄鱼韵为鱼部[ɔ],虞模两韵为模部[o]。

隋至中唐,流摄为侯部[ou];遇摄鱼韵为鱼部[o],虞模两韵为模部[u]。

晚唐至五代,流摄尤韵(轻唇)、侯韵(重唇)与遇摄合流,为鱼模部[u]。

宋代,侯韵(重唇)分化出去了,鱼模部[u]只剩下尤韵(轻唇)和遇摄鱼模虞。详见表9。

表9　魏晋至宋流摄各韵演变关系表

<table>
<tr><td colspan="2">《切韵》</td><td>魏晋南北朝</td><td>隋—中唐</td><td>晚唐—五代</td><td>宋</td></tr>
<tr><td rowspan="3">流摄</td><td>幽</td><td rowspan="3">幽部[u]</td><td rowspan="3">侯部
[ou]</td><td rowspan="3">尤侯部
[əu/iəu]
(唇音除外)</td><td rowspan="3">尤侯部
[iəu/əu]
(轻唇除外)</td></tr>
<tr><td>侯</td></tr>
<tr><td>尤</td></tr>
</table>

续表

<table>
<tr><th colspan="2">《切韵》</th><th>魏晋南北朝</th><th>隋—中唐</th><th>晚唐—五代</th><th>宋</th></tr>
<tr><td rowspan="3">遇摄</td><td>鱼</td><td>鱼部[ɔ]</td><td>鱼部[o]</td><td rowspan="3">鱼模部[u]
尤韵(轻唇)
侯韵(重唇)</td><td rowspan="3">鱼模部[u]
尤韵(轻唇)</td></tr>
<tr><td>模</td><td rowspan="2">模部[o]</td><td rowspan="2">模部[u]</td></tr>
<tr><td>虞</td></tr>
</table>

由表9可知，至迟在晚唐五代时期，流摄唇音已混入遇摄。唐代诗文多有体现，王维《偶然作六首·其五》叶“舞主数牡鲁组苦”①；白居易《琵琶行》“自言本是京城女……前月浮梁买茶去”，叶“女住部妒数污度故妇去”②。可见，流摄唇音与遇摄相混由来已久。

泰兴方言流摄尤韵轻唇“富负妇副”等归入遇摄，与汉语大多数方言一致，王力《汉语语音史》所拟宋代音系已然如此，应为共同演变。而侯韵重唇“母亩牡”等归入果摄，是通泰方言的主要特点之一，如南通、泰州、如皋、东台等地，“母”(流摄重唇)、“歌”(果摄)二字韵母相同。此一现象亦见于北部吴语、赣语、闽语等。

表10　泰兴及周边地区尤韵今读表

<table>
<tr><th colspan="2">例字
方言</th><th>母</th><th>歌</th></tr>
<tr><td rowspan="5">通泰方言</td><td>泰兴</td><td>mɤɯ^{上}</td><td>kɤɯ^{阴平}</td></tr>
<tr><td>南通</td><td>mʊ^{上}</td><td>kʊ^{阴平}</td></tr>
<tr><td>泰州</td><td>mu^{上}</td><td>kɤɯ$^{阴平}_{文}$，ku$^{阴平}_{白}$</td></tr>
<tr><td>如皋</td><td>mɤɯ^{上}</td><td>kɤɯ^{阴平}</td></tr>
<tr><td>东台</td><td>mo^{上}</td><td>ko^{阴平}</td></tr>
</table>

① 《全唐诗》第1254页，中华书局2013年。

② 《全唐诗》第4831页，中华书局2013年。

续表

方言 \ 例字		母	歌
北部吴语	上海	mu^{上}	mu^{阴平}
	江阴	məɯ^{上}	kəɯ^{阴平}
	常州	mɤɯ^{上}	kɤɯ^{阴平}
赣语	黎川	mo^{上}	ko^{阴平}
闽语	厦门	mo$^{阳上}_{文}$,ŋ̍$^{阳上}_{白}$,mu$^{阳上}_{旧}$	ko$^{阴平}_{文}$,kua$^{阴平}_{白}$

说明:通泰地区及江苏境内吴语材料由笔者田野调查所得,上海摘自游汝杰(2014),黎川摘自颜森(1993),厦门摘自王福堂(1989)。

2.泰兴方言尤韵的内部差异及演变类型

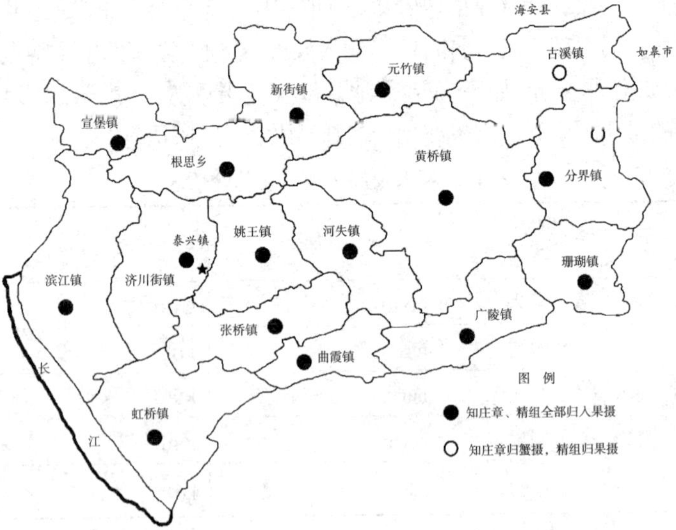

图 2　泰兴方言尤韵地域差异图

上文指出,《切韵》流摄在泰兴方言被遇摄、蟹止摄、果摄瓜分殆尽。其中,尤韵的归并情况,地域差异较大。市境东北角的古溪镇,知庄章归入蟹止摄[əi],精组归入果摄[ɤɯ];而城关和其他乡村地区,知庄章及精组悉数归入果摄[ɤɯ],形成"愁=囚=求=绸=仇=$tɕ^{h}iɤɯ^{45}$、修=搜=收=休=$ɕiɤɯ^{21}$"的归并方式。详见图2。

一市之内①有两种不同的归并方式,这样的地域差异是如何形成的?我们认为与语言接触和方言共同底层的保留有关。城关等地与相连的泰州、扬州交流频繁,接触密切,受北方官话影响的程度深,因此归并方式相同。而古溪镇与如皋、海安、姜堰交界,受北方官话影响较小,保留吴语底层较多。详见表11。

表11 泰兴及周边地区尤韵今读比较表

例字	洪巢片	通泰片			北部吴语		
	扬州	泰兴			如皋	江阴	常州
		城关	乡村	古溪			
昼(知)	ɤɯ	iɤɯ	iɤɯ	əi	ei	ei	ᴇi
丑(徹)	ɤɯ	iɤɯ	iɤɯ	əi	ei	ei	ᴇi
绸(澄)	ɤɯ	iɤɯ	iɤɯ	əi	ei	ei	ᴇi
皱(庄)	ɤɯ	iɤɯ	iɤɯ	əi	ei	ei	ᴇi
愁(崇)	ɤɯ	iɤɯ	iɤɯ	əi	ei	ei	ᴇi
搜(生)	ɤɯ	iɤɯ	iɤɯ	əi	ei	ei	ᴇi
周(章)	ɤɯ	iɤɯ	iɤɯ	əi	ei	ei	ᴇi

① 1992年,泰兴撤县设市(县级),由江苏省直辖。

续表

例字	洪巢片	通泰片			北部吴语		
	扬州	泰兴			如皋	江阴	常州
		城关	乡村	古溪			
臭(昌)	ɤɯ	iɤɯ	iɤɯ	əi	ei	ei	ᴇi
收(书)	ɤɯ	iɤɯ	iɤɯ	əi	ei	ei	ᴇi
受(禅)	ɤɯ	iɤɯ	iɤɯ	əi	ei	ei	ᴇi

表 11 显示,尤韵在各地的语音形式不尽相同,但大体可分为两种类型。

扬州、泰兴(城关等)地区与果摄合流,为*iou 类,有 ɤɯ、iɤɯ 等几种语音形式,此为 A 型。通泰片泰州亦属此类型。

泰兴(古溪)、如皋、江阴、常州等知庄组为*ei 类,有 əi、ei、ᴇi 等几种语音形式,此为 B 型。这一类型的特点是:知庄组韵母同侯韵,与蟹摄合流,跟 A 型形成"类"的对立。泰兴以东的如皋和江南的江阴、常州等地属此类型,我们认为这是吴语底层的共同保留。

有学者认为,两种类型跟声母和是否带[i]介音关系密切。尤韵字在不同声母后面,若不带介音,就读*ei 类,若带[i]介音,就可能读*iou 类韵母,形成了两个层次对比,在声母系统上呈互补关系(郑伟,157 页)。我们认为,这不只是带不带介音的问题,而是跟韵类的归并亦有关联。

湘语尤韵也有类似情况,详见表 5。

表 12　湘语部分地区尤韵音读

湘方言点	周(章)	抽(彻)	愁(崇)	瘦(生)
灌阳	tsou^{阴平}	ts^{h}ou^{阴平}	dzou^{阳平}	
岳阳	tsou^{阴平}	ts^{h}ou^{阴平}	ts^{h}ou^{阳平}	
长沙	tʂəu^{阴平}	tʂ əu^{阴平}	tsəu^{阳平}	
安化	tsəu^{阴平}	ts^{h}əu^{阴平}	tsou^{阳平}	
衡阳	tɕiu^{阴平}	tɕ^{h}iu^{阴平}	tsəu^{阳平}	
湘潭	tʂ əɯ^{阴平}	tʂ əɯ^{阴平}	dzəɯ^{阳平}	
全州	tɕiu^{阴平}	tɕ^{h}iu^{阴平}	dzəu^{阳平}	
城步	tɕiəu^{阴平}	tɕ^{h}iəu^{阴平}	dzei^{阳平}	sei^{阴去}
双峰	tiʊ^{阴平}	tɕ^{h}iʊ^{阴平}	dze^{阳平}	se^{阴去}
武冈	tɕiəu^{阴平}	tɕ^{h}iəu^{阴平}	dzai^{阳平}	sai^{阴去}

说明:表中材料来自彭建国(2010)。灌阳、岳阳等地“瘦”字读音缺,演变规律与知章组同,为*iou 类。

如表 5 所示,湘语灌阳、岳阳、全州等地尤韵,与泰兴城关读音类型相同,为*iou 类;城步、双峰、武冈等地“周、抽”为*iou 类,“愁、瘦”为*ei 类归入蟹摄,属 B 型。

B 型语音格局的分布涵括江淮方言、北部吴语、湘语等地。地域跨度如此巨大,但语音归并格局如此相似,说明了什么?反映了怎样的历史联系?我们认为尤韵在通泰及吴湘等地语音形式相近、归并方式相同,是有历史渊源关系的,应该是共同底层的保留,而不是各地独立发展的结果。

《切韵》流摄在泰兴方言分布情况复杂，实际上不存在独立的韵类，被果遇蟹止摄吸纳、瓜分。尤韵尤为复杂，归并方式可分为 A、B 两种类型，其中 B 型在江淮、吴、湘等地普遍存在，我们认为是共同渊源的体现。现今的语音形式有共同底层的保留，也有语言接触带来的异质音嵌入，语言的竞争、叠置正在进行中。

第三节 古今声调对应关系及演变规律

泰兴方言有六个声调，演变规律为：古清平、全浊上、浊去今归阴平，古浊平今归阳平，古清上、次浊上今归上声，古清去今归去声，入声根据声母的清浊分阴入、阳入。详见表 13。

表 13 古今声调对应关系表

		阴平 21	阳平 45	上声 213	去声 43	阴入 $\underline{43}$	阳入 $\underline{45}$
平	全清	多沙					
	次清	村通					
	全浊		瓶台				
	次浊		毛楼				
上	全清			火写			
	次清			考抢			
	全浊	竖近					
	次浊			冷我			

续表

		阴平 21	阳平 45	上声 213	去声 43	阴入 $\underline{43}$	阳入 $\underline{45}$
去	全清				半暗		
	次清				炭气		
	全浊	树大					
	次浊	卖外					
入	全清					急笔	
	次清					七尺	
	全浊						白毒
	次浊						肉六

由于泰兴话的阴平包括古清平、全浊上和浊去，因而泰兴话的阴平字特别多，外地人称泰兴人为“平声蛮子”。

值得注意的是，随着普通话的推广，有些全浊上和浊去字在年轻人的文读中已经不读阴平，而读去声，如“共产党”一词中的“共”，年轻人文读音[kɔŋ^{43}]，而不读[k^{h}ɔŋ^{21}]。入声有由阳入向阴入转化的迹象，如“读书”，年轻人读[tɔʔ$^{\underline{43}}$su^{21}]，而不读[t^{h}ɔʔ$^{\underline{45}}$su^{21}]。

第四章　同音字汇

凡　例

1.同音字汇按韵母、声母、声调的次序排列。

2.举例时以"~"代替本字。例句中的注释用( )表示。

3.有音无字者用"□"表示,后用小字注解。

4.文读音加小字"文"表示,白读音加小字"白"表示,书面语用"书"表示。"白读 1、白读 2"表示两个层次,"白读 1"更老一些。

5.右上角标 1、2、3 等数字,表示多音字。右下角标 1、2、3 等数字,表示又读。

ɿ

ts　[21]　资姿咨~询知桅滋支枝之芝脂蜘锱龇疷~水儿(伤口发炎时流出的黏液)□黑~□涎着脸靠近且赖着不走:不要~啊格开(不要赖在这里)

[213]　子籽仔~细梓~树纸止址姊紫纸旨指[1]动词

[43]　自文志痣制至致智置翅~膀滞

tsʰ　[21]　疵痴字治[1]~病自白痔寺白1:~庙牸~牛□打趔趄,滑:落嘎雨,路上一~一滑的差[1]参~

[45]　词祠嗣慈瓷池匙钥~迟治[2]~鱼(杀鱼)持糍~粑茨~菰辞饲猪~料雌

[213]　此齿耻

[43]　次刺伺~候稚幼~□剩:~饭

s　[21]　司思丝私斯撕市柿士尸师事是诗施氏蛳螺~似巳寺白$_2$仕

[45]　时鲥莳秧

[213]　死屎始史使

[43]　四世示势试寺文

i

p　[21]　屄

[213]　比文鄙[1]~人彼

[43]　闭[1]文毙文:枪~背[1]运气不好:运气~避文匕书秘白:~书,~密弊币

p^h　[21]　披被批焙痱篦~夹背[2]~书毙白:枪~避白□《集韵》篇迷切,削也。用刀横割成薄片坯土~胚丕

[45]　赔白陪白裴啤~酒皮疲便[1]~宜纰~漏

[213]　痞癖坏~(坏习惯)庇包~□称东西时秤杆下垂

[43]　配白屁

m　[21]　眯妹白□~嘛(慢,磨蹭)

[45]　迷谜弥梅白薇白:蔷~花眉白霉白媒白

[213]　米□小口饮酒□~猫(母猫)□在人后侦伺

[43]　秘文:~书,~密

n　[45]　泥尼呢倪

[213]　你文

[43]　腻匿文

l/Ø　[21]　例厉励丽利隶痢吏离白$_1$泪白$_1$:眼~

[45]　离文$_2$璃篱漓鹂犁梨黎厘

[213]　里理李礼鲤狸~猫

tɕ　[21]　低机肌讥饥~饿几书:~乎鸡基期$_1$小孩满一周年:年~虮蚂~蜞骚蟛~穄芦~稽乩奇[1]~偶姬箕叽卡~

[45]　□~~(象声词,动物的叫声)

[213]　己挤几茶~底抵姐文:小~

[43] 计济继际系[1]动词：~带子寄既季记悸冀暨剂文纪世~祭际穄~子忌文荠文

$tç^h$ [21] 妻凄欺期$_2$棲萋歧技溪白：古~（地名）企弟地剂白：一~药蹊跷~格事~嘞（这事很蹊跷）忌白觑《集韵》千余切。~嘴（撇嘴）；~~眼儿（近视眼）奚姓

[45] 齐脐奇[2]稀~崎骑祈祁蕲题提其棋啼蹄

[213] 启起岂体砌~屋

[43] 气汽器弃憩书契剃替帝皇~

ç [21] 西系[2]系于农具上做提梁用的绳子：粪桶~，箩子~溪文：~水牺兮希稀熙熹犀羲嘻

[213] 洗喜蟢~~儿（蜘蛛）玺禧徙书□阉割

[43] 戏细系[3]~统婿妹~（妹夫）

ø [21] 衣依医议异义艺毅益文

[45] 仪宜饴遗移疑姨夷胰

[213] 已倚椅以蚁乙文

[43] 易意亿忆异翳眼睛上长啊个~

u

p [213] 补捕文：~鱼

[43] 布怖

p^h [21] 潽铺[1]~床步部簿孵白：~小鸡

[45] 葡蒲菩

[213] 普谱甫白捕白浦匍脯辅白

[43] 铺[2]店~

f [21] 父夫麸肤妇呼乎互户糊[1]眼~了（眼睛看不清楚）

[45] 扶芙浮符巫胡[1]湖糊[2]用较浓的糊状物涂抹缝隙、窟窿葫狐壶

[213] 斧府甫文腐孵文虎湫~水（泼水）浒辅文

[43] 付附负富傅阜副沪书护文：保~讣

v [21] 乌污瓠~子护白：~短

[45] 无芜吴梧蜈胡[2]~蜂（马蜂）毋书

[213] 午忤~逆五伍武舞

[43] 恶^{1}雾悟捂焐误骛

t [21] 都~市都~去

[213] 堵赌睹肚文

[43] 度文渡文镀文妒

t^h [21] 杜度白渡白镀白肚白

[45] 涂途图徒屠

[213] 吐土

[43] 兔唾书

l [21] 路露^1~水潞鹭乳$_1$

[45] 卢芦炉庐攎

[213] 鲁橹卤

[43] 赂

ts [21] 租朱珠猪诛蛛株硃

[213] 主拄~拐棒(拄拐杖)煮祖诅组阻俎

[43] 驻注助文著柱文蛀铸□~钮子(钉扣)

ts^h [21] 粗初住助白柱白箸

[45] 锄除厨橱储雏

[213] 处^1~理暑鼠楚础□~人(用言语挫伤别人)杵

[43] 醋处^2~长

s [21] 苏疏酥书梳树竖输抒舒黍薯

[213] 数^1~数

[43] 素诉塑漱恕墅数^2~字庶书

ʐ [45] 如茹儒

[213] 乳$_2$ 孺汝

k [21] 姑估$_1$菇咕孤辜箍

[213] 古估$_2$~下子多重？诂鼓股$_1$

[43] 顾故雇固锢

k^h [21] 枯骷~髅头

[213] 苦

[43] 库裤

y

n [213] 女

l [21] 虑

[45] 驴

[213] 吕侣铝闾姓旅屡履

tɕ [21] 居拘驹苣矩堆白：草~车^1~马炮

[213] 举嘴白

[43] 据剧锯遽醉白俱文具巨拒文聚文距文炬惧对白：一~儿句文

$tɕ^h$ [21] 句白区驱距白拒白矩~形聚白俱白趋躯罪白$_1$ 穗白$_1$：麦~~蛆崔白催白摧推白：~车荞白

[45] 渠徐瞿随白$_1$

[213] 取娶腿白
[43] 去趣脆白
ç [21] 虚须需墟嘘吁长~短叹虽白荽芫~穗白$_2$：~子水下~沟(地名)
[213] 许栩诩
[43] 序叙絮绪胥婿碎白岁白
ø [21] 芋迂淤预白：~防遇誉御防~俞姓吁呼~喻愈~合
[45] 鱼渔余俞榆愉瑜渝盂愚娱于
[213] 雨羽宇禹语屿予给~寓誉与书
[43] 喂白：~猪预文裕

a

p [21] 巴疤芭笆吧掰爬^1~山扒^1~窗子粑糍~
[213] 把^1~书给他靶文□屎
[43] 爸把^{2}柄坝霸罢文：罢工叭喇~
p^h [21] 趴耙靶白□《广韵》傍下切：矮~~的罢白：~市(蔬菜、水果等过时)扒^2~猪蹄
[45] 爬^{2}虫子在~琶耙钉~：农具扒^3~手儿：小偷掱杷枇~
[43] 怕
m [21] 妈骂吗嬷马~虎
[45] 麻蟆蛤~乌儿(蝌蚪)蔴
[213] 马牛~码堆放整齐，用绳子捆绑物件蚂玛吗~啡□留心某人□用少量的盐擦拭鱼肉(腌制的一种方法)□~~儿(妇女，含贬义)
t [21] 大^{1}白《集韵》徒盖切：~小
[213] 打
[43] 大^{1}文《集韵》徒盖切：老~
t^h [21] 他她它
n [45] 拿
[213] 哪$_1$
[43] 那文娜
l [21] 拉垃
[213] 喇哪$_2$
ts [21] 渣蔗遮奓《广韵》陟加切。张开：嘴一~不费事，做起来就不容易了查^{1}姓渣喳□《集韵》庄加切：一~(拇指与食指张开后的距离)

[213] 咱书□坏~了(坏成碎片或碎末了,无法修复)吒《广韵》陟加切。声音很大

[43] 炸文诈榨□~开(裂开)这白:~个

ts^h [21] 车[2]汽~叉杈钗差[2]~别;出~□升:~旗子□劫夺 蛼《集韵》昌遮切:~螯(文蛤)

[45] 茶查[2]搽

[213] 扯衩采白镲~儿:小钹□~嘴(乱插话)

[43] 岔汊杈~枝茬

s [21] 沙裟纱莎鲨痧射白砂□《集韵》师加切:~牛(母黄牛)赊□漏,撒

[45] 蛇佘

[213] 洒傻撒舍[1]~不得□很,修饰"亮"等

[43] 嗄~喉咙(喉咙沙哑)□硬往里塞□叶片被虫咬成孔状

ʐ [213] 惹喏唱~(作揖)

k [21] 家白傢白:~伙(用具)稼庄~加白袈白

[43] 尬架白嫁白驾白

k^h [21] □硬塞咖~啡□藏

[45] □~强(逞强)□~食(吃饭时多拿多占)

[213] 卡

ŋ [21] 丫鸦白砑碾压椏□~求(降低身份央求)

[45] 牙白芽白伢庌《集韵》牛加切。露缝:门~啊个缝

[213] 哑□你家的

[43] 垩~肥(施肥)掗强行给予

x [21] 哈下[1]白虾白:鱼~儿

[45] 还[1]~在(仍然在)蛤~蟆□~气(喘气)

[213] □傻,糊涂

ø [21] 啊

ia

p [21] □象声词

[213] □不正

p^h [21] □象声词

[213] □为人霸道

m [21] 眄迅速地斜眼一看

t [21] 爹

[213] 嗲

[43] □"的呀"合音字

n [213] □你的,你家的:~妈妈

tɕ [21] 嘉家文加文袈文枷

文佳傢文：~具
[213] 姐白假贾
[43] 借白价架文脚细~儿驾文嫁文稼文
tɕʰ [21] 谢白
[45] 斜白：~的邪白
ɕ [21] 下[1]文夏些虾文
[45] 暇瑕遐霞
[213] 写白
[43] 泻白卸白吓[1]
ø [21] 夜白鸦文
[45] 芽文牙文衙爷~娘：父母
[213] 野白雅也白
[43] 亚

ua

ts [21] 抓
[213] 爪₁
s [213] 耍
k [21] 瓜呱[1]~~叫
[213] 剐寡□~嘴（话多）□搭~（闲扯）
[43] 挂卦褂
kʰ [21] 夸
[45] 刳刮
[213] 垮侉
[43] 跨
x [21] 花画文话划[1]文：~分
[45] 华[1]桦铧犁~哗划[2]文：~船
[213] □变成溶融状
[43] 华[2]姓化划[3]：计~
ø [21] 蛙画白划[1]白：~玻璃
[45] 划[2]白：~船
[213] 瓦佤搲《集韵》乌瓦切。舀
[43] 凹洼

ya

tɕʰ [45] 茄白瘸
ɕ [21] 靴
ø [21] 曰白□~膀儿（手臂因病伸不直）

ɛ

p [21] □~~（姑姑）
[213] 摆
[43] 拜
pʰ [21] 败稗~草
[45] 排徘牌
[43] 派哌□应该
m [21] 卖迈
[45] 埋
[213] 买
v [21] 歪外

[45]　怀
[213]　□晃动
t　[21]　呆^1
[213]　歹
[43]　带逮文戴黛怠文大书:《集韵》徒盖切。~王
t^h　[21]　代袋态汰白:~衣裳(用清水漂洗衣服)胎怠白待苔^{1}青~,舌~大^2:《集韵》徒盖切。~蒜,~斧逮白□有出息,元曲写作“台孩、胎孩”
[45]　台抬苔^{2}菜~
[213]　大“大2”的又读,用于口语:格双鞋子嫌~
[43]　泰太~阳汰文:淘~
n　[21]　奈耐
[213]　奶乃
[43]　鼐
l　[21]　赖癞籁
[45]　来睐莱
[213]　□向两边张开
ts　[21]　灾栽哉斋摘文
[213]　宰者□~执(过于顶真,固执)载^{1}记~
[43]　再载^{2}装~界文诫
ts^h　[21]　猜在钗
[45]　才财材豺裁柴文
[213]　采文睬彩
[43]　菜蔡察文
s　[21]　社筛鳃腮射文麝文舍^{2}旅~
[45]　柴白
[213]　赦~免
[43]　赛晒
k　[21]　该赅皆白街白枷白:连~阶白
[213]　改解白
[43]　盖概溉戒白械白届白界白丐钙介白芥白疥白
k^h　[21]　开揩
[45]　□~气(嗳气)
[213]　凯恺忾楷
[43]　隑斜靠。《方言》:“江南人呼梯为隑,所以隑物而登者也。”
ŋ　[21]　哀唉挨^1~家~户艾碍
[45]　捱挨^2~打呆^{2}癌颜~色
[213]　矮
[43]　爱暧书
x　[21]　害亥骇
[45]　孩谐白鞋白骸□目光逼视,有威胁意味□呻吟
[213]　海蟹

［43］ 嗨
Ø ［21］ 哎
［213］ 蔼

iɛ

tɕ ［21］ 阶文皆文街文
［213］ 解文
［43］ 借文界文介文芥文疥文戒文械文届文
$tɕ^h$ ［45］ 茄文
［213］ 且
ɕ ［21］ 些文
［45］ 谐文鞋文偕斜文邪文
［213］ 写文
［43］ 谢文泻文卸文
Ø ［213］ 野文也文冶书
［43］ 夜文液书腋书

uɛ

ts ［21］ 拽
［213］ 跩一～一～的（一瘸一拐的）□神气活现
ts^h ［213］ 揣～摩
［43］ 踹
s ［21］ 衰摔
［213］ 甩□流里流气的
［43］ 帅
k ［21］ 乖
［213］ 拐
［43］ 怪
k^h ［21］ 挎胳膊弯起来挂住或勾住东西：～包
［213］ □～在一边（歪斜在一边）
［43］ 快块筷会[1]～计
x ［21］ 坏□歪
［45］ 怀文淮槐踝
［213］ □甩手

əi

p ［21］ 杯悲卑碑辈背[3]～书包
［213］ 彼白比白
［43］ 贝狈倍备文背[4] 脊闭[1]白
p^h ［21］ 胚备白
［45］ 陪文赔文培裴
［43］ 佩配文
m ［21］ 妹文
［45］ 梅文霉文脢煤媒文眉文楣
［213］ 每美镁某白
［43］ 昧魅寐□不要脸媚
f ［21］ 飞非绯啡妃
［45］ 肥淝
［213］ 匪诽翡菲～薄

	[43]	废肺费□《广韵》废韵方肺切。芦~
v	[21]	味未卫威煨痿为[1]~什么位魏□疲倦
	[45]	为[2]作~围违微薇文危桅唯惟维圩
	[213]	伟纬尾伪委萎
	[43]	胃谓畏喂文尉慰蔚尉书
t	[21]	丢堆文$_1$兜
	[213]	斗[1]量具抖蚪书陡
	[43]	斗[2]~争队$_1$对文$_1$
t^h	[21]	豆逗痘偷推文$_1$梯
	[45]	头投颓
	[213]	腿文$_1$
	[43]	退$_1$蜕文透
n	[21]	内$_1$
	[45]	牛文$_1$
	[213]	你白扭白纽白
l	[21]	累白类白溜泪文$_1$露[2]~出来了漏滤
	[45]	雷$_1$蕾楼娄偻留瘤流琉硫刘浏
	[213]	柳耒诔垒白磊儡篓褛搂
	[43]	累文类文擂泪文$_2$陋
ts	[21]	周舟州洲
	[213]	走肘帚书:笤~
	[43]	昼皱宙奏咒邹
ts^h	[21]	抽
	[45]	绸酬筹愁仇[1]~恨□吸
	[213]	丑
	[43]	臭凑
s	[21]	收受寿搜馊艘
	[213]	手守首
	[43]	兽瘦嗽
ʐ	[45]	柔白揉白蹂白
k	[21]	勾沟钩
	[213]	狗苟枸给~予
	[43]	构购垢书够往上~;能~
k^h	[21]	抠□《广韵》恪侯切。眼珠凹陷
	[45]	□使凹
	[213]	口
	[43]	扣寇
ŋ	[21]	欧讴瓯
	[45]	牛白□~子(米象)□倔强,固执
	[213]	偶藕呕书
	[43]	沤怄~气(生闷气)
x	[21]	后厚逅齁咸~子(喜爱吃咸的人)
	[45]	侯猴喉□长时间地煮
	[213]	吼

[43] □跳

uəi

t [21] 堆文$_2$

[43] 队$_2$ 对文$_2$

t^h [21] 推文$_2$

[213] 腿文$_2$

[43] 退$_2$

n [21] 内$_2$

l [21] 累白读的又读泪文$_1$又读类白读的又读

[45] 雷$_2$

[213] 累文读的又读

[43] 类文读的又读

ts [21] 追锥

[213] 嘴文

[43] 最坠醉文赘缀罪文

ts^h [21] 吹炊崔文催文摧罪白$_2$

[45] 捶垂文槌锤随白$_2$

[43] 脆文翠粹□鲜亮悴憔~(担心)

s [21] 虽文尿白

[45] 垂白谁书隋随文

[213] 水髓

[43] 岁文税碎文睡祟作~税瑞遂书隧书穗文:麦~

k [21] 归圭闺规龟

[213] 鬼轨诡癸

[43] 贵桂瑰鳜

k^h [21] 亏柜跪盔窥

[45] 奎逵葵睽魁茴白:~香

[213] 傀

[43] 溃篑愧刽

x [21] 会^{2}开~灰恢诙挥晖辉麾徽汇白烩惠白

[45] 回茴文蛔

[213] 毁悔诲

[43] 贿秽晦卉讳慧彗汇文惠文

ɔ

p [21] 包胞$_1$

[213] 饱保堡宝□凸出褒~义词

[43] 报暴文曝豹爆趵《集韵》巴校切。跳□将冷却的水重新加温□~芽(发芽)鲍文

p^h [21] 抱暴白胞$_2$刨鲍白□浮肿□~灰(草木灰)泡^{1}水~儿脬尿~炮^1~制

[45] 跑袍雹文

[43] 炮^{2}大~泡^2~在水里

疱起～□量词，约 40－60 市斤

m　[21]　冒帽貌□霉菌□～子（对苏中里下河地区人的贬称）

　[45]　毛髦矛茅锚

　[213]　卯铆□～亮（因光耀眼看不清）

t　[21]　刀叨文：唠～朝[1]白：今～

　[213]　倒[1]打～岛捣祷

　[43]　到道文倒[2]～水悼□～毛（更换羽毛）朵白：耳～

t^h　[21]　稻蹈滔道白：～土掏盗叨白：～扰

　[45]　桃逃萄淘啕陶涛焘

　[213]　讨导

　[43]　套

n　[21]　闹孬

　[45]　挠

　[213]　脑恼垴瑙玛～

l　[21]　捞$_1$涝唠～叨

　[45]　劳牢痨捞$_2$

　[213]　老佬

ts　[21]　召招昭朝[1]文遭糟

　[213]　早找枣澡蚤藻爪$_2$手～儿

　[43]　造文灶照罩燥躁兆

ts^h　[21]　造白皂操譟《集韵》仓刀切。大声叫喊抄钞耖～田□屈指舀水赵超棹

　[45]　朝[2]～廷，～东潮曹槽漕嘈嘲巢

　[213]　草花～；～狗（母狗）吵炒

　[43]　糙

s　[21]　臊～气烧骚搔梢稍艄邵□脚乱蹬

　[45]　韶绍介～□～叨（啰嗦）□收拢睄很快地扫视潲～雨

　[213]　扫[1]～地少[1]多～嫂

　[43]　扫[2]～帚□《集韵》先到切。快哨绍～兴□车子向后退少[2]老～

ʐ　[21]　绕[1]～线

　[45]　饶挠不屈不～

　[213]　扰绕[2]围～

k　[21]　高膏[1]牙～篙茭～瓜：茭白羔糕皋教白：～书，～他去

　[213]　搞稿镐搅白□《广韵》古巧切。胃子～人□搀和□挨～（受苦受罪）□小孩争斗：他俫两个伢儿天天～啊耍子绞

白：~肉
[43] 告诰窖膏[2]~油（添加润滑油）酵白：长~（发面）觉[1]白：睏~□埋校[1]白：《集韵》居效切。~场，~秤□遍（量词）□~磨（往磨眼添加要磨的东西）

k^h [21] 敲白□两根线状物交叉在一起□边（缲边）
[213] 考拷烤
[43] 靠犒铐□油水不足的感觉

ŋ [21] □夸奖拗[1]打，扳，折
[45] 熬□憋着，强行忍住
[213] 咬袄
[43] 傲奥澳懊拗[2]~口□从平躺到上半身抬起

x [21] 蒿薅号[1]~码□油变味
[45] 豪嚎壕濠毫号[2]~丧
[213] 郝好[1]~坏
[43] 好[2]爱~浩耗

iɔ

p [21] 标彪镖膘
[213] 表裱婊

p^h [21] 漂[1]~浮飘
[45] 瓢嫖
[213] 殍
[43] 票漂[2]~亮

m [21] 庙妙缪姓谬~论
[45] 苗瞄描猫
[213] 秒渺

t [21] 刁叼貂雕碉□牛羊舐人
[213] 屌
[43] 吊钓调[1]~查掉文

t^h [21] 挑~水铫《广韵》徒吊切。茶~儿掉白
[45] 调[2]~和条笤~帚
[213] 挑~拨誂~祸□调换
[43] 跳眺□一种烹饪法

n [21] 尿文
[213] 鸟袅

l [21] 料撂廖炝□《广韵》力小切。脸色苍白□缝，动词□木制大勺，浇水施肥用撩《集韵》怜萧切：~檐
[45] 辽疗僚燎瞭獠镣聊嫽《广韵》落萧切。逗
[213] 了

tɕ [21] 交姣娇骄焦蕉椒浇礁
[213] 绞文饺铰矫缴侥剿

搅文较[1]比~□缝
[43]　叫教文:~育觉[1]文校[1]文:~对醮道士打~较[2]~量
tç^h　[21]　敲文锹跷撬轿悄
[45]　乔桥侨荞樵瞧
[213]　巧
[43]　窍翘俏
ç　[21]　肖消霄宵销箫萧□~开(翻开,揭开)校[2]学~效~果
[45]　淆
[213]　小晓
[43]　笑孝酵文:发~
ø　[21]　腰要~求邀妖
[45]　摇姚遥谣窑肴菜~
[213]　舀□歪
[43]　要需~耀跃文:大~进

ɤɯ

p　[21]　坡波玻菠播
[213]　跛
p^h　[45]　婆
[213]　颇
[43]　破剖
m　[21]　磨[1]石~么茂贸慕墓暮募
[45]　磨[2]~刀蘑摩魔谋牟模馍
[213]　母某文亩拇姆
f　[213]　否缶
t　[21]　多端$_2$:~午
[213]　朵文躲
[43]　剁惰
t^h　[21]　拖舵垛草~子大[3]《集韵》唐佐切。~家(正妻);~人(父母)
[45]　陀驼鸵佗坨驮
[213]　妥
n　[21]　糯
[45]　挪文奴哪书:~吒
[213]　努弩
[43]　怒懦□小儿睡
l　[21]　啰螺田~
[45]　罗逻锣箩萝腡指纹
[213]　裸虏掳
[43]　那白
ts　[213]　左佐
[43]　做
ts^h　[21]　搓磋坐座
[43]　错锉挫
s　[21]　梭
[213]　锁琐所
ʐ　[45]　柔文揉文蹂文
k　[21]　哥歌戈锅

[213] 果裹股$_2$屁~
[43] 过个
k^h [21] 苛柯科蝌棵颗窠
[213] 可
[43] 课
ŋ [21] 饿
[45] 鹅蛾俄娥峨
[213] 我
x [21] 贺祸欢白和[1]白:唱~
[45] 和[2]~气河何荷文禾
[213] 伙火
[43] 货和[1]文:应~
ø [21] 阿[1]屙倭窝蜗涡莴
[45] 讹
[43] 卧~倒

iɤɯ

n [45] 牛文$_2$
[213] 纽文扭文
tɕ [21] 纠赳鸠灸究揪阄鬏
[213] 九久韭酒
[43] 救疚□抽搐:他冻啊,夜里睏觉脚~筋就文
$tɕ^h$ [21] 秋鳅邱丘蚯就白舅旧袖白
[45] 求球裘囚酋仇[2]姓
[213] □捉弄

ɕ [21] 休修羞
[213] 朽
[43] 嗅秀绣袖文宿[1]星~□~顶(谢顶)
ø [21] 优忧悠幽又右佑祐
[45] 尤犹油由邮游
[213] 有友酉
[43] 幼诱

ər

ø [21] 二贰
[45] 儿而
[213] 耳饵尔□理睬:你再啰嗦,我就不~你了。

ɛ̃

p [21] 班斑扳[1]~手般文颁
[213] 板版坂
[43] 扮文办绊
p^h [21] 攀□来不~(来不及)扮白
[45] 扳[2]~本(赚回本钱,反败为胜)
[43] 盼
m [21] 曼慢漫文谩蔓幔文
[45] 蛮
f [21] 番翻犯白范白:姓饭帆文

［45］　凡帆白烦繁矾樊

［213］　返反

［43］　贩犯文范文:模~泛乏痉恶心

v　［21］　万弯湾□阴险,刁钻:那个人~,弄不过他

［45］　玩顽

［213］　晚挽揎《集韵》邬版切。~子(木制大水舀)

t　［21］　担[1]~心丹单[1]耽

［213］　胆掸疸

［43］　旦担[2]~子但弹子~石[1]量词

t^h　［21］　贪文瘫《广韵》他干切。疲劳到极点滩摊瘫淡蛋弹[1]~珠

［45］　潭文谭文昙檀谈痰弹[2]~琴坛文

［213］　毯坦袒忐□秤杆末梢略低(分量不足)

［43］　炭碳叹探文□下滑

n　［21］　难[1]遇~

［45］　难[2]~过南文男文楠文

l　［21］　烂滥

［45］　兰拦蓝篮

［213］　懒览文揽文罱两[1]~个

k　［21］　间白$_1$:房~监白:~牢尴文甘文柑文泔文干[1]文:~湿肝文

［213］　拣碱白感文敢文竿文杆文秆文擀文赶文裥打~

［43］　间白$_2$:~苗干[2]文:~部

k^h　［21］　铅堪白勘□禽鸟类啄食(雀儿~食)看文$_1$:~守

［213］　砍文坎文舰军~槛门~侃

［43］　嵌看文$_2$:~守

ŋ　［21］　淹雁白

［45］　颜白岩白

［213］　眼

［43］　晏白:迟谚白彦白

x　［21］　鼾汗[1]文:~水苋憨

［45］　含文韩文咸白函文衔白寒文闲白

［213］　喊文$_1$

［43］　喊文$_2$汉文翰文撼文

ø　［21］　庵文岸文安文按文鞍白氨

［43］　案文暗文

iɛ̃

tɕ　［21］　艰奸监文$_1$:坐~间文$_1$:房~簪盏笺文□剁碎

［213］　减碱文简柬

[43] 监文$_2$:~视谏鉴暂文间文$_2$:~隔涧站赞绽

tɕ^h [21] 掺~水参^1~加搀餐

[45] 残惭孱单^2~于馋书谗

[213] 产铲惨阐

[43] 灿□~的(很多)

ɕ [21] 山三杉衫删文

[45] 咸文衔文涎闲文

[213] 伞散^1~文

[43] 散^{2}分~限文陷文

ø [45] 颜文岩文

[43] 晏文:姓谚文彦文

uɛ̃

k [21] 关鳏

[213] 管文

[43] 惯

k^h [21] 掼

[45] 环

x [45] 还^{2}归~

[43] 患幻宦书

yɛ̃

tɕ [21] □~腰(弯腰)

[43] 赚撰

ɕ [21] 闩

[45] 删白□追赶

ʊ̃

p [21] 般白搬

[43] 半拌文

p^h [21] 潘伴拌白拼白:~命

[45] 盘

[43] 判叛泮~池

m [21] 漫白幔白:~子

[45] 瞒馒鞔《广韵》母官切。蒙:把鞋面子~起来

[213] 满

t [21] □《集韵》都含切。酒~子端$_1$~水□蘸

[213] 短

[43] 断文段文锻缎文□颠簸:这个路不好走,~哎!

t^h [21] 贪白断白段白缎白

[45] 潭白谭白团坛白

[43] 探白□~毛(掉毛)

n [45] 南白男白楠白

[213] 暖

l [21] 乱

[45] 峦鸾□《集韵》卢丸切。笼络

[213] 卵□抹试并附吸

ts [21] 专砖钻^1~研

[213] 转^1~弯

[43] 转^{2}~动钻^{2}~石篆书传^{1}~记攒

ts^h [21] 穿川蹿氽

[45] 蚕传^{2}~统船椽□将液体慢慢注入容器

[213] 喘□~子(稗子)

[43] 串窜篡纂

s [21] 酸

[213] □撒:~种子(撒种)

[43] 算蒜

ʐ [213] 软阮

k [21] 甘白柑白泔白干^{1}白:~戈冠白:衣~,鸡~花观~察,寺~官棺肝白□麦~草(麦秸)

[213] 赶白:~热嘈(凑热闹)管白馆感白敢白竿白杆白秆白擀白干$_{1}$没相~:做点正经事吧,不要总弄这些没相~的事!

[43] 干^{2}白:能~贯灌罐冠文:~军

k^h [21] 堪白宽看白$_{1}$:~门

[213] 款砍白坎白:河~子侃陶~(人名)□覆盖□打~(打磕睡)

[43] 看白$_{2}$:~见

x [21] 欢文换汗^{1}白:~水蚶~子旱~烟獾

[45] 韩白含白寒白涵汗^{2}~毛

[213] 缓

[43] 唤涣喊白:~狗子汉白:讨~(骂女人偷汉子)翰白:~林撼白

Ø [21] 安白按白岸白豌庵白鞍白

[45] 完丸纨

[213] 碗腕惋宛皖揞以手覆盖唵《广韵》乌感切。用手把食物纳进嘴里。

[43] 案白暗白

yʊ̃

tɕ [21] 娟鹃捐

[213] 卷

[43] 券眷绢手~倦

$tɕ^h$ [21] 圈圆~,猪~□~子(菌类总称)

[45] 全权拳泉颧

[213] 犬

[43] 劝

ɕ [21] 宣喧揎《集韵》荀缘切。剥去轩栓拴籼~稻

[45] 旋漩玄炫悬

[213] 选癣白

[43] 楦
Ø [21] 院冤愿鸳渊
[45] 元园圆员袁辕猿原源援缘橼香~
[213] 远茔白:坟~
[43] 怨

iĩ

p [21] 蓖边编文鞭蝙鳊煸一种烹调方法
[213] 扁匾贬
[43] 变
pʰ [21] 编白辩辨辫篇偏便²方~卞
[45] 骈
[43] 片遍骗
m [21] 面
[45] 绵棉眠睡~
[213] 免文勉娩缅沔
t [21] 颠癫掂~量
[213] 点典碘
[43] 店踮电殿奠甸淀文
tʰ [21] 天添佃垫簟晒~(晒粮用的大竹席)
[45] 甜田填
[213] 舔腆
[43] □蛇~子(蛇舌)
n/l [21] 念恋练链
[45] 年粘鲇拈连莲鲢涟帘联廉镰怜
[213] 脸殓捻碾蹍撵览白揽白
tɕ [21] 尖坚占沾毡瞻肩煎兼搛□东~(东边)
[213] 展搌剪茧检俭捡
[43] 战见剑荐建健键箭溅文饯文渐毽~子□~子(阉割过的小公猪)
tɕʰ [21] 千扦阡歼迁纤¹~维暂白谦栈笺白饯白贱溅白件签牵犍~牛(公黄牛)缠¹~事
[45] 前钱禅~寺虔乾黔钳缠²~脚泥(粘土)蝉掮~毛(摘毛)
[213] 浅潜践遣谴
[43] 欠歉纤²背~
ɕ [21] 先县仙鲜¹单³姓掀文现白:~钱扇¹~风搧善鳝河~(蚯蚓)擅羶禅~让陷白限白
[45] 贤弦嫌
[213] 险显陕闪蚬~子鲜²:~为人知癣文
[43] 现文:~在线献羡

扇[2]~子宪

Ø ［21］ 验腌烟胭咽焉

［45］ 盐严言炎迎延筵沿研文阎簷然燃芫~荽

［213］ 演掩染衍堰姜~（地名）□缝衣针：~线

［43］ 厌燕~子雁文艳焰书：火~山谚堰都江~□《集韵》於建切。比，量：你俫两个人站做块，~下子哪个高□顽皮。

aŋ

p ［21］ 邦帮梆

［213］ 榜膀手~子绑

［43］ 泵磅谤傍蚌文

p^h ［21］ 棒乓

［45］ 旁螃鳑~鲏鱼庞

［213］ 髈蹄~，脚~

［43］ 胖□浮

m ［45］ 忙芒茫氓盲□~子（纸媒儿）

［213］ 莽蟒

f ［21］ 方芳妨白：~事枋坊

［45］ 房妨文：~碍肪防

［213］ 访仿纺舫

［43］ 放

t ［21］ 当[1]~中裆

［45］ □锣声

［213］ 挡档党

［43］ 当[2]上~

t^h ［21］ 荡汤宕做事~啊~的（做事拖拉）□蹭刀砀~山

［45］ 唐塘糖搪堂螳膛棠

［213］ 躺倘淌

［43］ 烫趟□边扶边推着向前走

n ［45］ 囊

［213］ 攮

l ［21］ 浪白□挂，晾：把衣裳~外去吹吹

［45］ 郎廊琅狼螂

［213］ 朗

［43］ 浪文

ts ［21］ 张章樟獐彰蟑臧姓脏[1]肮~赃

［213］ 掌涨[1]~烧饼长[1]生~

［43］ 帐胀账~目仗文杖文障幛瘴葬奘藏[1]西~脏[2]文：内~涨[2]浸泡：把木耳放啊水里~下子

ts^h ［21］ 仓苍舱丈杖白仗白昌菖娼猖鲳~鱼

［45］ 常嫦肠场~地，操~长^2~短藏^{2}收~
［213］ 厂敞
［43］ 唱倡~导畅□摩擦
s ［21］ 上伤丧桑商尚白
［45］ 尝偿
［213］ 赏嗓搡晌
［43］ 尚文：崇~
ʐ ［21］ 让
［45］ 瓤穰□碎了
［213］ 壤嚷攘
k ［21］ 钢纲刚冈缸岗江白：姓肛豇罡□争吵
［213］ 港讲白
［43］ 杠虹白：天上出~（彩虹）了□填文高□~风（冬季刮大风）
kʰ ［21］ 康糠慷项白$_1$ 颈~
［45］ 扛
［43］ 亢抗园炕文骯《广韵》苦冈切。骯~（大而笨重，不灵活）
ŋ ［21］ 肮
［45］ 昂□~人（气味大，刺鼻）：这个酒闻起来~，肯定是假的
［213］ □~烟（只冒烟，不见明火）□硬气
［43］ 盎书：~然
x ［21］ 夯打击巷项白$_2$：~圈□烘烤□傻
［45］ 行^{1}银~航杭绗
［43］ 炕白：~脆饼儿

iaŋ

n ［45］ 娘
［213］ 仰
l ［21］ 亮量^{1}重~谅白
［45］ 凉量^2~衣裳良粮酿酒~梁粱
［213］ 辆两^{2}斤~魉魍~
［43］ 谅文晾书
tɕ ［21］ 江文将^1~来，~才浆僵缰疆姜生~
［213］ 蒋桨讲文奖□极硬：炒蚕豆~的，嚼不动
［43］ 将^2~领酱降^{1}下~犟
tɕʰ ［21］ 枪呛腔象匠礓《集韵》巨两切。强辩□腌制□禽类乱飞像^{1}儿子~娘
［45］ 强^1~大墙蔷翔祥详降^{2}投~
［213］ 抢强^{2}勉~
［43］ □遮住，撑住：要落雨了，把粮食囤子~起来

跄戗斜倚揣《集韵》七亮切。斜着插入□捉鸟雀的工具□烟、酒等味重□饭硬

ç ［21］ 乡香相^{1}互~箱厢湘襄镶项文：~羽

［213］ 响想鲞饷享向^1~往

［43］ 向^{2}方~橡象大~像^{2}相^2~貌

Ø ［21］ 央殃秧鸯样恙

［45］ 羊洋佯阳杨扬炀疡□弥留状态

［213］ 养痒氧

［43］ 漾书

uaŋ

ts ［21］ 装庄妆桩

［213］ □粗大：他养得胖，腿子~□震动物体使它整齐或紧密：把筷儿~啊齐啊

［43］ 壮状文：~态

tsʰ ［21］ 疮创~伤窗状白：奖~，告~撞^1~人

［45］ 床噇"吃"的詈语：快点~！

［213］ 闯

［43］ 创~造

s ［21］ 双霜孀

［45］ □液体往下滴□两个（量词，用于数数）

［213］ 爽滚《广韵》疏两切。往下滴

k ［21］ 光^1~头胱

［213］ 广

［43］ 逛光^2~火桄书

kʰ ［21］ 筐框眶诓匡桄一~线

［45］ 狂

［43］ 矿旷况

x ［21］ 荒慌

［45］ 黄文蝗磺簧隍城~庙凰艎《广韵》胡光切。~板（船板）皇煌惶

［213］ 谎晃^1~眼

［43］ 晃^{2}摇~幌

Ø ［21］ 汪忘望

［45］ 王亡黄白

［213］ 往网罔枉

［43］ 妄旺

yaŋ

Ø ［21］ □~树（栽树）

əŋ

p ［21］ 奔^{1}往前~锛畚~斗（畚箕）贲姓

[213] 本
[43] 奔²~头笨文
pʰ [21] 喷¹~水
[45] 盆
[43] 笨白喷²~香
m [21] 焖璺器皿裂纹温白:~汤水(温水)闷¹~声瘟白:~六宫(不爱讲话的脾气)
[45] 门们明白:~朝(明天)
[43] 闷²胸~
f [21] 分¹~开芬纷份有我的一~吩
[45] 坟焚
[213] 粉
[43] 畚畚~箕愤粪分²本~氛气~忿
v [21] 问温文瘟文
[45] 文纹蚊闻
[213] 吻稳刎
t [21] 登瞪蹬灯吨敦¹~厚墩燉驐《广韵》都昆切。~牛(阉割过的水公牛)豚白:河~□掷□拳头~儿(握紧的拳头)蹲文
[213] 等盹戥书趸书
[43] 扽拉顿钝文炖沌敦²《广韵》都昆切。放置盾文遁凳□~子(棉袄)
tʰ [21] 吞盾白邓钝白囤腾白:~功夫(挤时间)
[45] 疼腾文藤屯臀誊豚文:海~
[43] □慢慢脱下:~裤子
n [21] 嫩宁白,~可:我~可饿杀嘎,也不吃你家的饭
[45] 能
l [21] 论理~楞愣
[45] 轮文伦沦棱
[213] 冷
ts [21] 真珍针争睁筝正¹~月征贞侦砧~板斟诊~所曾¹姓憎罾扳~增赠榛
[213] 整拯怎疹诊出~枕¹~头
[43] 正²~当证阵文政症枕²头~啊在枕头上郑文振震镇甑~子□屏住气用劲
tsʰ [21] 撑称¹~重量阵白蛏鲜~郑白参²~差
[45] 陈成诚城沉忱辰晨层蹭白尘臣曾²~

经澄[1]~清橙乘~法承呈程□~豆(种豆)□~被单(缝被子)岑丞
[213] 惩逞
[43] 趁秤称[2]~心如意剩
s [21] 生牲甥声升昇深身申伸绅参[3]人~森僧笙娠
[45] 神绳盛[1]~饭
[213] 沈审婶省[1]什[1]~呢(什么)
[43] 圣胜盛[2]兴~肾渗《集韵》所禁切。寒~~的甚抻《广韵》试刃切。伸展:~带儿(松紧带)慎□夸耀,炫耀瘆~人
ʐ [21] 认任[1]~务赁白,~房子(租房子)
[45] 人仁壬任[2]姓
[213] 忍刃纫仍
[43] 韧~性
k [21] 根跟耕更[1]三~半夜今白庚羹
[213] 耿梗哽埂□推粳~米
[43] 更[2]~加
kʰ [21] 坑铿
[213] 肯啃恳垦
[43] 掯以手压□污垢悭吝啬:这个人~
ŋ [21] 恩硬
[43] 摁□硬撑着□~沌味:腐烂的气味
x [21] 恨亨哼行[2]道~
[45] 痕恒衡□小声呻吟
[213] 很狠
[43] 胻《集韵》下梗切。~胫(胫骨)

iəŋ

p [21] 兵宾缤傧殡槟滨冰彬斌
[213] 丙饼禀秉
[43] 柄屏[1]~住气并合~□比赛:我倈来~啊哪个跑得快
pʰ [21] 病拼文姘并~排乒鬓
[45] 平评~论苹坪瓶屏[2]~风萍贫频凭
[213] 品评~价
[43] 聘
m [21] 命
[45] 民明文名铭鸣冥暝螟
[213] 敏免白抿皿闽悯
t [21] 丁钉[1]~子叮盯疔□

粘住

[45] □象声词

[213] 顶鼎

[43] 定文淀白:~粉订~书钉[2]~钉子锭文澄[2]沉淀:才做的米酒要~~才好吃□用力打

t^h [21] 定白厅汀锭白:银~儿

[45] 亭停廷庭蜓莛《广韵》特丁切。~子(生长花朵的茎)

[213] 挺艇

[43] 听~话,一~茶叶

l [21] 令另吝拎提

[45] 林淋霖灵临邻玲铃伶龄零蛉金 子.金钟儿宁文泞柠鳞麟粼《广韵》力珍切。垄(量词)凌菱陵绫凝轮白:~流

[213] 领岭檩

[43] 赁文

tɕ [21] 今文京惊斤巾金筋经精侵禁[1]~不住襟津荆经~济

[213] 紧井景锦尽文:~管谨颈警

[43] 劲竞敬竟镜静浸进晋晶水~,亮~~靖文境文径桱《广韵》古定切。~木(杉木)禁[2]~止净文:干~

$tɕ^h$ [21] 轻青清靖白:~江(地名)亲[1]~人近净白尽白:~量,穷~蜻氢境白

[45] 寻白琴禽擒情文:盛~晴勤芹文

[213] 请寝顷倾

[43] 庆揿沁亲[2]~家母磬

ɕ [21] 心芯薪欣胫《广韵》胡定切。胻~(胫骨)辛幸新欣星腥惺杏

[45] 行[3]~走刑型形桁~条邢

[213] 醒省[2]反~擤

[43] 姓性信囟~门衅舋《广韵》许应切。波及:我腿上长啊个疔疮,~啊大腿根子总疼兴高~

ø [21] 阴荫英因茵姻音鹰殷鹦樱婴缨蝇苍~

[45] 银莹吟淫寅萤盈营茔文赢

[213] 影隐瘾饮冷~引□蜗螺~线儿(螺丝盖)

□~汤(米汤)尹颖
[43] 应映印窨地~子洇瀴《集韵》於孟切。凉~饮书:~马

uəŋ

ts [21] 尊遵肫鸡~
[213] 准
ts^h [21] 春村皴椿
[45] 存
[213] 蠢碜吃杂泥沙的食物时牙碜的感觉忖
[43] 寸衬谶~语□试探着走
s [21] 孙顺白:~从
[45] 纯荀醇鹑鹌~
[213] 损笋榫
[43] 舜顺文:~治
ʐ [21] 闰润
k [213] 滚磙绲~边
[43] 棍
k^h [21] 昆坤裈~头儿(贴身的短裤衩)鲲~子(草鱼)□身体魁梧健壮
[213] 捆
[43] 困睏
x [21] 昏婚荤
[45] 浑魂馄混[1]~水
[213] 混[2]~起来,~合
[43] 混[3]~日子溷~性味(葱蒜之类的气味)

yəŋ

tɕ [21] 军君均钧菌
[43] 俊竣骏郡
$tɕ^h$ [45] 群裙颧唇秦姓芹白情白:发~
ɕ [21] 熏勋醺
[45] 旬询徇荀巡寻文殉循
[43] 训驯汛讯迅逊
ø [21] 运命~晕
[45] 云芸匀
[213] 永咏泳允
[43] 韵熨酝孕

ɔŋ

p [21] 崩绷[1]~紧
[213] 绷[2]~人(皮肤因干燥而感觉紧绷)
[43] 碰白蹦迸
p^h [21] 烹□《广韵》蒲蠓切。灰尘腾起□《集韵》蒲蠓切。禽鸟乱飞□动词,弹:~棉花蚌白
[45] 朋棚彭膨蟛篷蓬

[213] 捧
[43] 碰文
m [21] 梦孟懵~里~懂的
[45] 蒙朦濛盟同~军萌
[213] 猛蜢蠓~虫儿□密□躬~子(潜水)
f [21] 风疯丰枫封缝^{1}名词:~隙奉俸
[45] 逢缝^{2}动词:~衣裳峰锋蜂冯
[213] 讽
[43] 凤
t [21] 冬咚东
[213] 董懂总白
[43] 冻栋
t^h [21] 通动洞囱白:烟~
[45] 同铜桐茼~蒿童瞳
[213] 桶捅
[43] 痛□可爱:这伢儿长得~,个个欢喜
n [21] 弄^{1}玩~
[45] 农浓脓侬
[43] □齉~味(腐败的气味)
l [21] 弄^2~堂
[45] 龙笼聋珑咙喉~隆
[213] 拢垄垅
ts [21] 中^1~心忠钟仲盅宗棕踪综鬃终衷
[213] 肿踵种^1~子总文□"吃"的贬称
[43] 众纵粽中^2~奖种^2~田□《广韵》即容切。急走
ts^h [21] 充聪葱匆重^{1}轻~囱文从^1~容冲^{1}往前~
[45] 从^{2}跟~丛虫重^2~新崇
[213] 宠
[43] 冲^{2}说话~□乱走,瞎逛春
s [21] 松□毛~儿(极细的小雨)
[45] 㞞精液
[213] 耸竦
[43] 送宋诵颂讼
ʑ [45] 戎绒茸
[43] □太差
k [21] 公蚣功攻龚□穿过;躲藏工弓躬宫恭
[213] 拱巩汞□蠕动;钻
[43] 供贡共文:~产党□~脓(化脓)
k^h [21] 空^1~的共白:~事(来往)
[45] □隆起成弧形□使中空

[213] 孔恐

[43] 控空^{2}有～

x [21] 烘轰哄^{1}一～而散横文$_1$:～事(祸事)

[45] 红虹文洪蕻雪里～宏鸿弘横文$_2$:～暴

[213] 哄^2～人(骗人)

[43] 哄^{3}起～□《集韵》呼贡切。～子(新生枝条,抽的新芽)

Ø [21] 翁嗡瓮蕹～菜□聚集横白$_1$

[45] 横白$_2$:～竖

[213] 冗～长

[43] 齆一种臭味□泥～子(很稠的稀泥)

iɔŋ

tɕ [213] 窘

tɕ^h [45] 穷琼

ɕ [21] 兄凶汹□聪明能干:他娶啊个新妇是个～人,该发财啊胸

[45] 熊雄文□训斥

Ø [21] 用佣雍～正庸

[45] 容溶熔荣融雄白:～鸡(公鸡)□一种筛东西的方法

[213] 勇涌拥蛹甬～道□～子(黄牛公幼畜)

[43] 壅把土堆在植物根部,以防风吹倒

aʔ

p [43] 剥驳膊博搏煿《集韵》伯各切。在锅中用油稍煎□嘴一张一闭

p^h [43] 帕舶白泊白粕白□《广韵》匹各切。宽,阔:细脚穿啊个～鞋子,趿嘎趿的□舔、吮吸□～头(骂人的脏话)杷枇～

[45] 薄箔朴^1～刀雹白:落冰～

m [43] 漠莫文

[45] 莫白膜摸幕陌

f [43] 缚

t [43] 拓沰淋雨□皮下垂:瞌睡了,眼皮～下来了□闲谈□滞留□堆(量词)

t^h [43] 托拓开～庹两臂平伸时两手间的距离

[45] 踱铎

n [43] 诺书

l [43] 乐^{1}快～洛烙络^1

筋~骆

[45] 落筨《广韵》卢各切。篮子络^2~丝

ts [43] 作着助词斫酌~情这白

ts^h [43] 绰焯在开水中稍煮，捞起□从低空或液体浅表中极快地捞取□眼珠向上翻转□梳理：~头（梳头）错内~角

[45] 凿昨着~火□逼视，带有威慑意味：他上课做小动作，先生眼睛~嘎朝他

s [43] 索烁硕

[45] 勺芍□斜

ʐ [43] 若文

[45] 若白弱箬粽~

k [43] 角各阁搁觉^{2}白：~察

k^h [43] 搉敲，打壳确白

ŋ [43] 恶^{2}鳄□~水：泔水

x [43] 貉□使靠，靠

[45] 鹤学白下^{2}量词，一~子

ø [45] 阿^2~哥

iaʔ

n [43] 虐文

[45] 虐白疟

l [43] 掠~夺略文

[45] 略白

tɕ [43] 脚觉^{2}文：感~雀文：麻~儿

$tɕ^h$ [43] 却鹊雀白确文恰

[45] 爵嚼

ɕ [43] 削

[45] 学文

ø [43] 约岳乐^{2}音~跃白

[45] 药钥

uaʔ

ts [43] 捉桌卓啄文：~木鸟

ts^h [43] 戳

[45] 浊镯啄白$_2$□《广韵》直角切。捣

s [43] 朔嗍《集韵》色角切。舔，吮□脸庞瘦削

k [43] 郭椁廓文

k^h [43] 扩廓白

[45] □液体晃动

x [43] 霍擢《广韵》忽虚切。打劐藿□~疱（起疱）

ø [43] 握沃□呕吐□凹进

[45] □~闪（打闪）

əʔ

p [43] 不

p^h [43] 勃渤脖

[45] 饽做面食时防粘手的干面粉

m [45] 没

f [43] 沸勿

[45] 佛拂

v [43] □《广韵》乌没切。没入水中：河里有个人～杀嘎殟《广韵》乌没切。郁闷

[45] 物核白杌□～子（淋巴结）

t [43] 得德跺～脚□粘而且厚□粘接

t^h [43] 特文忑突文□掉下来

[45] 特白突白凸

l [45] 肋勒

ts [43] 这文只织职指[2]手～头掷执蜇仄则质责汁窒塞[1]瓶～子窄

ts^h [43] 秩策□放在地上散热或吸潮□把物体系起来，挂起来：弄绳儿把这杲昃（东西）～起来尺厕斥拆册赤测侧泽择选～释植殖

[45] 直值翟贼

s [43] 色式拭失适识湿虱涩室塞[2]阻～啬饰瑟释□掼，摔，打□～圈子（兜圈子）塞[3]～洞

[45] 食十石[2]实拾蚀日～什[2]～锦；数□撕：那两个人打架，衣裳～掉啊

ʐ [45] 入□性交

k [43] 格胳革隔膈疙纥虼□用一只脚跳

[45] 嗝打～

k^h [43] 客克文刻文咳剋

[45] 克白刻白

ŋ [43] 厄扼轭

[45] 额

x [43] 黑赫吓[2]恐～

[45] 核文龁咬，啃：～骨头

iəʔ

p [43] 笔必逼毕碧弼辟文：复～壁璧哔～叽

p^h [43] 匹劈枇～杷僻辟白：开～滗在水面上舀

[45] 荸～荠

m [43] 觅寻～汨

[45] 灭蜜密蔑篾

t [43] 滴摘白嫡扚《广韵》都历切。拨，摘的目～

t^h [43] 踢剔惕

[45] 敌笛狄荻□挺起，凸起

n [43] 聂文

[45] 聂白匿白镊蹑臬逆孽捏

l [43] 律列

[45] 力立粒泪白$_2$裂烈率劣历沥～干：把菜捞起来～～水傈栗

tɕ [43] 吉急积绩成～激脊迹击级圾及文鲫□热东西放到冷水中使它冷却捷

tɕʰ [43] 乞七漆膝吃戚

[45] 席白：～子及白：～格极集藉

ɕ [43] 吸惜息媳熄夕锡昔

[45] 习席文：主～

ø [43] 揖作～亦乙白一壹益白译逸抑

uəʔ

tsʰ [43] 出

k [43] 骨

kʰ [43] 窟

x [43] 忽□不结实，品质差：这杲昃太～，不能用

yəʔ

tɕ [43] 橘卒倔□乱跳橛趉《广韵》九勿切。忿忿而去□尾巴上翘蛐～～儿：蟋蟀

tɕʰ [43] 掘文：挖～屈倔～强黢黑～～

ɕ [43] 穴术文述悉□试探；挑唆率^{2}～领

[45] 术白：白～

ø [43] 役疫域抈使物体改变形状

ɔʔ

p [43] 北百伯柏擘～开来卜^{1}姓

pʰ [43] 拍迫泊文舶文珀粕文朴^{2}～素仆扑卜^{2}萝～魄璞

[45] 白

m [43] 牧沐穆文

[45] 目木麦默墨脉穆白睦和～嘿《集韵》密北切。哄骗

f [43] 复覆服文福幅蝠辐

[45] 服白伏袱

t [43] 笃督渎独文读文啄

白$_1$：~食

t^h [43] 秃

[45] 毒独白读白犊

l [43] 禄漉湿~~

[45] 六陆录~取绿鹿摝从液体中捞出

ts [43] 足竹筑烛粥卒小~子□掘：钉耙~田祝嘱逐文：~渐

ts^h [43] 猝仓~蹴~球□~气，呼吸急促促触畜[1]~生

[45] 族轴逐白：~出

s [43] 叔淑宿[2]~舍缩束速肃续粟蜀属

[45] 俗熟赎塾

ʐ [45] 肉辱褥

k [43] 国谷

k^h [43] 哭酷

x [43] 或惑获斛□泼水□《广韵》胡谷切。火苗上窜□吵闹□~动（怂恿，吵嚷）

Ø [43] 屋喔

iɔʔ

tɕ [43] 菊锔□在某处

$tɕ^h$ [43] 曲麯~酒

[45] 局□~气（运气）

ɕ [43] 畜[2]~牧蓄储~旭

Ø [43] 玉育郁浴欲文：畅所~言

[45] 欲白：~不着（不需要）□涌向，包围狱白：破~

æʔ

p [43] 八

p^h [45] 拔跋

m [45] 抹

f [43] 法发砝□批（量词）：才走啊一~人，又来啊一~

[45] 伐垡罚阀

v [43] 挖

[45] 滑白袜

t [43] 答搭瘩溚《集韵》德合切。湿~~的沓一~纸

t^h [43] 塔塌榻遢涾《集韵》达合切。涂抹獭澾滑里滑~

[45] 达沓踏□~子（可拆卸的门，由若干长块木板拼装而成）遢邋~蹋

n [45] 纳呐捺

l [45] 蜡腊辣瘌邋~遢

k [43] 夹裌胛前~心（猪靠前腿无肋骨部分）

k^h [43] 掐

[45] 轧[1]~棉花
ŋ [43] 压鸭押
[45] □~子(豁口)轧[2]轻~
x [43] 瞎
[45] 狭文峡侠白挟限制住匣辖

iæʔ

tɕ [43] 甲杂扎札眨砸
$tɕ^h$ [43] 插察白擦
[45] 闸[1]水~炸白
ɕ [43] 杀煞霎靸萨姓□木楔卅书□纷纷下落□掖:把衣裳~~好。
[45] 铡~刀刹侠文:武~小说□~气(出气,消气)闸[2]~桥

uæʔ

k [43] 刮括呱[2]顶~~
k^h [45] 狭白:促~□~住了(卡住,牵绊,纠缠着)
x [43] 和[3]~面搳□裂开□越过
[45] 滑文猾

yæʔ

tɕ [43] □一~一~的(蹒跚)
ɕ [43] 刷~子□~刮(利落)

ʊʔ

p [43] 拨钵
p^h [43] 泼
[45] □搬运
m [43] 茉末文
[45] 末白沫泡~□慢慢咀嚼
t [43] 掇搬动堕~落□沸腾□走路不方便
t^h [43] 脱蜕白:~壳
[45] 夺
n [45] 挪白:~用□~子(尿布)
l [45] □笮拙
ts [43] 拙
ts^h [43] 撮□怂恿
[45] □不该紧张而紧张
s [43] 说□龌~(垃圾)
k [43] 鸽蛤割葛合[1]《广韵》古沓切。~伙,~缝,十~一升
[45] □~~鸡(鸡,儿语)
k^h [43] 渴阔磕瞌
[45] □~下来(塌下来,盖下来)
x [43] 喝豁[2]~嘴儿(兔唇)

[45] 合²~作盒活文:~泼荷白:薄~

ø [43] 遏餲《广韵》乌葛切。~性味(霉味)罯《广韵》乌合切。密密地覆盖□煮:~花生

[45] 活白:~嘎(复活了)

yʊʔ

tɕ [43] 决诀□折,《广韵》子悦切

tɕʰ [43] 缺阙姓

[45] 绝掘白:~港(地名)

ɕ [43] 血恤薛

ø [43] 曰文阅文悦文

[45] 阅白悦文月越粤

iɪʔ

p [43] 憋鳖瘪别动词:~起来闭²《广韵》方结切。~龙口(建房时屋脊最后合拢)蹩

pʰ [43] 撇瞥譬□器皿浅,且有斜面:~锅,~缸

[45] 鼻别~的

t [43] 跌迭谍文:间~碟跕《广韵》丁惬切。上下小范围簸动。叠嘀~~咕咕

tʰ [43] 铁贴帖蝶谍白

tɕ [43] 结接揭文节疖《集韵》子结切。~子摺~叠褶劫浙哲洁竭寂文蛰文:惊~折¹~断

tɕʰ [43] 切怯劫疾截妾集杰缉~鞋口辑编~澈窃撤徹绩~麻寂白

[45] 侄蛰白:惊~□纠缠住了

ɕ [43] 雪摄涉袭泄设歇揭白:把盖子~掉(把盖子掀开)屑协胁析晰麝白

[45] 舌折²~本

ø [43] 噎页

[45] 日叶业

第五章　词　汇

第一节　分类词表

凡　例

1.词表收录泰兴方言词汇两千五百余条,按意义分为十九类。

2.词条先写汉字(释义、说明),后标注国际音标。

3.意义相同相近的词列在一起。同义词第一条顶格排列,其余缩一格排列,例如:

日食　　　　iɪʔ^{45}səʔ^{45}

　天狗吃粑粑　　t^{h}i^{h21}kəi^{213}tɕ^{h}iəʔ^{43}pa^{21}pa^{0}

4.例句是对释义的重要补充,加在注文后的冒号之后。句中的"~"号代替本条目。

5.有音无字的用"□"表示,例如:□[p^{h}aŋ^{43}](浮:~啊在水上)。

6.词汇中的字音如有两读,音标之间用斜线"/"隔开,例如:江 kaŋ^{21}/tɕiaŋ^{21}。

一　天文、地理

天(天空)t^{h}ɪ̃^{21}

太阳 t^{h}ɛ^{43}iaŋ^{0}

太阳心里(太阳照到的地方) t^{h}ɛ^{43}iaŋ^{0}ɕiəŋ^{21}ni^{0}

阴凉落头(太阳照不到的地方)iəŋ^{21}liaŋ^{0}laʔ$^{\underline{45}}$t^{h}əi^{0}

日食 iɪʔ$^{\underline{45}}$səʔ$^{\underline{45}}$

天狗吃粑粑 t^{h}ɪ̃^{h21}kəi^{213} tɕ^{h}iəʔ$^{\underline{43}}$pa^{21}pa^{0}

凉日子(月亮)liaŋ^{45}iɪʔ$^{\underline{45}}$tsɿ^{0}

凉日子心里(月亮照到的地方)liaŋ^{45}iɪʔ$^{\underline{45}}$tsɿ^{0}ɕiəŋ^{21}ni^{0}

月食 yʊʔ$^{\underline{45}}$səʔ$^{\underline{45}}$

星 ɕiəŋ^{21}

拉屎星(流星)la^{45}sɿ^{0}ɕiəŋ^{21}

扫束星(彗星)sɔ^{43}sɔʔ$^{\underline{43}}$ɕiəŋ^{21}

灯草星(牛郎星)təŋ^{21}ts^{h}ɔ^{0}ɕiəŋ^{21}

石头星(织女星)səʔ$^{\underline{45}}$t^{h}əiʔ^{0} ɕiəŋ^{21}

勺子星(北斗星)saʔ$^{\underline{45}}$tsɿ^{0}ɕiəŋ^{21}

亮星(明朗的夜晚)liaŋ^{21}ɕiəŋ^{21}

暗星(晦暗的夜晚)ʊ̃^{43}ɕiəŋ^{21}

淮河(银河)xuɛ^{45}xɤɯ^{45}

云 yəŋ^{45}

霞(统称)xa^{45}

烧霞(日出或日落时出现的赤色云霞:早上~,等水烧茶。晚上~,热得直□[xa^{45}]$_{\text{喘气}}$) sɔ^{21}xa^{45}

风 fɔŋ^{21}

台风 t^{h}ɛ^{45}fɔŋ^{21}

圈圈儿风(龙卷风)tɕ^{h}yʊ̃^{21} tɕ^{h}yʊ̃r^{0}fɔŋ^{21}

起风(刮风)tɕ^{h}i^{213}fɔŋ^{21}

住风(风停了)ts^{h}u^{21}fɔŋ^{21}

顺风 suəŋ^{21}fɔŋ^{21}

顶风(迎风)tiəŋ^{213}fɔŋ^{21}

闪(闪电,名词)ɕɪ̃^{213}

霍闪(打闪)uaʔ$^{\underline{45}}$ɕɪ̃^{213}

霍热闪(只打闪不下雨)uaʔ$^{\underline{45}}$ iɪʔ$^{\underline{45}}$ɕɪ̃^{213}

雷 ləi^{45}

响雷(打雷)ɕiaŋ^{213}ləi^{45}

响雷霍闪(雷电交加)ɕiaŋ^{213} ləi^{45}uaʔ$^{\underline{45}}$ɕɪ̃^{213}

雨 y^{213}

落雨(下雨)laʔ^{21}y^{213}

丢点(开始下雨,雨滴稀疏) tɤɯ^{21}tɪ̃^{213}

雨住啊(雨停了)y^{213}ts^{h}u^{21}a^{0}

沰(淋雨)taʔ43

潲雨(被斜着落下的雨淋湿)sɔ45y213

太雨(大雨)tʰɛ21y213

细雨(小雨)ɕi43y213

雷阵雨 ləi45tsʰəŋ0y213

烹毛毛儿雨(开始下毛毛雨)pʰɔŋ21mɔ45mɔr45y213

雷暴雨(暴雨)ləi45pʰɔ0y213

陡暴头(骤然下的大暴雨:半路上落嘎~,沰嘎要死)təi213pʰɔ21tʰəi0

晒 sɛ43

雪 ɕiɪʔ43

落雪(下雪)laʔ45ɕiɪʔ43

麻紊子倒下来咯(形容下大雪)ma45vəŋ213tsɿ0tɔ43xa0lɛ0lɔ0

雪珠子(霰)ɕiɪʔ43tsu21tsɿ0

化雪 xua43ɕiɪʔ43

雨夹雪 y213kæʔ43ɕiɪʔ43

冻(名词,冰)tɔŋ43

上冻(结冰)saŋ21tɔŋ43

结冻 tɕiɪʔ43tɔŋ43

融冻(化冰)iɔŋ45tɔŋ43

化冻 xua43tɔŋ43

冻冻钉儿(冰锥挂在屋檐下的)tɔŋ43tɔŋ43tiər21

凌瘩 liəŋ45tʰaʔ43

冰雹 piəŋ21pʰaʔ43

霜 suaŋ21

打霜(下霜)ta213suaŋ21

下霜 ɕia21suaŋ21

雾 vu43

起雾 tɕʰi213vu43

露水 lu21suəi0

露水珠儿 lu21suəi0tsur21

下露水 ɕia21lu21suəi0

虹(彩虹)kaŋ43

露天虹 lu21tʰĩ21kaŋ43

天(天气)tʰiʰ21

好天(晴天)xɔ213tʰĩ21

作变(动词,天气由晴转阴)tsaʔ43pĩ43

变天(名词,阴天,天气不正常)pĩ43tʰĩ21

暗蓬蓬儿天(天色昏暗)ʊ̃43pʰɔŋ43pʰɔr43tʰĩ21

阴尸天(阴冷潮湿的天气)ĩ21sɿ0tʰĩ21

落雨天(下雨天)laʔ21y213tĩ21

干(旱)kʊ̃21

起大水(涝)tɕʰi213ta21suəi213

田(田地)tʰĩ45

水田 suəi213tʰĩ45

水谷田 suəi213kɔʔ0tʰĩ45

稻田 t^{h}ɔ^{21}t^{h}ɪ̃^{45}

秧田 iaŋ^{21}t^{h}ɪ̃^{45}

秧亩(育秧苗的田)iaŋ^{21}mɤɯ^{0}

旱田 xʊ̃^{21}t^{h}ɪ̃^{45}

干谷田 kʊ̃^{21}kɔʔ^{0}t^{h}ɪ̃^{45}

岸子ʊ̃^{21}tsɿ^{0}

□子(畦)vɛ̃^{43}tsɿ^{0}

疄(田垄)liəŋ^{45}

汪桶(农家屋边用于倾倒垃圾积肥的坑)uaŋ^{21}t^{h}ɔŋ^{213}

园圃(房前屋后的菜地)yʊ̃^{45}p^{h}u^{0}

地下(地上:杲昃$_{\text{东西}}$忑嘎~了)tɕ^{h}i^{21}xa^{0}

山 ɕiɛ̃^{21}

江 kaŋ^{21}/tɕiaŋ^{21}

河(河流的统称)xɤɯ^{45}

沟(小河,不通航)kəi^{21}

沟头儿(小水沟)kəi^{21}t^{h}ər^{45}

清沟(把河水抽干)tɕ^{h}iəŋ^{21}kəi^{21}

河浜(河岸)xɤɯ^{45}paŋ^{21}

河坎子 xɤɯ^{45}k^{h}ʊ̃^{213}tsɿ^{0}

港(大河,通航)kaŋ^{213}

港河 kaŋ^{213}xɤɯ^{45}

海 xɛ^{213}

塘 t^{h}aŋ^{45}

水汪塘(小水坑)suəi^{213}uaŋ^{0}t^{h}aŋ^{45}

大水(洪水)ta^{21}suəi^{213}

淹 ŋɛ̃^{21}

淌(流)t^{h}aŋ^{213}

□(浮:~啊在水上)p^{h}aŋ^{43}

坝(拦河修筑拦水的)pa^{43}

坝爪儿(小型堤坝)pa^{43}tsuar^{213}

渠 tɕ^{h}y^{45}

地动(地震)tɕ^{h}i^{21}t^{h}ɔŋ^{21}

洞(洞,窟窿)t^{h}ɔŋ^{21}

细眼儿(小洞:衣裳上有个~)ɕi^{43}ŋɛ̃r^{213}

缝(裂开的缝隙:墙上裂嘎个~)fɔŋ^{21}

抿缝(合缝:门不~,就要漏风)miəŋ^{213}fɔŋ^{21}

关风(不漏风:这个细伢儿牙子稀,不~)kuɛ̃^{21}fɔŋ^{21}

璺(陶瓷、玻璃等器具上的裂痕:碗上裂嘎个~)məŋ^{21}

石头 səʔ$^{\underline{45}}$t^{h}əi^{0}

石子儿(小颗的石头)səʔ$^{\underline{45}}$tsɿr^{213}

石板 səʔ$^{\underline{45}}$pɛ̃^{213}

泥(土)ni^{45}

烂泥(湿土)lɛ̃^{21}ni^{45}

洋灰(水泥)iaŋ^{45}xuəi^{21}

沙子 sa^{21}tsɿ^{0}

砖头(整块的砖头)tsʊ̃^{21}t^{h}əi^{0}

砖头卵儿(碎砖头)tsʊ̃^{21}t^{h}əi^{0}lʊ̃r^{213}

砂轮(磨刀石)sa^{21}ləŋ^{45}

磨头砖(小而细腻的磨刀石)mɤɯ^{45}t^{h}əi^{0}tsʊ̃^{21}

瓦 ua^{213}

瓦爿儿(碎瓦片)ua^{213}p^{h}iɛr^{21}

炭(煤)t^{h}ɛ̃^{43}

洋油(煤油)iaŋ^{45}iɤɯ^{45}

石灰 səʔ$^{\underline{45}}$xuəi^{21}

堂灰(灰尘)t^{h}aŋ^{45}xuəi^{21}

吊吊儿灰(室内顶部或角落悬挂的络状灰尘)tiɔ^{43}tiɔr^{43}xuəi^{21}

金(指自然状态下的矿物质,下同)tɕiəŋ^{21}

金子 tɕiəŋ^{21}tsɿ^{0}

银 iəŋ^{45}

银子 iəŋ^{45}tsɿ^{0}

铜 t^{h}ɔŋ^{45}

铁 t^{h}iɪʔ$^{\underline{43}}$

锡 ɕiəʔ$^{\underline{43}}$

上锈(生锈)saŋ^{21}ɕiɤɯ^{43}

火 xɤɯ^{213}

失火(着火)səʔ$^{\underline{43}}$xɤɯ^{213}

烟 ĩɪ^{21}

水 suəi^{213}

冷水 ləŋ^{213}suəi^{213}

温汤水(温水)məŋ^{21}t^{h}aŋ^{21}suəi^{213}

透水(煮沸的开水)t^{h}əi^{43}suəi^{213}

吸铁石 ɕiəʔ$^{\underline{43}}$t^{h}iɪʔ$^{\underline{43}}$səʔ$^{\underline{45}}$

二 时间、节令

什呢时辰(什么时候)səŋ^{213}ni^{0}sɿ^{45}ts^{h}əŋ^{0}

哪□个(什么时候)la^{213}ɕiɤɯ^{21}kɤɯ^{0}

格□个(现在,这时候)kəʔ$^{\underline{43}}$ɕiɤɯ^{21}kɤɯ^{0}

格间个(现在,这时候)kəʔ$^{\underline{43}}$tɕiɛ̃^{21}kɤɯ^{0}

那□个(那时候)lʊ^{43}ɕiɤɯ^{21}kɤɯ^{0}

先大头(刚开始的时候)ɕĩɪ^{21}ta^{21}t^{h}əi^{45}

老早(很久以前:他~就死掉了,怕的有十年了。)lɔ^{213}tsɔ^{213}

临了儿(1.最后,结束:说到~,也不曾说出个名堂来。2.临终:~,他把房子把呀细儿子)liəŋ^{45}liɔr^{213}

先头儿(刚才)ɕĩɪ^{21}t^{h}əir^{0}

才将儿(刚才)ts^{h}ɛ^{45}tɕiaŋr^{21}

前脚儿(刚才)tɕ^{h}ĩɪ^{45}tɕiar^{43}

朝日嘎(先前)tsɔ^{21}iɪʔ^{0}kaʔ^{0}

过刻儿(过一会儿)kɤɯ^{43}k^{h}ər^{21}

眼□儿(一小会儿)ŋɛ̃^{21}nə̃r^{45}

今年子(今年)kəŋ^{21}niɪ̃^{0}tsɿ^{0}

明年子(明年)məŋ^{45}niɪ̃^{0}tsɿ^{0}

后年子(后年)xəi^{21}niɪ̃^{0}tsɿ^{0}

万后年子(大后年)vɛ̃^{21}xəi^{21}niɪ̃^{0}tsɿ^{0}

去年子(去年)tɕ^{h}y^{43}niɪ̃^{0}tsɿ^{0}

先年子(前年)ɕiɪ̃^{21}niɪ̃^{0}tsɿ^{0}

先先年子(大前年)ɕiɪ̃^{43}ɕiɪ̃^{21}niɪ̃^{0}tsɿ^{0}

往年啊 uaŋ^{213}niɪ̃^{45}ŋa^{0}

年头上(年初)niɪ̃^{45}t^{h}əi^{45}saŋ^{0}

年梢头(年尾)niɪ̃^{45}sɔ^{21}t^{h}əi^{0}

年脚下(年底)niɪ̃^{45}tɕiaʔ$^{\underline{43}}$xa^{0}

今朝(今天)kəŋ^{21}tsɔ^{0}

明朝(明天)məŋ^{45}tsɔ^{0}

后朝(后天)xəi^{21}tsɔ^{0}

万后朝(大后天)vɛ̃^{21}xəi^{21}tsɔ^{0}

昨朝(昨天)ts^{h}aʔ$^{\underline{45}}$tsɔ^{0}

昔子(前天)ɕiɪʔ$^{\underline{43}}$tsɿ^{0}

昔昔子(大前天)ɕiɪʔ$^{\underline{43}}$ɕiɪʔ^{0}tsɿ^{0}

天天(每天)t^{h}iɪ̃^{21}t^{h}iɪ̃^{0}

成天 ts^{h}əŋ^{45}t^{h}iɪ̃^{21}

一天夜 iəʔ$^{\underline{43}}$t^{h}iɪ̃^{21}ia^{0}

日嘎夜里 iɪʔ$^{\underline{45}}$kaʔ^{0}ia^{21}li^{0}

落山(下山:太阳～了)laʔ$^{\underline{45}}$ɕiɛ̃^{21}

天亮了 t^{h}iɪ̃^{21}liaŋ^{21}ŋa^{0}

天暗了(天快黑的时候)t^{h}iɪ̃^{21}ʊ̃^{43}ŋa^{0}

天夜了(天黑了)t^{h}iɪ̃^{21}ia^{21}lɔ^{0}

日的嘎(白天)iɪʔ^{21}ti^{0}ka^{0}

夜的嘎(夜里)ia^{21}ti^{0}ka^{0}

八更八点(极称夜深:哪怕到～,我也要把作业做啊妥啊滴!不管多晚,我都要把作业做完)pæʔ$^{\underline{43}}$kəŋ^{21}pæʔ$^{\underline{43}}$tiɪ̃^{213}

早气(早晨:不要睏～啊!)tsɔ^{213}tɕ^{h}i^{0}

早上(上午)tsɔ^{213}saŋ^{0}

中饭前的 tsɔŋ^{21}fɛ̃^{21}tɕ^{h}iɪ̃^{45}ti^{0}

上半天 saŋ^{21}pʊ̃^{0}t^{h}iɪ̃^{0}

日中(1.中午:天不早,到～了。2.午饭:上我家来吃～)iɪʔ$^{\underline{45}}$tsɔŋ^{21}

中上 tsɔŋ^{21}saŋ^{0}

中饭档儿的(午饭前后)tsɔŋ^{21}fɛ̃^{21}tar^{43}ti^{0}

昼心的(伏天中午)tsəi^{43}ɕiəŋ^{21}ti^{0}

下半天(下午)xa^{21}pʊ̃^{0}t^{h}iɪ̃^{21}

吃嘎中饭(吃完午饭:你早上不要来,～来)tɕ^{h}iəʔ$^{\underline{43}}$kaʔ^{0}tsɔŋ^{21}fɛ̃^{0}

半大天(形容时间长:等啊～也不曾来)pʊ̃^{43}ta^{43}t^{h}iɪ̃^{21}

下晚儿(傍晚)ɕia^{21}vɛ̃r^{213}

黄昏头 xuaŋ^{45}xuəŋ^{21}t^{h}əi^{0}

夜心里(午夜时分)ia^{21}ɕiəŋ^{21}li^{0}

带夜口(熬夜：格个伢儿日里嘎要子，夜里嘎～做作业)tɛ^{43}ia^{21}tsʰaʔ^{0}

坐夜 tsʰɤɯ^{21}ia^{21}

带晏(天黑了依然在做事：过大忙，家家人家起早～起早摸黑)tɛ^{43}ŋɛ̃^{43}

通夜(通宵)tʰɔŋ^{21}ia^{21}

接晌(午前或午后增加的一餐或两餐)tɕiɪʔ$^{\underline{43}}$saŋ^{0}

晚茶(午饭和晚饭之间增加的饮食)vɛ̃^{213}tsʰa^{0}

夜茶(宵夜)ia^{21}tsʰa^{0}

小夜饭 ɕiɔ^{213}ia^{21}fɛ̃^{0}

星期 ɕiəŋ^{21}tɕʰi^{0}

礼拜 li^{213}pɛ^{0}

礼拜天(星期天)li^{213}pɛ^{0}tʰĩɪ^{21}

日脚(日子)iɪʔ$^{\underline{45}}$tɕiaʔ^{0}

后来(将来，以后：我这刻儿没得功夫，～再说。)xɤɯ^{45}lɛ^{0}

一生一世(一辈子)iəʔ$^{\underline{43}}$səŋ^{0}iəʔ$^{\underline{43}}$sɿ^{43}

正月 tsəŋ^{21}yʊʔ^{0}

正月里 tsəŋ^{21}yʊʔ^{0}li^{0}

正月初一 tsəŋ^{21}yʊʔ^{0}tsʰu^{21}iəʔ$^{\underline{43}}$

大年初一 ta^{21}nĩɪ^{45}tsʰu^{21}iəʔ$^{\underline{43}}$

新年头的(新年期间)ɕiəŋ^{21}nĩɪ^{0}tʰəi^{45}təi^{0}

正月半 tsəŋ^{21}yʊʔ^{0}pʊ̃^{43}

清明 tɕʰiəŋ^{21}miəŋ^{45}

多午(端午)tɤɯ^{21}vu^{0}

五月多午 vu^{213}yʊʔ^{0}tɤɯ^{21}vu^{0}

六月六(天贶节。泰兴：六月六，晒龙衣。如皋曝伏晒书，妇女洗头，男子下河洗澡，入伏造酱，制瓜菹。此日吃焦糈，谚云：六月六，吃块焦糈长块肉)lɔʔ^{21}yʊʔ^{0}lɔʔ$^{\underline{45}}$

七月七(七夕)tɕʰiəʔ$^{\underline{43}}$yʊʔ^{0}tɕiəʔ$^{\underline{43}}$

七月半(中元节)tɕʰiəʔ$^{\underline{43}}$yʊʔ^{0}pʊ̃^{43}

八月半(中秋节)pæʔ$^{\underline{43}}$yʊʔ^{0}pʊ̃^{43}

十月朝(农历十月初一。秦朝建岁为十月，以此日为新年。泰兴民俗存有：焖茄儿饼，吃小豆饭煎茄饼,吃赤豆饭)səʔ^{21}yʊʔ$^{\underline{43}}$tsɔ^{0}

过冬(冬至)kʊ^{43}tɔŋ^{21}

冬月里(农历十一月)tɔŋ^{21}yʊʔ^{21}li^{0}

腊月里(农历十二月)læʔ^{21}yʊʔ^{21}li^{0}

腊八(农历腊月初八)læʔ$^{\underline{45}}$pæʔ$^{\underline{43}}$

三十夜(除夕)sɛ̃^{21}səʔ^{21}ia^{21}

打春(立春)ta^{213}tsʰuəŋ^{21}

春上(春天)tsʰuəŋ^{21}saŋ^{0}

开春(春天开始)kʰɛ^{21}tsʰuəŋ^{21}

夏天 ɕia^{21}tʰɪ̃^{0}

秋天 tɕʰiɤɯ^{21}tʰɪ̃^{0}

寒天（冬天：今年~冷煞嘎）xʊ̃^{45}tʰɪ̃^{21}

大寒的（冬季最冷的时候）ta^{21}xʊ̃^{45}ti^{0}

进九（进入数九寒天）tɕiəŋ^{43}tɕiɤɯ^{213}

入伏（进入伏天）ʐəʔ$^{\underline{45}}$fɔʔ$^{\underline{45}}$

交大伏 tɕiɔ^{21}ta^{21}fɔʔ$^{\underline{45}}$

头伏 tʰəi^{45}fɔʔ$^{\underline{45}}$

二伏 ər^{21}fɔʔ$^{\underline{45}}$

三伏天（最热的伏天）ɕiɛ̃^{21}fɔʔ$^{\underline{45}}$tʰɪ̃^{21}

出伏（伏天过去了）tsʰuəʔ$^{\underline{43}}$fɔʔ$^{\underline{45}}$

黄历（历书）xuaŋ^{45}liəʔ$^{\underline{45}}$

阴历（农历）iəŋ^{21}liəʔ^{0}

阳历（公历）iaŋ^{45}liəʔ^{0}

三　方向、位置

落头（地方）laʔ$^{\underline{45}}$tʰəi^{0}

什呢落头（什么地方：你在~工作？）səŋ^{213}ni^{0}laʔ$^{\underline{45}}$tʰəi^{0}

哪个落头 la^{213}kɤɯ^{0}laʔ$^{\underline{45}}$tʰəi^{0}

老家 lɔ^{213}ka^{21}

衣胞之地（家乡）i^{21}pɔ^{21}tsɿ^{21}tɕʰi^{21}

街上（镇上）kɛ^{21}saŋ^{0}

乡下 ɕiaŋ^{21}xa^{0}

当中（中间）taŋ^{21}tsɔŋ^{0}

中间 tsɔŋ^{21}kɛ̃^{21}

左半个（左边）tsɤɯ^{213}pʊ̃^{43}kɤɯ^{0}

右半个（右边）iɤɯ^{21}pʊ̃^{43}kɤɯ^{0}

旁半个（旁边）pʰaŋ^{45}pʊ̃^{43}kɤɯ^{0}

半个上（靠边：你站啊~，不要站啊当中）pʊ̃^{43}kɤɯ^{43}saŋ^{0}

前头（前面）tɕʰɪ̃^{45}tʰəi^{0}

后头（后面）xəi^{21}tʰəi^{0}

末末临了（末尾）mʊʔ^{21}mʊʔ^{0}liəŋ^{45}liɔ^{213}

踢踢后头 tʰiəʔ$^{\underline{43}}$tʰiəʔ^{0}xəi^{21}tʰəi^{0}

对过（对面）təi^{43}kɤɯ^{43}

跟前（面前：到我~来）kəŋ^{21}tɕʰɪ̃^{0}

背脊后头（背后）pəi^{43}tɕiəʔ$^{\underline{43}}$xəi^{21}tʰəi^{0}

里头（里面）li^{213}tʰəi^{0}

外头（外面）vɛ^{21}tʰəi^{0}

团团儿（附近，周围：你把家~的人总得罪尽啊了）tʰʊ̃^{45}tʰʊ̃r^{0}

四团团儿 sɿ^{43}tʰʊ̃^{45}tʰʊr^{21}

东半个（东边）tɔŋ^{21}pʊ̃^{0}kɤɯ^{0}

东头 tɔŋ^{21}tʰəi^{45}

西半个（西边）ɕi^{21}pʊ̃^{0}kɤɯ^{0}

西头 ɕi^{21}tʰəi^{45}

南半个(南边)nʊ̃^{45}pʊ̃^{0}kɤɯ^{0}

南头 nʊ̃^{45}t^{h}əi^{45}

北半个(北边)pɔʔ$^{\underline{43}}$pʊ̃^{0}kɤɯ^{0}

北头 pɔʔ$^{\underline{43}}$t^{h}əi^{45}

上(碗在桌子~)saŋ^{21}

上头(上面:走~滚下来)saŋ^{21} t^{h}əi^{0}

顶上(上面:二楼在一楼~,三楼在二楼~)tiəŋ^{213}saŋ^{0}

底下(下面:你在顶上拿,我在~接)tɕi^{213}xa^{0}

边边儿上 pĩɪ^{21}piər^{21}saŋ^{0}

角落(1.边角:台子~。2.角落:墙~)kaʔ$^{\underline{43}}$laʔ^{0}

□儿(角落:缸~;墙~)pɔr^{43}

家的(1.屋里。2.本家族)ka^{21}li^{0}

上去 saŋ^{21}tɕ^{h}y^{0}

下来 xa^{21}lɛ^{0}

进去 tɕiəŋ^{43}tɕ^{h}y^{0}

出来 ts^{h}uəʔ$^{\underline{43}}$lɛ^{0}

出去 ts^{h}uəʔ$^{\underline{43}}$tɕ^{h}y^{0}

家来(回家)ka^{21}lɛ^{0}

以内 i^{213}nəi^{21}

开外(以外)k^{h}ɛ^{21}vɛ^{21}

心的(心里)ɕiəŋ^{21}ti^{0}

四　植物、动物

树 su^{21}

秧树(种树,动宾)iaŋ^{21}su^{21}

伐树(砍树,动宾)fɛʔ$^{\underline{45}}$su^{21}

树膀子(树干)su^{21}paŋ^{213}tsɿ^{0}

树头(树梢)su^{21}t^{h}əi^{45}

树枝子(枝子)su^{21}tsɿ^{21}tsɿ^{0}

树桠巴(树杈)su^{21}ŋa^{21}pa^{0}

树叶子 su^{21}iɪʔ$^{\underline{45}}$tsɿ^{0}

树根 su^{21}kəŋ^{21}

木头 mɔʔ$^{\underline{45}}$t^{h}əi^{0}

松树 sɔŋ^{21}su^{21}

柏树 pɔʔ$^{\underline{43}}$su^{21}

杉树 ɕiɛ̃^{21}su^{21}

桑树 saŋ^{21}su^{21}

桑叶 saŋ^{21}iɪʔ^{0}

桑树果子(桑葚)saŋ^{21}su^{21} kɤɯ^{213}tsɿ^{0}

桑枣儿 saŋ^{21}tsɔr^{213}

杨树 iaŋ^{45}su^{21}

柳树 ləi^{213}su^{21}

钉子槐(槐树)tiəŋ^{21}tsɿ^{0}xuɛ^{45}

洋槐 iaŋ^{45}xuɛ^{45}

榆树 y^{45}su^{21}

榆钱(榆树果实)y^{45}tɕ^{h}ĩɪ^{45}

泡桐(梧桐)p^{h}ɔ^{21}t^{h}ɔŋ^{45}

皂角树 ts^{h}ɔ^{21}kaʔ^{0}su^{21}

白果树(银杏树)p^{h}ɔʔ$^{\underline{45}}$kɤɯ^{213}su^{21}

子孙树 tsɿ^{213}suəŋ^{0}su^{21}

白果(银杏)p^{h}ɔʔ$^{\underline{45}}$kɤɯ^{213}

枇杷树 p^{h}iəʔ$^{\underline{43}}$p^{h}aʔ$^{\underline{43}}$su^{21}

枇杷 p^{h}iəʔ$^{\underline{43}}$p^{h}aʔ$^{\underline{43}}$

柿子树 sɿ^{21}tsɿ^{0}su^{21}

柿子 sɿ^{21}tsɿ^{0}

点柿子(用白酒等催熟剂点在柿蒂上,使快熟)tiĩ^{213}sɿ^{21}tsɿ^{0}

捂柿子(将柿子与苹果、香蕉等水果同放在扎紧的塑料袋里,使快熟)vu^{43}sɿ^{21}tsɿ^{0}

石榴树 səʔ^{21}ləi^{0}su^{21}

石榴 səʔ^{21}ləi^{0}

枣儿树 tsɔr^{213}su^{21}

枣子 tsɔ^{213}tsɿ^{0}

　枣儿 tsɔr^{213}

桃树 t^{h}ɔ^{45}su^{21}

桃子 t^{h}ɔ^{45}tsɿ^{0}

毛桃(新长的幼桃)mɔ^{45}t^{h}ɔ^{45}

癞葡萄(又名"金铃子",葫芦科,苦瓜属,可食用)lɛ^{21}p^{h}u^{45}t^{h}ɔ^{45}

葡萄藤 p^{h}u^{45}t^{h}ɔ^{0}t^{h}əŋ^{45}

葡萄 p^{h}u^{45}t^{h}ɔ^{45}

竹子 tsɔʔ$^{\underline{43}}$tsɿ^{0}

毛竹 mɔ^{45}tsɔʔ$^{\underline{43}}$

篾子(竹篾)miəʔ$^{\underline{45}}$tsɿ^{0}

膜子(竹衣)maʔ$^{\underline{45}}$tsɿ^{0}

笋子(竹笋)suəŋ^{213}tsɿ^{0}

竹箬子(笋壳,笋的外皮,褐色)tsɔʔ$^{\underline{43}}$ʐaʔ$^{\underline{45}}$tsɿ^{0}

笋子 suəŋ^{213}tsɿ^{0}

叶子 iɪʔ$^{\underline{45}}$tsɿ^{0}

花 xua^{21}

花卵儿(花骨朵)xua^{21}lʊ̃r^{213}

花心(花蕊)xua^{21}ɕiəŋ^{21}

蔷薇花儿(蔷薇)tɕ^{h}iaŋ^{45}mi^{45}xuar^{21}

梅花 mi^{45}xua^{21}

桂花 kuəi^{43}xua^{21}

牡丹 mɤɯ^{213}tɛ̃^{21}

荷花 xɤɯ^{45}xua^{21}

游落儿(荇菜)iɤɯ^{45}t^{h}ær^{43}

月季花 yʊ̃ʔ$^{\underline{45}}$tɕi^{43}xua^{21}

茉莉花 mɔʔ$^{\underline{43}}$li^{0}xua^{21}

茵色花(凤仙花)iəŋ^{21}səʔ^{0}xua^{21}

鸡冠头(鸡冠花)tɕi^{21}kʊ̃^{21}t^{h}əi^{45}

黄花儿(苜蓿)uaŋ^{45}xuar^{21}

栀子花 tsɿ^{21}tsɿ^{0}xua^{21}

草 ts^{h}ɔ^{213}

茅草 mɔ^{45}ts^{h}ɔ^{213}

芦竹 lu^{45}tsɔʔ$^{\underline{43}}$

绿萍(浮萍)lɔʔ$^{\underline{45}}$p^{h}iəŋ^{45}

　浮凉草 fu^{45}liaŋ^{45}ts^{h}ɔ^{213}

河草(水草)xɤɯ^{45}ts^{h}ɔ^{213}

芦柴(芦苇)lu^{45}ts^{h}ɛ^{45}/lu^{45}sɛ^{45}

芒棵(一种长在河岸边的植物，叶心可搓绳)maŋ45kʰɤɯ21

服盆(花草移盆后能适应新的环境)fɔʔ45pʰəŋ45

海带 xɛ213tɛ43

青苔 tɕʰiəŋ21tʰɛ0

薄荷(藿香)pʰaʔ43xɤɯ0

百合 pɔʔ43xʊʔ0

刺(名词:脚上戳嘎个~)tsʰɿ43

水果 suəi213kɤɯ213

苹果 pʰiəŋ45kɤɯ213

梨子 li45tsɿ0

香蕉 ɕiaŋ21tɕiɔ21

西瓜 ɕi21kua21

李子 li213tsɿ0

杏子 ɕiəŋ21tsɿ0

桔子 tɕyəʔ43tsɿ0

核桃 xəʔ45tʰɔ45

甘蔗 kʊ̃21tsa21

金针(金针菜)tɕiəŋ21tsəŋ21

木耳 mɔʔ21ər213

银耳 iəŋ45ər213

圈子(蘑菇等菌类)tɕʰyʊ̃21tsɿ0

香菇 ɕiaŋ21ku21

种子 tsɔŋ213tsɿ0

庄稼(统称)tsuaŋ21ka0

粮饭(1.粮食。2.粮食作物)liaŋ45fɛ̃0

稻(1.植株:秋天到了，~好收了。2.稻子的籽实:今朝好天，把~晒下子)tʰɔ21

机米(稻籽去壳，碾米)tɕi21mi213

轧稻 kʰæʔ45tʰɔ21

米(稻的籽实去壳后)mi213

糯米 nɤɯ21mi213

黏米 nĩ45mi213

耍米(不黏的米的统称)sua213mi213

籼稻 ɕĩ21tʰɔ21

籼米 ɕĩ21mi213

糠(稻糠)kʰaŋ21

细食(猪吃的粮食)ɕi43səʔ0

稻穗穗(稻穗)tʰɔ21tɕʰy21tɕʰy21

穰草(稻草)ʐaŋ45tsʰɔ213

稗子(稗草)pʰɛ21tsɿ0

麦 mɔʔ45

麦穗穗(麦穗)mɔʔ45tɕʰy21tɕʰy21

麦芒 mɔʔ21maŋ45

麦秸子(脱粒后的麦秆)mɔʔ45kɛ21tsɿ0

鬼麦(大麦黑粉菌病株)kuəi213mɔʔ0

大麦 ta21mɔʔ0

大麦粯子(大麦磨成的粉，用于熬粥)ta21mɔʔ0xɛ̃21tsɿ0

　大麦糁儿 ta^{21}mɔʔ^{0}tɕʰiɛr^{213}
小麦 ɕiɔ^{213}mɔʔ^{0}
麸子(麦麸)fu^{21}tsɿ^{0}
元麦(大麦的一种,又称青稞。主要产区为西藏、青海等地,江苏中部通泰地区也广为种植)yʊ̃^{45}mɔʔ^{0}
元麦粯子(小麦磨成的粉,用于熬粥)yʊ̃^{45}mɔʔ^{0}xɛ̃^{21}tsɿ^{0}
　元麦糁儿 yʊ̃^{45}mɔʔ^{0}tɕʰiɛr^{213}
荞麦 tɕʰiɔ^{45}mɔʔ^{0}
高粱(指植物)kɔ^{21}liaŋ^{0}
芦穄(一种高粱,脱粒后的穗秸可扎扫帚)lu^{45}tɕi^{21}
瘪子(空的或者不饱满的谷子的统称)piɪʔ$^{\underline{43}}$tsɿ^{0}
玉米(植物)yʔ^{21}mi^{0}
棒头(1.玉米棒。2.棒槌)pʰaŋ^{21}tʰəi^{0}
玉米子儿 yʔ^{21}mi^{0}tsər^{213}
玉米粯子(玉米磨成的粉,用于熬粥)yʔ^{21}mi^{0}xɛ̃^{21}tsɿ^{0}
　玉米糁儿 yʔ^{21}mi^{0}tɕʰiɛr^{213}
黏玉米 nĩ^{45}yʔ^{21}mi^{0}
耍玉米(不黏的玉米)sua^{213}yʔ^{21}mi^{0}
棉花 mi^{45}xua^{21}
棉花秸子 mi^{45}xua^{21}kɛ^{213}tsɿ^{0}
麻(纤维可制绳、制衣)ma^{45}
本布(家纺粗布)pəŋ^{213}pu^{43}
油菜(油料作物,不是蔬菜)iɤɯ^{45}tsʰɛ^{43}
菜籽儿(油菜籽,榨油用)tsʰɛ^{43}tsər^{213}
芝麻 tsɿ^{21}ma^{0}
葵花(向日葵)kʰuəi^{45}xua^{21}
葵花子 kʰuəi^{45}xua^{21}tsɿ^{213}
花生 xua^{21}səŋ^{0}
　长生果 tsʰaŋ^{45}səŋ^{21}kɤɯ^{213}
花生米儿(花生米)xua^{21}səŋ^{0}mir^{213}
蚕豆 tsʰʊ̃^{45}tʰəi^{21}
豌豆ʊ̃^{21}tʰəi^{21}
豌豆头(豌豆的嫩芽)ʊ̃^{21}tʰəi^{21}tʰəi^{45}
黄豆 uaŋ^{45}tʰəi^{21}
青黄豆儿(毛豆角)tɕʰiəŋ^{21}uaŋ^{45}tʰər^{21}
豆饼(黄豆榨油后剩下的压成饼状的渣滓)tʰəi^{21}piəŋ^{213}
豆秸(特指黄豆秸)tʰəi^{21}kɛ^{21}
小豆(红豆的一种,较小)ɕiɔ^{213}tʰəi^{21}
绿豆 lɔʔ$^{\underline{45}}$tʰəi^{21}
黑豆 xəʔ$^{\underline{43}}$tʰəi^{21}

豇豆 kaŋ^{21}tʰəi^{21}

米豇(豇豆的一种,子实颜色微白)mi^{213}kaŋ^{21}

扁豆 pɪ̃^{213}tʰəi^{21}

刀豆(四季豆)tɔ^{21}tʰəi^{21}

青菜(统称)tɕʰiəŋ^{21}tsʰɛ^{43}

漫英儿菜(小的青菜秧)mʊ̃^{21}iər^{21}tsʰɛ^{43}

黄芽菜(大白菜)xuaŋ^{45}ia^{45}tsʰɛ^{43}

包心菜(圆白菜)pɔ^{21}ɕiəŋ^{21}tsʰɛ^{43}

空心菜(蕹菜)kʰɔŋ^{21}ɕiəŋ^{21}tsʰɛ^{43}

菠菜 pɤɯ^{21}tsʰiɛ^{43}

野菜(特指荠菜)ia^{213}tsʰɛ^{43}

苋菜 xɛ̃^{21}tsʰɛ^{43}

芥菜 kɛ^{43}tsʰɛ^{43}

雪里蕻 ɕyʊʔ$^{\underline{43}}$li^{0}xɔŋ^{45}

羊把子(马齿苋)iaŋ^{45}pa^{213}tsɿ^{0}

药芹(芹菜)iaʔ$^{\underline{45}}$tɕʰiəŋ^{45}

水芹(芹菜的一种,长在水里)suəi^{213}tɕʰiəŋ^{45}

莴笋 ɤɯ^{21}suəŋ^{213}

韭菜 tɕiɤɯ^{213}tsʰɛ^{43}

韭黄 tɕiɤɯ^{213}xuaŋ^{45}

韭菜葶子 tɕiɤɯ^{213}tsʰɛ^{0}tʰiəŋ^{45}tsɿ^{0}

茼蒿 tʰɔŋ^{45}xɔ^{21}

芫荽(香菜)ɪ̃^{45}ɕy^{21}

葱 tsʰɔŋ^{21}

小葱 ɕiɔ^{213}tsʰɔŋ^{21}

洋葱 iaŋ^{45}tsʰɔŋ^{21}

太蒜(大蒜)tʰɛ^{21}sʊ̃^{43}

蒜叶子 sʊ̃^{43}iɪʔ$^{\underline{45}}$tsɿ^{0}

蒜苗(蒜薹)sʊ̃^{43}miɔ^{45}

生姜 səŋ^{21}tɕiaŋ^{0}

胡椒(椒的统称)fu^{45}tɕiɔ^{21}

菜椒(不辣的椒的统称。因为泰兴少食辣,椒的分类较少)tsʰɛ^{43}tɕiɔ^{21}

辣椒(有辣味的椒的统称)læʔ$^{\underline{45}}$tɕiɔ^{21}

五香八角 vu^{213}ɕiaŋ^{21}pæʔ$^{\underline{43}}$kaʔ$^{\underline{43}}$

茄儿 tɕʰyar^{45}

番茄儿 fɛ̃^{21}tɕʰyar^{45}

　西红柿 ɕi^{21}xɔŋ^{45}sɿ^{21}

　洋柿子 iaŋ^{45}sɿ^{21}tsɿ^{0}

麻萝卜(白色的长的萝卜)ma^{45}lɤɯ^{45}pʰɔʔ^{0}

胡萝卜 fu^{45}lɤɯ^{45}pʰɔʔ^{0}

　□萝卜 ʊʔ$^{\underline{45}}$lɤɯ^{45}pʰɔʔ^{0}

萝卜缨儿 lɤɯ^{45}pʰɔʔ^{0}iər^{21}

萝卜干儿 lɤɯ^{45}pʰɔʔ^{0}kʊ̃r^{21}

茭瓜(茭白)kɔ^{21}kua^{0}

笋瓜(西葫芦)suəŋ^{213}kua^{0}

乌子(瓠瓜,梨形的葫芦变种)u^{21}tsɿ^{0}

葫芦(干的匏瓜)fu^{45}lu^{0}

番瓜(南瓜)fɛ̃^{21}kua^{21}

黄瓜 uaŋ^{45}kua^{21}

苦瓜 ku^{213}kua^{21}

丝瓜 sɿ^{21}kua^{21}

荸荠 p^{h}iəʔ$^{\underline{45}}$tɕi^{21}

番芋(红薯)fɛ̃^{21}y^{0}

黄大头(红薯的一种,黄心)uaŋ^{45}ta^{21}t^{h}əi^{45}

马铃薯 ma^{213}liəŋ^{45}su^{213}

土豆儿 t^{h}u^{213}t^{h}ər^{0}

芋头 y^{21}t^{h}əi^{0}

芋头头子(芋头母根)y^{21}t^{h}əi^{0}t^{h}əi^{45}tsɿ^{0}

芋头伢子(芋艿)y^{21}t^{h}əi^{0}ŋa^{45}tsɿ^{0}

慈姑 ts^{h}ɿ^{45}ku^{21}

山药(山药的根部)ɕiɛ̃^{21}iaʔ^{0}

山药果儿(山药叶腋间生的有肾形或卵圆形的珠芽,名“零余子”,俗称“山药豆、山药蛋”)ɕiɛ̃^{21}iaʔ^{0}kʊr^{213}

藕 ŋəi^{213}

莲子 liɪ̃^{45}tsɿ^{0}

菱(菱角)liəŋ^{45}

老虎 lɔ^{213}fu^{213}

狗熊 kəi^{213}ɕiɔŋ^{45}

狼 laŋ^{45}

猴子 xəi^{45}tsɿ^{0}

毛猴子(传说生活在水里的一种妖怪,力大无比。泰兴人用来吓唬小孩儿,不要在河边玩水)mɔ^{45}xəi^{45}tsɿ^{0}

壁虎儿 piəʔ$^{\underline{43}}$fur^{213}

黄猫儿(黄鼠狼)uaŋ^{45}mɔr^{45}

大仙(狐狸)ta^{21}ɕiɪ̃^{21}

蛇 sa^{45}

竹叶青(青蛇)tsɔʔ$^{\underline{43}}$iɪʔ^{0}tɕ^{h}iəŋ^{21}

水蛇 suəi^{213}sa^{45}

火叉练(赤链蛇)xɤɯ^{213}ts^{h}a^{0}liɪ̃^{21}

地鳖蛇(蝮蛇,色灰暗,体小,有剧毒,常盘成团)tɕ^{h}i^{21}piɪʔ^{0}sa^{45}

七寸子 tɕ^{h}iəʔ$^{\underline{43}}$ts^{h}uəŋ^{43}tsɿ^{0}

家蛇(指乌梢蛇、锦蛇等常在房中、树洞、坟地出现的无毒蛇,善捕鼠。民间视为“龙、宅神”,有“家蛇不打”之说,一旦遇见,则焚香祷告,使之离去)ka^{21}sa^{45}

菜花黄(锦蛇)ts^{h}ɛ^{43}xua^{21}uaŋ^{45}

信舔子(蛇舌)ɕiəŋ^{43}t^{h}iɪ̃^{43}tsɿ^{0}

老鼠 lɔ^{213}ts^{h}u^{0}

油老鼠(蝙蝠)iɤɯ^{45}lɔ^{213}ts^{h}u^{0}

雀儿(飞鸟,统称)tɕiarʔ$^{\underline{43}}$

麻雀儿(麻雀)ma^{45}tɕiarʔ$^{\underline{43}}$

喜鹊 ɕi^{213}tɕ^{h}iaʔ$^{\underline{43}}$

灰喜鹊 xuəi^{21}ɕi^{213}tɕ^{h}iaʔ$^{\underline{43}}$

老雁(大雁)lɔ^{213}ŋɛ̃^{21}
雀儿窠(鸟窝)tɕʰiarʔ$^{\underline{43}}$kʰɤɯ^{21}
老鸦(乌鸦)lɔ^{213}ŋa^{21}
老鸹(鸬鹚)lɔ^{213}kua^{0}
白头公(白头翁)pʰɔʔ$^{\underline{45}}$tʰəi^{45}kɔŋ^{21}
啄木鸟 tsuaʔ$^{\underline{43}}$mɔʔ^{0}niɔ^{213}
苦哇(叫声酷似"苦哇"的水鸟)kʰu^{213}ua^{0}
鸽子 kʊʔ$^{\underline{43}}$tsɿ^{0}
老鹰 lɔ^{213}iəŋ^{21}
猫头鹰 mɔ^{45}tʰəi^{45}iəŋ^{21}
鹤子(仙鹤)xaʔ$^{\underline{45}}$tsɿ^{0}
麦干雀儿(布谷鸟)mɔʔ$^{\underline{45}}$kʊ̃^{21}tɕʰiarʔ$^{\underline{43}}$
翅膀 tsɿ^{43}paŋ^{0}
爪子(禽鸟的，统称)tsua^{213}tsɿ^{0}
脚爪儿(特指猪脚爪)tɕiaʔ$^{\underline{43}}$tsuar^{213}
尾子(尾巴)vəi^{213}tsɿ^{0}
窠(禽、畜的窝)kʰɤɯ^{21}
虫子(统称)tsʰɔŋ^{45}tsɿ^{0}
逸蝶儿(蝴蝶)iɪʔ$^{\underline{43}}$tʰiər^{213}
蛵蜓儿(蜻蜓)ɕiəŋ^{21}lər^{0}
蝦蝼(知了)tɕia^{213}ləi^{0}
蜜蜂儿 miəʔ$^{\underline{45}}$fɔr^{21}
蜜(蜂蜜)miəʔ$^{\underline{45}}$
蜈蜂(马蜂)vu^{45}fɔŋ^{21}
锥(蜇：蜈蜂～人)tsuəi^{21}
火萤虫(萤火虫)xɤɯ^{21}iəŋ^{0}tsʰɔŋ^{45}
蚂蚁 ma^{213}i^{0}
　蚂米 ma^{213}mi^{0}
百脚(蜈蚣)pɔʔ$^{\underline{43}}$tɕiaʔ$^{\underline{43}}$
鸭鸭佬(蜗牛)ŋɛʔ$^{\underline{43}}$ŋɛʔ$^{\underline{43}}$lɔ^{213}
粘滑虫儿(蛞蝓、蜒蚰、鼻涕虫)niɪ̃^{45}væʔ$^{\underline{45}}$tsʰɔr^{45}
蚂虮(蚂蟥)ma^{213}tɕi^{21}
河蟮(蚯蚓)xɤɯ^{45}ɕiɪ̃^{43}
蚕儿(蚕)tsʰʊ̃r^{45}
茧儿 tɕir^{213}
蚕蛹子 tsʰʊ̃^{45}iɔŋ^{213}tsɿ^{0}
蚕沙子(家蚕的屎)tsʰʊ̃^{45}sa^{43}tsɿ^{0}
蟢蟢儿(蜘蛛)ɕi^{213}ɕir^{0}
蟢蚁麻麻儿窠(蜘蛛网)ɕi^{213}i^{0}ma^{45}mar^{45}kʰɤɯ^{21}
蚊子 vəŋ^{45}tsɿ^{0}
孑孓 tɕiəʔ$^{\underline{43}}$tɕyəʔ$^{\underline{43}}$
咬(蚊子～人)ŋɔ^{213}
盎窠(蚊子早晚聚集成群，嗡嗡乱飞)ŋaŋ^{21}kʰɤɯ^{21}
苍蝇 tsʰaŋ^{21}iəŋ^{0}
绿头儿苍蝇 lɔʔ$^{\underline{45}}$tʰər^{45}tsʰaŋ^{21}iəŋ^{0}
牛虻 ŋəi^{45}mɔŋ^{0}
蛾子 ŋɤɯ^{45}tsɿ^{0}
虼蚤(跳蚤)kəʔ$^{\underline{43}}$tsɔ^{0}
虱子(特指生长在毛发里的跳

蚤）səʔ^{43}tsɿ^{0}

臭虫 tsʰəi^{43}tsʰɔŋ^{0}

蟑目虫（蟑螂）tsaŋ^{21}mɔʔ^{0}tsʰɔŋ^{45}

蛐蛐儿（蟋蟀）tɕʰiɔʔ^{43}tɕʰiɔr^{43}

纺车儿（纺织娘）faŋ^{213}tsʰar^{21}

蛆子（蛆）tɕʰy^{21}tsɿ^{0}

蛆卵儿 tɕʰy^{21}lʊr^{213}

牛子（大谷盗，俗称“米蛀虫”）ŋəi^{45}tsɿ^{0}

蛀虫 tsu^{43}tsʰɔŋ^{0}

蠓虫儿（空中飞舞的小虫）mɔŋ^{21}tsʰɔr^{45}

念牛儿（天牛）nĩ^{21}ŋər^{45}

来尿宝儿（1.大蓑蛾的幼虫，藏在用叶、柄裹成的长椎形茧中挂在树枝上。2.经常尿床的孩子）lɛ^{45}suəi^{213}pɔr^{213}

灶鸡儿（状似蟋蟀，常出没于厨房）tsɔ^{43}tɕiər^{21}

斫螂（螳螂）tsaʔ^{43}laŋ^{0}

花新娘子（瓢虫）xua^{21} ɕiəŋ^{21}niaŋ^{0}tsɿ^{0}

新娘子 ɕiəŋ^{21}niaŋ^{0}tsɿ^{0}

蝗虫 xuaŋ^{45}tsʰɔŋ^{45}

鱼 y^{45}

散籽（鱼产卵）sɛ̃^{43}tsɿ^{213}

鱼秧（鱼苗）y^{45}iaŋ^{21}

鳊鱼 pĩ^{21}y^{45}

花鱼（鲤鱼）xua^{21}y^{45}

鲲子（草鱼）kʰuəŋ^{21}tsɿ^{0}

鲢子鱼（鲢鱼）lĩ^{45}tsɿ^{0}y^{45}

草巴头（鳙鱼）tsʰɔ^{213}pa^{0}tʰəi^{45}

鲫鱼 tɕiəʔ^{43}y^{45}

鲒鱼（鲫鱼）tɕiɤɯ^{43}y^{0}

鲫凯儿（小鲫鱼）tɕiəʔ^{43}kʰɛr^{213}

歪儿（河蚌）vɛr^{21}

蚬子（圆形或近三角形贝类，外壳黄褐色，长于淡水或咸淡水区域。肉质鲜美，泰兴人常炒食或烧汤。蚬子炒韭菜、蚬子豆腐汤等是当地名菜）ɕĩ^{213}tsɿ^{0}

蜗螺儿（螺丝）ɤɯ^{21}lʊr^{213}

鲇鱼 nĩ^{45}y^{45}

泥滑子（泥鳅）ni^{45}væʔ^{0}tsɿ^{0}

黑鱼（乌鱼）xəʔ^{43}y^{0}

长鱼（黄鳝）tsʰaŋ^{45}y^{45}

河豚 xɤɯ^{45}təŋ^{21}

毛鱼（河鳗）mɔ^{45}y^{45}

脚鱼（甲鱼）tɕiaʔ^{43}y^{0}

鳖 piɪʔ^{43}

鳞 liəŋ^{45}

鱼芒（鱼刺）y^{45}maŋ^{45}

虾子（虾）xa^{21}tsɿ^{0}

虾儿 xar^{21}

麻虾儿(做酱的小虾)ma^{45}xar^{21}

蟛蟹 p^{h}aŋ^{45}xɛ^{43}

骚蟛蜞(淡水产的小型蟹类) sɔ^{21}p^{h}ɔŋ^{0}tɕi^{21}

田鸡(青蛙)t^{h}ĩı^{45}tɕi^{21}

蛤蟆乌(蝌蚪)xa^{45}ma^{0}vu^{21}

癞宝(癞蛤蟆)lɛ^{21}pɔ^{213}

马 ma^{213}

牛 ŋəi^{45}

刁人牛(常牴人的牛)tiɔ^{21} ʐəŋ^{0}ŋəi^{45}

细牛儿(小牛)ɕi^{43}ŋər^{45}

泊牛(公黄牛)p^{h}aʔ$^{\underline{43}}$ŋəi^{45}

犍牛(去势公黄牛)tɕ^{h}ĩı^{21}ŋəi^{45}

騬牛(去势公水牛)təŋ^{21}ŋəi^{45}

公牛 kɔŋ^{21}ŋəi^{45}

母牛 mɤɯ^{213}ŋəi^{45}

羊子(羊)iaŋ^{45}tsɿ^{0}

骚泊羊(公羊)sɔ^{21}p^{h}aʔ$^{\underline{43}}$iaŋ^{45}

猪子(猪)tsu^{21}tsɿ^{0}

骚猪(种公猪)sɔ^{21}tsu^{21}

公猪 kɔŋ^{21}tsu^{21}

母猪 mɤɯ^{213}tsu^{21}

单头(未成年猪)tɛ̃^{21}t^{h}əi^{0}

豚子(未阉割的小母猪) t^{h}əŋ^{45}tsɿ^{0}

长豝(未配种的种母猪) ts^{h}aŋ^{45}pa^{0}

老母猪(已生小猪的母猪)lɔ^{213} mɤɯ^{0}tsu^{21}

小猪儿(猪仔)ɕiɔ^{213}tsur^{21}

猪拱拱儿(猪鼻子)tsu^{21} kɔŋ^{213}kɔr^{213}

猪圈 tsu^{21}tɕ^{h}yʊ̃^{21}

猪窠 tsu^{21}k^{h}ɤɯ^{21}

猪食槽 tsu^{21}səʔ$^{\underline{45}}$ts^{h}ɔ^{45}

猫儿(猫)mɔr^{45}

公猫儿 kɔŋ^{21}mɔr^{45}

米猫(母猫)mi^{213}mɔ^{45}

狗子(狗)kəi^{213}tsɿ^{0}

儿狗(公狗)ər^{45}kəi^{213}

草狗(母狗)ts^{h}ɔ^{213}kəi^{213}

兔子 t^{h}u^{43}tsɿ^{0}

鸡子(鸡)tɕi^{21}tsɿ^{0}

雄鸡(公鸡)iɔŋ^{45}tɕi^{21}

母鸡 mɤɯ^{213}tɕi^{21}

食袋儿(嗉子)səʔ$^{\underline{45}}$t^{h}ɛr^{21}

抱窠(抱窝)p^{h}ɔ^{21}k^{h}ɤɯ^{21}

鸭子(鸭)ŋæʔ$^{\underline{43}}$tsɿ^{0}

雄鸭(公鸭)iɔŋ^{45}ŋæʔ$^{\underline{43}}$

母鸭 mɤɯ^{213}ŋæʔ$^{\underline{43}}$

鹅儿(鹅)ŋɤɯr^{45}

毻毛(禽、鸟、兽季节性换毛) t^{h}ɤɯ^{43}mɔ^{45}

叫声(动物发情时吼叫)
tɕiɔ^{43}səŋ^{21}

吆窠(驱赶发情的母畜去配种)iɔ^{21}kʰɤɯ^{0}

游草(狗交尾)iɤɯ^{45}tsʰɔ^{213}

出苗(公畜阴茎伸出)
tsʰuəʔ$^{\underline{43}}$miɔ^{45}

惹瘟(1.禽畜生瘟病:格歇个鸡子惹啊瘟。2.对禽畜的蔑称:格些~脏煞噶!)ʐa^{213}uəŋ^{21}

下(畜产仔:~小猪儿)xa^{21}

孵 pʰu^{21}

骟(阉割)ɕĩ^{43}

喂 y^{43}

治鱼(杀鱼)tsʰɿ^{45}y^{45}

五　房舍、家具

庄(村庄)tsuaŋ^{21}

巷子 xaŋ^{21}tsɿ^{0}

街(街道)kɛ^{21}

起屋(盖房子)tɕʰi^{213}ɔʔ$^{\underline{43}}$

屋(房子,不包括院子)ɔʔ$^{\underline{43}}$

房(房子里分隔而成的,统称)
faŋ^{45}

草屋(茅草屋)tsʰɔ^{213}ɔʔ$^{\underline{43}}$

披子(披屋,与正房两侧或后面相连的小屋,常用来堆放杂物)pʰi^{21}tsɿ^{0}

披儿 pʰiər^{21}

屋顶(房顶)ɔʔ$^{\underline{43}}$tiəŋ^{213}

檐头(屋檐)ĩĩ^{45}tʰəi^{0}

梁(水平方向的长条形承重构件)liaŋ^{45}

桁条 ɕiəŋ^{45}tʰiɔ^{45}

椽子 tɕʰʊ̃^{45}tsɿ^{0}

竖棵(柱子)su^{21}kʰɤɯ^{21}

磉棵(柱下石)saŋ^{21}kʰɤɯ^{21}

磉棵墩子 saŋ^{21}kʰɤɯ^{0}təŋ^{21}tsɿ^{0}

门 məŋ^{45}

门搭子(门环)məŋ^{45}tæʔ$^{\underline{43}}$tsɿ^{0}

门鼓儿(圆形,金属,固定门环)
məŋ^{45}kur^{213}

达子门(木制可拆卸的门,沿街商铺多用)tʰæʔ$^{\underline{45}}$tsɿ^{0}məŋ^{45}

腰门(大门外的外开半高门,用于挡雨)iɔ^{21}məŋ^{45}

枵子(门栓)ɕiɔ^{21}tsɿ^{0}

锁 sɤɯ^{213}

钥匙 iaʔ$^{\underline{45}}$tsʰɿ^{21}

蹬脚(台阶)təŋ^{21}tɕiaʔ$^{\underline{43}}$

楼梯蹬脚(楼梯的台阶)ləi^{45}
tɕʰi^{21}təŋ^{21}tɕiaʔ^{0}

午槛(门槛)vu^{213}kʰɛ̃^{213}

窗棚(窗)tsʰuaŋ^{21}pʰɔŋ^{0}

窗帘 ts^{h}uaŋ^{21}lĩ^{45}
阳台 iaŋ^{45}t^{h}ɛ^{45}
　晒台 sɛ^{43}t^{h}ɛ^{45}
房的(卧室)faŋ^{45}təi^{0}
堂屋(客厅)t^{h}aŋ^{45}ɔʔ$^{\underline{43}}$
　明间 miəŋ^{45}kɛ̃^{21}
平房 p^{h}iəŋ^{45}faŋ^{45}
楼房 ləi^{45}faŋ^{45}
厢屋(厢房)ɕiaŋ^{21}ɔʔ$^{\underline{43}}$
板壁(用来隔开房间的木板墙)pɛ̃^{213}piəʔ$^{\underline{43}}$
灶家里(厨房)tsɔ^{43}ka^{0}li^{0}
锅门口(老式灶台烧火的地方)kɤɯ^{21}məŋ^{0}k^{h}əi^{213}
锅上(灶,统称:他在~忙菜)kɤɯ^{21}saŋ^{0}
上锅(在灶台上做饭)saŋ^{21}kɤɯ^{21}
锅膛(老式灶台烧火的地方)kɤɯ^{21}t^{h}aŋ^{45}
锅壳子(锅灶壁上砌的凹进去的部分,利用余热烘干物品,如湿鞋、袜子等)kɤɯ^{21}k^{h}aʔ$^{\underline{43}}$tsɿ^{0}
火叉(铁质烧火棍)xɤɯ^{213}ts^{h}a^{21}
扒灰佬儿(从锅膛扒出草木灰的工具)p^{h}a^{45}xuəi^{21}lɔr^{213}
汤罐(砌在灶上的罐子,金属或陶制,利用烧灶的余热温水)t^{h}aŋ^{21}kʊ̃^{43}
烟筒(烟囱)ĩ^{21}t^{h}ɔŋ^{213}
锅子(统称)kɤɯ^{21}tsɿ^{0}
撇锅(铁锅)p^{h}iɪʔ$^{\underline{43}}$kɤɯ^{21}
钢中锅(铝锅)kaŋ^{21}tsɔŋ^{0}kɤɯ^{21}
刮锅(刮去铁锅底下的锅灰:锅子钝了,家去~)kuæʔ$^{\underline{43}}$kɤɯ^{21}
釜冠(木质锅盖)fu^{21}kʊ̃^{0}
锅盖子(金属锅盖)kɤɯ^{21}kɛ^{43}tsɿ^{0}
贺把儿(箅子,竹制蒸具)xɤɯ^{21}par^{213}
笼(竹制或木制蒸具)lɔŋ^{45}
　贺笼 xɤɯ^{21}lɔŋ^{0}
笼布(垫在蒸笼底部的纱布)lɔŋ^{45}pu^{43}
甑子(蒸馒头等的用具,略像木桶,有屉子而无底)tsəŋ^{43}tsɿ^{0}
锅锈(铁锅底下因烧草木形成的锅底灰:拿$_{把}$锅底下的~铲掉)kɤɯ^{21}ɕiɤɯ^{43}
铲子(锅铲)ts^{h}ɛ̃^{213}tsɿ^{0}
朴刀(菜刀)p^{h}aʔ$^{\underline{45}}$tɔ^{21}
笊篱(竹制或金属漏勺)tsɔ^{213}li^{0}
　抄沥子 ts^{h}ɔ^{21}liɪʔ^{0}tsɿ^{0}
把儿(竹制炊帚)par^{213}

丝瓜筋（风干的老丝瓜筋，用于刷锅洗碗）sɿ^{21}kua^{0}tɕiəŋ^{21}
恶水（泔水）ŋaʔ$^{\underline{43}}$suəi^{213}
恶水缸（泔水缸）ŋaʔ$^{\underline{43}}$suəi^{0}kaŋ^{21}
箸笼（筷笼）tsʰu^{21}lɔŋ^{0}
菩萨龛子（调料龛子，土灶上原用于供奉灶神，现多用于置放调料）pʰu^{45}ɕiæʔ^{0}kʰʊ̃^{21}tsɿ^{0}
砧板 tsəŋ^{21}pɛ̃^{213}
案板（砧板）ʊ̃^{43}pɛ̃^{213}
瓢儿（葫芦切成两半，用于舀水、抄粮食等）pʰiɔr^{45}
舀子（带柄的、塑料或金属制的舀水工具）iɔ^{213}tsɿ^{0}
勺子（大的，用于盛汤粥的勺子）saʔ$^{\underline{45}}$tsɿ^{0}
勺儿（小的调羹。“勺子、勺儿”里的“子”和“儿”有区别意义的作用）sar^{21}
　调羹 tʰiɔ^{45}kəŋ^{21}
　匙子 tsʰɿ^{45}tsɿ^{0}
筷子 kʰuɛ^{43}tsɿ^{0}
　筷儿（“筷子、筷儿”里的“子”和“儿”无区别意义的作用）kʰuɛr^{43}
淘箩（竹制淘米箩）tʰɔ^{45}lɤɯ^{0}
坎罩子（饭罩子，罩在菜肴上的竹器，防苍蝇）kʰʊ̃^{213}tsɔ^{43}tsɿ^{0}
　磕子 kʰʊʔ$^{\underline{43}}$tsɿ^{0}
擀面杖 kʊ̃^{213}mĩ^{21}tsʰaŋ^{21}
碗盏家伙（碗类餐具）ʊ̃^{213}tsɛ̃^{0}ka^{21}xɤɯ^{0}
碗 ʊ̃^{213}
老大碗（海碗）lɔ^{213}ta^{43}ʊ̃^{213}
牙碗（小孩用的金属搪瓷小碗）ia^{45}ʊ̃^{213}
洋碗（金属搪瓷大碗，外壁有花纹）iaŋ^{45}ʊ̃^{213}
茶碗 tsʰa^{45}ʊ̃^{213}
豁子（碗、缸等陶瓷器上的小缺口）xʊʔ$^{\underline{43}}$tsɿ^{0}
　□子 ŋæʔ$^{\underline{45}}$tsɿ^{0}
盘子（碟子）pʰʊ̃^{45}tsɿ^{0}
酒盅儿 tɕiɤɯ^{213}tsɔr^{21}
茶铫子（烧水壶）tsʰa^{45}tʰiɔ^{21}tsɿ^{0}
杯儿（杯子）pər^{21}
瓶儿（瓶子）pʰiər^{45}
瓶滴子（瓶塞）pʰiəŋ^{45}tiəʔ$^{\underline{43}}$tsɿ^{0}
　瓶窒子 pʰiəŋ^{45}tsəʔ$^{\underline{43}}$tsɿ^{0}
盖子 kɛ^{43}tsɿ^{0}
　盖儿 kɛr^{43}
井 tɕiəŋ^{213}
亮子（大的、挑水用的水桶）liaŋ^{21}tsɿ^{0}
提亮儿（中等大小，有提梁，提

水用）tɕ^{h}i^{45}liar^{21}

吊桶（小的，从井中汲水用）tiɔ^{43}t^{h}ɔŋ^{213}

缸 kaŋ^{21}

水缸 suəi^{213}kaŋ^{21}

米缸 mi^{213}kaŋ^{21}

咸菜缸 xɛ̃^{45}ts^{h}ɛ^{43}kaŋ^{21}

酱缸 tɕiaŋ^{43}kaŋ^{21}

坛儿 t^{h}ʊ̃r^{45}

　坛子 t^{h}ʊ̃^{45}tsɿ^{0}

绞布（抹布）tɕiɔ^{213}pu^{43}

　搌布 tɕiĩ^{213}pu^{43}

扫束（竹枝扎成的大帚）sɔ^{43}sɔʔ$^{\underline{43}}$

笤束（用高粱穗秸扎成的帚）t^{h}iɔ^{45}sɔʔ$^{\underline{43}}$

畚斗儿（畚箕）pəŋ^{21}tər^{213}

切箕（簸箕）tɕ^{h}iɪʔ$^{\underline{43}}$tɕ^{h}iɪʔ$^{\underline{43}}$

龌龊（垃圾）ʊʔ$^{\underline{43}}$sʊʔ$^{\underline{43}}$

烧锅草（柴火，统称）sɔ^{21}kɤɯ^{21}ts^{h}ɔ^{213}

草积（柴草垛）ts^{h}ɔ^{213}tsɿ^{43}

洋火（火柴）iaŋ^{45}xɤɯ^{213}

茅缸（旧式厕所统称）mɔ^{45}kaŋ^{21}

院栅儿（栅栏）yʊ̃^{21}tsarʔ$^{\underline{43}}$

门口场上（院子）məŋ^{45}k^{h}əi^{213}ts^{h}aŋ^{45}saŋ^{0}

推子（梯子）t^{h}əi^{21}tsɿ^{0}/tɕ^{h}y^{21}tsɿ^{0}

　推码儿 t^{h}əi^{21}mar^{213}/tɕ^{h}y^{21}mar^{213}

家当（家具和家庭财产统称）tɕia^{21}taŋ^{0}

　家私 tɕia^{21}sɿ^{0}

杲昃（东西：我的～）kɔ^{213}tsɿ^{0}

铺（床）p^{h}u^{43}

踏板（旧式雕花床前的踏儿）t^{h}æʔ$^{\underline{45}}$pɛ̃^{213}

铺盖（床上用品）p^{h}u^{43}kɛ^{43}

枕头 tsəŋ^{213}t^{h}əi^{0}

被襕（被子）p^{h}i^{21}lɛ̃^{0}

被襕面子（被面）p^{h}i^{21}lɛ̃^{0}miĩ^{21}tsɿ^{0}

被襕里子（被里）p^{h}i^{21}lɛ̃^{0}li^{213}tsɿ^{0}

□被襕（缝被子）ts^{h}əŋ^{45}p^{h}i^{21}lɛ̃^{0}

被窠（为睡觉叠成的长筒形的被子）p^{h}i^{21}k^{h}ɤɯ^{21}

棉花胎 mi^{45}xua^{0}t^{h}ɛ^{21}

　棉絮 miĩ^{45}ɕy^{43}

褥单（床单）ʐɔʔ$^{\underline{45}}$tɛ̃^{21}

垫被（褥子）t^{h}iĩ^{21}p^{h}i^{21}

席子（统称）tɕ^{h}iəʔ$^{\underline{45}}$tsɿ^{0}

凉席（竹篾编的席子）liaŋ^{45}tɕ^{h}iəʔ$^{\underline{45}}$

草席 ts^{h}ɔ^{213}tɕ^{h}iəʔ$^{\underline{45}}$

缟菅（厚草席）kɔ^{213}tɕiĩ^{0}

拜垫(蒲团)pɛ^{43}t^{h}ɪ̃^{0}

帐子(蚊帐)tsaŋ^{43}tsɿ^{0}

台子(桌子,统称)t^{h}ɛ^{45}tsɿ^{0}

橱(柜子)ts^{h}u^{45}

五斗橱 vu^{213}təi^{0}ts^{h}u^{45}

柜 k^{h}uəi^{21}

抽抽儿(抽屉)ts^{h}əi^{21}ts^{h}ər^{0}

盒子 xʊʔ$^{\underline{45}}$tsɿ^{0}

条儿(条案,一种狭长的桌) t^{h}iɔ^{45}tɕi^{0}

椅子 i^{213}tsɿ^{0}

凳儿(统称)tər^{43}

杌子(长方形、无靠背板凳) uəʔ$^{\underline{45}}$tsɿ^{0}

爬爬凳(小矮凳)p^{h}a^{45}p^{h}a^{0}təŋ^{43}

条凳(长条状凳子)t^{h}iɔ^{45}təŋ^{43}

　长凳 ts^{h}aŋ^{45}təŋ^{43}

茶凳(与八仙桌相配的旧式雕花长凳)ts^{h}a^{45}təŋ^{43}

马子(马桶)ma^{213}tsɿ^{0}

尿马儿(痰盂)ɕy^{21}mar^{213}/suəi^{21}mar^{213}

夜壶(陶制小便器)ia^{21}fu^{45}

茶瓶(热水瓶)ts^{h}a^{45}p^{h}iəŋ^{45}

洗脸盆儿(脸盆)ɕi^{213}nɪ̃^{0}p^{h}ər^{45}

洗脸架子(放脸盆的木架)ɕi^{213}nɪ̃^{0}ka^{43}tsɿ^{0}

面桶(洗脚盆,圆形,木制,亦可用于洗衣)mɪ̃^{21}t^{h}ɔŋ^{213}

脚桶(澡盆,椭圆形,木制) tɕiaʔ$^{\underline{43}}$t^{h}ɔŋ^{213}

手巾(毛巾,洗脸用)səi^{213}tɕiəŋ^{0}

手帕儿 səi^{213}p^{h}ar^{21}

　手方儿 səi^{213}far^{21}

　手绢儿 səi^{213}tɕyʊ̃r^{43}

草纸(卫生纸)ts^{h}ɔ^{213}tsɿ^{213}

洋碱(洗衣服用的肥皂) iaŋ^{45}kɛ̃^{213}

香皂(洗澡、洗手用的肥皂) ɕiaŋ^{21}ts^{h}ɔ^{21}

梳子 su^{21}tsɿ^{0}

　□梳 ts^{h}aʔ$^{\underline{43}}$su^{21}

篦夹(篦子)p^{h}i^{21}kæʔ^{0}

搓板 ts^{h}ɤɯ^{21}pɛ̃^{213}

槐杖(棒槌,洗衣服用)xuɛ^{45}ts^{h}aŋ^{0}

针线匾子 tsəŋ^{21}ɕɪ̃^{0}pɪ̃^{213}tsɿ^{0}

引线(针)ɪ̃^{213}ɕɪ̃^{0}

针箍儿(顶针)tsəŋ^{21}kur^{0}

剪子 tɕɪ̃^{213}tsɿ^{0}

烙铁(熨斗)laʔ$^{\underline{45}}$t^{h}iɪʔ$^{\underline{43}}$

蜡烛 læʔ$^{\underline{45}}$tsɔʔ$^{\underline{43}}$

灯盏(油灯)təŋ^{21}tɕiɛ̃^{0}

罩儿灯 tsɔr^{43}təŋ^{21}

灯笼 təŋ^{21}ləŋ^{0}

电筒(手电筒)tɪ̃^{43}tʰɔŋ^{213}

拐杖 kuɛ^{213}tsʰaŋ^{21}

伞(统称)ɕiɛ̃^{213}

油纸伞 iɤɯ^{45}tsʅ^{213}ɕiɛ̃^{213}

洋伞(金属架、尼龙布伞) iaŋ^{45}ɕiɛ̃^{213}

章(图章)tsaŋ^{21}

面糊(浆糊)mɪ̃^{21}fu^{0}

袋子(1.衣服上的口袋。2.泛指各种口袋)tʰɛ^{21}tsʅ^{0}

麻袋 ma^{45}tʰɛ^{21}

蛇皮袋(塑料编织袋)sa^{45}pʰi^{45}tʰɛ^{21}

油纸包(包装食品用)iɤɯ^{45}tsʅ^{213}pɔ^{21}

笿子(竹篮的统称)laʔ$^{\underline{45}}$tsʅ^{0}

笿儿 larʔ^{21}

六 穿戴、饮食、起居

衣裳(统称)i^{21}saŋ^{0}

大衣 ta^{21}i^{21}

棉□子(棉袄)mɪ̃^{45}təŋ^{43}tsʅ^{0}

头绳衣(毛线衣)tʰəi^{45}səŋ^{0}i^{21}

小褂儿(衬衫)ɕiɔ^{213}kuar^{43}

汗衫(汗背心)xʊ̃^{21}ɕiɛ̃^{21}

马夹(棉背心)ma^{213}kæʔ^{0}

短膀儿(短袖有领衬衫)tʊ̃^{213}par^{213}

圆领衫(短袖无领上衣)yʊ̃^{45}liəŋ^{0}ɕiɛ̃^{21}

兜包(肚兜)təi^{21}pɔ^{0}

毛衫褂儿(婴儿内衣,未缝边) mɔ^{45}ɕiɛ̃^{0}kuar^{43}

衣袖(袖子)i^{21}tɕʰiɤɯ^{0}

裥(衣服褶)kɛ̃^{213}

裤子(统称)kʰu^{43}tsʅ^{0}

长裤子 tsʰaŋ^{45}kʰu^{43}tsʅ^{0}

裤头儿(短裤)kʰu^{43}tʰər^{45}

开裆裤 kʰɛ^{21}taŋ^{0}kʰu^{43}

套裤(一种只有裤管的夹棉裤。上端有襻,用带子系在颈上) tʰɔ^{43}kʰu^{43}

棉毛裤(秋裤)mɪ̃^{45}mɔ^{0}kʰu^{43}

棉毛衫(秋衣)mɪ̃^{45}mɔ^{0}ɕiɛ̃^{21}

裤腰带 kʰu^{43}iɔ^{0}tɛ^{43}

裤腰 kʰu^{43}iɔ^{21}

裤脚管 kʰu^{43}tɕiaʔ$^{\underline{43}}$kʊ̃^{213}

束裤子(系裤子)sɔʔ$^{\underline{43}}$kʰu^{43}tsʅ^{0}

刹裤子(把上衣摆塞入裤腰) ɕiæʔ$^{\underline{43}}$kʰu^{43}tsʅ^{0}

腰裙(旧时女式长裙)iɔ^{21}tɕʰyʊ̃^{0}

围裙(旧时农村男女老少都穿的藏青色土布下裙)y^{45}tɕʰyəŋ^{0}

围腰儿(围裙)y^{45}iɔr^{21}

涎架儿(围嘴儿)ɕiɛ̃^{45}kar^{21}

烘缸儿(火钵)xɔŋ^{21}kar^{21}

洗衣裳 ɕi^{213}i^{21}saŋ^{0}

汏衣裳(漂洗衣服:衣裳要先洗后汏)t^{h}ɛ^{21}i^{21}saŋ^{0}

披(~外衣)p^{h}i^{21}

穿(~衣服)ts^{h}ʊ̃^{21}

脱(~衣服)t^{h}ʊʔ$^{\underline{43}}$

系(~鞋带子)tɕi^{43}

扣 k^{h}əi^{43}

拷边(缲边)k^{h}ɔ^{21}pĩ^{21}

掺花(绣花:她会在鞋子上~)tɕ^{h}iɛ̃^{21}xua^{21}

帽子(统称)mɔ^{21}tsɿ^{0}

凉帽(草帽)liaŋ^{45}mɔ^{21}

斗蓬儿(斗笠)təi^{213}p^{h}ɔr^{21}

鞋子(统称)xɛ^{45}tsɿ^{0}

棉鞋 mĩ^{45}xɛ^{45}

走鞋(单布鞋)tsəi^{213}xɛ^{45}

凉鞋 liaŋ^{45}xɛ^{45}

搭鞋儿(拖鞋)tæʔ$^{\underline{43}}$xɛr^{45}

搭板儿(木屐)tæʔ$^{\underline{43}}$pɛ̃r^{213}

草鞋 ts^{h}ɔ^{213}xɛ^{45}

茅窝儿(用茅花搓绳编成的保温草鞋)mɔ^{45}ʊr^{21}

套鞋(雨鞋,橡胶做的)t^{h}ɔ^{43}xɛ^{45}

糨子(将旧布或者零头布用浆糊糊几层,晒干后用于做布鞋)tɕiaŋ^{43}tsɿ^{0}

泥糨子(糊糨子,此处"泥"为动词)ni^{45}tɕiaŋ^{43}tsɿ^{0}

扎鞋底(纳鞋底)tɕiæʔ$^{\underline{43}}$xɛ^{45}tɕi^{213}

楦子(鞋楦子)ɕyʊ̃^{43}tsɿ^{0}

鞋拔儿(鞋拔子)xɛ^{45}p^{h}ærʔ^{21}

袜子 væʔ$^{\underline{45}}$tsɿ^{0}

手套儿 səi^{213}t^{h}ɔr^{43}

围颈(围巾)uəi^{45}tɕiəŋ^{213}

衲子(尿布)nʊʔ$^{\underline{45}}$tsɿ^{0}

关针(别针)kuɛ̃^{21}tsəŋ^{21}

纽子(纽扣)nəi^{213}tsɿ^{0}

□纽(子母扣)tɕ^{h}iəʔ$^{\underline{43}}$nəi^{213}

扭纽子(扭纽扣)nəi^{213}nəi^{213}tsɿ^{0}

耳圈(耳环)er^{213}tɕ^{h}yʊ̃^{21}

戒子(戒指)kɛ^{43}tsɿ^{0}

镯头(镯子)ts^{h}uaʔ$^{\underline{45}}$t^{h}əi^{0}

扇子 ɕĩ^{43}tsɿ^{0}

扇(~扇子)ɕĩ^{21}

眼镜 ŋɛ̃^{213}tɕiər^{43}

表(手表)piɔ^{213}

钟 tsɔŋ^{21}

剃头(1.剃光头发。2.泛指理发)tɕ^{h}i^{43}t^{h}əi^{45}

剪头(理发)tɕĩ^{213}t^{h}əi^{45}

梳头 su^{21}t^{h}əi^{45}

□头 tsʰaʔ$^{\underline{43}}$tʰəi^{45}

扎辫子(梳辫子)tɕiæʔ$^{\underline{43}}$pʰiɪ̃^{21}tsɿ^{0}

打扮 ta^{213}pɛ̃^{0}

扮(她~得像样哎哟她打扮得真漂亮!)pʰɛ̃^{21}

茶饭(泛指伙食:他家~好嘞哟!) tsʰa^{45}fɛ̃^{0}

饭(1.米饭。2.泛指各种饭)fɛ̃^{21}

豇豆饭 kaŋ^{21}tʰəi^{0}fɛ̃^{21}

菜饭 tsʰɛ^{43}fɛ̃^{21}

番芋干子饭 fɛ̃^{21}y^{0}kʊ̃^{21}tsɿ^{0}fɛ̃^{21}

次饭(剩饭,名词:~碗剩饭) tsʰɿ^{43}fɛ̃^{0}

次(剩,动词:不要把饭吃嘎~下来)tsʰɿ^{43}

锅驳(锅巴)kɤɯ^{21}paʔ^{0}

粥(稀饭,统称)tsɔʔ$^{\underline{43}}$

粯子粥(加入大麦、元麦、玉米等磨成的粉熬成的粥)xɛ̃^{21}tsɿ^{0}tsɔʔ$^{\underline{43}}$

糁儿粥 tɕʰiɛr^{213}tsɔʔ$^{\underline{43}}$

酸粥(菜粥)sʊ̃^{21}tsɔʔ$^{\underline{43}}$

饮汤(米汤,煮饭滗出来的) iəŋ^{213}tʰaŋ^{21}

屑(各种粮食作物磨成的粉:大麦~,小麦~,玉米~)ɕiɪʔ$^{\underline{43}}$

面(1.面条:今朝中上吃~,不吃饭。2.小麦磨的面粉:和点儿~,摊烧饼)miɪ̃^{21}

饽(和面时防止面团沾手所用的粉)pʰəʔ$^{\underline{45}}$

把儿面(挂面)par^{213}miɪ̃^{21}

擀面(手擀面)kʊ̃^{213}miɪ̃^{21}

面疙瘩 miɪ̃^{21}kəʔ$^{\underline{43}}$tæʔ$^{\underline{43}}$

格饤(荞麦面条,粗短,较干) kəʔ$^{\underline{43}}$tiəŋ^{21}

酵渣儿(含有酵母的干面团,用于引酵)kɔ^{43}tsar^{21}

湿酵(把酵母放入水中,开始发酵)səʔ$^{\underline{43}}$kɔ^{43}

欠酵(反复搓揉发酵的面团) tɕʰiɪ̃^{43}kɔ^{43}

茶食(点心)tsʰa^{45}səʔ^{0}

包儿(有馅儿有褶的包子) pɔr^{21}

馒头(有馅儿无褶的包子) mʊ̃^{45}tʰəi^{0}

实心馒头(无馅儿的馒头) səʔ$^{\underline{45}}$ɕiəŋ^{0}mʊ̃^{45}tʰəi^{0}

黄猫儿糕(长条形无馅儿馒头,主要用于切片晒馒头干儿) uaŋ^{45}mɔr^{45}kɔ^{21}

黄桥烧饼(以面粉为主要原料,有馅儿,烘焙而成的面点。

产于泰兴名镇黄桥，因黄桥战役闻名遐迩。有《黄桥烧饼歌》）xuaŋ^{45}tɕʰiɔ^{45}sɔ^{21}piəŋ^{0}

脆饼（长方形甜味面点，酥脆）tsʰuəi^{43}piəŋ^{213}

酥饼 su^{21}piəŋ^{213}

摊饼（将面浆倒入锅中摊制的薄饼）tʰɛ̃^{21}piəŋ^{213}

涨烧饼（油煎的发酵面饼，圆形，两边微凸，形似锅盔。在八月十五用来敬月光菩萨）tsaŋ^{213}sɔ^{0}piəŋ^{0}

扁食（方皮饺子）piɪ̃^{213}səʔ^{0}

馄饨（薄皮小馄饨）xuəŋ^{45}təŋ^{0}

包心（馅儿）pɔ^{21}ɕiəŋ^{0}

　包肚 pɔ^{21}tʰu^{0}

卷子（长条状面食切成的段）tɕyʊ̃^{213}tsɿ^{0}

油馃鬼（油条，旧称）iɤɯ^{45}ɕiɛʔ$^{\underline{45}}$kuəi^{213}

　油条 iɤɯ^{45}tʰiɔ^{45}

豆腐浆（豆浆）tʰəi^{21}fu^{0}tɕiaŋ^{21}

豆腐脑 tʰəi^{21}fu^{0}nɔ^{213}

包心圆子（汤圆，有馅）pɔ^{21}ɕiəŋ^{0}yʊ̃^{45}tsɿ^{0}

实心圆子（汤圆，无馅）səʔ$^{\underline{45}}$ɕiəŋ^{0}yʊ̃^{45}tsɿ^{0}

春卷 tsʰuəŋ^{21}tɕyʊ̃^{213}

粽子 tsɔŋ^{43}tsɿ^{0}

焦屑（炒熟的新大麦或元麦仁磨成的粉，泡食极香）tɕiɔ^{21}ɕiɪʔ^{0}

糍粑（糯米粉糊油煎成的饼：今朝夜饭焖～吃）tsʰɿ^{45}pa^{21}

油饼（油煎的发酵面饼）iɤɯ^{45}piəŋ^{213}

焖粘饼儿（油煎的发酵面团，有馅儿）kaŋ^{43}niɪ̃^{45}piər^{213}

糕（方形米糕，一般过年时吃）kɔ^{21}

小菜（菜的统称，包括荤菜和素菜等）ɕiɔ^{213}tsʰɛ^{0}

素的（素菜）su^{43}təi^{0}

荤的（荤菜）xuəŋ^{21}təi^{0}

咸菜 xɛ̃^{45}tsʰɛ^{43}

咸菜干儿 xɛ̃^{45}tsʰɛ^{0}kʊr^{21}

凉粉 liaŋ^{45}fəŋ^{213}

索粉（粉丝）saʔ$^{\underline{43}}$fəŋ^{213}

粉丝 fəŋ^{213}sɿ^{21}

豆腐 tʰəi^{21}fu^{0}

百叶（千张，薄的豆腐干片）pʊʔ$^{\underline{43}}$iɪʔ^{0}

血子（动物血液凝成的块状食品：猪～）ɕyʊʔ$^{\underline{43}}$tsɿ^{0}

猪脚爪儿（猪蹄，当菜的）tsu^{21}

tɕiaʔ$^{\underline{43}}$tsuar^{213}

猪舌头 tsu^{21}ɕiɪʔ$^{\underline{45}}$tʰəi^{0}

口条 kʰəi^{213}tʰiɔ^{45}

猪肝 tsu^{21}kʊ̃^{21}

肚糙（下水，猪牛羊的内脏）tʰu^{21}tsʰɔ^{0}

蛋（特指鸡蛋）tʰɛ̃^{21}

鸭蛋 ŋæʔ$^{\underline{43}}$tʰɛ̃^{21}

咸鸭蛋 xɛ̃^{45}ŋæʔ$^{\underline{43}}$tʰɛ̃^{21}

变蛋（松花蛋）pĩɪ^{43}tʰɛ̃^{21}

寃鸡蛋（未孵成小鸡的鸡蛋，泰兴人喜水煮蘸盐吃：他一顿吃嘎三个～，说的鲜嗳哟说“好鲜啊”）yʊ̃^{21}tɕi^{0}tʰɛ̃^{21}

潽蛋（水煮的鸡蛋，不带壳）pʰu^{21}tʰɛ̃^{21}

菜油（油菜籽榨成的油）tsʰiɛ^{43}iɤɯ^{45}

豆油（黄豆榨成的油）tʰəi^{21}iɤɯ^{45}

脂油（猪油：瓦控点儿～放啊面里，才香嗳！）tsɿ^{21}iɤɯ^{45}

肉渣（肉炼出油后留下的渣，一般为猪肉。可入菜，味香）ʐɔʔ$^{\underline{45}}$tsa^{21}

麻油（芝麻油）ma^{45}iɤɯ^{45}

酱油 tɕiaŋ^{43}iɤɯ^{45}

盐 ĩɪ^{45}

醋 tsʰu^{43}

味精 uəi^{21}tɕiəŋ^{21}

烟（香烟）ĩɪ^{21}

旱烟（水烟）xʊ̃^{21}ĩɪ^{21}

纸媒儿（引火用的很细的纸卷儿，一般吸食水烟食用）tsɿ^{213}mir^{45}

酒（1.酒的统称：今朝中上～喝嘎多啊！2.酒席：他伢儿结婚，请我倈我们上他家去吃～）tɕiɤɯ^{213}

烧酒（白酒）sɔ^{21}tɕiɤɯ^{213}

米酒 mi^{213}tɕiɤɯ^{213}

白糖 pʰɔʔ$^{\underline{45}}$tʰaŋ^{45}

红糖 xɔŋ^{45}tʰaŋ^{45}

斫糖（麦芽糖。农村货郎挑着糖担，走街串巷，敲小铜锣，可买或用旧物换，小孩儿特别喜欢吃）tsaʔ$^{\underline{43}}$tʰaŋ^{45}

茶叶 tsʰa^{45}iɪʔ$^{\underline{45}}$

茶叶茶（茶）tsʰa^{45}iɪʔ^{0}tsʰa^{45}

茶（喝的开水）tsʰa^{45}

锅脚子（水烧开后留下的水垢）kɤɯ^{21}tɕiaʔ$^{\underline{43}}$tsɿ^{0}

棒冰（冰棍）pʰaŋ^{21}piəŋ^{21}

煮饭（包括做饭、做菜）tsu^{213}fɛ̃^{21}

咬嚼（食品有韧性：格个糕有～）

ŋɔ^{213}tɕ^{h}iaʔ^{0}

煮 tsu^{213}

□(渥)(水煮:~花生)ʊʔ$^{\underline{43}}$

焵(煎:~蛋,~饼)kaŋ^{43}

煠(油炸:~油条)ɕiɛʔ$^{\underline{45}}$

燉(慢火炖煮:粥透了,再~刻儿)tʊʔ$^{\underline{43}}$

烀(隔水蒸:~馒头,~糕)xɤɯ^{21}

蒸(~鱼)tsəŋ^{21}

炖(蒸:~蛋)təŋ^{43}

煸(用少量滚油将食物表面煎熟)pĩɪ^{21}

饽(热火快炒:格个菜嫩,不要炒啊老啊的,稍微~下子就妥了)p^{h}əʔ$^{\underline{45}}$

焯(入沸水烫后捞起)ts^{h}aʔ$^{\underline{43}}$

和面 xɤɯ^{45}mĩɪ^{21}

捺(揉:~面做馒头)naʔ$^{\underline{45}}$

裹(~粽子)kɤɯ^{213}

吃早饭 tɕ^{h}iəʔ$^{\underline{43}}$tsɔ^{213}fɛ̃^{21}

吃日中(吃午饭)tɕ^{h}iəʔ$^{\underline{43}}$iɪʔ$^{\underline{45}}$tsɔŋ^{21}

吃中饭 tɕ^{h}iəʔ$^{\underline{43}}$tsɔŋ^{21}fɛ̃^{0}

吃夜饭 tɕ^{h}iəʔ$^{\underline{43}}$ia^{21}fɛ̃^{0}

吃夜茶(吃夜宵)tɕ^{h}iəʔ$^{\underline{43}}$ia^{21}ts^{h}a^{0}

吃(~饭,~酒,~茶,~烟)tɕ^{h}iəʔ$^{\underline{43}}$

喝(~粥)xʊʔ$^{\underline{43}}$

盛(~饭)səŋ^{45}

搛(用筷子夹菜:不要客气,多~点儿菜吃吃)tɕĩɪ^{21}

倒(斟:~酒)tɔ^{43}

干(1.渴:口里~。2.干燥:把它晒啊~嘎里)kʊ̃^{21}

饿 ŋɤɯ^{21}

乘凉 ts^{h}əŋ^{45}liaŋ^{45}

声(声音:放炮的~很大)səŋ^{21}

七 身体、疾病、医疗

身子(身体,统称)səŋ^{21}tsɿ^{0}

身条(身材:她~好嘞哟!)səŋ^{21}t^{h}iɔ^{45}

块头(骨架:他~太大)k^{h}uɛ^{43}t^{h}əi^{45}

条苗(苗条:咯个那个姑娘~嘞!)t^{h}iɔ^{45}miɔ^{0}

头 t^{h}əi^{45}

头发 t^{h}əi^{45}fæʔ^{0}

忑头发(动宾,掉头发)t^{h}əʔ$^{\underline{43}}$t^{h}əi^{45}fæʔ^{0}

秀顶光(谢顶)ɕiɤɯ^{43}tiəŋ^{213}kuaŋ^{0}

光□头(光头)kuaŋ^{21}lɔʔ$^{\underline{43}}$t^{h}əi^{45}

辫子 p^{h}ĩɪ^{21}tsɿ^{0}

箍儿(刘海)kur^{21}

顶(头上的发旋:格个伢儿双~

头上两个旋儿）tiəŋ^{213}

头皮儿（头屑）tʰəi^{45}pʰir^{45}

额头 ŋəʔ$^{\underline{45}}$tʰəi^{0}

样子 iaŋ^{21}tsɿ^{0}

脸 nĩ^{213}

握筋（耳光：她要是再格样蛮，我就要去擢搧她个～！）uaʔ$^{\underline{43}}$tɕiəŋ^{21}

酒塘儿（酒窝：格个伢儿痛可爱嗳哟，脸上两个～）tɕiɤɯ^{213}tʰar^{45}

眼睛 ŋɛ̃^{213}tɕiəŋ^{0}

眼睛珠儿（眼珠，统称）ŋɛ̃^{213}tɕiəŋ^{0}tsur^{21}

假眼儿（斜眼）tɕia^{213}ŋɛr^{213}

偷视眼儿（斗鸡眼）tʰəi^{21}sɿ^{0}ŋɛr^{213}

单箍儿（单眼皮）tɛ̃^{21}kur^{21}

双箍儿（双眼皮）suaŋ^{21}kur^{21}

眼泪 ŋɛ̃^{213}ləi^{0}

眼粒 ŋɛ̃^{213}liəʔ$^{\underline{45}}$

眼眵（眼屎）ŋɛ̃^{213}tsʰɿ^{21}

眼窠（眼窝）ŋɛ̃^{213}kʰɤɯ^{21}

眼毛（睫毛）ŋɛ̃^{213}mɔ^{45}

眉毛 mi^{45}mɔ^{0}

耳刀（耳朵）ər^{213}tɔ^{0}

猴耳刀（耳朵边突出的肉疙瘩）xəi^{45}ər^{213}tɔ^{0}

耳刀端儿 ər^{213}tɔ^{0}tʊr^{21}

鼻子（1.鼻子：他～太大。2.鼻涕：他哭嘎眼粒～一大把）pʰiɪʔ$^{\underline{45}}$tsɿ^{0}

黄龙鼻子（黄脓鼻涕：他冻啊咯，～一天淌到夜）uaŋ^{45}lɔŋ^{45}pʰiɪʔ$^{\underline{45}}$tsɿ^{0}

哄鼻子（擤鼻涕）xɔŋ^{213}pʰiɪʔ$^{\underline{45}}$tsɿ^{0}

鼻屎 pʰiɪʔ$^{\underline{45}}$sɿ^{213}

□（污垢，专指身上的）kʰəŋ^{43}

□□（搓身上的污垢）tsʰaŋ^{43}kʰəŋ^{43}

嘴（嘴巴，人的，统称）tsuəi^{213}／tɕy^{213}

嘴边子（嘴唇）tsuəi^{213}pĩ^{21}tsɿ^{0}

嘴边儿 tɕy^{213}pir^{21}

嘴丫巴（嘴角）tsuəi^{213}ŋa^{21}pa^{0}／tɕy^{213}ŋa^{21}pa^{0}

豁嘴（兔唇）xʊʔ$^{\underline{43}}$tsuəi^{213}／xʊʔ$^{\underline{43}}$tɕy^{213}

底包天（地包天，下颚比上腭突出）tɕi^{213}pɔ^{0}tʰĩ^{21}

瓢嘴（歪嘴）pʰiɔ^{45}tsuəi^{213}

下巴架儿（下巴）xa^{21}pa^{0}kar^{43}

双下巴 suaŋ^{21}xa^{21}pa^{0}

涎（1.口水。2.馋：格个人～馋，好吃嗳哟）ɕiɛ̃^{45}

吐涎(吐口水：干净落头$_{\text{地方}}$不要~)tʰu^{213}çiɛ̃^{45}
拉涎(不自觉地流口水：格个细伢儿一天到夜~)la^{45}çiɛ̃^{45}
舌头 çiɪʔ^{45}tʰəi^{0}
搭舌头(大舌头，口齿不清的人)taʔ^{43}çiɪʔ^{45}tʰəi^{0}
愣子(结巴的人：他是个~)ləŋ^{21}tsɿ^{0}
牙子(牙齿)ŋa^{45}tsɿ^{0}
床牙(臼齿)suaŋ^{45}ŋa^{45}
米牙(乳齿)mi^{213}ŋa^{45}
豁巴齿(1.缺门齿。2.缺门齿的人)xʊʔ^{43}pʰa^{0}tsʰɿ^{213}
换牙 xʊ̃^{21}ŋa^{45}
智齿 tsɿ^{43}tsʰɿ^{213}
胡子 fu^{45}tsɿ^{0}
寒毛儿(汗毛：他吓得~直竖)xʊ̃^{45}mɔr^{45}
颈项(脖子)tçiəŋ^{213}kʰaŋ^{0}
嗓管儿(喉咙)saŋ^{213}kʊr^{213}
嗓枣儿(喉结)saŋ^{213}tsɔr^{213}
肩膀 tçiɪ̃^{21}paŋ^{0}
　肩头(格呆炅$_{\text{东西}}$重，拎不动，要扛啊~上)tçiɪ̃^{21}tʰəi^{0}
手(1.手：她的~细。2.手臂：他的~断啊！)səi^{213}
手爪儿(手：~不要瞎抓！)səi^{213}tsɔr^{213}
手拐儿(手腕)səi^{213}kuɛr^{213}
手膀子(胳膊)səi^{213}paŋ^{213}tsɿ^{0}
膈肢窝儿 kæʔ^{43}tsəʔ^{43}ʊr^{21}
季手(左手)tçi^{43}səi^{213}
季手儿(左撇子)tçi^{43}sər^{213}
正手(右手)tsəŋ^{43}səi^{213}
拳头 tçʰyʊ̃^{45}tʰəi^{0}
　拳头墩儿 tçʰyʊ̃^{45}tʰəi^{0}tər^{21}
手只头(手指)səi^{213}tsəʔ^{43}tʰəi^{0}
大拇只头(大拇指)ta^{21}mɤɯ^{0}tsəʔ^{43}tʰəi^{0}
二拇只头(食指)ər^{21}mɤɯ^{0}tsəʔ^{43}tʰəi^{0}
三拇只头(中指)çiɛ̃^{21}mɤɯ^{0}tsəʔ^{43}tʰəi^{0}
四拇只头(无名指)sɿ^{43}mɤɯ^{0}tsəʔ^{43}tʰəi^{0}
细拇只头(小拇指)çi^{43}mɤɯ^{0}tsəʔ^{43}tʰəi^{0}
六只儿(有六个手指的人)lɔʔ^{45}tsər^{213}
只掐(指甲)tsəʔ^{43}kʰæʔ^{43}
腡(圆形指纹。泰兴童谣《腡纹歌》：一~巧，二~拙，三~骑马过水缺；四~敲当当，五~卖婆娘；六~会种田，

七～贩私盐；八～搬砖头，九～砌高楼；十～骑犊犊，到老不少糁儿粥）lɤɯ^{45}

畚箕（簸箕形指纹）fəŋ^{43}tɕi^{0}

破腡 p^{h}ɤɯ^{43}lɤɯ^{45}

脚（1.脚，腿的下端接触地面的部分：她骂起人来～直跺。2.整条腿：他的～瘸了）tɕiaʔ$^{\underline{43}}$

脚只头（脚趾）tɕiaʔ$^{\underline{43}}$tsəʔ$^{\underline{43}}$t^{h}əi^{0}

脚箍拐（脚踝）tɕiaʔ$^{\underline{43}}$ku^{21}kuɛ^{0}

赤脚（光脚）ts^{h}əʔ$^{\underline{43}}$tɕiaʔ$^{\underline{43}}$

脚板心（脚底）tɕiaʔ$^{\underline{43}}$pɛ̃^{0}ɕiəŋ^{21}

脚膀（腿）tɕiaʔ$^{\underline{43}}$p^{h}aŋ^{213}

　腿子 tɕ^{h}y^{213}tsɿ^{0}

大腿 ta^{21}tɕ^{h}y^{213}/ta^{21}t^{h}əi^{213}

小腿 ɕiɔ^{213}tɕ^{h}y^{213}/ɕiɔ^{213}t^{h}əi^{213}

脚膀肚儿（小腱肚）tɕiaʔ$^{\underline{43}}$p^{h}aŋ^{0}tur^{213}

膝头盘（膝盖）tɕ^{h}iəʔ$^{\underline{43}}$t^{h}əi^{0}p^{h}ʊ̃^{45}

腿筋弯子（腿弯子，大腿和小腿相连的关节的后部）t^{h}əi^{213}tɕiəŋ^{0}vɛ̃^{21}tsɿ^{0}

背脊（背）pəi^{43}tɕiəʔ$^{\underline{43}}$

肋塞骨（肋骨）ləʔ$^{\underline{45}}$səʔ^{0}kuəʔ$^{\underline{43}}$

　肋巴骨 ləʔ$^{\underline{45}}$pa^{0}kuəʔ$^{\underline{43}}$

肚子（1.肚子。2.整个腹部）tu^{213}tsɿ^{0}

肚脐眼（肚脐）t^{h}u^{21}tɕ^{h}i^{0}ŋɛ̃^{213}

奶子（乳房）nɛ^{213}tsɿ^{0}

屁股（臀部）p^{h}i^{43}kɤɯ^{0}

屁股丫巴（股沟）p^{h}i^{43}kɤɯ^{0}ŋa^{21}pa^{0}

尾巴桩（尾椎骨）vəi^{213}pa^{0}tsuaŋ^{21}

屁眼（肛门）p^{h}i^{43}ŋɛ̃^{213}

下身（男女生殖器统称）xa^{21}səŋ^{0}

屌子（阴茎，成人的）tiɔ^{213}tsɿ^{0}

细麻雀儿（赤子阴）ɕi^{43}ma^{45}tɕiar^{0}

　小鸡鸡 ɕiɔ^{213}tɕi^{21}tɕi^{0}

屄（女阴，成人的）pi^{21}

肏（性交）ʐəʔ$^{\underline{45}}$

㞞（精液）sɔŋ^{45}

来潮（来月经）lɛ^{45}ts^{h}ɔ^{45}

　身上来了（婉称）səŋ^{21}saŋ^{0}lɛ^{45}a^{0}

　身上脏了（婉称）səŋ^{21}saŋ^{0}tsaŋ^{21}a^{0}

　姨娘来了（婉称）i^{45}niaŋ^{0}lɛ^{45}a^{0}

屙屎（大便）ɤɯ^{21}sɿ^{213}

　屙□（巴）ɤɯ^{21}pa^{213}

屙尿（小便）ɤɯ^{21}ɕy^{21}

端尿（给小孩把尿）tʊ̃^{21}ɕy^{21}

端□（给小孩儿把屎）tʊ̃^{21}pa^{213}

来尿（尿床）lɛ^{45}ɕy^{21}

解手（大小便的婉称）kɛ^{213}səi^{213}

放屁(1.放屁。2.詈词)faŋ^{43} p^{h}i^{43}

甪什呢妈妈呀(詈语,因不满产生的抱怨或质问:家里弄得格样子邋遢,格是~!)ʐəʔ$^{\underline{45}}$səŋ^{213}ni^{0}ma^{21}ma^{21}ia^{0}

皮(1.皮肤。2.动物的皮)p^{h}i^{45}

筋(1.可以看见的皮下静脉管:他格两天不安逸,瘦得不轻,~总勒出来啊筋都凸出来了。2.肌腱或骨头上的韧带:蹄~要多煨煨才好吃。3.肌肉,筋骨:他夜里困凉席,受啊寒,脚□~抽筋咯)tɕiəŋ^{21}

□筋(抽筋)tɕiɤɯ^{43}tɕiəŋ^{21}

骨头 kuəʔ$^{\underline{43}}$t^{h}əi^{0}

血(血液)ɕyʊʔ$^{\underline{43}}$

心(心脏)ɕiəŋ^{21}

心门口(胸部)ɕiəŋ^{21}məŋ^{0}k^{h}əi^{213}

胸剥(胸脯)ɕiɔŋ^{21}paʔ^{0}

肝 kʊ̃^{21}

肺子(肺)fəi^{43}tsɿ^{0}

腰(整个腰部)iɔ^{21}

腰子(肾)iɔ^{21}tsɿ^{0}

腰眼(肾所在的部位)iɔ^{21}ŋɛ̃^{0}

箍腰丹(腰腹部的带状疱疹)ku^{21}iɔ^{21}tɛ̃^{21}

胆 tɛ̃^{213}

胃子(胃)vəi^{43}tsɿ^{0}

肠子(肠)ts^{h}aŋ^{45}tsɿ^{0}

样子(相貌)iaŋ^{21}tsɿ^{0}

害病(生病)xɛ^{21}p^{h}iəŋ^{21}

　得咯讲究(生病了)təʔ$^{\underline{43}}$ka^{0} tɕiaŋ^{213}tɕiɤɯ^{0}

不安逸(不舒服,身体微恙)pəʔ$^{\underline{43}}$ʊ̃^{21}iɪʔ^{0}

　不好过 pəʔ$^{\underline{43}}$xɔ^{213}kɤɯ^{0}

病团儿(多病、常病的人)p^{h}iəŋ^{21}t^{h}ʊr^{45}

受啊凉(着凉,感冒)səi^{21} a^{0}liaŋ^{45}

　冻啊(多穿点衣裳,不然要~)tɔŋ^{43}ŋa^{0}

咳(咳嗽)k^{h}əʔ$^{\underline{43}}$

发热(发烧)fæʔ$^{\underline{43}}$iɪʔ$^{\underline{45}}$

活(发抖:他打摆子,在被襕肚里直~在被窝里直抖)xʊʔ$^{\underline{45}}$

打冷噤(觉冷而抖了一下)ta^{213} ləŋ^{213}tɕiəŋ^{0}

肚里疼(肚子疼)t^{h}u^{21}li^{0}t^{h}əŋ^{45}

哇(呕吐)uaʔ$^{\underline{43}}$

作哇(恶心)tsaʔ$^{\underline{43}}$uaʔ$^{\underline{43}}$

　作泛 tsaʔ$^{\underline{43}}$fɛ̃^{0}

嘈人(饥饿感,缺油水)ts^{h}ɔ^{45}

ʐəŋ^{0}

剐人 kua^{213}ʐəŋ^{0}

泻(腹泻)ɕia^{43}

拉肚子 la^{45}tu^{213}tsɿ^{0}

害蛤蟆窝子(腮腺炎)xɛ^{21}xa^{45}ma^{0}ʊ^{21}tsɿ^{0}

打摆子(患疟疾)ta^{213}pɛ^{213}tsɿ^{0}

打百日子 ta^{213}pɔʔ$^{\underline{43}}$iɪʔ$^{\underline{43}}$tsɿ^{0}

中啊暑(中暑)tsɔŋ^{43}ŋa^{0}tsʰu^{213}

热嘎 iɪʔ$^{\underline{45}}$kaʔ^{0}

中啊风(中风)tsɔŋ^{43}ŋa^{0}fɔŋ^{21}

瘫啊(瘫痪)tʰɛ̃^{213}ŋa^{0}

头□嘎(落枕)tʰəi^{45}tɕʰiaʔ$^{\underline{43}}$kaʔ^{0}

昏(晕)xuəŋ^{21}

肿 tsɔŋ^{213}

贡脓(化脓)kɔŋ^{43}nɔŋ^{45}

痧子 sa^{21}tsɿ^{0}

出痧子 tsʰuəʔ$^{\underline{43}}$sa^{21}tsɿ^{0}

过人(传染)kɤɯ^{43}ʐəŋ^{45}

疤 pa^{21}

结疤儿(结痂)tɕiɪʔ$^{\underline{43}}$par^{21}

癣 ɕiĩ^{213}

雀黄斑(雀斑)tɕʰiaʔ$^{\underline{43}}$uaŋ^{0}pɛ̃^{21}

粉刺 fəŋ^{213}tsʰɿ^{43}

痣 tsɿ^{43}

疙瘩(1.蚊虫叮咬形成的:他挨蚊子咬啊个～。2.青春痘:她脸上长啊～)kəʔ$^{\underline{43}}$tæʔ$^{\underline{43}}$

痱子 pʰi^{21}tsɿ^{0}

狐臊(狐臭)fu^{45}sɔ^{21}

臭子(有狐臭的人:他是～,不能把不能嫁给他)tsʰəi^{43}tsɿ^{0}

眊眊眼(近视眼)tɕʰi^{21}tɕʰi^{21}ŋɛr^{213}

齁子(哮喘病人)xəi^{21}tsɿ^{0}

罗圈腿 lʊ^{45}tɕʰyʊ̃^{0}tʰəi^{213}

忒洞洞(脱肛)tʰəʔ$^{\underline{43}}$tʰɔŋ^{21}tʰɔŋ^{21}

医院 i^{21}yʊ̃^{21}

先生(1.医生。2.老师)ɕiĩ^{21}səŋ^{0}

望病(看病)uaŋ^{21}pʰiəŋ^{21}

搭脉(把脉)tæʔ^{43}mɔʔ$^{\underline{45}}$

针(动词,针灸)tsəŋ^{21}

打针 ta^{213}tsəŋ^{21}

挂水(打吊针)kua^{43}suəi^{213}

药房(旧式药店)iaʔ$^{\underline{45}}$faŋ^{45}

吃药 tɕʰiəʔ$^{\underline{43}}$iaʔ$^{\underline{45}}$

中药 tsɔŋ^{21}iaʔ^{0}

拿药(抓药)na^{45}iaʔ$^{\underline{45}}$

煎药(中药)tɕiĩ^{21}iaʔ$^{\underline{45}}$

药饼儿(药片)iaʔ$^{\underline{45}}$piər^{213}

膏药 kɔ^{21}iaʔ^{0}

好点儿喽(病轻了)xɔ^{213}tiər^{213}lɔ^{0}

八　红白大事、民间信仰

做媒（说媒）tsɤɯ^{43}mi^{45}

媒人 mi^{45}ʐəŋ^{0}

访亲（女方家人到男方家探访）faŋ^{213}tɕ^{h}iəŋ^{21}

写杲昃（订婚）ɕia^{213}kɔ^{213}tsɿ^{0}

看日子（择日）k^{h}ʊ̃^{43}iɪʔ$^{\underline{45}}$tsɿ^{0}

彩礼 ts^{h}ɛ^{213}li^{213}

嫁妆 ka^{43}tsuaŋ^{0}

喜酒 ɕi^{213}tɕiɤɯ^{213}

结婚 tɕiɪʔ$^{\underline{43}}$xuəŋ^{21}

为事（男子娶媳妇，动宾：丫头出门，小伙～）vəi^{45}sɿ^{21}

　带马马儿 tɛ^{43}ma^{213}mar^{0}

出门（女子出嫁）ts^{h}uəʔ$^{\underline{43}}$məŋ^{45}

　把人家 pa^{213}ʐəŋ^{45}ka^{0}

拜堂 pɛ^{43}t^{h}aŋ^{45}

新郎倌（新郎）ɕiəŋ^{21}laŋ^{0}kʊ̃^{21}

新娘子 ɕiəŋ^{21}niaŋ^{0}tsɿ^{0}

新娘子房（新房）ɕiəŋ^{21}niaŋ^{0}tsɿ^{0}faŋ^{45}

回门（结婚后的第三天，新婚夫妇拜见岳父岳母、岳家亲族）xuəi^{45}məŋ^{45}

送生日（姑娘嫁人后的第一个生日，母亲备上衣帽鞋袜、糕粽、长寿面等贺生日，也称“交生日”）sɔŋ^{43}səŋ^{21}iɪʔ^{0}

大家（妻，与妾“小家”相对）t^{h}ɤɯ^{21}ka^{0}

小家（妾，与妻“大家”相对）ɕiɔ^{213}ka^{0}

填房（从女方说，嫁给死了妻子的男人）t^{h}iĩ^{45}faŋ^{45}

续弦（从男方说，妻子死后再娶）ɕy^{43}ɕiĩ^{45}

重把人家（改嫁）ts^{h}ɔŋ^{45}pa^{213}ʐəŋ^{45}ka^{0}

二婚 ər^{21}xuəŋ^{21}

跟人溜（私奔）kəŋ^{21}ʐəŋ^{45}ləi^{21}

带啊身上（怀孕）tɛ^{43}a^{0}səŋ^{21}saŋ^{0}

　有啊喜 iɤɯ^{213}a^{0}ɕi^{213}

　解怀 kɛ^{213}uɛ^{45}

大肚子（孕妇）ta^{21}tu^{213}tsɿ^{0}

害伢儿（害喜）xɛ^{21}ŋar^{45}

养（分娩）iaŋ^{213}

接生婆儿 tɕiɪʔ$^{\underline{43}}$səŋ^{21}p^{h}ʊr^{45}

衣胞（胎盘）i^{21}pɔ^{0}

小产（流产）ɕiɔ^{213}tɕ^{h}iɛ̃^{213}

双宝儿（双胞胎）suaŋ^{21}pɔr^{213}

坐月子 ts^{h}ɤɯ^{21}yʊʔ$^{\underline{45}}$tsɿ^{0}

暗房（女子生育后，房间一个月内称为“暗房”。旧风俗认为，外人不可随便进入，否

则会惹上晦气）ʊ̃^{43}faŋ^{45}

带伢儿（抚养孩子：她退啊休，没事，在家里～）tɛ^{43}ŋar^{45}

吃奶 tɕ^{h}iəʔ$^{\underline{43}}$nɛ^{213}

断奶 t^{h}ʊ̃^{21}nɛ^{213}

送红蛋（新生儿出生后，无论男女，父亲向亲友分发红蛋报喜。旧时只有生男孩，才送红蛋）sɔŋ^{43}xɔŋ^{45}t^{h}ɛ̃^{21}

洗三（婴儿出生第三天洗澡，会集亲友为婴儿祝吉。洗澡水里放喜蛋、金银饰物之类，洗毕，用鸡蛋在婴儿额头或身上擦一遍，说可以免生疥疮；金银饰物可以镇惊）ɕi^{213}ɕiɛ̃^{21}

做满月（婴儿出生一个月，家里办满月酒，分送红蛋。外婆准备衣物、食品、摇篮、坐车、站窝等。另备活鸭一只，贴上红纸，上写“押子”与“鸭子”谐音，可押孩子一生平安，长命百岁。当晚“放生”，寓意孩子自由自在，茁壮成长。给新生儿剃头也是做满月必不可少的）tsɤɯ^{43}mʊ̃^{213}yʊʔ$^{\underline{45}}$

年期（一周岁）nĩɪ^{45}tɕi^{21}

抓周（孩子满一周岁时进行的一项活动。家人在桌上放一只大盘，盘中有笔墨、书本、珠宝、瓜果、针线、玩具等，让婴儿任意抓取，以抓到的东西为日后前途的象征）tsua^{21}tsəi^{21}

拜干妈妈（拜干亲）pɛ^{43}kʊ̃^{21}ma^{21}ma^{0}

成人（成年：她月经来潮了，～咯）ts^{h}əŋ^{45}ʐəŋ^{45}

过继 kɤɯ^{43}tɕi^{43}

生日 səŋ^{21}iɪʔ^{0}

散生日（又称小生日，指不逢十的生日）ɕiɛ̃^{213}səŋ^{21}iɪʔ^{0}

整生日（逢十的生日，如十岁、二十岁等）tsəŋ^{213}səŋ^{21}iɪʔ^{0}

做生日（中青年平时祝贺生日）tsɤɯ^{43}səŋ^{21}iɪʔ^{0}

做十（小孩过十周岁生日）tsɤɯ^{43}səʔ$^{\underline{45}}$

做寿（老年人过生日）tsɤɯ^{43}səi^{21}

贺寿 xɤɯ^{21}səi^{21}

属（我～鼠）sɔʔ$^{\underline{43}}$

死（统称，指正常死亡）sɿ^{213}

死掉啊 sɿ^{213}t^{h}iɔ^{0}a^{0}

过啊世（死的婉称：他～了）kɤɯ^{43}a^{0}sɿ^{43}

享福去啊（婉称）ɕiaŋ^{213}fɔʔ$^{\underline{43}}$

tɕ^{h}y^{43}a^{0}

归西（婉称）kuəi^{21}ɕi^{21}

上啊西天（婉称）saŋ^{21}ŋa^{0}ɕi^{21}t^{h}ɪ̃^{21}

走掉啊（婉称）tsəi^{213}t^{h}iɔ^{0}a^{0}

没得嘎（婉称）məʔ$^{\underline{45}}$təʔ^{0}ka^{0}

老啊（婉称）lɔ^{213}a^{0}

断啊气（婉称）t^{h}ʊ̃^{21}ŋa^{0}tɕ^{h}i^{43}

头南脚北（婉称）t^{h}əi^{45}nʊ̃^{45}tɕiaʔ$^{\underline{43}}$pɔʔ$^{\underline{43}}$

见阎王（含贬义或戏谑义）tɕɪ̃^{43}ɪ̃^{45}uaŋ^{0}

翘辫子（含贬义或戏谑义）tɕ^{h}iɔ^{43}p^{h}ɪ̃^{21}tsɿ^{0}

跑掉啊（小孩夭折）p^{h}ɔ^{45}t^{h}iɔ^{0}a^{0}

寻死（自杀）tɕ^{h}iəŋ^{45}sɿ^{213}

尸身（尸体）sɿ^{21}səŋ^{0}

鬼 kuəi^{213}

魂灵（魂）xuəŋ^{45}liəŋ^{45}

停床（停灵）t^{h}iəŋ^{45}ts^{h}uaŋ^{45}

送信（报丧）sɔŋ^{43}ɕiəŋ^{43}

下材（入殓）ɕia^{21}ts^{h}ɛ^{45}

棺材 kʊ̃^{21}ts^{h}ɛ^{0}

寿器（棺材）səi^{21}tɕ^{h}i^{0}

寿材（老人生前预备好的棺材）səi^{21}ts^{h}ɛ^{0}

老衣（寿衣）lɔ^{213}i^{21}

戴孝 tɛ^{43}ɕiɔ^{43}

吊孝（吊丧）tiɔ^{43}ɕiɔ^{43}

白帽子（孝帽）p^{h}ɔʔ^{21}mɔ^{21}tsɿ^{0}

红帽子（死者重孙辈所带孝帽）xɔŋ^{45}mɔ^{21}tsɿ^{0}

白衣裳 pɔʔ^{21}i^{21}saŋ^{0}

孝巾（死者子女辈女性亲属披在头上的白布）ɕiɔ^{43}tɕiəŋ^{21}

束腰 sɔʔ$^{\underline{43}}$iɔ^{21}

脱孝（服丧期满，脱去孝衣）t^{h}ʊʔ$^{\underline{43}}$ɕiɔ^{43}

灵堂（灵屋）liəŋ^{45}t^{h}aŋ^{45}

毛边纸（纸钱）mɔ^{45}pɪ̃^{21}tsɿ^{213}

孝竹棒（哭丧棒，竹制，须有七个竹节，裹以白纸，麻绳扎之）xɔ^{43}tsɔʔ$^{\underline{43}}$p^{h}aŋ^{21}

下棺材（下葬）xa^{21}kʊ̃^{21}ts^{h}ɛ^{0}

送山（出殡）sɔŋ^{43}ɕiɛ^{21}

亡人汤（送葬的人不能原路返回，也不能直接回自己家。一般绕道至死者家喝豆腐汤，称为“亡人汤”）uaŋ^{45}ʐəŋ^{45}t^{h}aŋ^{21}

守夜 səi^{213}ia^{21}

守灵 səi^{21}liəŋ^{45}

骨实（骨殖）kuəʔ$^{\underline{43}}$səʔ$^{\underline{43}}$

牌位（灵位）p^{h}ɛ^{45}vəi^{0}

端饭（供饭。死者死后四十九

天内,家人每天在灵前供奉饭菜)tʊ̃^{21}fɛ̃^{21}

做六七(死者下葬后,家人在第六个"七"日举行悼念活动)tsɤɯ^{43}lɔʔ$^{\underline{45}}$tɕ^{h}iəʔ$^{\underline{43}}$

过周年(死者过世一周年的悼念活动)kɤɯ^{43}tsəi^{21}nĩ^{0}

坟远(坟)fəŋ^{45}yʊ̃^{213}

坟场 fəŋ^{45}ts^{h}aŋ^{45}

上坟 saŋ^{21}fəŋ^{45}

天老爷(老天爷)t^{h}ĩ^{21}lɔ^{213}i^{0}

仙人(神仙)ɕĩ^{21}ʐəŋ^{0}

菩萨 p^{h}u^{45}ɕiæʔ^{0}

观音菩萨 kʊ̃^{21}iəŋ^{21}p^{h}u^{45}ɕiæʔ^{0}

灶家老爷(灶神)tsɔ^{43}ka^{0}lɔ^{213}i^{0}

庙(寺庙)miɔ^{21}

土地庙 t^{h}u^{213}tɕ^{h}i^{0}miɔ^{21}

土地老爷 t^{h}u^{213}tɕ^{h}i^{0}lɔ^{213}i^{0}

阎王 ĩ^{45}uaŋ^{0}

祠堂 ts^{h}ɿ^{45}t^{h}aŋ^{0}

和尚 xɤɯ^{45}saŋ^{0}

尼姑 ni^{45}ku^{0}

道士 t^{h}ɔ^{21}sɿ^{0}

算命先生 sʊ̃^{43}miəŋ^{21}ɕĩ^{21}səŋ^{0}

阴阳(风水先生:请个~来,看个落头$_{\text{地方}}$起房子)iəŋ^{21}iaŋ^{0}

菩萨龛子(神龛)p^{h}u^{45}ɕiæʔ^{0}k^{h}ʊ̃^{21}tsɿ^{0}

香炉 ɕiaŋ^{21}lu^{45}

香 ɕiaŋ^{21}

烧香 sɔ^{21}ɕiaŋ^{21}

求签 tɕ^{h}iɤɯ^{45}tɕ^{h}ĩ^{21}

打卦 ta^{213}kua^{43}

算命 sʊ̃^{43}miəŋ^{21}

喊魂(一种民间法术,在水碗里放针,一边焚香一边喊小孩的名字收魂,治疗小孩受惊发烧、无故哭闹)xɛ̃^{43}xuəŋ^{45}

关亡(巫婆作法,使亡者通过巫婆与家人交谈)kuɛ̃^{21}uaŋ^{45}

局气(运气:他伢儿~好,考啊个好大学)tɕ^{h}iɔʔ^{45}tɕ^{h}i^{0}

局气好(走运)tɕ^{h}iɔʔ$^{\underline{45}}$tɕ^{h}i^{0}xɔ^{213}

霉(走背运:他~特了)mi^{45}

灵(灵验:他的格个卦打得~哎哟,说怎啊就怎啊)liəŋ^{45}

好日子(吉日)xɔ^{213}iɪʔ$^{\underline{45}}$tsɿ^{0}

恶时辰(凶日)ŋaʔ$^{\underline{43}}$sɿ$^{\underline{45}}$ts^{h}əŋ^{0}

九 称谓、亲属

人 ʐəŋ^{45}

大人(成年人,此处的"大"为徒盖切:他已经是个~了)ta^{21}ʐəŋ^{0}

大人（长辈，此处的“大”为唐佐切：你家～身体个可好啊？）tʰɤɯ^{21}ʐəŋ^{0}

上人 saŋ^{43}ʐəŋ^{0}

先人（祖先，统称）ɕĩ^{21}ʐəŋ^{0}

老辈 lɔ^{213}pəi^{21}

平班（平辈）pʰiəŋ^{45}pɛ̃^{21}

小辈 ɕiɔ^{213}pəi^{21}

男的（男人，成年的，统称）nʊ̃^{45}təi^{0}

男将（1.已婚男性统称：车上都是～。2.丈夫的叙称：她家～待她蛮好的）nʊ̃^{45}tɕiaŋ^{0}

女的（女人，已婚的，统称）ny^{213}təi^{0}

女将（1.已婚女性统称：格些～扎实泼辣、凶悍啊，淘起气来没得命。2.妻子的叙称：他家～针线好）ny^{213}tɕiaŋ^{0}

马马儿（1.妻子，带贬义：他家～泼$_{能干}$噶！2.已婚女性的贬称：～在一起就欢喜嗒淡话说闲话、搬弄是非）ma^{213}mar^{0}

小伙（1.男孩，统称：～比丫头$_{女孩}$吃得多，做得也多。2.指儿子：我养啊一个丫头$_{女儿}$，两个～）ɕiɔ^{213}xɤɯ^{0}

男伢儿（男孩，统称）nʊ̃^{45}ŋar^{45}

女伢儿（女孩，统称）ny^{213}ŋar^{45}

姑娘（1.未婚女子：这个～还不曾把人家$_{嫁人}$。2.夫之姐妹：我家～小叔子好几个。3.女儿的昵称）ku^{21}niaŋ^{0}

丫头（1.女孩，统称：这个～齐整漂亮、标致嘞！2.指女儿：我～还不曾把人家$_{嫁人}$）ŋa^{21}tʰəi^{21}

老姑娘（过了适婚年龄的女子）lɔ^{213}ku^{21}niaŋ^{0}

新妇（儿媳妇）ɕiəŋ^{21}fu^{0}

女婿 ny^{213}ɕy^{0}

招啊家里的（赘婿）tsɔ^{21}a^{0}ka^{21}li^{0}ti^{0}

干儿子 kʊ̃^{21}ər^{45}tsɿ^{0}

干女儿 kʊ̃^{21}nyr^{213}

童养媳 tʰɔŋ^{45}iaŋ^{213}ɕiəʔ$^{\underline{43}}$

光光堂（单身汉）kuaŋ^{21}kuaŋ^{0}tʰaŋ^{45}

寡妇 kua^{213}fu^{0}

野马马儿（姘头）ia^{213}ma^{213}mar^{0}

宝宝（婴儿）pɔ^{213}pɔ^{0}

细伢儿（小孩儿）ɕi^{43}ŋar^{45}

私伢儿（私生子）sɿ^{21}ŋar^{21}

野种 ia^{45}tsɔŋ^{213}

老头儿（1.老年男子：格个～身体蛮好的。2.未婚夫、丈夫的俗称：她还不曾出门出嫁，～就有点儿嫌她了，年纪轻轻的，才二十出头，格怎啊弄相啊这怎么办啊！）lɔ^{213}t^{h}ər^{45}

老人家（老年男性，七八十岁的，统称）lɔ^{213}ʐəŋ^{45}ka^{0}

　寿星佬儿（褒义）səi^{21}ɕiəŋ^{21}lɔr^{213}

　老棺材（贬义）lɔ^{213}kʊ̃^{21}ts^{h}ɛ^{21}

老奶奶（老年女性）lɔ^{213}nɛ^{213}nɛ^{0}

亲眷（亲戚，统称）tɕ^{h}iəŋ^{21}tɕyʊ̃^{43}

朋友 p^{h}ɔŋ^{45}iɤɯ^{0}

邻舍家（邻居）liəŋ^{45}saʔ$^{\underline{43}}$ka^{0}

来的人（客人：他家～多嘞！）lɛ^{45}təi^{0}ʐəŋ^{45}

私家人（自家人）sɿ^{21}ka^{0}ʐəŋ^{45}

外人（非自家人）vɛ^{21}ʐəŋ^{0}

老乡 lɔ^{213}ɕiaŋ^{21}

街上人（城里人）kɛ^{21}saŋ^{0}ʐəŋ^{45}

乡下人 ɕiaŋ^{21}xa^{0}ʐəŋ^{45}

土佬儿（贬称）t^{h}u^{213}lɔr^{213}

外国人 vɛ^{21}kɔʔ^{0}ʐəŋ^{45}

　外国佬儿 vɛ^{21}kɔʔ^{0}lɔr^{213}

在行（内行）ts^{h}ɛ^{21}xaŋ^{45}

不在行（外行）pəʔ$^{\underline{43}}$ts^{h}ɛ^{21}xaŋ^{45}

佣人 iɔŋ^{21}ʐəŋ^{0}

讨丫头（女佣）t^{h}ɔ^{213}ŋa^{21}t^{h}əi^{0}

奶娘（奶妈）nɛ^{213}niaŋ^{45}

种田的（农民）tsɔŋ^{43}t^{h}ĩ^{45}təi^{0}

　农民佬儿（贬称、戏称）nɔŋ^{45}miəŋ^{45}lɔr^{213}

打工的（打工仔，统称）ta^{213}kɔŋ^{21}təi^{0}

做生意的（商人）tsɤɯ^{43}səŋ^{21}i^{0}təi^{0}

老板 lɔ^{213}pɛ̃^{213}

贩子（小贩）fɛ̃^{43}tsɿ^{0}

手艺人 səi^{213}i^{0}ʐəŋ^{45}

匠人 tɕ^{h}iaŋ^{21}ʐəŋ^{0}

泥瓦匠 ni^{45}ua^{213}tɕ^{h}iaŋ^{0}

木匠 mɔʔ^{45}tɕ^{h}iaŋ^{0}

裁衣（裁缝）ts^{h}ɛ^{45}i^{0}

剃头的（理发师）tɕ^{h}i^{43}t^{h}əi^{45}təi^{0}

厨子（厨师）ts^{h}u^{45}tsɿ^{0}

开车子的（司机）k^{h}ɛ^{21}ts^{h}a^{21}tsɿ^{0}təi^{0}

郎中（旧指中医）laŋ^{45}tsɔŋ^{0}

师傅 sɿ^{21}fu^{0}

徒弟 t^{h}u^{45}tɕ^{h}i^{0}

学生 ɕiaʔ$^{\underline{45}}$səŋ^{0}

不识字（文盲）pəʔ$^{\underline{43}}$səʔ$^{\underline{43}}$ts^{h}ɿ^{21}

叫化子（乞丐）tɕiɔ^{43}xua^{43}tsɿ^{0}

　讨饭子 t^{h}ɔ^{213}fɛ̃^{21}tsɿ^{0}

婊子(妓女)piɔ^{213}tsɿ^{0}

二流子(流氓)ər^{21}ləi^{45}tsɿ^{0}

甩子(流里流气的男孩)suɛ^{213}tsɿ^{0}

骗子 pʰiĩ^{43}tsɿ^{0}

贼子(贼)tsʰəʔ$^{\underline{45}}$tsɿ^{0}

赌鬼(赌徒)tu^{213}kuəi^{213}

酒鬼 tɕiɤɯ^{213}kuəi^{213}

啬(吝啬:这个人~)səʔ$^{\underline{43}}$

啬爹(吝啬鬼)səʔ$^{\underline{43}}$tia^{21}

瞎子 xæʔ$^{\underline{43}}$tsɿ^{0}

聋子 lɔŋ^{45}tsɿ^{0}

哑子 ŋa^{213}tsɿ^{0}

　哑巴 ŋa^{213}pa^{0}

驼子 tʰɤɯ^{45}tsɿ^{0}

瘸子 tɕʰya^{45}tsɿ^{0}

　脚子(他的脚断啊,成啊个~他的腿断了,成了瘸子)tɕiaʔ$^{\underline{43}}$tsɿ^{0}

秃子 tʰɔʔ$^{\underline{43}}$tsɿ^{0}

疯子 fɔŋ^{21}tsɿ^{0}

呆子 tɛ^{21}tsɿ^{0}

　呆瓜 tɛ^{21}kua^{0}

太太(曾祖父母)tʰɛ^{43}tʰɛ^{43}

男太太(曾祖父)nʊ̃^{45}tʰɛ^{43}tʰɛ^{43}

女太太(曾祖母)ny^{213}tʰɛ^{43}tʰɛ^{43}

老爹(祖父)lɔ^{213}tia^{0}

奶奶(祖母)nɛ^{213}nɛ^{0}

婆老爹(外祖父)pʰɤɯ^{45}lɔ^{213}tia^{0}

婆奶奶(外祖母)pʰɤɯ^{45}nɛ^{213}nɛ^{0}

娘老子(父母,合称)niaŋ^{45}lɔ^{213}tsɿ^{0}

　爹爹妈妈 tia^{21}tia^{0}ma^{21}ma^{0}

　爸爸妈妈 pa^{43}pa^{0}ma^{21}ma^{0}

爹爹(父亲)tia^{21}tia^{0}

　爸爸 pa^{43}pa^{0}

　老子(叙称)lɔ^{213}tsɿ^{0}

妈妈(母亲)ma^{21}ma^{0}

晚老子(继父)vɛ̃^{213}lɔ^{213}tsɿ^{0}

晚娘(继母)vɛ̃^{213}niaŋ^{45}

干爹爹(叙称)kʊ̃^{21}tia^{21}tia^{21}

　干老子 kʊ̃^{21}lɔ^{213}tsɿ^{0}

干妈妈(叙称)kʊ̃^{21}ma^{21}ma^{0}

□爹爹(我爸爸)ua^{213}tia^{21}tia^{0}

你啊爹爹(你爸:~个可在家哩?)nia^{213}tia^{21}tia^{0}

他啊爹爹(他爸:~死掉了)tʰa^{21}a^{0}tia^{21}tia^{0}

爷娘家(娘家:她~弟兄多,个个扎实凶悍,你要细貌点小心点!)ia^{45}niaŋ^{45}ka^{0}

公婆家(婆家)kɔŋ^{21}pʰɤɯ^{0}ka^{0}

丈人(岳父)tsʰaŋ^{21}ʐəŋ^{0}

丈母(岳母)tsʰaŋ^{21}mɤɯ^{0}

公(公公,丈夫的父亲,叙称)kɔŋ^{21}

婆（婆婆，丈夫的母亲，叙称）p^{h}ɣɯ^{45}

亲家 tɕ^{h}iəŋ^{43}ka^{0}

亲家公 tɕ^{h}iəŋ^{43}ka^{0}kɔŋ^{21}

亲家母 tɕ^{h}iəŋ^{43}ka^{0}mɣɯ^{21}

大大（伯父）ta^{43}ta^{0}

大妈（伯母）ta^{43}ma^{0}

爷爷（叔父）ia^{45}ia^{0}

细爷爷（排行最小的叔父）ɕi^{43}ia^{45}ia^{0}

娘娘（叔母）niaŋ^{45}niaŋ^{0}

婶娘 səŋ^{213}niaŋ^{0}

□□（姑母）pɛ^{21}pɛ^{0}

姑妈（父之姐）ku^{21}ma^{0}

孃孃（父之妹）niaŋ^{21}niaŋ^{0}

姑丈（姑父）ku^{21}ts^{h}aŋ^{0}

姑爹 ku^{21}tia^{0}

姑奶奶（祖父之姐妹）ku^{21}nɛ^{213}nɛ^{0}

姑老爹（祖父姐妹的配偶）ku^{21}lɔ^{213}tia^{0}

姨妈（母之姐）i^{45}ma^{21}

姨娘（母之妹）i^{45}niaŋ^{0}

姨丈（姨父）i^{45}ts^{h}aŋ^{0}

姨爹 i^{45}tia^{21}

舅舅 tɕ^{h}iɣɯ^{21}tɕ^{h}iɣɯ^{0}

舅母 tɕ^{h}iɣɯ^{21}mɣɯ^{0}

连襟 liĩ^{45}tɕiəŋ^{21}

大伯子（夫之兄）ta^{21}pɔʔ$^{\underline{43}}$tsɿ^{0}

小叔子（夫之弟）ɕiɔ^{213}sɔʔ$^{\underline{43}}$tsɿ^{0}

妯娌 ts^{h}ɣɯ^{21}li^{0}

舅子（妻之兄弟）tɕ^{h}iɣɯ^{21}tsɿ^{0}

姨子（妻之姐妹）i^{45}tsɿ^{0}

弟兄（合称）tɕ^{h}i^{21}ɕiɔŋ^{0}

姊妹（合称）tsɿ^{213}mi^{0}

哥哥 kɣɯ^{21}kɣɯ^{0}

嫂子 sɔ^{213}tsɿ^{0}

姐姐 tɕia^{213}tɕia^{0}

兄弟（弟弟）ɕiɔŋ^{21}tɕ^{h}i^{0}

弟子 tɕ^{h}i^{21}tsɿ^{0}

弟新妇（弟媳妇）tɕ^{h}i^{21}ɕiəŋ^{21}fu^{0}

姐姐 tɕia^{213}tɕia^{0}

姐夫 tɕia^{213}fu^{0}

妹子（妹妹）mi^{21}tsɿ^{0}

妹婿（妹夫）mi^{21}ɕi^{0}

叔伯兄弟（堂兄弟）sɔʔ$^{\underline{43}}$pɔʔ$^{\underline{43}}$ɕiɔŋ^{21}tɕ^{h}i^{0}

表兄弟 piɔ^{213}ɕiɔŋ^{21}tɕ^{h}i^{0}

表姊妹（表姐妹）piɔ^{213}tsɿ^{213}mi^{0}

孙子 suəŋ^{21}tsɿ^{0}

孙女儿 suəŋ^{21}nyr^{213}

重孙子 ts^{h}ɔŋ^{45}suəŋ^{21}tsɿ^{0}

重孙女儿 ts^{h}ɔŋ^{43}suəŋ^{21}nyr^{213}

侄子（弟兄之子）tɕ^{h}iɪʔ$^{\underline{45}}$tsɿ^{0}

侄女儿 tɕ^{h}iɪʔ^{21}nyr^{213}

外甥(姐妹之子)vε^{21}suəŋ^{0}

外甥女儿(姐妹之女)vε^{21}suəŋ^{0}nyr^{213}

外孙(女儿之子)vε^{21}suəŋ^{0}

外孙女儿(女儿之女)vε^{21}suəŋ^{0}nyr^{213}

妻夫(夫妻,合称:他家~人蛮好的,从来不同人家淘气跟人家吵架)tɕ^{h}i^{21}fu^{0}

名字 miəŋ^{45}ts^{h}ɿ^{0}

小名 ɕiɔ^{213}miəŋ^{45}

绰号 ts^{h}aʔ$^{\underline{43}}$xɔ^{0}

　外号 vε^{21}xɔ^{0}

十　农事、农具

做活计(干活儿:在田里~)tsɤɯ^{43}ʊʔ$^{\underline{45}}$tɕ^{h}i^{0}

事(事情:一件~)sɿ^{21}

年成(收成)nĩ^{45}ts^{h}əŋ^{0}

种(种植)tsɔŋ^{43}

栽秧(插秧)tsε^{21}iaŋ^{21}

　莳秧 sɿ^{45}/ts^{h}ɿ^{21}iaŋ^{21}

抛秧(秧苗长成后抛洒到秧田里)p^{h}ɔ^{21}iaŋ^{21}

发芽(种子发育突破种皮而出)fæʔ$^{\underline{43}}$ŋa^{45}

出芽(抽芽,种子胚胎生出芽体)ts^{h}uəʔ$^{\underline{43}}$ŋa^{45}

斫稻 tsaʔ$^{\underline{43}}$t^{h}ɔ^{21}

　割稻 kʊʔ$^{\underline{43}}$t^{h}ɔ^{21}

收稻 səi^{21}t^{h}ɔ^{21}

斫麦 tsaʔ$^{\underline{43}}$mɔʔ$^{\underline{45}}$

　割麦 kʊʔ$^{\underline{43}}$mɔʔ$^{\underline{45}}$

收麦 səi^{21}mɔʔ$^{\underline{45}}$

扬场 iaŋ^{45}ts^{h}aŋ^{45}

晒场(晒谷场)sε^{43}ts^{h}aŋ^{45}

薅草(锄草)xɔ^{21}ts^{h}ɔ^{213}

浇水(用料子一种农具舀水浇灌农田)tɕiɔ^{21}suəi^{213}

放水(从灌溉渠引水到田里)faŋ^{43}suəi^{213}

垔田(施肥)ŋa^{43}t^{h}ĩ^{45}

洑化肥(洒化肥)fu^{213}xua^{43}fəi^{45}

浇粪 tɕiɔ^{21}fəŋ^{43}

沤绿肥 ŋəi^{43}lɔʔ$^{\underline{45}}$fəi^{45}

勾屎(拾粪)kəi^{21}sɿ^{213}

屎笞子(竹制粪篮)sɿ^{213}laʔ$^{\underline{45}}$tsɿ^{0}

　屎笞儿(东北部地区说)sɿ^{213}larʔ^{21}

秧菜(种菜)iaŋ^{21}ts^{h}ε^{43}

榨油 tsa^{43}iɤɯ^{45}

犁 li^{45}

钉耙(齿长,筑土用)tiəŋ^{21}p^{h}a^{0}

耙子(齿短,碎土用)p^{h}a^{45}tsɿ^{0}

锄子（锄头）tsʰu^{45}tsɿ^{0}

锹儿（铁制木柄小锹儿）tɕʰiɔr^{21}

铁铲 tʰiɪʔ$^{\underline{43}}$tɕʰiɛ̃^{213}

勾刀（镰刀之一，刀体瘦长，楔入有槽木柄中，多用于割稻）kəi^{21}tɔ^{0}

斫刀（砍刀）tsaʔ$^{\underline{43}}$tɔ^{21}

铡刀（铡草用）ɕiæʔ$^{\underline{45}}$tɔ^{21}

柄（把子）piəŋ^{43}

扁担 pĩɪ^{213}tʰɛ̃^{21}

箩（箩筐）lɤɯ^{45}

筛子 sɛ^{21}tsɿ^{0}

连枷 lĩɪ^{45}kɛ^{21}

畚箕（农具，有梁的）fəŋ^{43}tɕi^{0}

马子（马桶，有盖的）ma^{213}tsɿ^{0}

小马儿（小的，小便用）ɕiɔ^{213}mar^{213}

粪桶（较高、无盖的）fəŋ^{43}tʰɔŋ^{213}

络系（系于农具上做提梁用的绳子）laʔ$^{\underline{45}}$ɕi^{21}

拖车（板车）tʰɤɯ^{21}tsʰa^{21}

小车儿（独轮车）ɕiɔ^{213}tsʰar^{0}

盘儿（轮子）pʰʊr^{45}

碓臼（石臼）təi^{43}tɕʰiɤɯ^{21}

臼 tɕʰiɤɯ^{21}

杵（捣具）tsʰu^{213}

磨子（名词，磨）mɤɯ^{21}tsɿ^{0}

放牛 faŋ^{43}ŋəi^{45}

牛槅头（架在牛肩上的弯木，是牵引力点）ŋəi^{45}kəʔ$^{\underline{43}}$tʰəi^{0}

鞭子 pĩɪ^{21}tsɿ^{0}

养猪子（养猪）iaŋ^{213}tsu^{21}tsɿ^{0}

喂（～猪）y^{43}

唤（～鸡吃食）xʊ̃^{43}

吆（驱赶：～鸡鸭）iɔ^{21}

捉鱼（捕鱼）tsuaʔ$^{\underline{43}}$y^{45}

摸虾儿（在河沟里掏摸鱼虾）maʔ$^{\underline{45}}$xar^{21}

触鱼（渔民背着电瓶，接通变压器电鱼，鱼被电了就会浮上来）tsʰɔ$^{\underline{43}}$y^{45}

行船（撑船）ɕiəŋ^{45}tsʰʊ̃^{45}

推车子 tɕʰy^{21}tsʰa^{21}tsɿ^{0}

打铁 ta^{213}tʰiɪʔ$^{\underline{43}}$

窑 iɔ^{45}

帮工（农忙时帮别人家干农活，一般不收工钱，主家管饭）paŋ^{21}kɔŋ^{21}

做小工（建筑行业的帮工，递砖头、和水泥之类，收取工钱但报酬较低）tsɤɯ^{43}ɕiɔ^{213}kɔŋ^{21}

打工 ta^{213}kɔŋ^{21}

鸡毛掸子 tɕi^{21}mɔ^{0}tɛ̃^{213}tsɿ^{0}

太斧（斧子）tʰɛ^{21}fu^{0}

凿子 ts^{h}aʔ$^{\underline{45}}$tsɿ^{0}

刨子 p^{h}ɔ^{21}tsɿ^{0}

钳子 tɕ^{h}ɪ̃^{45}tsɿ^{0}

起子（螺丝刀）tɕ^{h}i^{213}tsɿ^{0}

煞（楔子）ɕiæʔ$^{\underline{43}}$

榔头（锤子）laŋ^{45}t^{h}əi^{0}

钉子 tiəŋ^{21}tsɿ^{0}

绳子 səŋ^{45}tsɿ^{0}

棒（棍子）p^{h}aŋ^{21}

桩 tsuaŋ^{21}

十一　商业、手艺、交通

做买卖 tsɤɯ^{43}mɛ^{213}mɛ^{0}

　做生意 tsɤɯ^{43}səŋ^{21}i^{0}

店（商店）tɪ̃^{43}

当铺 taŋ^{43}p^{h}u^{43}

肉案子（肉铺）ʐɔʔ^{21}ʊ̃^{43}tsɿ^{0}

饭店 fɛ̃^{21}tɪ̃^{43}

开店 k^{h}ɛ^{21}tɪ̃^{43}

开门（1.开业。2.把门打开）k^{h}ɛ^{21}məŋ^{45}

打烊（下班关门）ta^{213}iaŋ^{45}

摆摊子 pɛ^{213}t^{h}ɛ̃^{21}tsɿ^{21}

客栈 k^{h}əʔ$^{\underline{43}}$tɕ^{h}ɪ̃^{21}

旅社（旅馆）ləi^{213}sɛ^{21}

租 tsu^{21}

合伙（～做买卖）kʊʔ$^{\underline{43}}$xɤɯ^{213}

画十字（立字据）ua^{21}səʔ$^{\underline{45}}$ts^{h}ɿ^{21}

贵 kuəi^{43}

便宜 p^{h}ɪ̃^{45}i^{0}

合算（划算）kʊʔ$^{\underline{43}}$sʊ̃^{43}

折扣 tɕiɪʔ$^{\underline{43}}$k^{h}əi^{43}

打折 ta^{213}tɕiɪʔ$^{\underline{43}}$

折本（亏本）ɕiɪʔ$^{\underline{45}}$pəŋ^{213}

欠账（赊账）tɕ^{h}ɪ̃^{43}tsaŋ^{43}

利息 li^{21}ɕiəʔ^{0}

钱（统称）tɕ^{h}ɪ̃^{45}

钞票 ts^{h}ɔ^{21}p^{h}iɔ^{43}

零头钱（零钱）liəŋ^{45}t^{h}əi^{0}tɕ^{h}ɪ̃^{45}

铅角子（硬币）k^{h}ɛ̃^{21}kaʔ$^{\underline{43}}$tsɿ^{0}

本钱 pəŋ^{213}tɕ^{h}ɪ̃^{0}

工钱 kɔŋ^{21}tɕ^{h}ɪ̃^{0}

盘缠（路费）p^{h}ʊ̃^{45}tɕ^{h}ɪ̃^{0}

花（～钱）xua^{21}

寻钱（挣钱：他外去～去了）tɕ^{h}iəŋ^{45}tɕ^{h}ɪ̃^{45}

赚（卖一斤只能～一角钱）tɕyɛ̃^{43}

欠（～他十块钱）tɕ^{h}ɪ̃^{43}

　差（～他二十块）ts^{h}a^{21}

　少（～他三十块）sɔ^{213}

算盘 sʊ̃^{43}p^{h}ʊ̃^{0}

秤（统称）ts^{h}əŋ^{43}

秤砣 ts^{h}əŋ^{43}t^{h}ɤɯ^{45}

花子（秤星）xua^{21}tsɿ^{0}

滴子（秤的提绳）tiəʔ^{43}tsɿ^{0}

称（用秆秤～）tsʰəŋ^{21}

秤掀（分量足，秤尾往上翘）tsʰəŋ^{43}ɕĩɪ^{21}

秤坦（分量不足，秤尾往下掉）tsʰəŋ^{43}tʰɛ̃^{213}

香期（集日）ɕiaŋ^{21}tɕʰi^{21}

赶香期（赶集）kʊ̃^{213}ɕiaŋ^{21}tɕʰi^{21}

庙会 miɔ^{21}xuəi^{21}

籴（买粮食：～米）tiɪʔ^{43}

粜（卖粮食：～米）tʰiɔ^{43}

钢丝车（自行车）kaŋ^{21}sɿ^{0}tsʰa^{21}

脚踏车 tɕiaʔ^{43}tʰæʔ^{0}tsʰa^{21}

汽车（统称）tɕʰi^{43}tsʰa^{21}

小汽车（轿车）ɕiɔ^{213}tɕʰi^{43}tsʰa^{21}

火车 xɤɯ^{213}tsʰa^{21}

车站 tsʰa^{21}tɕiɛ̃^{43}

船（统称）tsʰʊ̃^{45}

渡口 tʰu^{21}kʰəi^{213}

码头 ma^{213}tʰəi^{45}

水码儿（家用小型码头）suəi^{213}mar^{213}

十二 教育、文体、娱乐

学堂（学校）ɕiaʔ^{45}tʰaŋ^{45}

书房（学校：快点吃，上～不要迟晏）su^{21}faŋ^{0}

学校 ɕiaʔ^{45}ɕiɔ^{21}

上学堂（上学）saŋ^{21}ɕiaʔ^{45}tʰaŋ^{45}

上书房 saŋ^{21}su^{21}faŋ^{0}

上学 saŋ^{21}ɕiaʔ^{45}

放学 faŋ^{43}xaʔ^{45}

赖学（逃学）lɛ^{21}xaʔ^{45}

赖学宝儿（经常逃学的人）lɛ^{21}xaʔ^{45}pɔr^{213}

识字 səʔ^{43}tsʰɿ^{21}

念书（读书）nĩɪ^{21}su^{21}

教室 tɕiɔ^{43}səʔ^{43}

黑板 xəʔ^{43}pɛ̃^{213}

戒尺（警戒学生用的木板：他昨朝赖学，今朝挨先生拿～打啊好几下子）kɛ^{43}tsʰəʔ^{43}

站壁（学生被罚面对墙壁站立）tɕiɛ̃^{43}piəʔ^{43}

考（考试）kʰɔ^{213}

头名（第一名）tʰəi^{45}miəŋ^{45}

了名（最后一名：邻舍家丫头女儿考啊个头名，我家小伙儿子只考啊个～，我气煞嘎！）liɔ^{213}miəŋ^{45}

零蛋（零分）liəŋ^{45}tʰɛ̃^{21}

鹅儿蛋 ŋɤɯr^{45}tʰɛ̃^{21}

暑假 tsʰu^{213}tɕia^{213}

寒假 xʊ̃^{45}tɕia^{213}

书包 su^{21}pɔ^{21}

书(1.书籍统称:他家~多嘞! 2.特指课本:开学第一天要发~)su^{21}

本儿 pər^{213}

簿子(硬面抄)pʰu^{21}tsɿ^{21}

尺 tsʰəʔ$^{\underline{43}}$

尺板儿(学生用尺子)tsʰəʔ$^{\underline{43}}$pɛr^{213}

铅笔 kʰɛ̃^{21}piəʔ$^{\underline{43}}$

橡皮 tɕʰiaŋ^{43}pʰi^{45}

钢笔 kaŋ^{21}piəʔ$^{\underline{43}}$

原子笔(圆珠笔)yõ^{45}tsɿ^{0}piəʔ$^{\underline{43}}$

毛笔 mɔ^{45}piəʔ$^{\underline{43}}$

墨(墨锭)mɔʔ$^{\underline{45}}$

磨墨 mɤɯ^{45}mɔʔ$^{\underline{45}}$

墨水(钢笔用)mɔʔ$^{\underline{45}}$suəi^{213}

墨汁(毛笔用)mɔʔ$^{\underline{45}}$tsəʔ$^{\underline{43}}$

砚台 nĩɪ^{21}tʰɛ^{0}

写白字(写错别字)ɕia^{213}pʰɔʔ$^{\underline{45}}$tsʰɿ^{21}

写大字(写毛笔字)ɕia^{213}ta^{21}tsʰɿ^{21}

笔画 piəʔ$^{\underline{43}}$xua^{0}

一点 iəʔ$^{\underline{43}}$tĩɪ^{213}

一横 iəʔ$^{\underline{43}}$ɔŋ^{45}

一竖 iəʔ$^{\underline{43}}$su^{21}

一撇 iəʔ$^{\underline{43}}$pʰiɪʔ$^{\underline{43}}$

一捺 iəʔ$^{\underline{43}}$næʔ$^{\underline{45}}$

一勾 iəʔ$^{\underline{43}}$kəi^{21}

偏旁 pʰĩɪ^{21}pʰaŋ^{45}

单人旁 tɛ̃^{21}ʐəŋ^{0}pʰaŋ^{45}

双人旁 suaŋ^{21}ʐəŋ^{0}pʰaŋ^{45}

宝盖头 pɔ^{213}kɛ^{43}tʰəi^{45}

竖心旁 su^{21}ɕiəŋ^{0}pʰaŋ^{45}

反犬旁 fɛ̃^{213}tɕʰyõ^{213}pʰaŋ^{45}

反文旁 fɛ̃^{213}vəŋ^{45}pʰaŋ^{45}

踢土旁(提土旁)tʰiəʔ$^{\underline{45}}$tʰu^{213}pʰaŋ^{45}

提手旁 tɕʰi^{45}səi^{213}pʰaŋ^{45}

玉王帮 iɔʔ$^{\underline{43}}$uaŋ^{0}paŋ^{21}

丝绞旁(绞丝旁)sɿ^{21}tɕiɔ^{213}pʰaŋ^{45}

三点水 ɕiɛ̃^{21}tĩɪ^{213}suəi^{213}

竹字头 tsɔʔ$^{\underline{43}}$tsʰɿ^{0}tʰəi^{45}

草字头 tsʰɔ^{213}tsʰɿ^{0}tʰəi^{45}

千字游("辶")tɕʰĩɪ^{21}tsʰɿ^{0}iɤɯ^{45}

　走之底 tsəi^{213}tsʰɿ^{0}tɕi^{213}

信(一封~)ɕiəŋ^{43}

信壳子(信封)ɕiəŋ^{43}kʰaʔ$^{\underline{43}}$tsɿ^{0}

邮票 iɤɯ^{45}pʰiɔ^{43}

小人书(连环画)ɕiɔ^{213}ʐəŋ^{45}su^{21}

　画儿书 xuar^{21}su^{21}

躲猫儿(捉迷藏)tɤɯ^{213}mɔr^{45}

老鹰捉小鸡 lɔ^{213} iəŋ^{21} tsuaʔ$^{\underline{43}}$ ɕiɔ^{213}tɕi^{21}

挤麻油（互挤的一种游戏）tɕi^{213}ma^{45}iɤɯ^{45}

捉子儿（游戏名。用小石子、螺丝壳、小布袋、豆子等为“子儿”，子儿3至7粒不等。单手散抛一副子儿，选一粒抛起，立即抓取未抛的一粒或几粒，并接住抛起的那一粒）tsuaʔ$^{\underline{43}}$tsər^{213}

跳绳 tʰiɔ^{43}səŋ^{45}

毽子 tɕiĩ^{43}tsɿ^{0}

踢毽子 tʰiəʔ$^{\underline{43}}$tɕiĩ^{43}tsɿ^{0}

跳皮筋 tʰiɔ^{43}pʰi^{45}tɕiəŋ^{21}

拾格儿（跳房子）səʔ$^{\underline{45}}$kər^{43}

挑绷儿（翻花绳）tʰiɔ^{21}pɔr^{21}

鹞子（风筝）iɔ^{21}tsɿ^{0}

放鹞子（放风筝）faŋ^{43}iɔ^{21}tsɿ^{0}

舞狮子 vu^{213}sɿ^{21}tsɿ^{0}

跑旱船 pʰɔ^{45}xʊ̃^{21}tsʰʊ̃^{45}

踩高跷（走高跷）tsʰuɛ^{213} kɔ^{21} tɕʰiɔ^{21}

炮仗（不包括鞭）pʰɔ^{43}tsaŋ^{0}

鞭（成串的小爆竹）piĩ^{21}

唱歌 tsʰaŋ^{43}kɤɯ^{21}

唱戏 tsʰaŋ^{43}ɕi^{43}

演戏 iĩ^{213}ɕi^{43}

　做戏 tsɤɯ^{43}ɕi^{43}

唱戏的（演员）tsʰaŋ^{43}ɕi^{43}təi^{0}

戏台 ɕi^{43}tʰɛ^{45}

木头人人戏（木偶戏）mɔʔ$^{\underline{45}}$ tʰəi^{0}ʐəŋ^{45}ʐəŋ^{45}ɕi^{43}

锣鼓 lɤɯ^{45}ku^{213}

二胡 ər^{21}fu^{45}

笛子 tʰiəʔ$^{\underline{45}}$tsɿ^{0}

翻跟头 fɛ̃^{21}kəŋ^{21}tʰəi^{0}

竖□□（倒立）su^{21}tʰiəʔ$^{\underline{45}}$ɕiəŋ^{0}

划拳 xuæʔ$^{\underline{43}}$tɕʰyʊ̃^{45}

包剪锤（游戏名，石头剪刀布）pɔ^{21}tɕiĩ^{0}tsʰuəi^{45}

下棋 ɕia^{21}tɕʰi^{45}

打牌 ta^{213}pʰɛ^{45}

伯克（扑克）pɔʔ$^{\underline{43}}$kʰəʔ$^{\underline{43}}$

长牌（流行于通泰地区的长条形纸牌，牌面有百搭5张，千升、白花、红花各4张，一到九条、一到九饼、一到九万各四张，共125张）tsʰaŋ^{45}pʰɛ^{45}

麻将 ma^{45}tɕiaŋ^{43}

打麻将 ta^{213}ma^{45}tɕiaŋ^{43}

庄家 tsuaŋ^{21}ka^{0}

成啊（和了）tsʰəŋ^{45}ŋa^{0}

□子（骰子）xəi^{45}tsɿ^{0}

掷□子（掷骰子）tsəʔ$^{\underline{43}}$xəi^{45}tsɿ^{0}

掷色儿 tsəʔ$^{\underline{43}}$sər^{43}

捻阄儿（抓阄）nĩĩ^{45}tɕiɤɯr^{21}

变把戏（变魔术）pĩĩ^{43}pa^{213}ɕi^{0}

做咽捣儿 tsɤɯ^{43}kuaʔ$^{\underline{43}}$tɔr^{213}

讲故事 tɕiaŋ^{213}ku^{43}sɿ^{0}

讲经（1.吵架：格个马马儿会～。2.讨价还价：就格个价，不要再～了。3.长时间、反复闲扯：天晏$_{\text{晚}}$了，不要在格开$_{\text{这里}}$～，得点$_{\text{快点}}$家去煮夜饭吧）kaŋ^{213}tɕiəŋ^{21}

猜谜谜（猜谜语）ts^{h}ɛ^{21}mi^{21}mi^{0}

游水（游泳）iɤɯ^{45}suəi^{213}

洗澡 ɕi^{213}tsɔ^{213}

攻猛子（潜水）kɔŋ^{21}mɔŋ^{213}tsɿ^{0}

走亲戚 tsəi^{213}tɕ^{h}iəŋ^{21}tɕ^{h}i^{0}

送礼 sɔŋ^{43}li^{213}

十三　动作、心理

沰（淋：衣服挨雨～嘎湿嘎）taʔ$^{\underline{43}}$

起来（起床：他一天夜$_{\text{总是}}$欢喜困早起$_{\text{喜欢睡懒觉}}$，人家都吃噶早饭，他到这歇刻$_{\text{这时候}}$还不曾～）tɕ^{h}i^{213}lɛ^{0}

漱嘴（刷牙）su^{43}tsuəi^{213}

□□（不用牙刷，只用水清洁口腔）k^{h}uaʔ$^{\underline{45}}$k^{h}uaʔ$^{\underline{45}}$

洗脸 ɕi^{213}lĩĩ^{213}

洗澡 ɕi^{213}tsɔ^{213}

扫落头（扫地）sɔ^{213}laʔ$^{\underline{45}}$t^{h}əi^{0}

烘（烤火：外头冻得扎实$_{\text{厉害}}$噶，快点到锅门口～下子！）xɔŋ^{21}

歇（1.休息：做啊够啊，家来～～。2.过夜：你今朝不要家去，夜上就～嘎开这里）ɕiɪʔ$^{\underline{43}}$

打哈呵（打哈欠）ta^{213}xa^{21}xɤɯ^{0}

打坎（打瞌睡：夜里不睡觉，日里老～）ta^{213}k^{h}ʊ̃^{213}

睺（睡、躺着：他已经～了）xəi^{45}

睏（～觉）k^{h}uəŋ^{43}

睺下来（躺下：伤风啊头里疼，要～歇歇）xəi^{45}xa^{0}lɛ^{0}

隑（斜靠：～啊沙发上看电视多快活嘎！）k^{h}ɛ^{43}

打呼（打呼噜）ta^{213}fu^{21}

做想佬儿（做梦：他格两天精神不好，夜里呆呆$_{\text{常常}}$～）tsɤɯ^{43}ɕiaŋ^{213}lɔr^{213}

说睏话（说梦话）sʊʔ$^{\underline{43}}$k^{h}uəŋ^{43}xua^{21}

上去（他～了）saŋ^{21}tɕ^{h}y^{0}

下来（他～了）xa^{21}lɛ^{0}

进去（他～了）tɕiəŋ^{43}tɕ^{h}y^{0}

外来(出来:他~了)vɛ^{21}lɛ^{0}

外去(出去:他~了)vɛ^{21}tɕ^{h}y^{0}

家来(回来:他走北京调~了)ka^{21}lɛ^{0}

上工(出工:~多做点工分)saŋ^{21}kɔŋ^{21}

放工(收工)faŋ^{43}kɔŋ^{21}

耍子(玩:不要老在外头疯啊~,家来拿把作业做做)sua^{213}tsɿ^{0}

点(~头)tĩɪ^{213}

摇(~头)iɔ^{45}

回(~头)xuəi^{45}

掉(~头)t^{h}iɔ^{21}

看(~电视)k^{h}ʊ̃^{43}

瞟(你去~下子,他在做什呢)piɔ^{21}

张(让我去~下子,他在做什呢)tsaŋ^{21}

望(我叫我们做块上医院去~~他)uaŋ^{21}

听 t^{h}iəŋ^{43}

闻 uəŋ^{45}

嗅(吸:快点拿把鼻子$_{鼻涕}$~下子,黄龙$_{鼻涕}$要淌到嘴里了!)ɕiɤɯ^{43}

吸(~气)ɕiəʔ$^{\underline{43}}$

□(用嘴唇聚拢吮吸液体:细伢儿~奶)ts^{h}əi^{45}

睁 tsəŋ^{21}

闭 pi^{43}

眨 tɕiæʔ$^{\underline{43}}$

喳(张嘴:嘴~下来把我望望)tsa^{21}

抿 miəŋ^{213}

咬 ŋɔ^{213}

嚼 tɕ^{h}iaʔ$^{\underline{45}}$

噎(咽:~下去)iɪʔ$^{\underline{43}}$

舔 t^{h}ĩɪ^{213}

含(~啊嘴里)xʊ̃^{45}

香嘴(亲嘴)ɕiaŋ^{21}tsuəi^{213}/ɕiaŋ^{21}tɕy^{213}

处(谈恋爱)ts^{h}u^{213}

打嚏喷(打喷嚏)ta^{213}tɕ^{h}i^{43}p^{h}əŋ^{0}

□饱气(打饱嗝)k^{h}ɛ^{45}pɔ^{213}tɕ^{h}i^{43}

打噎(打膈)ta^{213}iɪʔ$^{\underline{43}}$

打嗝噔(打冷嗝:他冻啊,老是~,喝点热茶就好了)ta^{213}kəʔ$^{\underline{45}}$təŋ^{0}

拿 na^{45}

把(给:他~啊我一个苹果,还蛮好吃的哦)pa^{213}

摸 maʔ$^{\underline{45}}$

摆（他～～手，不吱声）pɛ^{213}

拍 p^{h}ɔʔ$^{\underline{43}}$

伸 səŋ^{21}

拉（手～手，上学堂）la^{21}

撂（扔：格个手巾脏煞嘎，拾嘎～掉吧）liɔ^{21}

哈（挠痒痒：她姐姐～她膈得儿挠她痒痒，两个人在那块笑啊没嘎命）xa^{21}

掐 k^{h}æʔ$^{\underline{43}}$

绞（拧：～螺丝）tɕiɔ^{213}

挤（1. 拥挤：今朝赶乡期，人多～煞嘎！2. 拧毛巾的动作：马手巾～下看，水直滴）tɕi^{213}

捻 niĩ^{213}

扒（掰）pa^{21}

剥（～花生）paʔ$^{\underline{43}}$

撕 sɿ^{21}

折（把树枝子～嘎断啊）tɕiɪʔ$^{\underline{43}}$

□（溺水：这条河水深哦，听啊说的～杀嘎好几个人嗳，走旁边跑$_{\text{从旁边走}}$注意啊点！）vəʔ$^{\underline{43}}$

拔 p^{h}æʔ$^{\underline{45}}$

摘（把韭菜个黄叶子拿啊～掉，格个不能吃）tiəʔ$^{\underline{43}}$

站 tɕiɛ̃^{43}

□（蹲：地下有个什呢杲炅$_{\text{东西}}$，让我～下来望望看）ts^{h}əŋ^{45}

坐 ts^{h}ɤɯ^{21}

跳 t^{h}iɔ^{43}

跨（迈，跨过高物：走门槛上～过去）k^{h}ua^{43}

踩 ts^{h}uɛ^{213}

得（跺：他着躁$_{\text{着急}}$得直～脚）təʔ$^{\underline{43}}$

□（踮：书放啊在高处，脚～起来才够得到）tɕiĩ^{43}

踏（蹬：～三轮车）t^{h}æʔ$^{\underline{45}}$

翘（你望他腿子～起来，写意$_{\text{惬意}}$得很）tɕ^{h}iɔ^{21}

弯（～腰）vɛ̃^{21}

□（挺：他中午吃得多咪，肚子都～起来啊）t^{h}iəʔ$^{\underline{45}}$

趴（格个细伢欢喜～啊下睡，好玩呢）p^{h}a^{21}

爬（伢儿在地上～）p^{h}a^{45}

走（离开：你来得不巧，他才～）tsəi^{213}

跑（走：慢慢儿～，别心慌$_{\text{着急}}$）p^{h}ɔ^{45}

溜（1. 跑：我较来比下看，看哪个～得快！2. 逃跑：贼子～掉啊咯，不曾捉得住）ləi^{21}

趞（在地面上极快地移动，《广

韵》苏和切，"～疾。"老鼠在地下$_{\text{地上}}$～）sɤɯ^{21}

飞（鸟～）fəi^{21}

□（追赶：快点～，贼子溜掉啊！）ɕyẽ^{21}

抓（～把花生放啊袋儿里，带跑带吃$_{\text{边走边吃}}$）tsua^{21}

挡（不要～住黑板，我看不见）taŋ^{213}

抱（妈妈把细伢～啊在怀里）p^{h}ɔ^{21}

背 pəi^{21}

驼（他睡着了，你把他～啊上楼吧）t^{h}ɤɯ^{45}

搀（他喝嘎醉啊，你去～他卜子）tɕ^{h}iẽ^{21}

□（推：汽车歇嘎火，几个人做快$_{\text{一起}}$～汽车）kəŋ^{213}

跌（摔倒：前头个细伢跑啊～咯来啊，去把他抱起来）tiɪʔ$^{\underline{43}}$

□（绊：他跑得嫌快$_{\text{太快}}$，挨桌子～嘎下子）k^{h}uæʔ$^{\underline{45}}$

扛 k^{h}aŋ^{45}

撞 ts^{h}uaŋ^{21}

躲 tɤɯ^{213}

园（藏：钱～啊在枕头底下）k^{h}aŋ^{43}

放 faŋ^{43}

同（把东西重叠地往上放：把碗～起来）t^{h}ɔŋ^{45}

窖（1.埋：把格个死猪～下去当肥料。2.窖藏：把山芋～起来，防止冻啊坏掉）kɔ^{43}

埋（待在某地：不要～啊格开这里，自家$_{\text{自己}}$去找点活计做做）mɛ^{45}

堆（动词）tɕy^{21}/təi^{21}

盖 kɛ^{43}

压 ŋæʔ$^{\underline{43}}$

滗（挡住固体，舀或倒出其中的液体：把肉汤上头沫～掉，脏的不能吃）p^{h}iəʔ$^{\underline{43}}$

揞（捂、按住：我想啊拿他本书来望望的，他死命～住嘎不放，我气煞嘎）k^{h}əŋ^{43}

捣（捅：弄个棒～雀儿窠）tɔ^{213}

插 tɕ^{h}iæʔ$^{\underline{43}}$

戳 ts^{h}uaʔ$^{\underline{43}}$

抠 k^{h}əi^{21}

斫（1.砍：～树。2.割：～麦，～稻）tsaʔ$^{\underline{43}}$

斩（剁碎：把肉～啊碎啊做包心馅儿）tɕiẽ^{21}

削 ɕiaʔ$^{\underline{43}}$

裂 liəʔ$^{\underline{45}}$

勚(器物的棱角、锋芒等磨损:他老坐啊那块学习,恨不得把个凳子总磨啊~掉的)i^{21}

皱 tɕiɤɯ^{43}

揪(格个桔子酸煞嘎,吃得他眉毛直~)tɕiɤɯ^{21}

烂 lɛ̃^{21}

揩(擦:拿手巾把脸~~)kʰɛ^{21}

倒(口里干,~点儿茶喝喝)tɔ^{43}

蹬(1.扔,丢弃:格个杲戾$_{东西}$坏掉啊,不如~掉吧。2.投掷:比比看,哪个~得远)təŋ^{21}

忑(坠落:树上~嘎个一个梨子)tʰəʔ$^{\underline{43}}$

忑掉哩(丢失:把包拉拉好,不然杲戾$_{东西}$~)tʰəʔ$^{\underline{43}}$tʰɔ^{0}li^{0}

滴 tiəʔ$^{\underline{43}}$

淌(流:~汗)tʰaŋ^{213}

拾 səʔ$^{\underline{45}}$

拎 liəŋ^{21}

寻(寻找)tɕʰiəŋ^{45}

挑 tʰiɔ^{21}

扛 kʰaŋ^{45}

抬 tʰɛ^{45}

举 tɕy^{213}

打(挨~,~伞)ta^{213}

撬 tɕʰiɔ^{21}

拣(挑选,选择:你自家$_{自己}$~一个)kɛ̃^{213}

择(摘:~菜)tsʰəʔ$^{\underline{45}}$

收(1.收集:~作业。2.收拾:他要家去~杲戾$_{东西}$,明朝要上北京)səi^{21}

捞(1.从水或其他液体里取东西:~鱼摸虾。2.挽:拿衣袖~下子$_{把袖子挽一下}$)lɔ^{45}

扳本(反亏为赢:他前头赌啊输掉啊,格间个想~,哪格啊容易啊!)pʰɛ̃^{45}pəŋ^{213}

掸(~堂灰$_{灰尘}$)tɛ̃^{213}

顺(理顺:把桌上的杲戾$_{东西}$~~,像个狗窠!)suəŋ^{21}

荡(涮:把茶缸~下子)tʰaŋ^{21}

洗 ɕi^{213}

汰(用清水漂洗:衣裳在家里洗啊干净啊,回头下河~)tʰɛ^{21}

晾(~衣服)laŋ^{21}

扣(拴:拿$_{把}$羊子~起来)kʰəi^{43}

绑(捆:~起来)paŋ^{213}

解(~纽子)kɛ^{213}

掇(距离较短的挪动:格落头嫌狭$_{这个地方太窄}$,不好坐,把凳子~下子)tʊʔ$^{\underline{43}}$

捅(距离较大的挪动：拿格个桌子~啊西房里去，挡啊堂屋客厅里不好跑$_{\text{走}}$)t^{h}ɔŋ^{213}

端 tʊ̃^{21}

□(掼、摔：他脾气来啊$_{\text{脾气来了}}$，把碗问$_{\text{往}}$地下一~)səʔ$^{\underline{43}}$

□(揭开、掀开：把釜冠$_{\text{木制锅盖}}$~下来)ɕiɪʔ$^{\underline{43}}$

掺(掺兑：粥嫌厚$_{\text{太稠}}$，~点水)tɕ^{h}iɛ̃^{45}

烧 sɔ^{21}

搽(涂：~粉)ts^{h}a^{45}

拆 ts^{h}əʔ$^{\underline{43}}$

转(~圈)tsʊ̃^{43}

转(~弯)tsʊ̃^{213}

捱(用拳头击打：再不听话老惹祸，你家老子要来~你了！)k^{h}aʔ$^{\underline{43}}$

打架 ta^{213}tɕia^{43}

擢(搧：~他个握筋$_{\text{搧他耳光}}$)xuaʔ$^{\underline{43}}$

想(1.思考：让我~下子。2.想念：我~他)ɕiaŋ^{213}

想下子(想一下)ɕiaŋ^{213}xa^{0}tsɿ^{0}

记得 tɕi^{43}təʔ^{0}

忘掉了(忘记了)uaŋ^{21}t^{h}iɔ^{0}lɔ^{0}

怕(害怕：你不要~，有我嘞)p^{h}a^{43}

吓嘎哩(受到惊吓引起不适：伢儿昨朝望见个蛇~，夜上睏觉发热嘎)xəʔ$^{\underline{43}}$ka^{0}li^{0}

相信 ɕiaŋ^{21}ɕiəŋ^{43}

疑三惑四(多疑、多心：格个人一天夜总是~的，不能同他共$_{\text{来往}}$)i^{45}ɕiɛ̃^{21}xɔʔ$^{\underline{43}}$sɿ^{43}

不除疑(怀疑：他告诉我的格个事倒让我~起来了，明朝去问问各氏人$_{\text{其他人}}$)pəʔ$^{\underline{43}}$ts^{h}u^{45}i^{45}

放心 faŋ^{43}ɕiəŋ^{21}

心焦(寂寞、无聊：她个人一个人在家里，没得人说话，~了)ɕiəŋ^{21}tɕiɔ^{21}

着燥(着急：不要~，慢慢儿骑，还来得起$_{\text{来得及}}$)tsaʔ^{43}tsɔ^{43}

愁 ts^{h}əi^{45}

就(1.迁就。2.将就)tɕ^{h}iɤɯ^{21}

防(提防：人心隔肚皮，你要~着嘎他)faŋ^{45}

细貌(注意、小心：~点儿，不要把碗打掉哩！)ɕi^{43}mɔ^{43}

当点儿心 taŋ^{21}tiər^{0}ɕiəŋ^{21}

欢喜(1.喜欢：他~吃鱼。2.高兴：他得嘎满分，~煞嘎！)xɤɯ^{21}ɕi^{0}

不欢喜(1.不喜欢：他~那个姑

娘，说的她脸上痣多。2.不高兴：他考啊不及格，心里～）pəʔ$^{\underline{43}}$xɤɯ^{21}ɕi^{0}

嫌（1.讨厌：我～她啰嗦，不要喊她。2.副词，表“太”义：袋子～小，灌$_{装}$不下）ɕiĩ^{45}

写意（惬意、舒服：他躺啊沙发上喝喝茶看看电视，多～啊！）ɕia^{43}i^{0}

难过（1.心理的：他家老爹爷爷前两天过啊世，格两天心里～。2.生理的：他不晓得吃噶什呢，肚子～）nɛ̃^{45}kɤɯ^{43}

来气（生气：你说重了，她～了）lɛ^{45}tɕ^{h}i^{43}

来火（那个卖杲昃$_{东西}$的骗啊他，他～啊了，马上就去找人家）lɛ^{45}xɤɯ^{213}

光火（伢儿考啊不及格，老子～了，在家里教育他）kuaŋ^{43}xɤɯ^{213}

作（自找麻烦或给人找麻烦：你不要在格开$_{这里}$瞎～！）tsaʔ$^{\underline{43}}$

作气（生闷气：昨朝她挨新妇儿$_{媳妇}$骂了，在家里～）tsaʔ$^{\underline{43}}$tɕ^{h}i^{43}

作燥人（故意找人麻烦）tsaʔ$^{\underline{43}}$ts^{h}ɔ^{43}ʐəŋ^{45}

怪（1.责备、怨：格件事～我，不曾先同你商议。2.女子过分爱打扮：格个丫头～杀嘎，头上戴啊万把$_{很多}$杲昃$_{东西}$。3.形容词，奇怪：～啊了，先头才丢放啊台上的钥匙，寻不到了！）kuɛ^{43}

懊悔（那歇个叫他好点上学堂，他不听，现在～啊了）ŋɔ^{43}xuəi^{0}

作不得（忌妒：他～人家寻的钱$_{赚钱}$多）tsaʔ$^{\underline{43}}$pəʔ$^{\underline{43}}$təʔ$^{\underline{43}}$

眼热（羡慕：他家屋起得像样，人家～杀嘎的）ŋɛ̃^{213}iɪʔ$^{\underline{45}}$

难为情（害羞）nɛ̃^{45}uəi^{0}tɕ^{h}iəŋ^{45}

丢架子（丢脸：格件事你又不会，不要去弄，省得～！）təi^{21}ka^{43}tsʅ^{0}

不要脸 pəʔ$^{\underline{43}}$iɔ^{43}liĩ^{213}

不自觉（不自律：他一天夜的$_{总是}$拿人家的杲昃$_{东西}$用，～嘎）pəʔ$^{\underline{43}}$ts^{h}ʅ^{21}tɕ^{h}iaʔ$^{\underline{43}}$

欺 tɕ^{h}i^{21}

拿架子（摆架子）na^{45}tɕia^{43}tsʅ^{0}

惯 kuɛ̃^{43}

要 iɔ^{43}

有 iɤɯ^{213}

没得（没有）məʔ$^{\underline{45}}$təʔ^{0}

晓得（知道：我～格件事）ɕiɔ^{213}təʔ^{0}

不晓得(不知道:我~格件事) pəʔ$^{\underline{43}}$ɕiɔ^{213}təʔ^{0}

懂(我~他的话)tɔŋ^{213}

不懂(我~他的话)pəʔ$^{\underline{43}}$tɔŋ^{213}

认得(认识:我~他)ʐəŋ^{21}təʔ^{0}

认不得(不认识:我~他)ʐəŋ^{21} pəʔ^{0}təʔ$^{\underline{43}}$

肯(愿意:他不~借钱,格怎弄相啊$_{\text{这怎么办}}$)k^{h}əŋ^{213}

派(1.应该:他不~格啊说相$_{\text{他不应该这么说}}$。2.该派,轮到:上次是我去的,格下子~你啦$_{\text{这次轮到你了}}$)p^{h}ɛ^{43}

可以 k^{h}ɣɯ^{213}i^{0}

拉倒(算了:他不来 ,反正我叫$_{\text{我们}}$人多)la^{21}tɔ^{213}

搭话(搭茬儿)tæʔ$^{\underline{43}}$xua^{21}

插嘴(大人说话,伢儿不要~) tɕ^{h}iæʔ$^{\underline{43}}$tɕy^{213}

搭讪(搭理:格个人不会处世,没~头$_{\text{没有搭理他的必要}}$)tæʔ$^{\underline{43}}$ ɕiæʔ$^{\underline{43}}$

没搭讪(因无人搭理感到没意思:个人$_{\text{一个人}}$在家里~) məʔ$^{\underline{45}}$tæʔ$^{\underline{43}}$ɕiæʔ$^{\underline{43}}$

嗡□(聊天儿:我叫$_{\text{我们}}$只顾啊~,饭煮啊焦啊)taʔ$^{\underline{43}}$ p^{h}aʔ$^{\underline{43}}$

嗡淡话(说闲话搬弄是非:格几个马马儿$_{\text{妇女}}$欢喜~,哪个人家的事她叫$_{\text{她们}}$不晓得嘎!) taʔ$^{\underline{43}}$t^{h}ɛ̃^{21}xua^{0}

喊(叫:~他下子)xɛ̃^{213}

哭 k^{h}ɔʔ$^{\underline{43}}$

骂 ma^{21}

啰嗦(唠叨)lɣɯ^{21}sɣɯ^{0}

啰而不嗦(啰里啰嗦)lɣɯ^{21} ər^{0} pəʔ$^{\underline{43}}$sɣɯ^{0}

啕气(吵架:格人家妻夫两个一天夜$_{\text{一天到晚}}$在家里~打架的,没得点安逸日子过)t^{h}ɔ^{45} tɕ^{h}i^{43}

□丧 kaŋ^{21}saŋ^{21}

吵啊讲的(得点儿$_{\text{快点儿}}$家去煮饭啊,不要在开在这里~,~难听杀嘎!) ts^{h}ɔ^{21} a^{0}kaŋ^{21}təi^{0}

回嘴(顶嘴:你再~,敲打你!) xuəi^{45}tɕy^{213}

哄(1.哄逗:~伢儿睏觉。2.骗:他是~人的,不要相信他!)xɔŋ^{213}

骗 p^{h}iĩ^{43}

说骗(说谎:人不能~,骗人骗到最后是骗自家$_{\text{自己}}$)sʊʔ$^{\underline{43}}$p^{h}iĩ^{43}

摆□(吹牛:他就会~,你还相信他呀!)pɛ^{213}p^{h}aʔ$^{\underline{43}}$

吹牛屄 ts^{h}uəi^{21}ŋəi^{45}pi^{21}

说大话 sʊʔ$^{\underline{43}}$ta^{21}xua^{21}

拍马三(拍马屁,巴结:他当啊个干部,好些人~)p^{h}ɔʔ$^{\underline{43}}$ma^{213}ɕiɛ̃^{21}

说笑话(开玩笑:我~的,不要当真)sʊʔ$^{\underline{43}}$ɕiɔ^{43}xua^{0}

笑(1.露出快乐的表情:她和气嘞,天天~眯眯的。2.嘲笑:他长得嫌胖,老挨其他伢儿~)ɕiɔ^{43}

告诵(告诉:我腾个功夫~他格件事)kɔ^{43}sɔŋ^{43}

遇到(今朝不曾想到还能~你,中午做块$_{\text{一起}}$弄点中饭吃噶子啊!)y^{21}tɔ^{0}

塞后堂(走后门:格个伢儿是~进来的)səʔ$^{\underline{43}}$xəi^{21}t^{h}aŋ^{45}

十四　性质、状态

大 ta^{21}

太 t^{h}ɛ^{213}

细(1.小,与"大"相对:今年子的桃子没得去年子的大,滴滴儿~。2.与"粗"相对:格个伢儿不好点嘎吃,养得精瘦,手膀子~啊没魂)ɕi^{43}

小 ɕiɔ^{213}

奘(粗,与"细"相对:他养得壮,手膀子蛮~的)tsuaŋ^{213}

长(1.长度长:头发~,难洗。2.时间长:开啊春,天~啊了)ts^{h}aŋ^{45}

□(1.长度短:把头发剪啊~啊点儿,人觉察$_{\text{感觉}}$精神了。2.时间短:立嘎冬,天~啊了)sɔ^{45}

短 tʊ̃^{213}

阔(宽:把路扩嘎~嘎点儿,汽车才好跑$_{\text{汽车才能开过去}}$)k^{h}ʊʔ$^{\underline{43}}$

宽 k^{h}ʊ̃^{21}

狭(窄:格个路嫌$_{\text{太}}$~,两个人并排不好跑$_{\text{走}}$)xæʔ$^{\underline{45}}$

仙荡(形容地方视野开阔:格个落头~,没什呢杲昃$_{\text{东西}}$挡啊门口)ɕiɪ̃^{21}t^{h}aŋ^{0}

高(1.与"低"相对:格个落头地势~,落这啊大的雨,长的花生总不曾挨淹掉。2.与"矮"相对:他个子~,他妈妈矮)kɔ^{21}

矮(1.低:雀儿飞得~。2.矮:她个子~)ŋɛ^{213}

远 yõ^{213}
近 tɕ^{h}iəŋ^{21}
浑（浑浊）xuəŋ^{45}
清 tɕ^{h}iəŋ^{21}
圆 yõ^{45}
扁 pĩ^{213}
方 faŋ^{21}
尖 tɕiĩ^{21}
平 p^{h}iəŋ^{45}
洼（凹：你跑的刻儿细貌点你走的时候小心点，地下有个～塘儿）ua^{43}
突（凸：他气啊眼睛珠儿总副词"都"～出来了）t^{h}əʔ$^{\underline{45}}$
肥（1.含脂肪多，一般形容动物：～肉，～猪。2.肥大：他前朝儿不安逸前段时间生病了，瘦掉啊，穿格件衣裳有点～。3.名词，肥料：麦种下去要追～）fəi^{45}
精（1.动物的瘦肉：～肉。2.精明：他格个人～哦，没得便宜把人占）tɕiəŋ^{21}
胖（指人脂肪多）p^{h}aŋ^{43}
富态（指老年人胖）fu^{43}t^{h}ɛ^{0}
瘦（1.人或动物脂肪少：格些时候睏得不好，人～了。2.植物瘦弱：格个稻～，得点快点垩粪，不然没得收。3.土地不肥沃：格个田～，杲昃东西长不起来）səi^{43}
壮（1.动物肥壮：～猪。2.形容人体格强壮：格个人养得～。3.土地肥沃：格块田～，垩的粪多）tsuaŋ^{43}
结实（肌肉紧致，体格健壮）tɕiɪʔ$^{\underline{43}}$səʔ^{0}
牢（1.东西坚固耐用：格桌子～嘞，用啊几十年总不曾坏。2.牢固：把杲昃东西绑绑～。3.名词，监狱：坐～）lɔ^{45}
单□（体格弱：格个姑娘～嘞，多吃点好的补补）tɛ̃^{21}tɕ^{h}iɔ^{0}
颜色 ŋɛ^{45}səʔ^{0}
深（1.从上到下或从外到里的距离大，跟"浅"相对：格条河～，淹杀嘎好几个人。2.颜色浓：她有条～色裙子，穿啊好看得没得魂！3.深奥：《红楼梦》把细伢儿看，嫌太～，望不懂）səŋ^{21}
浅（1.从上到下或从外到里的距离小，跟"深"相对：格条河～，鱼不大，虾儿不少。〈引申〉目光短浅：她眼窝塘儿～，丫头把人家嫁人,光看人家个可有钱,不问人家小伙个可有出息。2.颜色淡:你穿~颜色的衣裳像样好看。3.浅显:格本书~,好懂)tɕ^{h}ĩ^{213}

淡(1.颜色浅:~红。2.味道不浓、不咸:虾子嫌太~,再放点盐才好吃。3.感情、兴趣等不浓厚:几年不曾共来往,两家关系慢慢儿啊就~下来了)t^{h}ɛ̃^{21}

咸 xɛ̃^{45}

素(颜色单纯,不艳丽:姑娘家穿花的好看,格件衣裳嫌~太,觉察觉得显得老气)su^{43}

黑 xəʔ$^{\underline{43}}$

黑阵阵(黑乎乎的)xəʔ$^{\underline{43}}$ts^{h}əŋ^{0}ts^{h}əŋ^{21}

黑漆抹洞(黑黢黢的)xəʔ$^{\underline{43}}$tɕ^{h}iəʔ$^{\underline{43}}$maʔ^{0}t^{h}ɔŋ^{21}

乌黑的(漆黑的)vu^{21}xəʔ$^{\underline{43}}$təi^{0}

白 p^{h}ɔʔ$^{\underline{45}}$

白嗒嗒的(白皙润泽:格丫头皮肤好嘞,~)p^{h}ɔʔ$^{\underline{45}}$taʔ$^{\underline{43}}$taʔ$^{\underline{43}}$təi^{0}

沙白的(1.白净的。2.形容脸色煞白)sa^{21}p^{h}ɔʔ$^{\underline{45}}$təi^{0}

红 xɔŋ^{45}

通红的(红通通的:伢儿在发热,脸上~)t^{h}ɔŋ^{21}xɔŋ^{45}təi^{0}

黄 uaŋ^{45}

黄叽叽(泛黄的)uaŋ^{45}tɕi^{0}tɕi^{21}

蓝 lɛ̃^{45}

绿 lɔʔ$^{\underline{45}}$

碧绿的 piəʔ$^{\underline{43}}$lɔʔ$^{\underline{45}}$təi^{0}

绿茵茵(瓦家我家园圃里菜长得好嘞,~的)lɔʔ^{21}iəŋ^{0}iəŋ^{21}

紫 tsɿ^{213}

雪青(浅紫色)ɕyʊʔ$^{\underline{43}}$tɕ^{h}iəŋ^{21}

青 tɕ^{h}iəŋ^{21}

灰(灰色)xuəi^{21}

栗壳色(褐色)liəʔ$^{\underline{45}}$k^{h}aʔ$^{\underline{43}}$səʔ$^{\underline{43}}$

多 tɤɯ^{21}

少(东西~)sɔ^{213}

重(担子~)ts^{h}ɔŋ^{21}

轻(1.分量轻:格个担子~,我挑啊跑啊几里,肩头总不疼。2.举止轻浮:他马马儿老婆的贬称~骨头,坐没得坐相,站没得站相,人家总嫌她)tɕ^{h}iəŋ^{21}

直 ts^{h}əʔ$^{\underline{45}}$

陡(坡度大:格个推子梯子~嘞,爬起来吃力!)təi^{213}

弯 vɛ̃^{21}

斜(歪斜)tɕ^{h}ia^{45}

差（衣裳穿啊～啊了，拉拉正）ts^{h}ɿ^{213}

□（裁衣$_{\text{裁缝}}$不曾注意，剪啊～掉了，把人家好好的布总$_{\text{都}}$浪费掉了）saʔ$^{\underline{45}}$

厚（1.厚度，与“薄”相对：板子～。2.稠：粥煮啊～了，要加点水）xəi^{21}

薄（1.与“厚”相对：～纸。2.稀：今朝食堂的粥煮得～，一碗粥里头没得几粒米）p^{h}aʔ$^{\underline{45}}$

枵（薄：姑娘长得像样，～皮薄肉的$_{\text{形容皮肤好}}$）ɕiɔ^{21}

猛（密：菜种啊嫌$_{\text{太}}$～）mɔŋ^{213}

朗（稀疏：玉米种得稀稀～～的）laŋ^{213}

响（声音～）ɕiaŋ^{213}

亮（指光线，明亮）liaŋ^{21}

暗ʊ̃^{43}

热（1.温度高：六月心的，～杀嘎了热死了！2.非常羡慕：眼～；3.动词，加热：把饭～下子）iɪʔ$^{\underline{45}}$

热和（暖和）iɪʔ$^{\underline{45}}$xɤɯ^{0}

凉（夏天垫～席$_{\text{竹席}}$，寒天嘎垫寒席$_{\text{草席}}$）liaŋ^{45}

窨凉（凉爽：下晚儿落嘎场雨，～下来了）iəŋ^{43}liaŋ^{0}

冷 ləŋ^{213}

碜人（冷：洗衣裳，水嫌$_{\text{太}}$～，掺点儿烫人水$_{\text{热水}}$）ts^{h}əŋ^{21}ʐəŋ^{0}

干 kʊ̃^{21}

湿 səʔ$^{\underline{43}}$

潮（潮湿：衣裳还是～的，再晒晒）ts^{h}ɔ^{45}

干净 kʊ̃^{21}tɕ^{h}iəŋ^{0}

邋遢（脏：家里～嘎没得命，得抢啊$_{\text{快点儿}}$扫下子）læʔ$^{\underline{45}}$t^{h}æʔ^{0}

快（1.锋利：刀～嘞，不要碰到手。2.迅速：跑啊去嫌憨$_{\text{走着去太慢}}$，坐车子～）k^{h}uɛ^{43}

钝（不锋利：刀～了，要磨下子）t^{h}əŋ^{21}

慢 mɛ̃^{21}

憨（慢，无憨傻、憨厚义）xɛ̃^{21}

早 tsɔ^{213}

晏（晚）ŋɛ̃^{43}

松 sɔŋ^{21}

紧 tɕiəŋ^{213}

容易 iɔŋ^{45}i^{0}

易容（读嘎格些年的书，不～暧啊！）i^{43}iɔŋ^{0}

难 nɛ̃^{45}

新 ɕiəŋ^{21}

旧 tɕ^{h}iɤɯ^{21}

老(1.年岁大:~人家。2.陈旧:~房子;3.(食物)火候大,与“嫩”相对:肉煮啊~啊煮老了,嚼不动)lɔ^{213}

老气(格个细伢儿穿啊件黑衣裳,嫌$_{\text{太}}$~)lɔ^{213}tɕ^{h}i^{0}

嫩气(她养得不丑$_{\text{不错}}$,蛮~的,不像五十几岁的人)nəŋ^{21}tɕ^{h}i^{0}

年纪轻 nĩɪ^{45}tɕi^{0}tɕ^{h}iəŋ^{21}

硬 ŋəŋ^{21}

软 ʐʊ̃^{213}

绵软的(很软)mĩɪ^{45}ʐʊ̃^{213}təi^{0}

筋韧(形容食物有嚼头:把儿面$_{\text{挂面}}$吃起来没得擀的面$_{\text{手擀面}}$~)tɕiəŋ^{21}ʐəŋ^{0}

韧(因受潮而变软,与“脆”相对:瓜子受啊潮,~的,不好吃)ʐəŋ^{21}

脆 tɕ^{h}y^{43}/ts^{h}uəi^{43}

蹦脆的(很脆)pɔŋ^{213}tɕ^{h}y^{43}təi^{0}/pɔŋ^{213}ts^{h}uəi^{43}təi^{0}

烂 lɛ̃^{21}

焦 tɕiɔ^{21}

坏(1.破:格个衣裳~的。2.与“好”相对:~人)xuɛ^{21}

好 xɔ^{213}

富 fu^{43}

有得(那个人家~,丫头能把$_{\text{女儿能嫁}}$)iɤɯ^{213}təʔ^{0}

穷 tɕ^{h}iɔŋ^{45}

忙 maŋ^{45}

闲落(空闲:等我~下来,再上你家耍子再去你家玩儿)ɕiɛ̃^{45}laʔ^{0}

气力(累:今朝蛮~的,不高兴洗衣裳)tɕ^{h}i^{43}liəʔ^{0}

疼 t^{h}əŋ^{45}

痒 iaŋ^{213}

热嘈(热闹:昨朝夜上昨天晚上放电影,人多,~咪呀!)iɪʔ$^{\underline{45}}$ts^{h}ɔ^{0}

闹热 nɔ^{21}iɪʔ^{0}

挤(拥挤:今朝人多,人~啊没得命$_{\text{人挤得不得了}}$!)tɕi^{213}

挤挤轧轧(非常拥挤)tɕi^{213}tɕi^{0}k^{h}æʔ$^{\underline{45}}$k^{h}æʔ^{0}

熟(1.食物熟:饭~嘎了,家来吃。2.植物果实成熟:桃子~嘎,得点儿$_{\text{快点儿}}$扯$_{\text{采}}$去。3.熟悉:格个落头$_{\text{地方}}$我~,跟啊我跑$_{\text{跟着我走}}$,没事)sɔʔ$^{\underline{45}}$

生(1.食物煮得不够熟:夹~饭。

2.果实未成熟：柿子～的，涩嘴。3.陌生：～人）sən^{21}

道地（地道：他的泰兴话说得～咪）t^{h}ɔ^{21}t^{h}i^{0}

味道（1.形容东西有异味：天热，昨朝煮的肉～了，不能吃。2.名词：有～）uəi^{21}t^{h}ɔ^{0}

酸 sʊ̃^{21}

甜 t^{h}ĩ^{45}

苦 k^{h}u^{213}

涩 səʔ$^{\underline{43}}$

麻（1.辣：煮鱼放啊麻胡椒泛指辣椒，～人。2.轻微麻木：脚～了，得得踩踩就好了）ma^{45}

鲜（味道鲜美：鲫鱼烧汤，～啊没得命！）ɕĩ^{21}

香 ɕiaŋ^{21}

臭 ts^{h}əi^{43}

馊 səi^{21}

腥气（腥：他不吃海鱼，嫌～）ɕiəŋ^{21}tɕ^{h}i^{0}

臊气（膻：羊肉有点～味，他不欢喜）sɔ^{21}tɕ^{h}i^{0}

差（质量差）ts^{h}a^{21}

对 təi^{43}/tuəi^{43}/tɕy^{43}

错 ts^{h}ɤɯ^{43}

标致（漂亮：她生得～）piɔ^{21}tsɿ^{0}

齐整 tɕ^{h}i^{45}tsəŋ^{0}

像样 tɕ^{h}iaŋ^{21}iaŋ^{0}

痛（可爱、漂亮，一般形容儿童和年轻女性：格个伢儿长得～啊！）t^{h}ɔŋ^{43}

丑怪（1.长相丑。2.名词，长得丑的人）tɕ^{h}əi^{213}kuɛ^{0}

勤力（勤快：她家新妇～，天天做啊不歇）tɕ^{h}iəŋ^{45}liəʔ$^{\underline{45}}$

懒（懒惰：格个人～啊成啊精！）lɛ̃^{213}

听话（乖）t^{h}iəŋ^{43}xua^{21}

凶（聪明、能干，无贬义：她是个～人，个个欢喜。凶狠义在泰兴由“邪、扎实、恶”等表示）ɕiɔŋ^{21}

邪（凶、厉害：格个马马儿已婚妇女的贬称～杀嘎，不能惹）tɕ^{h}ia^{45}

扎实（凶悍：格人家兄弟姊妹总都～，弄不过他家）tɕiæʔ$^{\underline{43}}$səʔ^{0}

恶（凶悍：～马马儿泼妇）ŋaʔ$^{\underline{43}}$

皮（顽皮：格伢儿～，不好带）p^{h}i^{45}

灵光（机灵：少年伢儿脑子～，一学就会）liəŋ^{45}kuaŋ^{21}

忠厚（老实）tsɔŋ^{21}xəi^{0}

呆（愚蠢、痴呆）tɛ^{21}

呆踹(呆板)ŋɛ^{45}tsʰuɛ^{0}

痴巴楞登(痴傻状)tsʰɿ^{21}pa^{0}ləŋ^{45}təŋ^{21}

和气(和蔼)xɤɯ^{45}tɕʰi^{0}

客气(对财物不计较,大方、不吝啬)kʰəʔ$^{\underline{43}}$tɕʰi^{0}

小气(吝啬)ɕiɔ^{213}tɕʰi^{0}

直爽(性格~)tsʰəʔ$^{\underline{45}}$suaŋ^{0}

犟(脾气~)tɕiaŋ^{43}

定神(安静、专注:格个死伢儿上课不~,话说嘎不歇)tʰiəŋ^{21}səŋ^{45}

糊(模糊:人老了,眼睛发花,看呆昃$_{\text{东西}}$~的)fu^{45}

十五　数词、量词

一(~二三四五……,下同)iəʔ$^{\underline{43}}$

二 ər^{21}

三 ɕiɛ̃^{21}

四 sɿ^{43}

五 vu^{213}

六 lɔʔ$^{\underline{45}}$

七 tɕʰiəʔ$^{\underline{43}}$

八 pæʔ$^{\underline{43}}$

九 tɕiɤɯ^{213}

十 səʔ$^{\underline{45}}$

十一 səʔ^{21}iəʔ$^{\underline{43}}$

十二 səʔ^{21}ər^{21}

十三 səʔ$^{\underline{45}}$ɕiɛ̃^{21}

十五 səʔ^{21}vu^{213}

二十 ər^{21}səʔ$^{\underline{45}}$

廿一(二十一)nĩ^{21}iəʔ$^{\underline{43}}$

廿二(二十二)nĩ^{21}ər^{21}

二十三 ər^{21}səʔ^{0}ɕiɛ̃^{21}

三十 ɕiɛ̃^{21}səʔ$^{\underline{45}}$

一百 iəʔ$^{\underline{43}}$pɔʔ$^{\underline{43}}$

百零一(一百零一)pɔʔ^{21}liəŋ^{45}iəʔ$^{\underline{43}}$

百一(一百一十)pɔʔ^{21}iəʔ$^{\underline{43}}$

二百五 ər^{21}pɔʔ^{0}vu^{213}

一千 iəʔ$^{\underline{43}}$tɕʰĩ^{21}

一万 iəʔ$^{\underline{43}}$vɛ̃^{21}

万把(1.一万左右。2.形容多:你橱肚$_{\text{衣橱}}$里衣裳有~,还要做什呢新衣裳!)vɛ̃^{21}pa^{0}

第一 tɕʰi^{21}iəʔ$^{\underline{43}}$

第二 tɕʰi^{21}ər^{21}

一号 iəʔ$^{\underline{43}}$xɔ^{21}

二号 ər^{21}xɔ^{21}

十号 səʔ$^{\underline{45}}$xɔ^{21}

初一 tsʰu^{21}iəʔ$^{\underline{43}}$

初二 tsʰu^{21}ər^{21}

老大(指子女的排行)lɔ^{213}ta^{43}

老二 lɔ^{213}ər^{21}

□把儿（人或动物最小的：~没得老大懂事）læʔ$^{\underline{45}}$par^{213}

一斤半 iəʔ$^{\underline{43}}$tɕiəŋ^{21}pʊ̃^{43}

斤半 tɕiəŋ^{21}pʊ̃^{43}

两钱（数词"二"和"两"在泰兴方言里有不同的分布，有的只能用"二"，有的只能用"两"；有的二者兼用，我们把常用的列在前面。详情见下）liɛ̃^{213}tɕʰɪ̃^{45}

二钱 ər^{21}tɕʰɪ̃^{45}

二两（重量，不说"两两"）ər^{21}liaŋ^{213}

二尺 ər^{21}tsʰəʔ$^{\underline{43}}$

两尺 liɛ̃^{213}tsʰəʔ$^{\underline{43}}$

两寸 liɛ̃^{213}tsʰuəŋ^{43}

二寸 ər^{21}tsʰuəŋ^{43}

二里 ər^{21}li^{213}

两里 liɛ̃^{213}li^{213}

两担 liɛ̃^{213}tɛ̃^{43}

两亩 liɛ̃^{213}mɤɯ^{213}

二亩 ər^{21}mɤɯ^{213}

两个（1.~苹果。2.俩：你叫你们~做块$_{\text{一起}}$来）liɛ̃^{213}kɤɯ^{0}

几个 tɕi^{213}kɤɯ^{0}

半个（一半：~苹果不够吃嘎，再去拿个）pʊ̃^{43}kɤɯ^{0}

三个 ɕiɛ̃^{21}kɤɯ^{0}

个把（一两个）kɤɯ^{43}pa^{0}

个把两个 kɤɯ^{43}pa^{0}liɛ̃^{213}kɤɯ^{0}

两三个 liɛ̃^{213}ɕiɛ̃^{0}kɤɯ^{43}

三五个 ɕiɛ̃^{21}vu^{213}kɤɯ^{0}

十来个（十几个）səʔ^{21}læʔ^{0}kɤɯ^{0}

上百个 saŋ^{21}pɔʔ$^{\underline{43}}$kɤɯ^{0}

零 liəŋ^{45}

个（一~人）kɤɯ^{43}

匹（一~马）pʰiəʔ$^{\underline{43}}$

头（一~牛）tʰəi^{45}

头（一~猪）tʰəi^{45}

只（一~狗子）tsəʔ$^{\underline{43}}$

只（一~蚊子）tsəʔ$^{\underline{43}}$

条（一~鱼）tʰiɔ^{45}

条（一~蛇）tʰiɔ^{45}

条（一~被单）tʰiɔ^{45}

条（一~河）tʰiɔ^{45}

条（一~路）tʰiɔ^{45}

张（一~嘴）tsaŋ^{21}

张（一~桌子）tsaŋ^{21}

张（座：一~桥）tsaŋ^{21}

张（领：一~席子）tsaŋ^{21}

场（泡：一~尿）tsʰaŋ^{45}

双（一~鞋）suaŋ^{21}

把（一~勾刀$_{\text{特指镰刀}}$）pa^{213}

把（一~锁）pa^{213}

根(一～绳子)kəŋ^{21}
支(一～笔)tsʅ^{21}
副(一～眼镜)fu^{21}
面(一～镜子)miĩ^{21}
块(一～洋碱肥皂)k^{h}uɛ^{43}
部(辆:一～车子)p^{h}u^{21}
间(一～屋一个房间)kɛ̃^{21}
口(一～井)k^{h}əi^{213}
棵(一～树)k^{h}ɤɯ^{21}
朵(一～花)tɤɯ^{213}
颗(一～星)k^{h}ɤɯ^{21}
粒(一～米)liəʔ$^{\underline{45}}$
顿(一～饭)təŋ^{43}
剂(一～药)tɕ^{h}i^{21}
烹(这～味道这股味道难闻煞嘎!)p^{h}ɔŋ^{21}
行(一～字)xaŋ^{45}
块(一～钱)k^{h}uɛ^{43}
角(毛:一～钱)kaʔ$^{\underline{43}}$
件(一～事)tɕ^{h}iĩ^{21}
一拃叉(拃,张开的大拇指和食指或中指两端间的距离)iəʔ$^{\underline{43}}$næʔ$^{\underline{45}}$ts^{h}a^{21}
庹(一～长:两臂左右平伸时两手之间的距离)t^{h}aʔ$^{\underline{43}}$
点儿(一～东西)tiər^{213}
滴滴儿(形容极少)tiʔ^{21}tiər^{45}
些(那～人)ɕia^{21}
下子(等～,歇～)xa^{21}tsʅ^{0}
刻儿(一会儿:坐～)k^{h}ər^{21}
阵(落嘎～雨下了一阵雨)ts^{h}əŋ^{21}
趟(去啊～去了一趟)t^{h}aŋ^{43}

十六　指示代词

我 ŋɤɯ^{213}
你 nəŋ^{213}/nəi^{213}
他 t^{h}a^{21}
我叫(我们)ŋɤɯ^{213}tɕiɔ^{0}
　我俫 ŋɤɯ^{213}lɛ^{0}
你叫(你们)nəŋ^{213}tɕiɔ^{0}
　你俫 nəi^{213}lɛ^{0}
他叫(他们)t^{h}a^{21}tɕiɔ^{0}
　他俫 t^{h}a^{21}lɛ^{0}
大家 ta^{21}ka^{0}
私家(自己:我～做的)sʅ^{21}ka^{0}
旁人(别人)p^{h}aŋ^{45}ʐəŋ^{0}
这个(这个:我要～,不要那个)tsa^{43}kɤɯ^{0}
那个 lɤɯ^{43}kɤɯ^{0}
哪个(1.你要～杯子? 2.谁:～在敲门啊,去望看)la^{213}kɤɯ^{0}
个个(她叫～长得像样她们个个长得漂亮)kɤɯ^{43}kɤɯ^{0}
格歇个(这会儿:你～才来,他

走掉了！）kəʔ$^{\underline{43}}$ɕiɪʔ^{21}kɤɯ^{0}
那歇个（那会儿：~我不在，好在你不曾来）lɤɯ^{43}ɕiɪʔ^{21}kɤɯ^{0}
格开（这里：~风大，快点家去）kəʔ$^{\underline{43}}$kʰɛ^{0}
那开（1.那里：有个人站啊在~，看不见脸，不晓得是哪个。2.泛指：杲昃东西放啊哪嗨哪里去啊？就在~！）lɤɯ^{43}kʰɛ^{0}
哪开（哪里：你上~去啊？）la^{213}kʰɛ^{0}
格样子（这样：事情是~的，不是那样子的）kəʔ$^{\underline{43}}$iaŋ^{21}tsɿ^{0}
那样子 lɤɯ^{43}iaŋ^{21}tsɿ^{0}
什呢样子（什么样：你要~的？）səŋ^{213}ni^{0}iaŋ^{21}tsɿ^{0}
□啊（这么：~贵啊！）kaŋ^{43}ŋa^{0}
那啊（那么：~大啊！）lɤɯ^{43}ŋa^{0}
怎啊（怎么：这个字~写？）tsaŋ^{213}ŋa^{0}
什呢（疑问代词：这个是~字？你找~？）səŋ^{213}ni^{0}
做什呢（干什么：你在~？）tsɤɯ^{43}səŋ^{213}ni^{0}
做什杲昃啊（干什么，带有疑问、抱怨的口气：深更半夜的，你不去睏，~！）tsɔŋ^{43}kɔ^{213}tsɿ^{0}a^{0}
为什呢（为什么：你~不去？）vəi^{21}səŋ^{213}ni^{0}

十七 副词

蛮（很，程度量级不高：今天~热的今天比较热）mɛ̃^{21}
老恁（副词，很，程度比"蛮"高：今朝~热噶今天很热）lɔ^{213}nəŋ^{0}
没得命（非常：今年热嘎~！）məʔ$^{\underline{45}}$təʔ^{0}miəŋ^{21}
更加 kəŋ^{43}tɕia^{0}
嫌（太：格杲昃东西~贵，买不起）ɕĩĩ^{45}
顶（最：弟兄三个，他~高）tiəŋ^{213}
总（都，全部：大家~来了）tsɔŋ^{213}
拢共（一共：~多少钱？）lɔŋ^{213}kɔŋ^{0}
共统 kɔŋ^{43}tʰɔŋ^{213}
做块（一起：我同你~去）tsɤɯ^{43}kʰuɛ^{21}
只（我~去过一回）tsəʔ$^{\underline{43}}$
光（净：格个伢儿~吃菜，不吃饭）kuaŋ^{213}
刚刚（1.正好：格双鞋子我穿啊~好。2.刚才：他~到）kaŋ^{21}kaŋ^{0}
才 tsʰɛ^{45}
就 tɕʰiɤɯ^{21}

马上 ma^{213}saŋ^{0}

先(你~去,我过刻儿再来)ɕiĩ^{21}

□□(经常:他~迟到)tɛ^{21}tɛ^{0}

又(他~来了)iɤɯ^{21}

还(他~不曾家来)xa^{45}

再(你明朝~来)tsɛ^{43}

也 ia^{213}

反正(不要作躁$_{\text{着急}}$,~迟到了,慢慢跑$_{\text{走}}$)fɛ̃^{213}tsəŋ^{0}

不曾(没有:昨朝我~去)pəʔ$^{\underline{43}}$ts^{h}əŋ^{45}

不 pəʔ$^{\underline{43}}$

不要 pəʔ$^{\underline{43}}$iɔ^{43}

要 iɔ^{43}

差点儿(~跌嘎)ts^{h}a^{21}tiər^{213}

好在(幸亏:~带啊伞)xɔ^{213}ts^{h}ɛ^{0}

宁可(我~饿杀嘎,也不吃你家的!)nəŋ^{21}k^{h}ɤɯ^{0}

有意(故意:~打破的)iɤɯ^{213}i^{0}

特为(特意:我~为你煮啊碗肉)t^{h}əi^{21}vəi^{0}

随便(随意)ts^{h}uəi^{45}p^{h}iĩ^{21}

白(白白地:~跑一趟)p^{h}ɔʔ$^{\underline{45}}$

肯定(~是他干的)k^{h}əŋ^{213}tiəŋ^{0}

怕的(可能:~要晏了$_{\text{可能要晚了}}$)p^{h}aʔ$^{\underline{43}}$təi^{0}

十八 连词、介词、助词

一头(一边:他~跑$_{\text{走}}$,~说)iəʔ$^{\underline{43}}$t^{h}əi^{0}

同(1.和:我昨朝~他做块上街了$_{\text{一起去镇上了。}}$ 2.替:我~你写)t^{h}ɔŋ^{45}

问(1.向:~他借本书。2.往:~东)uəŋ^{21}

不问(不管:~怎啊怎么劝总没得用)pəʔ$^{\underline{43}}$uəŋ^{21}

照(按照:~他说的弄)tsɔ^{43}

在 ts^{h}ɛ^{21}

走(从:~家里到南京,要几个小时啊?)tsəi^{213}

把(~衣裳收家来)pa^{213}

挨(被:钱~贼子$_{\text{小偷}}$偷掉了)ŋɛ^{45}

让(~我试下子)ʐaŋ^{21}

比(我~他大)pi^{213}

要是(如果:~忙就不要来了)iɔ^{43}sɿ^{0}

的(我~杲昃$_{\text{东西}}$)təi^{0}

的(他会来~)təi^{0}

的(用在数量词之间,表示相乘:我家西房是3米的5米)təi^{0}

叫(地,助词:慢慢~跑$_{\text{走}}$)tɕiɔ^{0}

得（助词：吃~饱）təʔ$^{\underline{43}}$

起来（天冷~了）tɕ^{h}i^{213}lɛ^{0}

下去（你再格样子混~，就不得了了）xa^{21}tɕ^{h}y^{0}

啊（助词，了：我吃~一碗饭）ka^{0}

啊（语气词：热~！）ka^{0}

过（我去~的）kɤɯ^{43}

嘞（呢：我的书~？）lɛ̃^{0}

吧（你走~！）pa^{0}

十九　其他

谢谢（致谢语）tɕ^{h}ia^{21}tɕ^{h}ia^{0}

不客气（应答语）pəʔ$^{\underline{43}}$k^{h}əʔ$^{\underline{43}}$tɕ^{h}i^{43}

对不住（致歉语）təi^{43}pəʔ$^{\underline{43}}$ts^{h}u^{21}

　对不起（致歉语）təi^{43}pəʔ$^{\underline{43}}$tɕ^{h}i^{213}

再会（再见，告别语）tsɛ^{43}xuəi^{21}

能 nəŋ^{45}

不能 pəʔ$^{\underline{43}}$nəŋ^{45}

好的（表同意对方，行）xɔ^{213}təi^{0}

不好（与"好的"相对）pəʔ$^{\underline{43}}$xɔ^{213}

肏娘（詈语，他妈的）ʐəʔ^{21}niaŋ^{45}

狗肏的（詈语，狗日的）kəi^{213}ʐəʔ$^{\underline{45}}$təi^{0}

第二节　词汇考释

考索方言本字，可以追溯现今方言词的来源和语音的演变规律，例如泰兴话侧刀切物使成薄片叫［p^{h}i^{21}］，《广韵》齐韵匹迷切"鎞，~斫"，《集韵》齐韵篇迷切"削也"，音义与方言悉合，是其本字无疑。"鎞"字《说文》未见，南朝梁顾野王《玉篇》已收入，"削也"，到了明岳元声《方言据》云："侧刀削物令薄曰~。"与今义相同。这样，这个词的源流发展就清楚了。又如"拼命"一词，泰兴话说"［p^{h}ʊ̃^{21}］命"，与"拼"不合。《广韵》桓韵普官切"拌，弃也，俗作拚"。普官切在泰兴应读［p^{h}ʊ̃^{21}］，正是"拌"字。普通话的"拼"是后起的，与"拌"来源不同。现在"拌"的拼命义已不显，但还保留在泰兴话中。关于考求语音的演变规律，例如"伏"字，《广韵》宥韵扶富切，是鸟孵卵的意思。

宥韵唇音字今泰兴方言读唇齿音（明母除外），如“富、副、复”等。只有“伏”字仍读双唇音，在口语中得以保留。这就说明宥韵唇音字泰兴方言原来都读双唇音，后来演变为唇齿音，“伏”字是有力的证据。明母字至今没变，也是明证。

本节所考词汇都是单音节词，均为泰兴方言口语常用词。文中以“～”代替本字，字头按音序排列，先按声母，再按韵母，再按声调。次序依声、韵、调表。

【披】p^hi^{21}　披儿，依正屋搭起的斜顶小屋：西向头搭格个～。西向头，房子的西头。《说文》“披”字段注：“按～破皆有旁其边之意。”《儒林外史》第三回：“正屋是母亲住着，妻子住在～房里。”《儒林外史》的语言基础是江淮方言，可见披房义在江淮地区分布较广。

【剌】p^hi^{21}　刀几乎平着将物切成薄片：～肉。《集韵》齐韵篇迷切：“削也。”《玉篇》刀部：“削也。”明岳元声《方言据》卷下：“侧刀削物令薄曰～。”

【䰛】p^hu^{21}　锅沸溢出。《集韵》没韵薄没切，《说文》：“吹（按应作“炊”），釜溢也。”《说文》“䰛”下段注：“今江苏俗谓火盛水溢出为铺出，～之转语也，正当作～字。”“转语”谓由入声转为阴平，今吴语、江淮方言音铺[p^hu^{21}]，《现代汉语词典》作“潽”，“液体沸腾溢出”，但非本字。

【伏】p^hu^{21}　孵，～小鸡儿。《广韵》宥韵扶富切：“鸟菢子。”菢，孵义。宥韵唇音字，今泰兴方言多读轻唇音，只有在口语中尚保留双唇音。按照音变规律，原浊去今变阴平。

【脬】$p^hɔ^{21}$　尿～：膀胱，《广韵》肴韵匹交切：“腹中水府。”

【拌】$p^h\tilde{ʊ}^{21}$　拼，豁出去：同他～命。《广韵》桓韵普官切：“弃也，俗作拚。”《方言》卷十：“楚人凡挥弃物谓之～。”无所顾惜也。“拚”即“拼”字，杜甫《将赴成都草堂途中有作先寄严郑公五首之三》：“岂藉荒庭春草色，先拚（一作“判”）一饮醉如泥。”

【饽】$p^{h}əʔ^{45}$ 做面食时,为防止粘手和面板而用的干面粉:面烂粘手,拿点儿~来吧。《广韵》没韵薄没切:“面~。”同小韵“郣,尘起”。《说文》邑部作“郣”,段注:“广雅,埻,尘也。今俗谓粉之细者曰勃,皆即郣字”。

【眯】mi^{213} 东西钻入眼里:格伢儿眼睛肚里~呀个杲昃这孩子眼睛里钻了东西。《集韵》旨韵无鄙切:“物入目病。”音义与今悉合。这个“眯[mi^{213}]”与“眯着眼睛”的“眯[mi^{21}]”音义都有别。

【炆】$məŋ^{21}$ 微火燉食。《集韵》文韵无分切:“~,煴也。”

【袂】fu^{21}阴平 衣服的前襟:伢儿的~领脏了小孩衣服的前襟和领口脏了。“~领”在泰兴是极常用的词,“对面~”也被借代为开衫,与套头衫相区别。《广韵》虞韵甫无切:“~,衣前襟。”

【疺】$fɛ^{43}$ 恶心欲吐:心里作~。《广韵》愿韵芳万切:“吐~。”《集韵》愿韵方愿切,心恶病。

【扽】$təŋ^{43}$ 拉使物长:~牛皮筋。《博雅》:“引也。”《集韵》恨韵都困切,“引也”。

【沰】$tɑʔ^{43}$ 遭雨淋:他~格像个落汤鸡。《集韵》铎韵当各切:“滴也。”

【噵】$tɑʔ^{43}$ 不着边际地漫谈:她就欢喜~淡话闲话。《集韵》德盍切:“~,口动貌。”

【断】$tʊ̃^{213}$ 中途截住:他走夜路挨人~了他晚上走路遭到了拦路抢劫。《广韵》缓韵都管切:“~绝。”赣方言同。

【拓】$t^{h}ɑʔ^{43}$ 手向上~东西。《广韵》铎韵他各切:“手承物。”

【蹨】$nĩ^{43}$或$nĩ^{213}$ 用脚掌踏住然后转动:快点儿把那个百脚~杀格!《广韵》铣韵乃殄切:“蹂~。”《集韵》铣韵乃殄切:

"蹈也。"今作"踙"。

【衲】næʔ$^{\underline{45}}$ 缝补:新老大,旧老二,补补~~把老三。《广韵》合韵奴答切:"~,补~,铁也。"

【腡】lɤɯ^{45} 指纹:一~巧,二~拙。《广韵》戈韵落戈切:"手指文也。"

【䁁】lɑŋ^{21} 晾、晒:~衣裳。《集韵》宕韵郎宕切:"暴也。"这里浊变阴平,符合泰兴方言声调演变规律。

【趤】lɑŋ^{21}或 lɑŋ^{43} 无所事事,游手好闲:他一天到夜的在外头~,不做活计。《集韵》宕韵郎宕切:"~踼,逸游。"今读阴平合于泰兴声调演变规律,读去声是受普通话的影响,年轻人大都读去声。

【笿】lɑʔ$^{\underline{45}}$ 竹篮。《方言》:"桮笿,陈楚宋卫之间谓之桮落,又谓之豆筥,自关东西谓之桮落。"注:"盛桮器笼也。"《说文》:"~,桮,~也,从竹各声。"

【蝲】læʔ$^{\underline{45}}$ 一种有硬刺的虫,多生长在树叶上,刺人很疼,不单说:~子、杨~子。《集韵》盍韵郎达切:"虫名,《广雅》蛪也,或书作~。"

【疰】tsu^{43} ~夏,指人(尤指儿童)夏天食欲不振、疲软无力。《广韵》遇韵之戍切:"~,~病。"

【奘】tsuɑŋ^{213} 又粗又大,《广韵》荡韵徂朗切:"~,大也。"

【斫】tsɑʔ$^{\underline{43}}$ 用刀割、削、砍:~麦、~树根。《广韵》药韵之若切:"刀~。"

【餈】tsʰɿ^{45} ~粑,油煎的带甜味的糯米粉饼。不单用。《广韵》脂韵疾资切:"~,饭饼也。"

【𦢊】tsʰɑŋ^{43} 搓洗:把身上好点儿~~干净。《集韵》养韵楚两切:"~,磨涤也。"

【䁯】sɤɯ^{45} 从眼角偷偷地看:我觉察到那双贼眼在~啊~的。《广韵》歌韵素何切:"~,偷视也。"

【抈】yəʔ[43] 用力使条形物改变原来的形状。《广韵》月韵鱼厥切:"~,折也。"《说文·手部》:"~,折也。"王筠《说文释例》:"吾乡谓两手执草木拗而折之曰~。"章炳麟《新方言·释言》:"今人谓以手折物曰~。"《国语·晋语八》:"其为德也深矣,其为本也固矣,故不可~也。"

【瞖】i[43] 一种眼疾,眼睛发炎,眼珠上出现红色的斑点。当地人常用火把熏眼,口里念着咒语治眼病,叫"打~"。《集韵》霁韵壹计切:"目疾。"

第六章 语 法

泰兴方言在语法方面内部差异与语音、词汇相比较小。泰兴方言与普通话相同的语法现象，本章或不涉及，或只点到但不展开。本章以中派、老派的日常口语材料为依据，探讨泰兴方言的语法特点。

第一节 语法例句

1.哪个啊？我是老三。

谁啊？我是老三。

la^{213}kɤɯ^{43}a^{0}？ŋɤɯ^{213}sɿ^{0}lɔ^{213}ɕiɛ̃^{21}。

2.老四嘞？他同个朋友在说话。

老四呢？他正在跟一个朋友说着话呢。

lɔ^{213}sɿ^{43}lə^{0}？t^{h}a^{21}t^{h}ɔŋ^{45}kɤɯ^{0}p^{h}ɔŋ^{45}iɤɯ^{0}ts^{h}ɛ^{21}sʊʔ$^{\underline{43}}$xua^{21}。

3.他还不曾说嘎妥啊？

他还没有说完吗？

t^{h}a^{21}xa^{45}pəʔ$^{\underline{43}}$ts^{h}əŋ^{45}sʊʔ$^{\underline{43}}$ka^{0}t^{h}ɤɯ^{213}a^{0}？

4.你平时个可吃烟啊？我不吃告。

你平时抽烟吗？不，我不抽烟。

nəi^{213}p^{h}iəŋ^{45}sɿ^{45}kɤɯ^{43}tɕ^{h}iəʔ$^{\underline{43}}$ĩɪ^{21}ŋa^{0}？ŋɤɯ^{213}pəʔ$^{\underline{43}}$tɕ^{h}iəʔ$^{\underline{43}}$kɔ^{0}。

5.你个可曾告诵他这件事啊？我说嘎了。

你告诉他这件事了吗？是，我告诉他了。

nəi^{213}kɤɯ^{43}tsʰəŋ^{45}kɔ^{43}sɔŋ^{0}tʰa^{21}tsa^{43}tɕʰiĩ^{0}sɿ^{21}a^{0}？ŋɤɯ^{213}sʊʔ$^{\underline{43}}$ka^{0}lɔ^{0}。

6.喊小强做块上电影院看《刘三姐》。这部电影他看过的。

叫小强一起去电影院看《刘三姐》。这部电影他看过了。

xɛ̃^{213}ɕiɔ^{213}tɕʰiaŋ^{45}tsɤɯ^{43}kʰuɛ^{21}saŋ^{21}tiĩ^{43}iĩ^{213}yʊ̃^{21}kʰʊ̃^{43}ləi^{45}ɕiɛ̃^{21}tɕi^{213}。tsa^{43}pʰu^{21}tiĩ^{43}iĩ^{213}tʰa^{21}kʰʊ̃^{43}kɤɯ^{43}təi^{0}。

7.你在唱什呢杲昃啊？我不曾唱，我在放录音。

你在唱什么？我没在唱，我放着录音呢。

nəi^{213}tsʰɛ^{21}tsʰaŋ^{43}səŋ^{213}ni^{0}kɔ^{213}tsɿ^{0}a^{0}？ŋɤɯ^{213}pəʔ$^{\underline{43}}$tsʰəŋ^{45}tsʰaŋ^{43}，ŋɤɯ^{213}tsʰɛ^{21}faŋ^{43}lɔʔ$^{\underline{43}}$iəŋ^{21}。

8.我吃过兔子肉的，你个可曾吃过啊？不曾，我不曾吃过。

我吃过兔子肉，你吃过没有？没有，我没吃过。

ŋɤɯ^{213}tɕʰiəʔ$^{\underline{43}}$kɤɯ^{0}tʰu^{43}tsɿ^{0}ʐɔʔ$^{\underline{45}}$təi^{0}，nəi^{213}kɤɯ^{43}tsʰəŋ^{45}tɕʰiəʔ$^{\underline{43}}$kɤɯ^{43}a^{0}？pəʔ$^{\underline{43}}$tsʰəŋ^{45}，ŋɤɯ^{213}pəʔ$^{\underline{43}}$tsʰəŋ^{45}tɕʰiəʔ$^{\underline{43}}$kɤɯ^{43}。

9.还不曾。约摸再过刻儿就说嘎妥啊了。

还没有。大约再有一会儿就说完了。

xa^{45}pəʔ$^{\underline{43}}$tsʰəŋ^{45}。iaʔ$^{\underline{43}}$maʔ^{0}tsɛ^{43}kɤɯ^{43}kʰər^{21}tɕʰiɤɯ^{21}sʊʔ$^{\underline{43}}$ka^{0}tʰɤɯ^{213}a^{0}lɔ^{0}。

10.他说的马上走的，怎啊到这朝番还在家的啊？

他说马上就走，怎么这半天了还在家里呢？

tʰa^{21}sʊʔ$^{\underline{43}}$ti^{0}ma^{213}saŋ^{0}tsəi^{213}təi^{0}，tsaŋ^{213}ŋa^{0}tɔ^{43}tsa^{43}tsɔ^{0}fɛ̃^{21}xa^{45}tsʰɛ^{21}ka^{21}təi^{0}a^{0}？

11.你上哪嗨啊？我上街。

你到哪儿去？我到城里去。

nəi^{213}saŋ^{21}la^{213}xɛ^{0}a^{0}？ŋɤɯ^{213}saŋ^{21}kɛ^{21}。

12.在那嗨，不在这嗨。

在那儿,不在这儿。

ts^{h}ɛ^{21}lɤɯ^{43}xɛ^{0},pəʔ$^{\underline{43}}$ts^{h}ɛ^{21}tsa^{43}xɛ^{0}。

13.不是那啊弄的,要这啊弄。

不是那么做,是要这么做的。

pəʔ$^{\underline{43}}$sɿ^{21}lɤɯ^{43}ŋa^{0}nɔŋ^{21}təi^{0},iɔ^{43}tsaŋ^{43}ŋa^{0}nɔŋ^{21}。

14.嫌多,欲不着那啊多,只要这啊多就够了。

太多了,用不着那么多,只要这么多就够了。

ɕiĩ^{45}tɤɯ^{21},iɔʔ$^{\underline{45}}$pəʔ$^{\underline{43}}$ts^{h}aʔ$^{\underline{45}}$lɤɯ^{43}ŋa^{0}tɤɯ^{21},tsəʔ$^{\underline{43}}$iɔ^{43}tsaŋ^{43}ŋa^{0}tɤɯ^{21}tɕ^{h}iɤɯ^{21}kəi^{43}lɔ^{0}。

15.这个大,那个细,这两个哪个好点啊?

这个大,那个小,这两个哪一个好一点儿呢?

tsa^{43} kɤɯ^{0} ta^{21}, lɤɯ^{43} kɤɯ^{0} ɕi^{43}, tsa^{43} liɛ̃^{213} kɤɯ^{43} la^{213} kɤɯ^{0} xɔ^{213}tiĩ^{0}ŋa^{0}?

16.这个比那个好。

这个好似那个。(泰兴方言比较句"A 好似 B"表示 A 比 B 好,而不是 A 和 B 一样好)

tsa^{43}kɤɯ^{0}xɔ^{213}sɿ^{0}lɤɯ^{43}kɤɯ^{0}。

17.你比我高,他比你还要高。

你比我高,他比你还要高。

nəi^{213}pi^{213}ŋɤɯ^{213}kɔ^{21},t^{h}a^{21}pi^{213}nəi^{213}xa^{45}iɔ^{43}kɔ^{21}。

18.老王同老张一样高。

老王跟老张一样高。

lɔ^{213}uaŋ^{45}t^{h}ɔŋ^{45}lɔ^{213}tsaŋ^{21}iɪʔ$^{\underline{43}}$iaŋ^{0}kɔ^{21}。

19.这些屋没得那些屋好。

这些房子不如那些房子好。

tsa^{43}ɕia^{0}ɔʔ$^{\underline{43}}$məʔ$^{\underline{45}}$təʔ^{0}lɤɯ^{43}ɕia^{0}ɔʔ$^{\underline{43}}$xɔ^{213}。

20.这句话泰兴话怎啊说相啊?

这句话用泰兴话怎么说?

tsa^{43}tɕ^{h}y^{0}xua^{21}t^{h}ɛ^{43}ɕiəŋ^{0}xua^{21}tsaŋ^{213}ŋa^{0}sʊʔ$^{\underline{43}}$ɕiaŋ^{43}ŋa^{0}?

21.他今年子几岁啊?(询问十岁以下)

他今年多大?(询问中青年)

他今年几岁?

t^{h}a^{21}kəŋ^{21}niĩ^{21}tsɿ^{0}tɕi^{213}ɕy^{43}a^{0}?

t^{h}a^{21}kəŋ^{21}niĩ^{0}tɤɯ^{21}ta^{21}?

22.他今年多大岁数啊?(询问中老年)

他今年多大岁数?

t^{h}a^{21}kəŋ^{21}niĩ^{0}tɤɯ^{21}suəi^{43}su^{0}a^{0}?

23.约摸三十几吧。

大概有三十来岁吧。

iaʔ$^{\underline{43}}$maʔ^{0}ɕiɛ̃^{21}səʔ^{0}tɕi^{213}pa^{0}。

24.格杲昃多重啊?

这个东西有多重呢?

kəʔ$^{\underline{43}}$kɔ^{213}tsɿ^{0}tɤɯ^{21}ts^{h}ɔŋ^{21}ŋa^{0}?

25.有五丨斤哎。

有五十斤重呢。

iɤɯ^{213}vu^{213}səʔ^{0}tɕiəŋ^{21}ŋɛ^{0}。

26.个可拿得动啊?

拿得动吗?

kɤɯ^{43}na^{45}təʔ^{0}t^{h}ɔŋ^{21}ŋa^{0}?

27.我拿得动,他拿不动。

我拿得动,他拿不动。

ŋɤɯ^{213}na^{45}təʔ$^{\underline{43}}$t^{h}ɔŋ^{21},t^{h}a^{21}na^{45}pəʔ$^{\underline{43}}$t^{h}ɔŋ^{21}。

28.不轻哎,连我总拿不动。

真不轻,重得连我都拿不动了。

pəʔ$^{\underline{43}}$tɕʰiəŋ^{21}ŋɛ^{0},niĩ^{45}ŋɤɯ^{213}tsɔŋ^{213}na^{45}pəʔ$^{\underline{43}}$tʰɔŋ^{21}。

29.活计□$_{\text{这样}}$啊做相,就是少年伢儿也要够杀嘎。

活儿这样干就是小伙子也要累死的。

ʊʔ$^{\underline{45}}$tɕʰi^{0}tsaŋ^{43}ŋa^{0}tsɤɯ^{43}ɕiaŋ^{0},tɕʰiɤɯ^{21}sɿ^{21}sɔ^{43}niĩ^{0}ŋar^{45}ia^{213}iɔ^{43}kəi^{43}ɕiæʔ$^{\underline{43}}$ka^{0}。

30.你说得蛮好的,还会说什呢啊?

你说得很好,你还会说点儿什么呢?

nəi^{213}sʊʔ$^{\underline{43}}$təʔ^{0}mɛ̃^{21}xɔ^{213}təi^{0},xa^{45}xuəi^{21}sʊʔ$^{\underline{43}}$səŋ^{213}nəi^{0}a^{0}?

31.我不会说,说不过他。

我嘴笨,我说不过他。

ŋɤɯ^{213}pəʔ$^{\underline{43}}$xuəi^{21}sʊʔ$^{\underline{43}}$,sʊʔ$^{\underline{43}}$pəʔ$^{\underline{43}}$kɤɯ^{43}tʰa^{21}。

32.说嘎一回,又说嘎一回。

说了一遍,又说了一遍。

sʊʔ$^{\underline{43}}$ka^{0}iəʔ$^{\underline{43}}$xuəi^{45},iɤɯ^{21}sʊʔ$^{\underline{43}}$kaʔ$^{\underline{43}}$iəʔ$^{\underline{43}}$xuəi^{45}。

33.请你再说遍哉!

请你再说一遍!

tɕʰiəŋ^{213}nəi^{0}tsɛ^{43}sʊʔ$^{\underline{43}}$pʰiĩ^{21}tsɛ^{0}。

34.不早了,得抢啊去吧。

不早了,快去吧。

pəʔ$^{\underline{43}}$tsɔ^{213}lɔ^{0},təʔ$^{\underline{43}}$tɕʰiaŋ^{213}ŋa^{0}tɕʰy^{43}pa^{0}。

35.这歇个还早哩。过刻儿再去吧。

现在还很早呢。等一会儿再去吧。

tsa^{43}ɕiɪʔ^{0}kɤɯ^{0}xa^{45}tsɔ^{213}lɛ^{0}。kɤɯ^{43}kʰər^{0}tsɛ^{43}tɕʰy^{43}pa^{0}。

36.你尝下子他做的杲昃再走吧。

你尝尝他做的点心再走吧。

nəi^{213}saŋ^{45}xa^{0}tsɿ^{0}tʰa^{21}tsɤɯ^{43}təi^{0}kɔ^{213}tsɿ^{0}tsɛ^{43}tsəi^{213}pa^{0}。

37.吃嘎饭再去,个$_{\text{可}}$好啊?

吃了饭再去好吗?

tɕʰiəʔ$^{\underline{43}}$ka^{0}fɛ̃^{21}tsɛ^{43}tɕʰy^{43}，kɤɯ^{43}xɔ^{213}a^{0}?

38.慢慢儿吃嘎！不要着躁！

慢慢儿地吃啊！不要着急！

mɛ̃^{21}mɛr^{21}tɕʰiəʔ$^{\underline{43}}$ka^{0}！pəʔ$^{\underline{43}}$iɔ^{43}tsaʔ$^{\underline{43}}$tsɔ^{43}！

39.坐啊下吃比站啊下吃好。

坐着吃比站着吃好些。

tsʰɤɯ^{21}a^{0}xa^{21}tɕʰiəʔ$^{\underline{43}}$pi^{213}tɕiɛ̃^{43}ŋa^{0}xa^{21}tɕʰiəʔ$^{\underline{43}}$xɔ^{213}。

40.他吃嘎了，你个$_{\text{可}}$曾吃嘎?

他吃了饭，你吃了没有?

tʰa^{21}tɕʰiəʔ$^{\underline{43}}$ka^{0}lɔ^{0}，nəi^{213}kɤɯ^{43}tsʰəŋ^{45}tɕʰiəʔ$^{\underline{43}}$ka^{0}?

41.我洗啊澡喽，今朝不打篮球喽。

我洗过澡了，今天不打篮球了。

ŋɤɯ^{213}ɕi^{213}a^{0}tsɔ^{213}lɔ^{0}，kəŋ^{21}tɔ^{0}pəʔ$^{\underline{43}}$ta^{213}lɛ̃^{45}tɕʰiɤɯ^{45}lɔ^{0}。

42.他上过上海，我不曾去过。

他去过上海，我没有去过。

tʰa^{21}saŋ^{21}kɤɯ^{0}saŋ^{43}xɛ^{213}，ŋɤɯ^{213}pəʔ$^{\underline{43}}$tsʰəŋ^{45}tɕʰy^{43}kɤɯ^{0}。

43.来闻下子这个花个$_{\text{可}}$香。香哎，个$_{\text{可}}$是的啊?

来闻闻这朵花香不香。香得很，是不是?

lɛ^{45}uəŋ^{45}xa^{0}tsɿ^{0}tsa^{43}kɤɯ^{43}xua^{21}kɤɯ^{43}ɕiaŋ^{21}。ɕiaŋ^{21}ŋɛ^{0}，kɤɯ^{43}sɿ^{21}tia^{0}?

44.把本书我！

给我一本书！

pa^{213}pəŋ^{0}su^{21}ŋɤɯ^{213}！

45.我确实没得书哎！

我真的没有书！

ŋɤɯ^{213}kʰaʔ$^{\underline{43}}$səʔ$^{\underline{45}}$məʔ$^{\underline{45}}$təʔ^{0}su^{21}ɛ^{0}！

46.你告诵他。

你告诉他。

nəi^{213}kɔ^{43}sɔŋ^{43}t^{h}a^{21}。

47.好好儿跑！不要溜！

好好儿的走！不要跑！

xɔ^{213}xɔr^{0}p^{h}ɔ^{45}！pəʔ$^{\underline{43}}$iɔ^{43}ləi^{21}！

48.细貌点儿，跌嘎去，爬总爬不上来！

小心跌下去爬也爬不上来！

ɕi^{43}mɔ^{43}tiər^{0}，tiɪʔ$^{\underline{43}}$ka^{0}tɕ^{h}y^{43}，p^{h}a^{45}tsɔŋ^{213}p^{h}a^{45}pəʔ$^{\underline{43}}$saŋ^{21}lɛ^{45}！

49.先生教你多睺睺睡睡。

医生叫你多睡一睡。

ɕiĩ^{21}səŋ^{0}kɔ^{21}nəi^{0}tɤɯ^{21}xəi^{45}xəi^{0}。

50.茶同开水总行哦。

茶或者白开水都可以。

ts^{h}a^{45}t^{h}ɔŋ^{45}k^{h}ɛ^{21}suəi^{213}tsɔŋ^{213}ɕiəŋ^{45}ŋɔ^{0}。

51.吃烟吃茶总不能。

吸烟或者喝茶都不可以。

tɕ^{h}iəʔ$^{\underline{43}}$iĩ^{21}tɕ^{h}iəʔ$^{\underline{43}}$ts^{h}a^{45}tsɔŋ^{213}pəʔ$^{\underline{43}}$nəŋ^{45}。

52.烟啊茶的我总不欢喜。

烟也好，茶也好，我都不喜欢。

iĩ^{21}ŋa^{0}ts^{h}a^{45}təi^{0}ŋɤɯ^{213}tsɔŋ^{213}pəʔ$^{\underline{43}}$xɤɯ^{21}ɕi^{0}。

53.不问你个可去，反正我要去。

不管你去不去，反正我是要去的。

pəʔ$^{\underline{43}}$vəŋ^{21}nəi^{213}kɤɯ^{43}tɕ^{h}y^{43}，fɛ̃^{213}tsəŋ^{0}ŋɤɯ^{213}iɔ^{43}tɕ^{h}y^{0}。

54.我单要去。

我非去不可。

ŋɤɯ^{213}tɛ̃^{21}iɔ^{43}tɕ^{h}y^{43}。

55.你是哪年子来的啊？

你是哪一年来的？

nəi^{213}sɿ^{0}la^{213}nĩ^{45}tsɿ^{0}lɛ^{45}tia^{0}？

56.我是先年子到北京的。

我是前年到的北京。

ŋɤɯ^{213}sɿ^{0}çĩ^{21}nĩ^{0}tsɿ^{0}tɔ^{43}pɔʔ$^{\underline{43}}$tçiəŋ^{21}təi^{0}。

57.我倈$_{我们}$在车站买的票。

我们是在车站买的车票。

ŋɤɯ^{213}lɛ^{0}ts^{h}ɛ^{21}ts^{h}a^{21}tçiɛ̃^{43}mɛ^{213}təi^{0}p^{h}iɔ^{43}。

58.我把你的书，是瓦$_{我家}$舅舅写的，他在中学里教书。

我给你的书是我教中学的舅舅写的。

ŋɤɯ^{213}pa^{213}nəi^{213}təi^{0}su^{21}，sɿ^{21}ua^{213}tç^{h}iɤɯ^{21}tç^{h}iɤɯ^{0}çia^{213}təi^{0}，t^{h}a^{21}ts^{h}ɛ^{21}tsɔŋ^{21}çiaʔ^{0}li^{0}kɔ^{21}su^{21}。

59.今朝开会哪个做主席嘎？

今天开会谁做主席？

kəŋ^{21}tɔ^{21}k^{h}ɛ^{21}xuəi^{21}la^{213}kɤɯ^{0}tsɤɯ^{43}tsu^{213}çiəʔ$^{\underline{45}}$ka^{0}？

60.你要请我噢。

你得请我的客。

nəi^{213}iɔ^{43}tç^{h}iəŋ^{213}ŋɤɯ^{213}ɔ^{0}。

61.那个卖药的骗啊他一千块钱。

那个卖药的骗了他一千块钱呢。

lɤɯ^{43}kɤɯ^{0}mɛ^{21}iaʔ$^{\underline{45}}$təi^{0}p^{h}ĩ^{43}ŋa^{0}t^{h}a^{21}iəʔ$^{\underline{43}}$tç^{h}ĩ^{21}k^{h}uɛ^{43}tç^{h}ĩ^{45}。

62.一头跑，一头说。

一边走，一边说。

iəʔ$^{\underline{43}}$t^{h}əi^{0}p^{h}ɔ^{45}，iəʔ$^{\underline{43}}$t^{h}əi^{0}sʊʔ$^{\underline{43}}$。

63.越跑越远，越说越多。

越走越远，越说越多。

yʊʔ$^{\underline{45}}$p^{h}ɔ^{45}yʊʔ$^{\underline{45}}$yõ^{213}，yʊʔ$^{\underline{45}}$sʊʔ$^{\underline{43}}$yʊʔ$^{\underline{45}}$tɤɯ^{21}。

64.把那个杲艮拿啊把我。

把那个东西拿给我。

pa^{213}lɤɯ^{43}kɔ^{213}tsɿ^{0}na^{45}a^{0}pa^{213}ŋɤɯ^{0}。

65.有些落头拿太阳叫日头。

有些地方把太阳叫日头。

iɤɯ^{213}ɕia^{0}laʔ$^{\underline{45}}$t^{h}əi^{0}na^{45}t^{h}ɛ^{43}iaŋ^{0}tɕiɔ^{43}iɪʔ$^{\underline{45}}$t^{h}əi^{0}。

66.你把碗洗下子。

你把碗洗一下。

nəi^{213}pa^{213}ʊ̃^{45}ɕi^{213}xa^{0}tsɿ^{0}。

67.他把橘子皮剥掉啊,但是不曾吃。

他把橘子剥了皮,但是没吃。

t^{h}a^{21}pa^{213}tɕyəʔ$^{\underline{43}}$tsɿ^{0}p^{h}i^{45}paʔ$^{\underline{43}}$t^{h}iɔ^{43}a^{0},tɛ̃^{43}sɿ^{0}pəʔ$^{\underline{43}}$ts^{h}əŋ^{45}tɕ^{h}iəʔ$^{\underline{43}}$。

68.他俫把教室总装啊空调。

他们把教室都装上了空调。

t^{h}a^{21}lɛ^{0}pa^{213}tɕiɔ^{43}səʔ$^{\underline{43}}$tsɔŋ^{213}tsuaŋ^{21}ŋa^{0}k^{h}ɔŋ^{21}t^{h}iɔ^{45}。

69.你姓什呢啊? 我姓王。

您贵姓? 我姓王。

nəi^{213}ɕiəŋ^{43}səŋ^{213}nəi^{0}a^{0}? ŋɤɯ^{213}ɕiəŋ^{43}uaŋ^{45}。

70.你姓王,我也姓王,我俫$_{\text{我们}}$两个总姓王。

你姓王,我也姓王,咱们两个人都姓王。

nəi^{213}ɕiəŋ^{43}uaŋ^{45},ŋɤɯ^{213}ia^{213}ɕiəŋ^{43}uaŋ^{45},ŋɤɯ^{213}lɛ^{0}liɛ̃^{213}kɤɯ^{0} tsɔŋ^{213}ɕiəŋ^{43}uaŋ^{45}。

71.你先去,我俫$_{\text{我们}}$等刻儿再去。

你先去吧,我们等一会儿再去。

nəi^{213}ɕiĩ^{21}tɕ^{h}y^{43},ŋɤɯ^{213}lɛ^{0}təŋ^{213}k^{h}ər^{0}tsɛ^{43}tɕ^{h}y^{43}。

72.这个能吃,那个不能吃。

这个能吃,那个不能吃。

tsa^{43}kɤɯ^{0}nəŋ^{45}tɕ^{h}iəʔ^{43},lɤɯ^{43}kɤɯ^{0}pəʔ$^{\underline{43}}$nəŋ^{45}tɕ^{h}iəʔ$^{\underline{43}}$。

73.这是他的书,那本是他哥哥的。

这是他的书,那一本是他哥哥的。

tsa^{43}sɿ^{0}t^{h}a^{21}təi^{0}su^{21},lɤɯ^{43}pəŋ^{0}sɿ^{21}t^{h}a^{21}kɤɯ^{21}kɤɯ^{0}təi^{0}。

74.望书的望书,看报的看报的,写字的写字。

看书的看书,看报的看报,写字的写字。

uaŋ^{21}su^{21}təi^{0}uaŋ^{21}su^{21},k^{h}ʊ̃^{43}pɔ^{43}təi^{0}k^{h}ʊ̃^{43}pɔ^{43},ɕia^{213}ts^{h}ɿ^{21}təi^{0} ɕia^{213}ts^{h}ɿ^{21}。

75.我买啊个碗。

我买了一个碗。

ŋɤɯ^{213}mɛ^{213}a^{0}kɤɯ^{0}ʊ̃^{213}。

76.天冷起来啊。

天冷起来了。

t^{h}iĩ^{21}ləŋ^{213}tɕ^{h}i^{0}lɛ^{45}a^{0}。

77.要落雨了,你俫$_{\text{你们}}$,不要外去。

快要下雨了,你们别出去了。

iɔ^{43}laʔ$^{\underline{45}}$y^{213}lɔ^{0},nəi^{213}lɛ^{0}pəʔ$^{\underline{43}}$iɔ^{43}vɛ^{21}tɕ^{h}y^{0}。

78.这部车子要开啊上广州。

这辆汽车要开到广州去。

tsa^{43}p^{h}u^{21}ts^{h}a^{21}tsɿ^{0}iɔ^{43}k^{h}ɛ^{21}a^{0}saŋ^{21}kuaŋ^{213}tsəi^{21}。

79.明朝王主任个$_{\text{可}}$上单位来啊?我望啊怕的不来。

明天王主任会来单位吗?我看他不会来。

məŋ^{45}tɔ^{0}uaŋ^{45}tsu^{213}ʐəŋ^{21}kɤɯ^{43}saŋ^{21}tɛ̃^{21}vəi^{0}lɛ^{45}a^{0}?ŋɤɯ^{213} uaŋ^{21}ŋa^{0}p^{h}a^{43}təi^{0}pəʔ$^{\underline{43}}$lɛ^{45}。

80.他今朝穿啊身新衣裳。

他今天穿着一身新衣服。

t^{h}a^{21}kəŋ^{21}tɔ^{0}ts^{h}ʊ̃^{21}ŋa^{0}səŋ^{21}ɕiəŋ^{21}i^{21}saŋ^{0}。

81.他家里门关啊，窗棚$_{\text{窗户}}$也关啊，个人$_{\text{一个人}}$总没得。

他家门锁着，窗户也关着，一个人都没有。

tʰa^{21}ka^{21}təi^{0}məŋ^{45}kuɛ̃^{21}ŋa^{0}，tsʰuaŋ^{21}pʰɔŋ^{0}ia^{213}kuɛ̃^{21}ŋa^{0}，kɤɯ^{213} ʐəŋ^{45}tsɔŋ^{213}məʔ$^{\underline{45}}$təʔ$^{\underline{45}}$。

82.房的$_{\text{房里}}$灯亮啊下。

房间里灯亮着。

faŋ^{45}təi^{0}təŋ^{21}liaŋ^{21}ŋa^{0}xa^{21}。

83.他看电视看啊看的睏着嘎。

他看电视看着看着睡着了。

tʰa^{21}kʰʊ̃^{43}tiĩ^{43}sɿ^{43}kʰʊ̃^{43}ŋa^{0}kʰʊ̃^{43}təi^{0}kʰuəŋ^{43}tsʰaʔ$^{\underline{43}}$ka^{0}。

84.学生坐汽车坐啊两天。

学生们坐汽车坐了两整天了。

çiaʔ$^{\underline{45}}$səŋ^{0}tsʰɤɯ^{21}tçʰi^{43}tsʰa^{21}tsʰɤɯ^{21}a^{0}liɛ̃^{213}tʰiĩ^{21}。

85.他坐啊在椅子上。

他坐在椅子上。

tʰa^{21}tsʰɤɯ^{21}a^{0}tsʰɛ^{21}i^{213}tsɿ^{0}saŋ^{0}。

86.墙上贴嘎张地图。

墙上贴着一张地图。

tçʰiaŋ^{45}saŋ^{0}tʰiɪʔ$^{\underline{43}}$ka^{0}tsaŋ^{21}tçʰi^{21}tʰu^{45}。

87.铺上睺啊个老人。

床上躺着一个老人。

pʰu^{43}saŋ^{0}xəi^{45}a^{0}kɤɯ^{0}lɔ^{213}ʐəŋ^{45}。

88.河的游啊多少细鱼。

河里游着好多小鱼。

xɤɯ^{45}təi^{0}iɤɯ^{45}a^{0}tɤɯ^{21}sɔ^{213}çi^{43}y^{45}。

89.前头来啊个胖胖的细小伙。

前面走来了一个胖胖的小男孩。

tɕʰiĩ^{45}tʰəi^{0}lɛ^{45}a^{0}kɤɯ^{21}pʰaŋ^{43}pʰaŋ^{43}təi^{0}ɕi^{43}ɕiɔ^{213}xɤɯ^{0}。

90.他家一下头死啊三只猪子。

他家一下子死了三头猪。

tʰa^{21}ka^{0}iəʔ$^{\underline{43}}$xaʔ$^{\underline{43}}$tʰəi^{45}sɿ^{213}a^{0}ɕiẽ^{21}tsəʔ^{0}tsu^{21}tsɿ^{0}。

91.只写啊一半,还要问往下写。

只写了一半,还得写下去。

tsəʔ$^{\underline{43}}$ɕia^{213}ia^{0}iəʔ$^{\underline{43}}$p ʊ̃^{43},xa^{45}iɔ^{43}uəŋ^{21}xa^{21}ɕia^{213}。

92.上回只买啊一本书,今朝要多买几本。

上次只买了一本书,今天要多买几本。

saŋ^{21}xuəi^{45}tsəʔ$^{\underline{43}}$mɛ^{213}a^{0}iəʔ$^{\underline{43}}$pəŋ^{213}su^{21},kəŋ^{21}tɔ^{0}iɔ^{43}tɤɯ^{21}mɛ^{213}tɕi^{213}pəŋ^{213}。

93.你才吃咯一碗饭,再吃一碗吧。

你才吃了一碗米饭,再吃一碗吧。

nəi^{213}tsʰɛ^{45}tɕʰiəʔ$^{\underline{43}}$kaʔ^{0}iəʔ$^{\underline{43}}$ʊ̃^{213}fɛ̃^{21},tsɛ^{43}tɕʰiəʔ$^{\underline{43}}$iəʔ$^{\underline{43}}$ʊ̃^{213}pa^{0}。

94.我走了,你俫你们两个再坐刻儿。

我走了,你们俩再坐一会儿。

ŋɤɯ^{213}tsəi^{213}lɔ^{0},nəi^{213}lɛ^{0}liẽ^{213}kɤɯ^{0}tsɛ^{43}tsʰɤɯ^{21}kʰər^{0}。

95.让伢儿俫先走,你把展览再好好儿地望一遍。

让孩子们先走,你再把展览仔仔细细地看一遍。

ʐaŋ^{21}ŋar^{45}lɛ^{0}ɕiĩ^{21}tsəi^{0}, nəi^{213}pa^{213}tɕiĩ^{213}lɛ̃^{213}tsɛ^{43}xɔ^{213}xɔr^{0}təi^{0}uaŋ^{21}iəʔ$^{\underline{43}}$pʰiĩ^{43}。

96.先头儿哪个说瓦我的老师的啊?

谁刚才议论我老师来着?

ɕiĩ^{21}tʰər^{0}la^{213}kɤɯ^{0}sʊʔ$^{\underline{43}}$ua^{213}lɔ^{213}sɿ^{21}tia^{0}?

97.他一高劲高兴就唱起来喽。

他一高兴就唱起歌来了。

tʰa^{21}iəʔ$^{\underline{43}}$kɔ^{21}tɕiəŋ^{43}tɕʰiɤɯ^{21}tsʰaŋ^{43}tɕʰi^{0}lɛ^{0}lɔ^{0}。

98.他个可在吃嘎？不在吃，在看电视。

他在吃饭吗？不，他不在吃饭，他在看电视。

tʰa^{21}kɤɯ^{43}tsʰɛ^{21}tɕʰiəʔ$^{\underline{43}}$ka^{0}？ pəʔ$^{\underline{43}}$tsʰɛ^{21}tɕʰiəʔ$^{\underline{43}}$，tsʰɛ^{21}kʰʊ̃^{43}tiĩ^{43}sɿ^{43}。

99.你把钱放啊好啊，不要丟丢掉。

你把钱放好，别丢了。

nəi^{213}pa^{213}tɕʰiĩ^{45}faŋ^{43}ŋa^{0}xɔ^{213}a^{0}，pəʔ$^{\underline{43}}$iɔ^{43}tʰəʔ$^{\underline{43}}$tʰiɔ^{43}。

100.那个碗挨他打啊坏啊。

那个碗被他打破了。

lɤɯ^{43}kɤɯ^{43}ʊ̃^{213}ŋɛ^{45}tʰa^{0}ta^{213}a^{0}xuɛ^{21}a^{0}。

101.帽子挨风吹掉喽。

帽子被风吹走了。

mɔ^{21}tsɿ^{0}ŋɛ^{45}fɔŋ^{21}tsʰuəi^{21}tʰiɔ^{0}lɔ^{0}。

102.张明挨人抢啊个包，人还差点儿挨打啊伤啊。

张明被坏人抢走了一个包，人也差点儿被打伤。

tsaŋ^{21}miəŋ^{45}ŋɛ^{45}ʐəŋ^{45}tɕʰiaŋ^{213}ŋa^{0}kɤɯ^{0}pɔ^{21}，ʐəŋ^{45}xa^{45}tsʰa^{21}tir^{213}ŋɛ^{45}ta^{213}a^{0}saŋ^{21}ŋa^{0}。

103.他把啊个桃子我。

他给我一个桃子。

tʰa^{21}pa^{213}a^{0}kɤɯ^{21}tʰɔ^{45}tsɿ^{0}ŋɤɯ^{213}。

104.先生把啊本厚书你吧？

老师给了你一本很厚的书吧？

ɕiĩ^{21}səŋ^{21}pa^{213}a^{0}pəŋ^{213}xəi^{21}su^{21}nəi^{213}pa^{0}？

105.你个可去啊？

你去不去？

nəi^{213}kɤɯ^{43}tɕʰy^{43}a^{0}？

106.他个可曾去啊？

他去没去？

t^{h}a^{21}kɤɯ^{43}ts^{h}əŋ^{45}tɕ^{h}y^{43}a^{0}？

107.你个$_{可}$有钱啊？

你有没有钱？

nəi^{213}kɤɯ^{43}iɤɯ^{213}tɕ^{h}iĩ^{45}ŋa^{0}？

108.你吃饭还是吃馒头啊？

你吃米饭还是吃馒头？

nəi^{213}tɕ^{h}iəʔ$^{\underline{43}}$fɛ̃^{21}xa^{45}sɿ^{0}tɕ^{h}iəʔ$^{\underline{43}}$m ʊ̃^{45}t^{h}əi^{45}a^{0}？

109.你到底个$_{可}$答应他啊？

你到底答应不答应他？

nəi^{213}tɔ^{43}tɕi^{0}kɤɯ^{43}tæʔ$^{\underline{43}}$iəŋ^{43}t^{h}a^{21}a^{0}？

110.这个还能开玩笑啊？

这是可以开玩笑的吗？

tsa^{43}kɤɯ^{0}xa^{45}nəŋ^{45}k^{h}ɛ^{21}vɛ̃^{45}ɕiɔ^{43}a^{0}？

111.书呗又念不好，手艺呗，又学不会，你怎啊弄相噢！

书呢书读不好，手艺呢手艺学不会，你怎么办啊？

su^{21}pɛ^{0}iɤɯ^{21}niĩ^{21}pəʔ$^{\underline{43}}$xɔ^{213}，səi^{213}i^{0}pɛ^{0}，iɤɯ^{21}xaʔ$^{\underline{45}}$pəʔ^{0}xuəi^{21}，nəi^{213}tsaŋ^{213}ŋa^{0}nɔŋ^{21}ɕiaŋ^{43}ŋɔ^{0}？

112.你试下子。

你试试看。

nəi^{213}sɿ^{43}xa^{0}tsɿ^{0}。

113.你算下子，这点儿钱个$_{可}$够用？

你算算看，这点钱够不够花？

nəi^{213}sʊ̃^{43}xa^{0}tsɿ^{0}，tsa^{43}tir^{0}tɕ^{h}iĩ^{45}kɤɯ^{43}kəi^{43}iɔŋ^{21}？

114.他在泰兴工作。

他在泰兴工作。

t^{h}a^{21}ts^{h}ɛ^{21}t^{h}ɛ^{43}ɕiəŋ^{0}kɔŋ^{21}tsaʔ$^{\underline{43}}$。

115.我倈弄什呢车子走南京问$_{\text{往}}$这嗨运家具啊?

我们用什么车从南京往这里运家具呢?

ŋɤɯ^{213}lɛ^{0} nɔŋ^{21} səŋ^{213} ni^{0} ts^{h}a^{21} tsɿ^{0} tsəi^{213} nɛ̃^{45} tɕiəŋ^{21} uəŋ^{21} tsa^{43} xɛ^{0}yəŋ^{43}tɕia^{21}tɕy^{43}a^{0}?

116.他像有啊病似的隑啊在沙发上。

他像个病人似的靠在沙发上。

t^{h}a^{21}tɕ^{h}iaŋ^{21}iɤɯ^{213}a^{0}p^{h}iəŋ^{21}sɿ^{21}təi^{0}k^{h}ɛ^{43}a^{0}ts^{h}ɛ^{21}sa^{21}fæʔ$^{\underline{43}}$saŋ^{0}。

117.今朝热得扎实!

今天很热。

kəŋ^{21}tɔ^{21}iɪʔ$^{\underline{45}}$təʔ^{0}tɕiæʔ$^{\underline{43}}$səʔ^{0}!

118.这碗菜嫌咸。

这碗菜太咸了。

tsa^{43}ʊ̃^{0}ts^{h}ɛ^{43}ɕiĩ^{45}xɛ̃^{45}。

119.我打得过他。

我打得过他。

ŋɤɯ^{213}ta^{21}təʔ$^{\underline{43}}$kɤɯ^{43}t^{h}a^{21}。

120.我打不过他。

我打不过他。

ŋɤɯ^{213}ta^{21}pəʔ$^{\underline{43}}$kɤɯ^{43}t^{h}a^{21}。

121.你去喊他声。

你去叫他一声儿。

nəi^{213}tɕ^{h}y^{43}xɛ̃^{213}t^{h}a^{0}səŋ^{21}。

122.这个山我爬得上去,他爬不上去。

这座山我爬得上去,他爬不上去。

tsa^{43}kɤɯ^{0}ɕiɛ̃^{21}ŋɤɯ^{213}p^{h}a^{45}təʔ^{0}saŋ^{21}tɕ^{h}y^{43},t^{h}a^{21}p^{h}a^{45}pəʔ^{0}saŋ^{21}tɕ^{h}y^{43}。

123.你是江苏人,我也是江苏人,他不是的。

你是江苏人,我也是江苏人,他不是江苏人。

nəi^{213}sɿ^{0}tɕiaŋ^{21}su^{21}ʐəŋ^{45}，ŋɤɯ^{213}ia^{213}sɿ^{0}tɕiaŋ^{21}su^{21}ʐəŋ^{45}，tʰa^{21}pəʔ$^{\underline{43}}$sɿ^{0}təi^{0}。

124.老王同老张一样高。

老王跟老张一样高。

lɔ^{213}uaŋ^{45}tʰɔŋ^{45}lɔ^{213}tsaŋ^{21}iɪʔ$^{\underline{43}}$iaŋ^{0}kɔ^{21}。

125.这条手巾邋遢杀嘎，撂掉吧。

这毛巾很脏了，扔了吧。

tsa^{43}tʰiɔ^{0}səi^{213}tɕiəŋ^{21}læʔ$^{\underline{45}}$tʰæʔ$^{\underline{45}}$ɕiæʔ$^{\underline{43}}$ka^{0}，liɔ^{21}tʰiɔ^{21}pa^{0}。

126.我算错啊笔账。

我算错了一笔账。

ŋɤɯ^{213}sʊ̃^{43}tsʰɤɯ^{43}a^{0}piəʔ$^{\underline{43}}$tsaŋ^{43}。

127.我算得嫌快，算啊错啊，让我重算下子。

我算得太快算错了，让我重新算一遍。

ŋɤɯ^{213}sʊ̃^{43}təʔ^{0}ɕiĩ^{45}kʰuɛ^{43}，sʊ̃^{43}ŋa^{0}tsʰɤɯ^{43}a^{0}，ʐaŋ^{21}ŋɤɯ^{213}tsʰɔŋ^{45}sʊ̃^{43}xa^{0}tsɿ^{0}。

128.衣裳嫌小。

衣裳小了。

i^{21}saŋ^{0}ɕiĩ^{45}ɕiɔ^{213}。

129.我昨朝借啊他两本书我昨天借给他两本书。

我昨朝问他借啊两本书我昨天向他借了两本书。

我昨天借了他两本书。

ŋɤɯ^{213}tsʰaʔ$^{\underline{45}}$tɔ^{0}tɕia^{43}a^{0}tʰa^{21}liɛ̃^{213}pəŋ^{213}su^{21}。

ŋɤɯ^{213}tsʰaʔ^{45}tɔ^{0}uəŋ^{21}tʰa^{21}tɕia^{43}a^{0}liɛ̃^{213}pəŋ^{213}su^{21}。

130.小王的头剃得不丑。（既指小王自己的头发理得好，也指小王理发手艺好）

小王的头发理得很好。

ɕiɔ^{213}uaŋ^{45}təi^{0}tʰəi^{45}tɕʰi^{43}təʔ$^{\underline{43}}$pəʔ$^{\underline{43}}$tsʰəi^{213}。

131.衣裳洗得个$_{\text{可}}$干净啊$_{\text{衣服洗得干净不干净}}$?
衣裳个$_{\text{可}}$洗得干净啊$_{\text{衣服能不能洗干净}}$?
衣服洗得干净吗?
i^{21} saŋ^{0} ɕi^{213} təʔ^{0} kɤɯ^{43} kʊ̃^{21} tɕiəŋ^{21} ŋa^{0}?
i^{21} saŋ^{21} kɤɯ^{43} ɕi^{213} təʔ^{0} kʊ̃^{21} tɕiəŋ^{21} ŋa^{0}?

132.我不好怪人,只好怪自家。
我不能怪人家,只能怪自己。
ŋɤɯ^{213} pəʔ$^{\underline{43}}$ xɔ^{213} kuɛ^{43} ʐəŋ^{45}, tsəʔ$^{\underline{43}}$ xɔ^{213} kuɛ^{43} sɿ^{21} ka^{0}。

133.他上啊最后一班车子走啊。我晏啊一步,只好私家慢慢儿跑啊上学堂。
他跳上末班车走了。我迟到一步,只能自己慢慢走回学校了。
t^{h}a^{21} saŋ^{21} ŋa^{0} tsuəi^{43} xəi^{21} iəʔ$^{\underline{43}}$ pɛ̃^{0} ts^{h}a^{21} tsɿ^{0} tsəi^{213} a^{0}。ŋɤɯ^{213} ŋɛ̃^{43} ŋa^{0} iəʔ$^{\underline{43}}$ p^{h}u^{21}, tsəʔ$^{\underline{43}}$ xɔ^{213} sɿ^{21} ka^{0} mɛ̃^{21} mɛr^{0} p^{h}ɔ^{45} a^{0} saŋ^{21} ɕiaʔ$^{\underline{45}}$ t^{h}aŋ^{45}。

134.哪个总说不过这巴怂$_{\text{这家伙}}$。
谁都说不过这个家伙。
la^{213} kɤɯ^{0} tsɔŋ^{213} sʊʔ$^{\underline{43}}$ pəʔ$^{\underline{43}}$ kɤɯ^{43} tsa^{43} pa^{0} sɔŋ^{45}。

135.这是哪个写的诗啊?哪个猜出来,我就奖他十块钱。
这是谁写的诗?谁猜出来我就奖励谁十块钱。
tsəʔ$^{\underline{43}}$ sɿ^{0} la^{213} kɤɯ^{0} ɕia^{213} təi^{0} sɿ^{21} a^{0}? la^{213} kɤɯ^{0} ts^{h}ɛ^{21} ts^{h}uəʔ$^{\underline{43}}$ lɛ^{0}, ŋɤɯ^{213} tɕ^{h}iɤɯ^{21} tɕiaŋ^{213} t^{h}a^{0} səʔ$^{\underline{45}}$ k^{h}uɛ^{0} tɕ^{h}iĩ^{45}。

136.他在前头拼命溜,我跟啊后头拼命□,到底□上啊。
他在前面拼命跑,我拼命追,总算追上了。
t^{h}a^{21} ts^{h}ɛ^{21} tɕ^{h}iĩ^{45} t^{h}əi^{0} p^{h}iəŋ^{21} miəŋ^{21} ləi^{21}, ŋɤɯ^{213} kəŋ^{21} ŋa^{0} xəi^{21} t^{h}əi^{0} p^{h}iəŋ^{21} miəŋ^{21} ɕyɛ̃^{21}, tɔ^{43} tɕi^{0} ɕyɛ̃^{21} saŋ^{21} ŋa^{0}。

137.他不情愿啊?

他不愿意啊？

t^{h}a^{21}pəʔ$^{\underline{43}}$tɕ^{h}iəŋ^{45}yʊ̃^{21}ŋa^{0}？

138.他不情愿啊？

他不愿意吗？

t^{h}a^{21}pəʔ$^{\underline{43}}$tɕ^{h}iəŋ^{45}yʊ̃^{21}ŋa^{0}？

139.他不情愿噢。

他不愿意呢。

t^{h}a^{21}pəʔ$^{\underline{43}}$tɕ^{h}iəŋ^{45}yʊ̃^{21}ŋɔ^{0}。

140.他要是不情愿不？

他要是不愿意呢？

t^{h}a^{21}iɔ^{43}sɿ^{0}pəʔ$^{\underline{43}}$tɕ^{h}iəŋ^{45}yʊ̃^{21}pəʔ^{0}？

141.他不情愿吧。

他不愿意吧。

t^{h}a^{21}pəʔ$^{\underline{43}}$tɕ^{h}iəŋ^{45}yʊ̃^{21}pa^{0}。

142.他不情愿噢。

他不愿意呗。

t^{h}a^{21}pəʔ$^{\underline{43}}$tɕ^{h}iəŋ^{45}yʊ̃^{21}ŋɔ^{0}。

143.他不情愿啊。

他不愿意了。

t^{h}a^{21}pəʔ$^{\underline{43}}$tɕ^{h}iəŋ^{45}yʊ̃^{21}ŋa^{0}。

144.你□意$_{\text{以为}}$他情愿啊？

你以为他愿意啊？

nəi$^{\cdot 213}$tɕ$^{h\cdot}$ia$^{45\cdot 0}$i t^{h}a^{21}tɕ$^{h\cdot}$iəŋ^{45}yʊ̃^{21}ŋa^{0}？

145.好吃！

好吃！

xɔ^{213}tɕ^{h}iəʔ$^{\underline{43}}$！

146.个$_{\text{可}}$好吃嘎？

好吃吗？

kɤɯ^{43}xɔ^{213}tɕ^{h}iəʔ$^{\underline{43}}$ka^{0}?

147.好吃嘎哟!

好吃呢!

xɔ^{213}tɕ^{h}iəʔ$^{\underline{43}}$kɛ^{0}iɔ^{0}!

148.好吃吧?

好吃吧?

xɔ^{213}tɕ^{h}iəʔ$^{\underline{43}}$pa^{0}?

149.好吃噶!

好吃啊!

xɔ^{213}tɕ^{h}iəʔ$^{\underline{43}}$kɛ^{0}!

150.好吃!

好吃呗!

xɔ^{213}tɕ^{h}iəʔ$^{\underline{43}}$!

151.你□意$_{\text{以为}}$好吃嘎!

你以为好吃啊!

nəi^{213}tɕ^{h}ia^{45}ɪ^{0}xɔ^{213}tɕ^{h}iəʔ$^{\underline{43}}$ka^{0}!

第二节　词缀

泰兴方言词缀丰富,前缀如"老、小(细)、第、初、头、见、惹"等①,后缀如"头、子、儿、家"等。本节重点讨论泰兴方言较有特色的"见、惹、头、子、儿、家"等。

一　前缀

(一)见[tɕĩ^{43}]

① 本节讨论的前缀不属于严格意义上的前缀。赵元任《汉语口语语法》(113)认为严格意义的前缀不多。"除'阿'外,都可能作为实素在别处出现。不轻声,因为轻声从来不出现在一个词的头上"。

泰兴方言“见”作为前缀,附加在动词词根之前,构成“见+V”结构,含“经得起……、耐……”之义,如:见穿(耐穿)、见吃(经得起吃)、见用(耐用)、见拿(经得起拿,数量多)、见泡(经得起泡)、见写(经得起写)、见烧(耐烧)、见打(经得起打),等。这些词语可由副词直接修饰,如“蛮见吃、顶见穿”;也可后加表示程度的补语,如“见烧得没得命(很耐烧)、见泡煞嘎……”。“见+V”结构在句子中充当谓词性成分:

(1)格件衣裳见穿。

(2)格回买的洋碱肥皂见用。

(3)格种米蛮见吃的。

(4)树柴见烧得没得命。

“见”只可与单音节及物动词相连,不可与不及物动词和双音节、多音节及物动词组合,如:*见跑、*见看、*见考验。

(二)惹[ʐa²¹³]

附加在动词词根前,构成“惹+V”的致使结构,有“使人……、令人……”的意思,例如:惹怕(令人害怕)、惹惯(令人宠爱)、惹笑(令人发笑)、惹气(令人生气),等。这类词可由副词直接修饰,如“真惹怕、蛮惹惯”;也可后加程度补语,如“惹惯煞嘎、惹笑得扎实、惹怕得没得命”。“惹+V”结构在句子中充当谓词性成分:

(5)格个细伢儿小孩生得痛长得可爱,惹惯啊!

(6)那个电影热嘈热闹,惹笑唻。

(7)河坎子上有个蛇,惹怕得没得命!

(三)头[tʰəi⁴⁵]

“头”附加在数词前表示序数,能产性较低,一般只与“一”连用,突出强调“一”,用于口语时也可省略数词“一”,如“头一回、头一胎、头一次”，也可以说“头回、头胎、头次”。偶尔也与“两”连用，如“头两趟、头两胎、头两天”等。

二　后缀

(一)子[ʦɿ⁰]

泰兴方言后缀“子”可附着于动词、形容词、名词等之后，构成名词性成分，具有成词、转类、变义等功能。

1.动词+子

这种结构中的动词能独立使用，附加“子”缀后多变为名词，词缀“子”有转类功能，如工具类名词“起子、钳子、夹子、塞子、刷子、抄子一种农具”等，这与普通话一致。同类的还有：捻子灯芯、囤子屯粮容器、捂子热水袋、□kʰɛ̃⁴⁵子虾、蟹等的螯钳、撑子撑船竹竿、贩子、纽子纽扣……

这种格式的名词前可加“小、细”等其他修饰成分，如：细骗子、细贩子、小囤子、木塞子……

2.形容词+子

此结构中的形容词加“子”缀后变为名词，如：瘫子瘫痪的人、聋子、瞎子、疯子、蛮子北方人对南方人的贬称、呆子、白子蛋白、黄子蛋黄、驼子驼背的人。

3.名词性成分+子

有些语素在普通话中可以独立成词，但在泰兴方言中不能独立成词，必须加“子”缀，如：羊子、鸡子、鸭子、车子、屑子、篮子、杌子凳子、勺子、蛆子、桃子、杏子、锅子、鞋子、狗子、猪子、肺子、胃子，等等。词义与词根义基本相同，“羊子＝羊、鸡子＝鸡、胃子＝胃”等。此类词在泰兴方言数量众多。

4.名词+子

“子”加在名词之后，构成一个新的名词，词义与词根义有别，如：

腰腰部——腰子肾脏　　牛——牛子黑色米虫

血血液——血子动物血凝固成的食品

肉——肉子果肉或贝壳类动物肉　　鬼——鬼子日本侵略兵

药——药子制作酒酿的菌种　　芽嫩芽——芽子芋头小块茎

5.量词+子

泰兴方言量词加“子”的情况很少，如“对子两张同一数字的纸牌；对联、下子”等。“下子”是“一下子”的省略形式，如“打下子打一下、跑下子跑一下、热下子热一下”。

（二）儿[ər45]

变为词缀后，一般是在原韵母上加卷舌动作；若韵尾是[-i][-n][-ŋ]，则失落韵尾，再加卷舌动作。“儿”缀在泰兴方言常有成词、变义、转类等作用。

1.成词作用

泰兴方言许多语素，须加词缀“儿”才能成词，如：猫儿猫、狗儿狗、包儿包子、筷儿筷子、褂儿小孩的罩衫、伢儿孩子，等。在构词方面，泰兴方言“重叠式+儿”构成名词的情况，很有地方特色。

（1）名词性语素重叠+儿

叉叉儿小叉号、圈圈儿、泡泡儿、角角儿小角落、框框儿、点点儿

（2）动词性语素重叠+儿

叫叫儿哨子、爬爬儿小矮凳、揩揩儿橡皮、箍箍儿发箍

（3）形容词性语素重叠+儿

方方儿、圆圆儿、弯弯儿、狭狭儿狭条、尖尖儿尖端或尖状物

2.变义作用

泰兴方言不少词加上“儿”缀后，词义差别十分明显，如“窠”指动物的巢，而“窠儿”指当地土制婴儿摇篮，还有：嘴嘴巴/嘴儿物体开口部分或尖端部分、疤/疤儿痂、米/米儿果仁，等。

此外，“儿”缀有指小作用，是泰兴方言常用的小称后缀，词义与词根义有别，如：刀统称/刀儿小刀、塘池塘/塘儿小凹塘、棒统称/

棒儿小棍子。

值得注意的是，一些“子”缀词和“儿”缀词，在泰兴构成统称和小称关系，如：羊子/羊儿、篮子/篮儿、鸡子/鸡儿、勺子/勺儿、车子/车儿，等。泰兴方言“子”缀、“儿”缀之间的关系以及“儿”缀的语法化过程有待进一步研究。

3.转类作用

“儿”缀改变词性，大多是动词和形容词加“儿”缀变为名词，如：

印动词/印儿名词，痕迹　　戳动词/戳儿名词，印章

盖动词/盖儿名词，盖子　　画动词/画儿名词

罩动词/罩儿名词　　弯形容词/弯儿名词，弯角

尖形容词/尖儿名词，尖端处

（三）头[$t^hɘi^0$]

泰兴方言“头”作后缀时，可附着于名词、形容词、动词、方位词和数量短语后，构成名词性成分。“名词词根+头”构成新的名词，词根义基本不变，如“木头、石头、馒头、苗头、零头、风头”等，与普通话一致。附着于形容词、动词、方位词和数量短语之后，“头”具有转类作用，词性发生变化，但词根义依然保留。

1.形容词词根+头，构成名词。这一类名词主要表示具有某种性质、状态的人或抽象概念，如“老实头、滑头、虚头、甜头、苦头”：

(8)格人是个老实头这人是个老实人。

(9)他是个滑头他是一个圆滑的人。

(10)他说话虚头大他说话夸大其词。

(11)先让他尝点儿甜头，回头再叫他吃点儿苦头。

值得注意的是，普通话“滑头”的“头”读本调，不是轻声，

与“甜头、苦头”的“头”念轻声有别。而在泰兴,“滑头”与“甜头”一样,读为轻声,说明泰兴方言“头”作为词缀构词能力更强。

2.动词词根+头,构成名词。这类名词是由单音节动词加词缀“头”构成,表示实施这个动作的价值,如“看头、盼头、想头、跑头、说头、吃头、做头、讲头”等。虽然该用法也少量存在于普通话中,但不如泰兴方言的能产性大:

(12)格戏不热嘈热闹,没得看头。

(13)螃蟹有什呢吃头啊?

(14)格杲戾东西没什呢做头。

(15)过到活到格把年纪,也没什呢想头了。

3.方位词+头,指某个方位。但在泰兴方言中,能与“头”缀组合的方位词只有特定的一部分,如“上头、下头、里头、外头、前头、背后头”;另一些方位词“左、右、中”等则不能加词缀“头”,如:*左头、*右头、*中头。

4.数量短语+头,起强调数量少的作用,一般与“一、两”等连用:

(16)我一趟头就买好了。

(17)人家总都不懂,他一下头就懂啊了。

(18)格件事他两天头就做好了。

5.泰兴方言还有不少口语常用词,用“头”作后缀,富有地方特色。如“夜头、花头、脚跟头”:

(19)你不要同我玩花头你不要跟我耍花样。

(20)寒天家冷,有个狗子困啊脚跟头蛮好的冬天冷,有只狗睡在脚边挺好的。

(四)家[ka^{21}]

“家”作后缀，是从家庭的实义虚化而来，魏晋南北朝时期渐次形成，成熟于唐代，以附于代词、名词后为常；宋元后进一步类化，作时间词后缀，如“一会家、昼夜家”等，作数量词后缀，如“三遍家、六文家、一回家”等(蒋宗许 2009)。

现代汉语“家”作为后缀已大大减少，除了作代词的“人家、自家”，表一类人的“老人家、妇道人家、女儿家”等。但是在泰兴话中，“家”后缀大量保留，主要有以下三种用法：

1.附在某些指人的名词后，表示一类人，如：

(21)男人家做事要大气。

(22)马马儿家女人家不要说闲话。

(23)细伢儿家小孩子家，不要听壁根偷听。

2.附在某些指人的名词后，表示“……之间”，如：

(24)兄弟家不要这啊计较兄弟之间不要这么计较。

(25)我叫朋友家，格点儿钱算个什呢我们朋友之间这点钱算什么？

(26)邻舍家要处得好邻居之间要相处好。

3.附着在某些季节或时间名词后，词根义不变，如：

(27)夏天家落雪？咋啊可能啊！夏天下雪，怎么可能！

(28)夜里家冷，衣裳要多穿点儿。夜里冷，衣服要多穿些。

(29)寒天家赤大膊，你想啊死啊？冬天赤膊，你想死啊？

第三种用法是古汉语的孑遗，元曲里十分常见：

(30)每日家习演兵书。(《赵氏孤儿》第四折)

(31)淹渐病昼夜家厮缠缴，相思鬼行坐里常陪伴。(曾瑞《蝶恋花·闺怨》)

三 中缀

汉语有无中缀，长期以来，学界看法不一，大致分两派：

一派认为汉语有中缀。持这派观点的有龙果夫、赵元任、吕叔湘、胡裕树等。龙果夫(1959)认为："中缀在汉语中为数非常有限，只是极少几个，那就是动词的中缀'不'和'得'。"赵元任(1979:133)认为，汉语里中缀很少，有"糊里糊涂"的"里"、"酸不溜溜"的"不"、"看得见，看不见"中的"得"和"不"等。吕叔湘(1979)认为中缀只有"得、不"(看得出，看不出)。胡裕树(1995:212)认为："汉语里还有一些经常位置在两个语素中间的不自由语素，即'里'、'得'、'不'等。"

另一派认为汉语没有中缀，持此观点的有刘叔新、祝鸿杰、周荐、王泽鹏等。刘叔新(1990)否定"胡里胡涂"中的"里"为中缀，认为汉语很难说存在这种位置特殊的词缀。祝鸿杰(1991)也否定了"里、得、不"等的中缀资格。周荐(1995:137)认为"不宜轻率地下结论说现代汉语中存在着中缀现象"。王泽鹏(1998)认为"现代汉语迄今还没有发现真正的中缀"。

泰兴方言有大量诸如"呆不入猴特别呆、紫不伦登特别紫、脏不邋遢特别脏、土不拉叽；媚里媚巴、邋里邋遢、松里壳落物的松散状、摇里豁落摇摇晃晃"等词语。

此类格式中的"不"和"里"是否是中缀，有待进一步研究。

第三节 程度副词

方言里的程度副词有很强的地域特色，对丰富现代汉语方言语法研究具有重要价值。本节以泰兴方言常见的程度副词"蛮、顶、嫌、很、交关、扎实、没得命"等为研究对象，从语义、句法功能等方面讨论泰兴方言程度副词的特点。

一　泰兴方言程度副词的分类

根据能否进入程度比较句，程度副词分为相对程度副词和绝对程度副词①。泰兴方言程度比较句主要有以下四种类型（X、Y 表示比较项，F 表示程度副词，AP 表示形容词短语）：

a.比下来，X+F+AP

b.跟 Y 比起来，X+F+AP

c.在……中/上，X+F+AP

d.X+比 Y+F+AP

泰兴方言常用程度副词在程度比较句中的分布是不平衡的。四类程度比较句，“扎实、交关、很”均能进入；“蛮、顶、没得命”，只能进入前三类程度比较句；“嫌”不能进入任何程度比较句。详见表 1：

表 1　常用程度副词在程度比较句中的分布

句式	扎实	交关	很	蛮	顶	没得命	嫌
a	+	+	+	+	+	+	−
b	+	+	+	+	+	+	−
c	+	+	+	+	+	+	−
d	+	+	+	−	−	−	−

具体分布情况如下：

句式 a

比下来，格个屋蛮大的。

比下来，格个屋顶大。

① 王力指出“凡无所比较，但泛言程度者，叫做绝对的程度副词”，“凡有所比较者，叫做相对的程度副词”（《中国现代语法》1985：189—190）。

比下来,格个屋不大得很不很大。
比下来,格个屋大得扎实/交关/没得命。
*比下来,格个屋嫌大。

句式 b

跟旁的比起来,格个苹果蛮好的。
跟旁的比起来,格个苹果顶好。
跟旁的比起来,格个苹果不好得很不很好。
跟旁的比起来,格个苹果好得扎实/交关/没得命。
*跟旁的比起来,格个苹果嫌好。

句式 c

在格些人肚里里面,他蛮高的。
在格些人肚里,他顶高。
在格些人肚里,他不高得很不很高。
在格些人肚里,他高得扎实/交关/没得命。
*在格些人肚里,他嫌高。

句式 d

*今年子寒天冬天比去年子蛮冷的。
*今年子寒天比去年子顶冷。
今年子寒天比去年子不冷得很不很冷。
今年子寒天比去年子冷得扎实/交关。
*今年子寒天比去年子冷得没得命。
*今年子寒天比去年子嫌冷。

因此,泰兴方言的程度副词"很、交关、扎实、蛮、顶、没得命"是相对程度副词,"嫌"是绝对程度副词。

从程度的量级差异来看,泰兴方言程度副词"没得命、嫌"程度最高;"顶"次之;"扎实、交关、很、蛮"再次之。根据句法功能，泰兴方言常用程度副词可分为两类：

A.“蛮”类　蛮　　顶　　嫌　　　　　　只能作状语

B.“很”类　交关　扎实　很　没得命　只用作补语

A、B 两类之间存在明显对立，但各自的内部一致性很强。每个副词的具体用法和语义有细微差别，下文详述。

二　“蛮”类程度副词

“蛮、顶、嫌”只可作状语，不能作补语。三者均表程度高，在表程度高低上有细微差别，顺序是：嫌>顶>蛮。此外，虽同为状语，但修饰对象不同。

（一）蛮[$\text{m}\tilde{\varepsilon}^{21}$]

“蛮”用于修饰性质形容词、部分心理动词及动词短语，必须与“的”连用，如：

（1）粥是才盛的，蛮烫人的粥刚刚盛出来，挺烫的。

（2）那个碗蛮大的那个碗挺大的。

（3）他格两天念书蛮用心的他这两天学习挺用功。

（4）格个伢儿蛮惹惯的这个孩子挺讨人喜欢。

（5）我其实蛮欢喜你的其实我挺喜欢你的。

（6）格人说话确实蛮伤人的这个人说话真的挺伤人。

“蛮”不能单独修饰行为动词，也不能修饰单音节能愿动词，一般不说“蛮走、蛮肯”等。

“蛮”修饰动词性短语，主要可以分为以下两类：

a 类：能愿动词+动词性词语

（7）他蛮欢喜上我家来耍子的他挺喜欢来我家玩的。

（8）格个细伢儿蛮肯下工夫的这个小孩儿挺用功的。

b 类：“有”+名词性词语

(9)格个伢儿蛮有礼貌的这个小孩挺有礼貌的。

(10)他还蛮有杲戾说的他还挺有东西讲的。

(二)顶[tiəŋ^{213}]

泰兴方言“顶”与普通话程度副词“最”用法基本相当,后接形容词、动词、方位词等,如:

(11)他是家里顶细的伢儿他是家里最小的孩子。

(12)格个伢儿顶欢喜吃糖这个孩子最喜欢吃糖。

(13)我家就住在庄上的顶东头,一问就到我家就住在村子最东头,一问就到。

(三)嫌[ɕĩ^{45}]

“嫌”一般修饰性质形容词,只能充当状语,表示程度过分,有委婉否定的意味:

(14)空调开得杠啊高,嫌热空调开得这么高,太热了!

(15)格歇个来,嫌晏嗷这时候来,太晚了!

(16)他过日子嫌省他过日子太节省了!

(17)今朝中上吃嘎嫌饱今天中午吃得太饱了。

(18)格双鞋子嫌大这双鞋子太大了。

三 “很”类程度副词

“很”类程度副词均为相对程度副词,如上文所述,可用于泰兴方言四种程度比较句。句法功能方面,“很”类程度副词只能用作补语,前加补语标记“得”,构成“得+很/扎实/交关/没得命”结构,表示程度深,与普通话“非常、很”语义相当,如:

大得扎实很大　　　热得没得命太热

冷得交关很冷　　　不甜得很不很甜

虽然“很”类程度副词在语义和句法功能上有很强的一致性，但在境内地理分布和用法上，存在内部差异。

“扎实”泰兴全境均用。“交关”主要用于西南部，东北部不用。西南部与北部吴语的靖江毗邻，而“交关”在吴语区广泛使用，此为方言接触的结果还是吴语底层的保留，有待进一步研究。“扎实、交关”仅是地域差异，句法功能相同，语义相近。因此，在下文的讨论中，仅举“扎实”为例，不再另列“交关”。

“很、扎实、交关”只表示程度，没有委婉否定的意味；而“没得命”除了表示程度，还有委婉否定的意味，如：

(19) 今朝热得扎实今天很热。

(20) 今朝热得没得命今天太热了。隐含“热得受不了”。

句式方面，“很”只能与否定副词“不”连用，用于否定句；“扎实、没得命”只用于肯定句，不用于否定句。

	肯定句	否定句
很	*钓的鱼细得很。	钓的鱼不细得很不很小。
	*报名的人多得很。	报名的人不多得很不很多。
	*他怕他爸爸得很。	他不怕他爸爸得很不很怕。
扎实	钓的鱼细得扎实。	*钓的鱼不细得扎实。
	报名的人多得扎实。	*报名的人不多得扎实。
	今朝天热得扎实。	*今朝天不热得扎实。
没得命	钓的鱼细得没得命。	*钓的鱼不细得没得命。
	报名的人多得没得命。	*报名的人不多得没得命。
	他怕他爸爸，怕得没得命。	*他不怕他爸爸，不怕得没得命。

值得注意的是，泰兴方言“不X得很”，意为不很X，而不是很不X，与普通话不同，如“不好得很”，意为不很好，而不是很不好：

普通话	好得很	很不好	不很好
泰兴话	好得扎实	坏得扎实	不好得很

“很”类程度副词在肯定句、否定句中的分布呈互补格局：

	肯定句	否定句
很	-	+
扎实	+	-
没得命	+	-

我们不禁要问，为什么“扎实、没得命”不能与“不”连用，其内在的制约因素是什么？

“没得命”不能与“不”连用，是由其隐含的否定语义决定的。“没得命”已经含有委婉的否定义，如“房子大得没得命”，表示房子太大了，隐含不适合、不喜欢等否定义。所以，“没得命”不能再与否定词“不”连用。

而“扎实”不能与“不”连用，则另有原因，是受到韵律的制约。无论什么样的短语，只要它是一个有音形式，韵律系统首先以音步为单位把它切分成不同（层次）的音步组合体，然后赋予片段以韵律词的性质（冯胜利 1996）。我们可通过音步实现法分析“X 得扎实”结构，探讨其内部韵律关系。

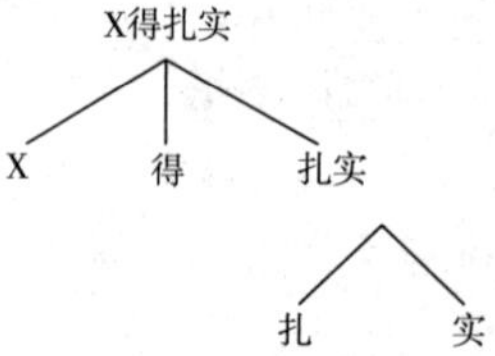

“X 得扎实”结构有四个节点：一是中心词 X，一是补语标记“得”，还有“扎”和“实”。汉语的一个音步由两个音节构成。“扎实”是双音节词，组成一个独立的音步，是一个韵律词。中心词 X 和补语标记“得”要想组成一个音步，理论上有两种可能的韵律组合方式：

a.X 为单音节词,与补语标记“得”组成一个独立音步,“X 得扎实”为[2#2]韵律结构。

b.X 为双音节词,与补语标记“得”形成[2#1]韵律结构,“X 得扎实”为[2#1#2]韵律结构。

又因为汉语的自然节律中不存在[2#1#2]式(冯胜利:161),所以,“X 得结构”中 X 必须为一个单音节词。

这也可以解释“X 得扎实”为什么不能与“不”连用。如果有否定副词“不”,“不+X 得扎实”就形成[1#2#2]的节律形式,这种形式在汉语自然节律中是不存在的。

但是,在田野调查过程中,我们发现泰兴方言也有“像样漂亮得扎实、欢喜喜欢得扎实”形式,这与“X 得扎实”韵律规则相悖,是否说明韵律规则不正确?

进一步调查发现,“X 得扎实”结构中 X 的音节数存在年龄差异。“像样漂亮得扎实、欢喜喜欢得扎实”形式只存在于新派泰兴话。而老派“X 得扎实”结构,X 只能为单音节词,他们有明确的“只能是一个字”的语感。

我们认为,新派泰兴话“像样漂亮得扎实、欢喜喜欢得扎实”等形式,是受普通话的影响。普通话有“喜欢得很、漂亮得很”的说法,泰兴话的“扎实”相当于普通话的“很”,二者杂糅,形成了“欢喜喜欢得扎实”的形式。

第四节　“个 VP”问句

由疑问副词加谓词性成分构成的“可 VP”问句,是汉语方言一种重要的疑问句式。在泰兴方言的表现形式是“个 VP”问句。“个 VP”是泰兴方言固有的底层形式,但是中青年也有“VP 不 VP”的说法。这主要是受普通话的影响,“VP 不 VP”是异质的,与“个 VP”在泰兴方言中共存。理论上,二者不能在同一方言的同一历史层次中共存。现在的共存现象是语言接触的结果，是异源叠置。这种共存现象也见于扬州（王世华）、南京等方言。

自1985年朱德熙发表《汉语方言里的两种反复问句》一文以来，方言学界在“可VP”问句的性质、分布、来源等方面进行了深入讨论。本节探讨泰兴方言“个VP”问句的语法形式、句法功能、性质等，希望对汉语方言“可VP”问句的性质和汉语疑问句的分类提供有益参考。

一 “个VP”问句的语法形式

泰兴方言的“个VP”问句有“个VP、个是VP、个曾VP”及混合式等形式，其中“个VP”是基本形式。

（一）“个VP”型问句

“个VP”型问句的基本形式是“（NP/VP）+个VP+（PRT）?”，一般是在陈述句的述语前，有时也可以在状语等谓词性成分前插入表疑问的“个”［kɤɯ^{43}］。“个VP”前的名词短语、动词短语，以及“个VP”后的语气词均可根据语境省略。“个VP”型问句的疑问焦点是VP，此类问句的肯定回答为“VP”，否定回答为“不VP”，例如：

（1）（你）个晓得嘎（你）知不知道？
晓得/不晓得。

（2）穿棉裤个好（啊）穿棉裤好不好？
好的/不好。

“个VP”问句通常在句末加语气词“啊”，有传疑作用。“啊”在泰兴方言中有“嘎、呀”等多种语音变体，在入声字后为“嘎”［ka^{0}］，舒声字后为“啊”［a^{0}］、“呀”［ia^{0}］等，例如：

（3）个吃嘎吃不吃？

（4）个去啊去不去？

(5)个来呀来不来？

“个 VP”前是分句时，“VP”通常是“好、行”等。“个好、个行”相当于普通话的“好不好、行不行”，或者“好吗、行吗”，例如：

(6)明朝上南京，个好（啊）明天去南京，好不好/好吗？
好/不好。

(7)把我望下子，个好啊给我看一下，好不好/好吗？
好/不好。

(8)明朝做块上街，个行明天一起去镇上，行不行/行吗？
行/不行。

“个”和“VP”之间可以有助动词。问句的基本形式是“(NP/VP)+个+Aux.+VP+(PRT)？”，Aux.为助动词，跟 VP 结合紧密。肯定回答为“Aux.”，否定回答为“不 Aux.”。泰兴方言的助动词主要有“能、会、要、敢、想、该派应该、情愿、准、配、值得”等：

(9)你个能吃辣的啊你能不能吃辣？
能/不能。

(10)格个杲昃你个会做啊这个东西你会不会做？
会/不会。

(11)你个要吃茶呀你要不要喝水？
要/不要。

(12)格个细伢儿个敢个人上街啊这个小孩子敢不敢一个人去镇上？
敢/不敢。

(13)你不好好念书，个想考大学嘎嘞你不好好读书，想不想考大学啦？
想/不想。

(14)他个情愿把屋卖掉啊他愿不愿意把房子卖掉?
情愿/不情愿。

(15)你妈个准你同我做块去看电影你妈妈同意你跟我一起去看电影吗?
准/不准。

(二)"个是 VP"型问句

泰兴方言"个是"有两个:一是,疑问副词"个"修饰判断动词"是",例如:

(16)他个是老师啊他是不是老师?
是的/不是的。

二是,"个是"本身即为疑问副词,例如:

(17)他个是跑不动啊他走不动吗?
是的(跑不动)/跑得动。

(18)个是热嘈点热闹些吗?
是的(热嘈点)/不热嘈。

第一种情况其实是"个 VP"问句,这里,我们论的是第二种。

"个是"后的谓词性成分可以是否定成分:(NP/VP)+个是+Neg.+VP+PRT?。此类问句句末语气词不能省略。问话人已经对问话内容有一定的猜测,发问是为了求证,该类问句肯定回答为"VP";否定回答为"是的",意思隐含"¬VP",如"你个是不晓得嘎?",问话人猜测对方可能不知道,对方回答"晓得"意为自己知道,是肯定回答;对方回答"是的"意为自己不知道,是否定回答,发问人的猜测得到验证:

(19)你个是不晓得嘎你是不是不知道啊?
晓得/是的,(不晓得)。

(20)你个是不曾吃饭啊你是不是没有吃饭?

吃嘎了/是的,(没有吃)。

(21)你个是不吃荤啊你是不是不吃荤菜啊?

吃/是的,(不吃)。

“个是”在句法结构中的位置,和“个”基本一样,有时可以互换。凡“个”不能出现的位置,“个是”也不能,凡“个”可以出现的位置,“个是”也可以,例如:

(22)你个想上北京啊?　　你个是想上北京啊?

想/不想。　　是的(想)/不想。

(23)你个晓得她考啊个第一?　　你个是晓得她考啊个第一?

晓得/不晓得。　　是的(晓得)/不晓得。

“个是”与“个”的区别主要有三点:

第一,“个 VP”问句中,“个”不能与“不”直接连用,即不能出现“不+个 VP”和“个+不 VP”。但是“个是”可以与“不”直接连用,“不”必须出现在“个是”之后,例如:

(24)你个晓得格个杲戾啊?

*你个不晓得格个杲戾啊?

*你不个晓得格个杲戾啊?

(25)你个是不晓得格个杲戾啊?

*你不个是不晓得格个杲戾啊?

泰兴方言“个”不能与“不”直接连用,是因为疑问副词“个”含有否定性的语义成分。“个”的词义相当于“是否”,构成的“个 VP?”语义相当于“是否+VP?”。

第二,“个”可用于单音节动词前,而“个是”一般不可以,例如:

(26)他个来他来不来?

*他个是来?

(27)你个跑你走不走?

*你个是跑?

如果“个是”用在单音节动词前,动词后就必须增加音节,例如:

(28)他个是来啊了他来了吗?

(29)你个是跑啊了你走了吗?

第三,“个是”跟“个”表示的疑问程度有所区别。用“个”的问句,发问人没有任何倾向,疑问程度高;而用“个是”的问句,发问人此前已经知道一些情况,问出来是希望对方予以确认,疑问程度相对较低,如例句(22)“你个想上北京?”,发问人需要知道是否去北京,对去北京没有倾向性的猜测,疑问程度较高;“你个是想上北京?”,发问人对去北京已有一定的推测,疑问程度较低。

(三)“个曾VP”型问句

“个曾VP”型问句的基本形式是“(NP/VP)+个曾VP+(PRT)?”,是已然问句。“个曾VP”问句的疑问焦点是“曾VP”。肯定回答用“VP+PRT”,其中,“啊、嘎”等是表示完成的体助词或动态助词,而句末的“了”是语气词;否定回答是“不曾”:

(30)昨朝个曾看电影(啊)昨天有没有看电影啊?

看啊了/不曾。

(31)个曾吃饭(啊)有没有吃饭?

吃嘎了/不曾。

(32)你个曾告诵他(啊)你有没有告诉他?

告诵啊了/不曾。

(33)北京个曾去过(啊)有没有去过北京?

去啊了/不曾。

“个 VP”型问句是未然问句,“个曾 VP”型问句是已然问句,例如:

(34) 你个吃饭你吃不吃饭?
吃/不吃。

(35) 你个曾吃饭你有没有吃饭?
吃嘎了吃过了/不曾。

“你个吃饭?”中“吃饭”的动作尚未发生,表未然。回答“吃/不吃”,无时态标识,句末语气词可省略。“你个曾吃饭?”询问的是吃饭这一动作此前是否已经完成,表已然。答语“吃啊了”的“啊”是表完成的体助词或动态助词,句末语气词“了”不能省略。

(四) 混合型问句

“个 VP”与特指问句连用,形式是“(NP/VP)+个 VP+特指问句”。特指问句的疑问代词不是主焦点,而是次焦点。该句式的主焦点是“个”后的 VP。若是肯定回答,回答主焦点后,还可进一步对次焦点进行回答;若是否定回答,则只须回答主焦点:

(36) 他个晓得昨朝哪个上我家来的他知不知道昨天谁到我家来了?
晓得,(是小王上我家来的)/不晓得。

(37) 你个想啊到哪开去耍子啊你想不想到哪里玩玩?
想,(想啊去南京)/不想。

(38) 你个喝点儿什呢啊你喝点什么吗?
喝,(茶)/不喝。

“个 VP”与“个 VP”连用,形式是“(NP/VP)+个 VP+个 VP”。主焦点是第一个“个”后的 VP,第二个疑问副词“个”后的 VP 是次焦点。若是肯定回答,则回答主焦点,还可进一步回

答次焦点;若是否定回答,则只须回答主焦点:

(39)你个晓得明朝个要上课啊你知道明天上课吗?
晓得,(要/不要上课)/不晓得。

(40)你个晓得他个是王家的伢儿你知道他是王家的小孩吗?
晓得,(是/不是王家的伢儿)/不晓得。

“个VP”与选择问句连用,形式是“(NP/VP)+个VP+选择问句”。该句式的主焦点是“个”后的VP,选择问句是次焦点。若是肯定回答,回答主焦点后,一般必须对次焦点进行回答;若是否定回答,则只须回答主焦点:

(41)你个晓得明朝他去北京还是上海你知道明天他去北京还是上海?
晓得,北京。/不晓得。

(42)你个晓得他家养的是丫头还是小伙你知道他家生的是女孩还是男孩?
晓得,小伙。/不晓得。

二 “个VP”结构的句法功能

泰兴方言“个VP”结构通常作句子的谓语,也可作状语、补语。一般来说,“个VP”不独立作主语、宾语、定语,只能作相关从句中的一个成分。

(一)“个VP”结构作谓语

这是泰兴方言“个VP”问句最重要的句法特点,“个VP”谓语结构是何种性质,要根据主谓句的下位类型及谓语的结构方式而定,详见下表:

主谓句的下位类型及结构方式		例句
动词性谓语	动词谓语	你‖个吃嘎你吃不吃？
	动宾谓语	他‖个吃饭啊？他吃不吃饭？
		你‖个送点儿杲昃他啊？你送不送他点东西？
	动补谓语	衣裳‖个洗得干净啊？衣服能不能洗干净？
	连动谓语	他‖个家来吃饭啊？他回不回家吃饭？
	兼语谓语	你‖个让他送货啊？你让不让他送货啊？
	“把”字句	他‖个会把桌子送啊旁人啊？他会不会把桌子送给别人？
	“被”字句	他‖个会挨人家骗啊？他会不会被别人骗？
形容词谓语		格个细伢儿‖个惹惯啊？这个小孩儿可不可爱？
主谓谓语句		唱歌‖你个欢喜啊？唱歌你喜不喜欢？

说明：主谓句的下位类型及结构方式参考胡裕树。

（二）“个VP”结构作状语

“个”与能愿动词“能、会”等组合，在句中作状语，表达请求、询问等意：

（43）个能告诵我格是什呢啊能不能告诉我这是什么呀？

（44）你个会游水啊你会不会游泳啊？

（45）你个敢吃蛇啊你敢不敢吃蛇啊？

（46）为格点儿小事，个值得来气啊为这点小事，值得生气吗？

三　“个VP”问句中状语的句法分布

泰兴方言“个VP”问句中“个”与状语的句法分布问题较为复杂，详见下表（V表示谓语动词，Ad.表示状语，＊表示该句不成立）。

“个 VP”问句中状语的句法分布

例句 状语		个 Ad.V?	Ad.个 V?
副词	表程度	个蛮好的啊?	*蛮个好的啊?
	表时间、频率	他个天天来啊?	*他天天个来啊?
	表情状	他个是私家来的啊? 他是不是自己来的?	*他私家个是来的啊?
	表语气	*他个到底来吵?	他到底个来吵?
	表否定	*个不欢喜啊?	*不个欢喜啊?
	表范围	你倈两个人个做块一起去啊?	*你倈两个人做块一起个去啊?
形容词		格歇个他个老老实实地看书啊?	*格歇个老老实实地他个看书啊?
时间名词		*个明朝走?	明朝个走明天走不走?
介宾短语		个在家里吃饭啊?	在家里个吃饭啊?

在“状语-中心语”结构中,语义重心往往在中心语上。泰兴方言状语在“个 VP”问句中的分布有两种情况:一种是“个 Ad.V”形式,状语 Ad.修饰或限制中心语,语义重心是动词 V。另一种是“Ad.个 V”形式,状语修饰整个句子,语义重心是整个“个 VP”结构。

当状语为介宾短语时,“个”在介宾短语前后均可出现,但语义不同。“个”在介宾短语前,语义重心是介宾短语,比如“个在家里吃饭啊?”,疑问焦点为是否在家里。“个”在介宾短语后,语义重心是 VP,比如“在家里个吃饭啊?”,疑问焦点是吃不吃饭。

当状语为时间名词时,“个”只能出现在时间名词后,语义重心是 VP,如“明朝个走?”,疑问焦点是走不走。“个”不能直接出现在时间名词前。若要询问时间,则必须在时间名词前加判断动词“是”,比如“个是明朝走?”,意为是不是明天走。

状语为副词或形容词时,在“个 VP”问句中的分布有三种:表程度、时间、频率、情状、范围的副词或形容词作状语时,只能用“个 Ad.V”形式;表语气的副词作状语时只能用“Ad.个 V”形式;表否定的副词作状语时,由于“个”不能与否定副词连用,“个 Ad.V”和“Ad.个 V”皆不成立。表程度、时间频率、情状、范围的副词作状语时通常修饰或限制中心语,与中心语结合比较紧密,疑问副词“个”很难把他们隔开,只能用“个Ad.V”;表语气的副词作状语时通常修饰说明整个句子,所以“个 Ad.V”不成立,只能用“Ad.个 V”。

四 “个 VP”结构与“得”字结构

泰兴方言“个 VP”结构与“得”字结构可以套用,主要有两种情况:一是“个 VP”结构的 VP 为“得”字结构,形式为“个+得字结构”;一是“个 VP”结构充当补语,形式为“V+得+个 VP”,如下表所示:

个+“得”字结构	V+得+个 VP
衣裳个洗得干净啊衣服能不能洗干净?	衣裳洗得个干净啊衣服洗得干净不干净?
他个跑得快啊他能不能跑得快?	他跑得个快啊他跑得快不快?

“个 VP”问句中“个”的作用主要是显示疑问焦点,“个”的位置不同,疑问焦点也不同。“个”出现在“得”字结构前,疑问焦点是“得”字结构,表示是否可能,如“衣裳个洗得干净?”,疑问焦点是能不能洗干净。“个 VP”结构在“得”后时,疑问焦点是 VP,表示结果或状态,如“洗得个干净?”,疑问焦点是洗得干净不干净。

五 “个 VP”问句的性质

关于“可 VP”问句的性质，学界尚未达成共识，大致有三种观点：“可 VP”问句是反复问句；“可 VP”问句是是非问句；“可 VP”问句既不是反复问句，也不是是非问句①。我们从泰兴方言“个 VP”句式出发，探讨“可 VP”问句的性质。

探讨“个 VP”问句的性质，首先须考察汉语疑问句的分类。朱德熙（1982）将现代汉语疑问句分为特指问句，是非问句和选择问句三类：

特指问句：他什么时候来？

是非问句：下雨了吗？

选择问句：你想打篮球还是打排球？

选择问句有一种特殊类型——反复问句，就是把谓语的肯定形式和否定形式并列在一起作为选择的项目，例如：“你去不去？”

从语法形式看，泰兴方言“个 VP”问句用疑问副词“个”发问，而不是用疑问代词发问，所以不能归入特指问句。“个 VP”问句不是以选择结构表示疑问，所以也不能归入选择问句。“个 VP”问句的谓语不存在肯否定形式并列的情况，所以也不是反复问句，例如：

（47）你个晓得嘎？

---

① 朱德熙（1985）指出“可 VP”和“VP 不 VP”是汉语方言反复问句的两个类型。这两类反复问句互相排斥，不在同一种方言里并存。持这种观点的还有张敏、贺巍（1991）等。赵元任（1956）把“阿 VP”（可 VP）句式归为是非问句。持这种观点的还有汪平、李小凡、刘丹青、游汝杰等。袁毓林基于广泛的类型比较，将“VP 不 VP”和“可 VP”统称为广义正反问句；徐烈炯、邵敬敏从上海方言出发，认为“阿 V”（可 VP）是一种特殊的疑问句，形式上接近是非问句，而功能上则接近正反问句，属于无倾向的中性问。持这种持这种观点的还有徐杰、张媛媛等。

(48)你个是不晓得嘎?

(49)* 你个是晓得不晓得嘎?

相比之下,“个VP”问句与是非问句的语法形式最相似,都采用在陈述形式上附加疑问语气或疑问标记词的语法手段。吴振国认为,这两种句式是深层结构相同而表层结构不同的同义句式。“个”和“吗”在深层结构中性质相同,都是表示疑问语气的疑问标记词,只是在表层结构中位置不同。

在泰兴方言的疑问系统中,疑问句可以分为三类:特指问句、选择问句和“个VP”问句,如下表:

普通话与泰兴方言疑问系统比较表

普通话	泰兴方言
你喝什么?(特指问句)	你喝什呢啊?(特指问句)
你吃饭还是吃粥?(选择问句)	你是吃饭还是吃粥?(选择问句)
你知不知道?(反复问句)	你个晓得嘎?(个VP问句)
你知道吗?(是非问句)	

表中显示,泰兴方言的“个VP”型问句对应于普通话的是非问句和反复问句。而普通话的是非问句和泰兴方言中“个VP”问句都不是一个单纯的类,所以它们的对应关系比较复杂。

普通话的是非问句分为两种,二者的疑问焦点、疑问程度都不同:第一种问句,问话人已经对命题有一定的猜测,发问是为了求证,这种问句没有疑问焦点,如:“奶奶起床了?”第二种问句,问话人对事情不了解,想通过发问来获得真相。这类问句有疑问焦点,一般重音落在哪个成分上,哪个成分就是疑问焦点,如:“奶奶起床了吗?”第二种问句的疑问程度高于第一种。

泰兴方言中的“个VP”可分为以下两类:

A 你个是不想上北京啊你是不是不想去北京?

你个是晓得她考啊个第一你是不是知道她考第一？

B 外头个落雨外面下没下雨(反复问)/外面下雨了吗(是非问)？

你个曾去你去没去过(反复问)/你去过吗(是非问)？

他个是王老师他是不是王老师(反复问)/他是王老师吗(是非问)？

泰兴方言 A 类只与普通话的第一种是非问句对应，是一对一的关系；B 类与普通话反复问句、第二种是非问句双重对应，是一对二的关系。A 类问句，如："你个是不想上北京啊？"问话人对不想上北京之事已有一定的推测，问句信大于疑，希望得到确认，没有疑问焦点。B 类问句，如："外头个落雨？"问话人对外头是否下雨不了解，想通过发问来获得真相。B 类问句的疑问焦点通常是"个"后的 VP。B 类问句的疑问程度高于 A 类问句。

另外 A 类和 B 类的回答方式也不相同：

A 个是落雨了？ 你个是不想上北京啊？

是的，(落嘎了)/ 是的，(不想)/

不是的，(不曾落)。 不是的，(想)。

B 个落雨啊？ 你个想上北京啊？

落/不落。 想/不想。

A 类问句隐含着问话人的推测，所以可以用"是"或"不是"作答，表示肯定或否定问话人的猜测。B 类问句并不隐含推测，所以不能用"是"或"不是"作答，而须用"VP"或"不 VP"，也可以用点头或者摇头作答。

从上文讨论可知，反复问句和是非问句是有一致性的，这种一致性在汉语中普遍存在。李小凡指出"在本地人语感中，苏州话的'阿 VP'型问句是跟普通话的是非问句和反复问句双重对应的"。普通话的是非问句和反复问句虽然形式上不同，但语义是一致的，如"奶奶起床了吗？"(是非问)和"奶奶是不是起床了?”(反复问)语义相同。

是非问句和反复问句的一致性还可从历史渊源考察。吕叔湘(1982:286—287)指出,文言里反复问句和是非问句形式上非常接近,“文言里不重复句子的一部分词语,只在句末加一‘否’字(古多作‘不’),或‘未’字,或‘无’字。‘未’等于白话的‘没有’,‘无’字就是白话里的‘么’和‘吗’的前身,这可见用‘吗’字的问句原是从反复问句化出来的”。太田辰夫也持同样的观点。

综上所述,反复问句和是非问句其实就是一类句子。是非问句和反复问句应归为一种类型,不能仅凭语法形式就分为两类,还应兼顾语义及其历史来源。可VP问句属于何种性质的分歧,归根到底是汉语疑问句如何分类的问题。

我们认为汉语疑问句分为特指问句、选择问句和是非问句,反复问句归为是非问句的下位类型较为合理,符合汉语及其方言的语言实际。泰兴方言的疑问系统分为特指问句、选择问句和“个VP”问句三类,“个VP”问句是是非问句在泰兴方言中的表现形式。

第七章　自然口语语料

第一节　规定话题

一　北风和太阳

pɔʔ$^{\underline{43}}$fɔŋ^{21}t^{h}ɔŋ^{45}t^{h}ɛ^{43}iaŋ^{0}

1.古溪话

今到今朝讲个故事,是北风同太阳的故事。

kəŋ^{21}tɔ^{0}tɕiaŋ^{213}kɤɯ^{0}ku^{43}sɿ^{21},sɿ^{21}pɔʔ$^{\underline{43}}$fɔŋ^{21}t^{h}ɔŋ^{45}t^{h}ɛ^{43}iaŋ^{0}ti^{0} ku^{43}sɿ^{21}。

有一回啊,这个北风同太阳在那面儿那里啕气吵架。

iɤɯ^{213} iəʔ$^{\underline{43}}$ xuəi^{45} a^{0}, tsəʔ$^{\underline{43}}$ kɤɯ^{0} pɔʔ$^{\underline{43}}$ fɔŋ^{21} t^{h} ɔŋ^{45} t^{h} ɛ^{43} iaŋ^{0} ts^{h}ɛ^{21}lɤɯ^{43}miər^{21}t^{h}ɔ^{45}tɕ^{h}i^{43}。

啊,两个人在那面儿那里抢啊说,争啊,就是来望下子看一下哪个的本事大。

a^{21},lɛ̃^{213} kɤɯ^{0} ʐəŋ^{45} ts^{h} ɛ^{21} lɤɯ^{43} miər^{21} tɕ^{h}iaŋ^{213} a^{0} sʊʔ$^{\underline{43}}$, tsəŋ^{21} ŋa^{0},tɕ^{h}iɤɯ^{21}sɿ^{0}lɛ^{45}uaŋ^{21}xa^{21}tsɿ^{0}la^{213}kɤɯ^{0}ti^{0}pəŋ^{213}sɿ^{0}ta^{21}。

正在说嘎说的呀,嗳,来啊个跑路走路的人。

tsəŋ^{43}ts^{h}ɛ^{21}sʊʔ$^{\underline{43}}$ka^{0}sʊʔ$^{\underline{43}}$tia^{0},ɛ^{45},lɛ^{45}a^{0}kɤɯ^{0}p^{h}ɔ^{45}lu^{21}ti^{0}ʐəŋ^{45}。

这个跑路走路的人啊,穿啊个大袍子,还蛮厚的。

tsəʔ$^{\underline{43}}$ kɤɯ^{0} pʰɔ^{45} lu^{21} ti^{0} ʐəŋ^{45} ŋa^{0}，tsʰʊ̃^{21} ŋa^{0} kɤɯ^{0} ta^{21} pʰɔ^{45} tsɿ^{0}，xa^{45} mɛ̃^{21} xəi^{21} ti^{0}。

他两个人就在那嗨那里商议，说的：“这样子噢，哪个，单看到就是要看一看哪个能把这个，嗯，这个人身上的袍子拿啊脱下来，哪个的本事就大。”

tʰa^{21} lɛ̃^{213} kɤɯ^{0} ʐəŋ^{45} tɕʰiɤɯ^{21} tsʰɛ^{21} lɤɯ^{43} xɛ^{0} saŋ^{21} i^{0}，sʊʔ$^{\underline{43}}$ ti^{0}：“tsəʔ$^{\underline{43}}$ iaŋ^{21} tsɿ^{0} ɔ^{0}，la^{213} kɤɯ^{43}，tɛ̃^{21} kʰʊ̃^{43} tɔ^{0} la^{213} kɤɯ^{0} nəŋ^{45} pa^{213} tsəʔ$^{\underline{43}}$ kɤɯ^{0}，əŋ^{21}，tsəʔ$^{\underline{43}}$ kɤɯ^{0} ʐəŋ^{45} səŋ^{21} saŋ^{0} ti^{0} pʰɔ^{45} tsɿ^{0} na^{45} a^{0} tʰʊʔ$^{\underline{43}}$ xa^{0} lɛ^{0}，la^{213} kɤɯ^{0} ti^{0} pəŋ^{213} sɿ^{0} tɕʰiɤɯ^{21} ta^{21}。”

嗳，好。格歇个这时候嘞，正好。这个北风啊一想，他的本事肯定比太阳大呀。

ɛ^{43}，xɔ^{213}。kəʔ$^{\underline{43}}$ ɕiɪʔ$^{\underline{21}}$ kɤɯ^{0} lə^{0} tsəŋ^{43} xɔ^{213}。tsəʔ$^{\underline{43}}$ kɤɯ^{0} pɔʔ$^{\underline{43}}$ fɔŋ^{21} ŋa^{0} iəʔ$^{\underline{43}}$ ɕiaŋ^{213}，tʰa^{21} ti^{0} pəŋ^{213} sɿ^{0} kʰəŋ^{213} tiəŋ^{43} pi^{213} tʰɛ^{43} iaŋ^{0} ta^{21} ia^{21}。

就用劲啊，用劲啊，刮嘎个刮了个大风。心的话心里想：“我这啊这样一刮，哎，他肯定把袍子刮掉唻！”

tɕʰiɤɯ^{21} iɔŋ^{21} tɕiəŋ^{43} ŋa^{0}，iɔŋ^{21} tɕiəŋ^{43} ŋa^{0}，kuɛʔ$^{\underline{43}}$ ka^{0} kɤɯ^{0} ta^{21} fɔŋ^{21}。ɕiəŋ^{21} ti^{0} xua^{21}：“ŋɤɯ^{213} tsaŋ^{43} ŋa^{0} iəʔ$^{\underline{43}}$ kuæʔ$^{\underline{43}}$，ɛ^{21}，tʰa^{21} kʰəŋ^{213} tiəŋ^{43} pa^{213} pʰɔ^{45} tsɿ^{0} kuæʔ$^{\underline{43}}$ tʰiɔ^{43} lɛ^{0}！”

哪斜意哪知道，他刮得越凶越厉害啊，那个跑路的人把衣裳裹得越紧。

la^{213} tɕʰia^{45} i^{43}，tʰa^{21} kuæʔ$^{\underline{43}}$ təʔ^{0} yʊʔ$^{\underline{45}}$ ɕiɔŋ^{21} ŋa^{0}，lɤɯ^{43} kɤɯ^{0} pʰɔ^{45} lu^{21} ti^{0} ʐəŋ^{45} pa^{213} i^{21} saŋ^{0} kɤɯ^{213} təʔ^{0} yʊʔ$^{\underline{45}}$ tɕiəŋ^{213}。

哎呀，这个北风就急得没得命！

ɛ^{21} ia^{0}，tsəʔ$^{\underline{43}}$ kɤɯ^{0} pɔʔ$^{\underline{43}}$ fɔŋ^{21} tɕʰiɤɯ^{21} tɕiəʔ$^{\underline{43}}$ təʔ^{0} məʔ$^{\underline{45}}$ təʔ^{0} miəŋ^{21}！

说“这咋啊怎么好嘞？”这个，再刮，单看到就是要看一看个可能啊把这个袍子刮掉。

sʊʔ$^{\underline{43}}$ “tsəʔ$^{\underline{43}}$ tsaŋ^{213} ŋa^{0} xɔ^{213} lə^{0}?” tsəʔ$^{\underline{43}}$ kɤɯ^{0}, tsɛ^{43} kuæʔ$^{\underline{43}}$, tɛ̃^{21}kʰʊ̃^{43}tɔ^{0}kɤɯ^{43}nəŋ^{45}ŋa^{0}pa^{213} tsəʔ$^{\underline{43}}$kɤɯ^{0}pʰɔ^{45}tsɿ^{0}kuæʔ$^{\underline{43}}$tʰiɔ^{43}。

他越刮嘎，他越裹，越裹吧越紧。反正，这个人总是不脱。

tʰa^{21}yʊʔ$^{\underline{45}}$ kuæʔ$^{\underline{43}}$ ka^{0}, tʰa^{21} yʊʔ$^{\underline{45}}$ kɤɯ^{213}, yʊʔ$^{\underline{45}}$ kɤɯ^{213} pa^{0} yʊʔ$^{\underline{45}}$ tɕiəŋ^{213}。fɛ̃^{213}tsəŋ^{0}, tsəʔ$^{\underline{43}}$kɤɯ^{0} ʐəŋ^{45}tsɔŋ^{213}sɿ^{0}pəʔ$^{\underline{43}}$tʰʊʔ$^{\underline{43}}$。

后来，北风就没得办法，拉倒吧！

xəi^{21}lɛ^{45}, pɔʔ$^{\underline{43}}$fɔŋ^{21}tɕʰiɤɯ^{21}məʔ$^{\underline{45}}$təʔ^{0}pɛ̃^{43}fæʔ$^{\underline{43}}$, la^{21}tɔ^{213}pa^{0}。

嗳，这个，过啊刻儿啊过了一会儿，太阳出来了。这个太阳啊，用劲一晒，乖乖！

ɛ^{45}, tsəʔ$^{\underline{43}}$ kɤɯ^{0}, kɤɯ^{43} a^{0} kʰər^{21} a^{0}, tʰɛ^{43} iaŋ^{0} tsʰuəʔ$^{\underline{43}}$ lɛ^{0} lə^{0}。tsəʔ$^{\underline{43}}$kɤɯ^{0}tʰɛ^{43}iaŋ^{0}ŋa^{0}, iɔŋ^{21}tɕiəŋ^{43} iəʔ$^{\underline{43}}$sɛ^{43}, kuɛ^{21}kuɛ^{21}!

那个跑路的人吃不消，热嘎没得命非常热！

lɤɯ^{43}kɤɯ^{0}pʰɔ^{45}lu^{21}ti^{0}ʐəŋ^{45}tɕʰiəʔ$^{\underline{43}}$pəʔ$^{\underline{43}}$ɕiɔ^{21}, iɪʔ$^{\underline{45}}$ka^{0}məʔ$^{\underline{45}}$ təʔ^{0}miəŋ^{21}!

就把个袍子，啊，弄啊脱掉啊。

tɕʰiɤɯ^{21}pa^{213}kɤɯ^{0}pʰɔ^{45}tsɿ^{0}, a^{21}, nɔŋ^{21}ŋa^{0}tʰʊʔ$^{\underline{43}}$tʰiɔ^{43}a^{0}。

啧，最后呀，这个末末临了最后，北风没得办法，只好承认，还是太阳的本事比他人点儿。

tsə^{43}, tsuəi^{43} xəi^{21} ia^{0}, tsəʔ$^{\underline{43}}$ kɤɯ^{0} mɤɯ^{21} mɤɯ^{21} liəŋ^{45} liɔ^{213}, pɔʔ$^{\underline{43}}$fɔŋ^{21}məʔ$^{\underline{45}}$təʔ^{0}pɛ̃^{43}fæʔ$^{\underline{43}}$, tsəʔ$^{\underline{43}}$xɔ^{213}tsʰəŋ^{45}ʐəŋ^{21}, xa^{45}sɿ^{0}tʰɛ^{43} iaŋ^{0}ti^{0}pəŋ^{213}sɿ^{0}pi^{213}tʰa^{21}ta^{21}tiər^{0}。

这个没得办法，人家把袍子脱掉啊。

tsəʔ$^{\underline{43}}$kɤɯ^{0}məʔ$^{\underline{45}}$təʔ^{0}pɛ̃^{43}fæʔ$^{\underline{43}}$, ʐəŋ^{45}ka^{0}pa^{213}pʰɔ^{45}tsɿ^{0}tʰʊʔ$^{\underline{43}}$ tʰiɔ^{43}a^{0}。

2.张桥话

有一天，太阳跟北风两个人在那嗨那里争论，哪个人的本事大。

iɤɯ^{213} iɪʔ$^{\underline{43}}$ tʰiĩ^{21}, tʰɛ^{43} iaŋ^{0} kəŋ^{21} pɔʔ$^{\underline{43}}$ fɔŋ^{21} liɛ̃^{213} kɤɯ^{0} ʐəŋ^{45} tɕʰiɛ^{21} lɤɯ^{43} xɛ^{0} tʂəŋ^{21} ləŋ^{0}, la^{213} kɤɯ^{0} ʐəŋ^{45} ti^{0} pəŋ^{213} sɿ^{0} ta^{21}。

争啊半天，争不出个结果来。

tʂəŋ^{21} ŋa^{0} pũ^{43} tʰiĩ^{21}, tʂəŋ^{21} pəʔ^{0} tʂʰuəʔ$^{\underline{43}}$ kɤɯ^{0} tɕiɪʔ$^{\underline{43}}$ kɤɯ^{213} lɛ^{0}。

碰巧啊，路边上来啊个人，穿啊一件厚皮袄儿。

pɔŋ^{43} tɕʰiɔ^{213} a^{0}, lu^{21} piĩ^{21} saŋ^{0} lɛ^{45} a^{0} kɤɯ^{0} ʐəŋ^{45}, tʂʰũ^{21} ŋa^{0} iɪʔ$^{\underline{43}}$ tɕʰiĩ^{21} xəi^{21} pʰɿ^{45} ɔr^{213}。

太阳就跟北风两个人商量啊："哪个人先教格个人这个人把衣裳脱下来啊，哪个本事就大。"

tʰɛ^{43} iaŋ^{0} tɕʰiɤɯ^{21} kəŋ^{21} pɔʔ$^{\underline{43}}$ fɔŋ^{21} liɛ̃^{213} kɤɯ^{0} ʐəŋ^{45} saŋ^{21} liaŋ^{0} ŋa^{0}: "la^{21} kɤɯ^{0} ʐəŋ^{45} ɕiĩ^{21} kɔ^{21} kəʔ$^{\underline{43}}$ kɤɯ^{0} ʐəŋ^{45} pa^{213} ɿ^{21} saŋ^{0} tʰʊʔ$^{\underline{43}}$ xa^{43} lɛ^{0} a^{0}, la^{213} kɤɯ^{0} pəŋ^{213} sɿ^{0} tɕʰiɤɯ^{21} ta^{21}。"

北风二话不说，对住对着格人这个人猛吹一通。

pɔʔ$^{\underline{43}}$ fɔŋ^{21} ər^{21} xua^{21} pəʔ$^{\underline{43}}$ sʊʔ$^{\underline{43}}$, tuəi^{43} tʂʰu^{0} kəʔ$^{\underline{43}}$ ʐəŋ^{45} mɔŋ^{213} tʂʰuəi^{21} iɪʔ$^{\underline{43}}$ tʰɔŋ^{21}。

哪晓得格个人这个人啊，反而不曾把衣裳脱下来啊，反而把衣裳裹得更加紧哦。

la^{45} ɕiɔ^{213} təʔ^{0} kəʔ$^{\underline{43}}$ kɤɯ^{0} ʐəŋ^{45} ŋa^{0}, fɛ̃^{213} ər^{0} pəʔ$^{\underline{43}}$ tʂʰəŋ^{45} pa^{213} ɿ^{21} saŋ^{0} tʰʊʔ$^{\underline{43}}$ xa^{43} lɛ^{0} a^{0}, fɛ̃^{213} ər^{0} pa^{213} ɿ^{21} saŋ^{0} kɤɯ^{213} təʔ^{0} kəŋ^{43} tɕia^{21} tɕiəŋ^{213} ŋɔ^{0}。

北风没得办法，只好退到边上去。

pɔʔ$^{\underline{43}}$ fɔŋ^{21} məʔ$^{\underline{45}}$ təʔ^{0} pɛ̃^{43} fɛʔ$^{\underline{43}}$, tʂəʔ$^{\underline{43}}$ xɔ^{213} tʰəi^{43} tɔ^{43} piĩ^{21} saŋ^{0} tɕʰy^{0}。

格个时候，太阳出马了。

kəʔ$^{\underline{43}}$ kɤɯ^{0} sɿ^{45} xəi^{0}, tʰɛ^{43} iaŋ^{0} tʂʰuəʔ$^{\underline{43}}$ ma^{213} lɔ^{0}。

他对住对着格个人这个人稍微杠啊这样一照，格个人这个人就热得受不了了，只好把衣裳脱掉了。

tʰa^{21} tuəi^{43} tʂʰu^{0} kəʔ$^{\underline{43}}$ kɤɯ^{0} ʐəŋ^{45} sɔ^{21} vəi^{45} kaŋ^{43} ŋa^{0} iɪʔ$^{\underline{43}}$ tsɔ^{43}, kəʔ$^{\underline{43}}$kɤɯ^{0}ʐəŋ^{45}tɕ^{h}iɤɯ^{21}iɪʔ$^{\underline{45}}$təʔ^{0} ɕiɤɯ^{21} pəʔ$^{\underline{43}}$liɔ^{213}lɔ^{0}, tʂəʔ$^{\underline{43}}$xɔ^{213} pa^{213}ɿ^{21}saŋ^{0}t^{h}ʊʔ$^{\underline{43}}$t^{h}ɔ^{43}lɔ^{0}。

北风,不得不承认,还是太阳的本事大啊!

pɔʔ$^{\underline{43}}$fɔŋ^{21}, pəʔ$^{\underline{43}}$ təʔ$^{\underline{43}}$ pəʔ$^{\underline{43}}$ tʂ^{h}əŋ^{45} ʐəŋ^{21}, xa^{45} sɿ^{0} t^{h}ɛ^{43} iaŋ^{0} ti^{0} pəŋ^{213}sɿ^{0}ta^{21}a^{0}!

二　牛郎织女

ŋəi^{45}laŋ^{45}tsəʔ$^{\underline{43}}$ny^{213}

古溪话

老早老早啊,有个小伙称呼青少年男子,娘啊老子父母呗总都死掉啊。

lɔ^{45}tsɔ^{213} lɔ^{45} tsɔ^{213} a^{0}, iɤɯ^{213} kɤɯ^{0} ɕiɔ^{213} xɤɯ^{0}, niaŋ^{45} ŋa^{0} lɔ^{213} tsɿ^{0}pɛ^{0}tsɔŋ^{213}sɿ^{213}t^{h}ɔ^{43}a^{0}。

家的家里嘞只有一个老牛。啊,同他跟他做块儿作伴,相依为命的。

ka^{21} təi^{0} lə^{0} tsəʔ$^{\underline{43}}$ iɤɯ^{213} iəʔ$^{\underline{43}}$ kɤɯ^{0} lɔ^{213} ŋəi^{45}。a^{21}, t^{h}ɔŋ^{45} t^{h}a^{21} tsɤɯ^{43}k^{h}uɛr^{0}, ɕiaŋ^{21}i^{21}vəi^{45}miəŋ^{21} təi^{0}。

人家嘞,总都叫他个"牛郎"。这个老牛呀,实际上啊,它是天上的个金牛星。

ʐəŋ^{45}ka^{0}lə^{0}, tsɔŋ^{213}tɕiɔ^{43}t^{h}a^{21}kɤɯ^{0}"ŋəi^{45}laŋ^{45}"。tsəʔ$^{\underline{43}}$kɤɯ^{0} lɔ^{213}ŋəi^{45}ia^{0}, səʔ$^{\underline{45}}$tɕi^{43} saŋ^{0} ŋa^{0}, t^{h}a^{21} sɿ^{0}t^{h}iĩ^{21} saŋ^{21} təi^{0}kɤɯ^{43} tɕiəŋ^{21} ŋəi^{45} ɕiəŋ^{21}。

他就欢喜喜欢牛郎这个伢儿年轻人,小孩儿啊,又勤力勤劳,人心肚又好心地善良。

t^{h}a^{21}tɕ^{h}iɤɯ^{21}xɤɯ^{21} ɕi^{0}ŋəi^{45}laŋ^{45}tsəʔ$^{\underline{43}}$kɤɯ^{0}ŋar^{45}a^{0}, iɤɯ^{21}tɕ^{h}iəŋ^{45} liəʔ$^{\underline{45}}$, ʐəŋ^{45} ɕiəŋ^{21}t^{h}u^{21}iɤɯ^{21} xɔ^{213}。

所以嘞,它就想啊:"哎,帮这伢儿成个家吧。"

sɤɯ^{45}i^{213}lə^{0}，tʰa^{21}tɕʰiɤɯ^{21}ɕiaŋ^{213}ŋa^{0}："ɛ^{21}，paŋ^{21}tsəʔ$^{\underline{43}}$ŋar^{45}tsʰəŋ^{45}kɤɯ^{0}tɕia^{21}pa^{0}。"

有一天啊，这个老牛晓得嘎知道了，说的，这个天上的仙女儿啊，要到这个庄子东半个村子东边的山脚下呀洗澡……这个……河的河里洗澡。

iɤɯ^{213}iəʔ$^{\underline{43}}$tʰĩ^{21}ŋa^{0}，tsəʔ$^{\underline{43}}$kɤɯ^{0}lɔ^{213}ŋəi^{45}ɕiɔ^{213}təʔ$^{\underline{43}}$ka^{0}，sʊʔ$^{\underline{43}}$təi^{0}，tsəʔ$^{\underline{43}}$kɤɯ^{0}tʰĩ^{21}saŋ^{21}təi^{0}ɕĩ^{21}nyr^{213}a^{0}，iɔ^{43}tɔ^{43}tsəʔ$^{\underline{43}}$kɤɯ^{0}tsuaŋ^{21}tsɿ^{0}tɔŋ^{21}pʊ̃^{43}kɤɯ^{0}təi^{0}ɕiɛ̃^{21}tɕiaʔ$^{\underline{43}}$xa^{0}ia^{0}ɕi^{213}tsɔ^{213}……tsəʔ$^{\underline{43}}$kɤɯ^{0}……xɤɯ^{45}təi^{0}ɕi^{45}tsɔ^{213}。

他就托嘎个梦，啊，托嘎个梦，把这个牛郎。

tʰa^{21}tɕʰiɤɯ^{21}tʰaʔ$^{\underline{43}}$ka^{0}kɤɯ^{0}mɔŋ^{21}，a^{21}，tʰaʔ$^{\underline{43}}$ka^{0}kɤɯ^{0}mɔŋ^{21}，pa^{213}tsəʔ$^{\underline{43}}$kɤɯ^{0}ŋəi^{45}laŋ^{45}。

说的呀："你第二天早上啊，你嘞，你就到庄东头。呃，她倈她们洗澡的时候嘞，你就把……洗澡不要把衣裳脱嘎挂在树上不……你就到那个树上，拿个粉红色的衣裳。

sʊʔ$^{\underline{43}}$təi^{0}ia^{0}："nəi^{213}tɕʰi^{21}ər^{21}tʰĩ^{21}tsɔ^{213}saŋ^{0}ŋa^{0}，nəi^{213}lə^{0}，nəi^{213}tɕʰiɤɯ^{21}tɔ^{43}tsuaŋ^{21}tɔŋ^{21}tʰəi^{45}。ə^{21}，tʰa^{21}lɛ^{0}ɕi^{45}tsɔ^{213}təi^{0}sɿ^{45}xəi^{0}lə^{0}，nəi^{213}tɕʰiɤɯ^{21}pa^{213}……ɕi^{45}tsɔ^{213}pəʔ$^{\underline{43}}$iɔ^{43}pa^{213}i^{21}saŋ^{0}tʰʊʔ$^{\underline{43}}$ka^{0}su^{21}saŋ^{0}pəʔ^{0}……nəi^{213}tɕʰiɤɯ^{21}tɔ^{43}lɤɯ^{43}kɤɯ^{0}su^{21}saŋ^{0}，na^{45}kɤɯ^{0}fəŋ^{213}xɔŋ^{45}səʔ$^{\underline{43}}$təi^{0}i^{21}saŋ^{0}。

拿啊的拿了以后，你就家去回家去。你不问不管，你就家去。这个，家去以后啊，这个……哎，穿这个衣裳的个姑娘啊，你就，就是□"你家"的合音的女将妻子。"

na^{45}a^{0}təi^{0}i^{213}xəi^{0}，nəi^{213}tɕʰiɤɯ^{21}ka^{21}tɕʰy^{0}。nəi^{213}pəʔ$^{\underline{43}}$uəŋ^{21}，nəi^{213}tɕʰiɤɯ^{21}ka^{21}tɕʰy^{0}。tsəʔ$^{\underline{43}}$kɤɯ^{0}，ka^{21}tɕʰy^{0}i^{213}xəi^{0}a^{0}，tsəʔ$^{\underline{43}}$kɤɯ^{0}……ɛ^{21}，tsʰʊ̃^{21}tsəʔ$^{\underline{43}}$kɤɯ^{0}i^{21}saŋ^{0}təi^{0}kɤɯ^{0}ku^{21}niaŋ^{0}ŋa^{0}，nəi^{213}tɕʰiɤɯ^{21}，tɕʰiɤɯ^{21}sɿ^{21}nia^{213}təi^{0}ny^{213}tɕiaŋ^{0}。"

这多好嘞！

tsəʔ$^{\underline{43}}$tɤɯ^{21}xɔ^{213}lə^{0}！

好喽！第二天早上，牛郎啊，就真的跑啊那个河边上去啊了。

xɔ^{213}lɔ^{0}！tɕʰi^{21} ər^{21} tʰĩ^{21} tsɔ^{213} saŋ^{0}，ŋəi^{45} laŋ^{45} ŋa^{0}，tɕʰiɤɯ^{21} tsəŋ^{21}təi^{0}pʰɔ^{45}a^{0}lɤɯ^{43}kɤɯ^{0}xɤɯ^{45}pĩ^{21}saŋ^{0}tɕʰy^{43}a^{0}lɔ^{0}。

哎，他就拿啊个粉红色的衣裳，家去了。

ɛ^{21}，tʰa^{21}tɕʰiɤɯ^{21}na^{45}a^{0}kɤɯ^{0}fəŋ^{213}xɔŋ^{45}səʔ$^{\underline{43}}$təi^{0}i^{21}saŋ^{0}，ka^{21} tɕʰy^{0}lɔ^{0}。

哎，你想想看，人家洗澡的人没得衣裳穿，能上天啊？能上哪开哪里去啊？

ɛ^{21}，nəi^{213}ɕiaŋ^{213}ɕiaŋ^{0}kʰʊ̃^{43}，ʐəŋ^{45}ka^{0}ɕi^{45}tsɔ^{213}təi^{0}ʐəŋ^{45}məʔ$^{\underline{45}}$ təʔ$^{\underline{43}}$i^{21}saŋ^{0}tsʰʊ̃^{21}，nəŋ^{45}saŋ^{21}tʰĩ^{21}ŋa^{0}？nəŋ^{45}saŋ^{21}la^{213}kʰɛ^{0}tɕʰy^{43}a^{0}？

没得办法噶，只好也跑啊牛郎的家的家里去啊。哎，两个人就成啊家。

məʔ$^{\underline{45}}$təʔ$^{\underline{43}}$pɛ̃^{43}fæʔ$^{\underline{43}}$ka^{0}，tsəʔ$^{\underline{43}}$xɔ^{213}ia^{213}pʰɔ^{45}a^{0}ŋəi^{45}laŋ^{45}təi^{0} ka^{21}təi^{0}tɕʰy^{43}a^{0}。ɛ^{21}，lɛ̃^{213}kɤɯ^{0}ʐəŋ^{45}tɕʰiɤɯ^{21}tsʰəŋ^{45}ŋa^{0}ka^{21}。

一晃啊，这个时间过得快噢！

iəʔ$^{\underline{43}}$xuaŋ^{43}ŋa^{0}tsəʔ$^{\underline{43}}$kɤɯ^{0}sɿ^{45}tɕiẽ^{21}kɤɯ^{43}təʔ$^{\underline{43}}$kʰuɛ^{43}ɔ^{0}！

三年一过，嗳，人家小夫妻两个恩恩爱爱的，养啊两个伢儿小孩儿，养啊个丫头一个女孩，个小伙一个男孩。

ɕiẽ^{21}nĩ^{45}iəʔ$^{\underline{43}}$kɤɯ^{43}，ɛ^{45}，ʐəŋ^{45}ka^{0}ɕiɔ^{213}fu^{21}tɕʰi^{0}lɛ̃^{213}kɤɯ^{0} ŋəŋ^{21}ŋəŋ^{21}ŋɛ^{43}ŋɛ^{43}təi^{0}，iaŋ^{213}ŋa^{0}lɛ̃^{213}kɤɯ^{0}ŋar^{45}，iaŋ^{213}ŋa^{0}kɤɯ^{43} ŋa^{21}tʰəi^{0}，kɤɯ^{43}ɕiɔ^{213}xɤɯ^{0}。

格喳这么，那么，日子也好过。非常的好啊！

kəʔ$^{\underline{43}}$tsa^{21}，iɪʔ$^{\underline{45}}$tsɿ^{0}ia^{213}xɔ^{213}kɤɯ^{43}。fəi^{21}tsʰaŋ^{45}təi^{0}xɔ^{213}a^{0}！

那么，这不是很好嘛？

na^{43}mə^{0}，tsəʔ$^{\underline{43}}$pəʔ$^{\underline{43}}$sɿ^{0}xəŋ^{213}xɔ^{213}ma^{0}？

不曾想到，这个事啊，啊，天女下凡这个事啊，挨玉皇大帝晓得嘎。

pəʔ$^{\underline{43}}$ts^{h}əŋ^{45}ɕiaŋ^{213}tɔ^{43}，tsəʔ$^{\underline{43}}$kɤɯ^{0}sɿ^{21}a^{0}，a^{21}，t^{h}iĩ^{21}ny^{213}ɕia^{21}fɛ̃^{45}tsəʔ$^{\underline{43}}$kɤɯ^{0}sɿ^{21}a^{0}，ŋɛ^{45}iɔʔ$^{\underline{43}}$xuaŋ^{0}ta^{21}tɕi^{43}ɕiɔ^{213}təʔ$^{\underline{43}}$ka^{0}。

这个玉皇大帝嘞，就一定要把这个仙女儿，这个，实际上是这个织女啊，要带啊天上去。

tsəʔ$^{\underline{43}}$kɤɯ^{43}iɔʔ$^{\underline{43}}$xuaŋ^{0}ta^{21}tɕi^{43}lə^{0}，tɕ^{h}iɤɯ^{21}iəʔ$^{\underline{43}}$tiəŋ^{43}iɔ^{43}pa^{213}tsəʔ$^{\underline{43}}$kɤɯ^{0}ɕiĩ^{21}nyr^{213}，tsəʔ$^{\underline{43}}$kɤɯ^{0}，səʔ$^{\underline{45}}$tɕi^{43}saŋ^{0}sɿ^{21}tsəʔ$^{\underline{43}}$kɤɯ^{0}tsəʔ$^{\underline{43}}$ny^{213}a^{0}，iɔ^{43}tɛ^{43}a^{0}t^{h}iĩ^{21}saŋ^{0}tɕ^{h}y^{43}。

这两个伢儿噢，就伤心啊，难过啊，没得妈妈嘞，就哭。

tsəʔ$^{\underline{43}}$lɛ̃^{213}kɤɯ^{0}ŋar^{45}ɔ^{0}，tɕ^{h}iɤɯ^{21}saŋ^{21}ɕiəŋ^{21}ŋa^{0}，nɛ̃^{45}kɤɯ^{43}a^{0}，məʔ$^{\underline{45}}$təʔ$^{\underline{43}}$ma^{21}ma^{0}lɛ^{0}，tɕ^{h}iɤɯ^{21}k^{h}ɔʔ$^{\underline{43}}$。

这个牛郎着躁着急啊，这咋啊好嘞？没得办法，急嘎没得命急得不得了。

tsəʔ$^{\underline{43}}$kɤɯ^{43}ŋəi^{45}laŋ^{45}tsaʔ$^{\underline{43}}$tsɔ^{43}a^{0}，tsəʔ$^{\underline{43}}$tsaŋ^{213}ŋa^{0}xɔ^{213}lə^{0}？məʔ$^{\underline{45}}$təʔ$^{\underline{43}}$pɛ̃^{43}fæʔ$^{\underline{43}}$，tɕiəʔ$^{\underline{43}}$ka^{0}məʔ$^{\underline{45}}$təʔ^{0}miəŋ^{21}。

这个老牛就说，说的："不要紧，啊，你□"不要"的合音着躁着急，你把我两个角拿下来。

tsəʔ$^{\underline{43}}$kɤɯ^{43}lɔ^{213}ŋəi^{45}tɕ^{h}iɤɯ^{21}sʊʔ$^{\underline{43}}$，sʊʔ$^{\underline{43}}$təi^{0}："pəʔ$^{\underline{43}}$iɔ^{43}tɕiəŋ^{213}，a^{21}，nəi^{213}pəi^{43}tsaʔ$^{\underline{43}}$tsɔ^{43}，nəi^{45}pa^{213}ŋɤɯ^{213}lɛ̃^{213}kɤɯ^{0}kaʔ$^{\underline{43}}$na^{45}xa^{0}lɛ^{0}。

两个角就变啊箩筐，把两个伢儿驻放在啊箩筐里。

lɛ̃^{213}kɤɯ^{43}kaʔ$^{\underline{43}}$tɕ^{h}iɤɯ^{21}piĩ^{43}ŋa^{0}lɤɯ^{45}k^{h}uaŋ^{21}，pa^{213}lɛ̃^{213}kɤɯ^{0}ŋar^{45}tsu^{43}a^{0}lɤɯ^{45}k^{h}uaŋ^{21}li^{0}。

你这个，你就上天去找这个织女。"

nəi^{213}tsəʔ$^{\underline{43}}$kɤɯ^{43}，nəi^{213}tɕ^{h}iɤɯ^{21}saŋ^{21}t^{h}iĩ^{21}tɕ^{h}y^{43}tsɔ^{213}tsəʔ$^{\underline{43}}$

kɤɯ^{43} tsəʔ$^{\underline{43}}$ ny^{213}。”

牛郎心的话心里想,哪有这样的事啊？个可是啊？

ŋəi^{45} laŋ^{45} ɕiəŋ^{21} təi^{0} xua^{21}, la^{213} iɤɯ^{213} tsəʔ$^{\underline{43}}$ iaŋ^{21} təi^{0} sɿ^{21} a^{0}? kɤɯ^{43} sɿ^{21} a^{0}?

嗳,正在这啊想啊想的,嗳,这个牛角嘎,忑掉嘎地下地上,真的就变啊两个箩筐!

ɛ^{45}, tsəŋ^{43} tsʰɛ^{21} tsaŋ^{43} ŋa^{0} ɕiaŋ^{213} ŋa^{0} ɕiaŋ^{213} təi^{0}, ɛ^{45}, tsəʔ$^{\underline{43}}$ kɤɯ^{0} ŋəi^{45} kaʔ$^{\underline{43}}$ ka^{0}, tʰəʔ$^{\underline{43}}$ ka^{0} tɕʰi^{21} xa^{0}, tsəŋ^{21} təi^{0} tɕʰiɤɯ^{21} piĩ^{43} ŋa^{0} lɛ̃^{213} kɤɯ^{43} lɤɯ^{45} kʰuaŋ^{21}!

那么,牛郎呗,就把两个伢儿问往箩筐的问里一放。嗳,就问往天上跑啊。

na^{43} mə^{0}, ŋəi^{45} laŋ^{45} pɛ^{0}, tɕʰiɤɯ^{21} pa^{213} lɛ̃^{213} kɤɯ^{43} ŋar^{45} uəŋ^{21} lɤɯ^{45} kʰuaŋ^{21} təi^{0} uaŋ^{21} iəʔ$^{\underline{43}}$ faŋ^{43}。ɛ^{21}, tɕʰiɤɯ^{21} uəŋ^{21} tʰiĩ^{21} saŋ^{0} pʰɔ^{45} a^{0}。

个可是啊？就问往天上飞啊。去找啊,找他妈妈啊。

kɤɯ^{43} sɿ^{21} a^{0}? tɕʰiɤɯ^{21} uəŋ^{21} tʰiĩ^{21} saŋ^{0} fəi^{21} a^{0}。tɕʰy^{43} tsɔ^{213} a^{0}, tsɔ^{213} tʰa^{21} ma^{21} ma^{0} a^{0}。

嗳,望啊望的,正好就要遇到,倒要□音同“栓”,追上这个织女喽。

ɛ^{45}, uaŋ^{21} ŋa^{0} uaŋ^{21} təi^{0}, tsəŋ^{43} xɔ^{213} tɕʰiɤɯ^{21} iɔ^{43} y^{21} tɔ^{0}, tɔ^{43} iɔ^{43} ɕyɛ̃^{21} saŋ^{0} tsəʔ$^{\underline{43}}$ kɤɯ^{0} tsəʔ$^{\underline{43}}$ ny^{213} lɔ^{0}。

哪晓得哪知道,又挨个倒头讨厌的王母娘娘望见啊。

la^{213} ɕiɔ^{213} təʔ$^{\underline{43}}$, iɤɯ^{21} ŋɛ^{45} kɤɯ^{0} tɔ^{213} tʰəi^{0} uaŋ^{45} mɤɯ^{0} niaŋ^{45} niaŋ^{0} uaŋ^{21} tɕiĩ^{43} ŋa^{0}。

王母娘娘啊,多坏啊!

uaŋ^{45} mɤɯ^{0} niaŋ^{45} niaŋ^{0} ŋa^{0}, tɤɯ^{21} xuɛ^{21} a^{0}!

她从头上拔嘎个金钗,啊,拔嘎个金钗。

tʰa^{21} tsʰɔŋ^{45} tʰəi^{45} saŋ^{0} pʰæʔ$^{\underline{45}}$ ka^{0} kɤɯ^{0} tɕiəŋ^{21} tsʰa^{21}, a^{21}, pʰæʔ$^{\underline{45}}$

ka^{0}kɤɯ^{43}tɕiəŋ^{21}ts^{h}a^{21}。

就在他两人中间这样一划的下子，嗯，就变啊个天河！把这夫妻两个就隔下隔开来了。

tɕ^{h}iɤɯ^{21}ts^{h}ɛ^{21}t^{h}a^{21}lɛ̃^{213}ʐ̩əŋ^{45}tsɔŋ^{21}kɛ̃^{21}tsaŋ^{43}ŋa^{0}iəʔ$^{\underline{43}}$ua^{21}təi^{0} xa^{21}tsɿ^{0}，əŋ^{21}，tɕ^{h}iɤɯ^{21}piĩ^{43}ŋa^{0}kɤɯ^{0}t^{h}iĩ^{21}xɤɯ^{45}！ pa^{213}tsəʔ$^{\underline{43}}$fu^{21} tɕ^{h}i^{0}lɛ̃^{213}kɤɯ^{43}tɕ^{h}iɤɯ^{21}kəʔ$^{\underline{43}}$xa^{0}lɛ^{45}lɔ^{0}。

你想想看，人家一家四个人，有个一个丫头，个一个小伙男孩儿。

nəi^{213}ɕiaŋ^{213}ɕiaŋ^{0}k^{h}ʊ̃^{43}，ʐ̩əŋ^{45}ka^{0}iəʔ$^{\underline{43}}$ka^{21}sɿ^{43}kɤɯ^{43}ʐ̩əŋ^{45}， iɤɯ^{213}kɤɯ^{43}ŋa^{21}t^{h}əi^{21}，kɤɯ^{43}ɕiɔ^{213}xɤɯ^{0}。

年纪轻轻小夫妻，这个不是让人……

niĩ^{45}tɕi^{0}tɕ^{h}iəŋ^{21}tɕ^{h}iəŋ^{0}ɕiɔ^{213}fu^{21}tɕ^{h}i^{0}，tsəʔ$^{\underline{43}}$kɤɯ^{0}pəʔ$^{\underline{43}}$sɿ^{0} ʐ̩aŋ^{21}ʐ̩əŋ^{45}……

想想啊，啧，真真的呀！念念可怜啊！

ɕiaŋ^{213}ɕiaŋ^{0}ŋa^{0}，tsə^{43}，tsəŋ^{21}tsəŋ^{21}tia^{0}！ niĩ^{21}niĩ^{21}ŋa^{0}！

同情啊，所以这个喜鹊嘎，就念念可怜这个人家，也念念可怜这两个人人好，也舍不得这两伢儿。

t^{h}ɔŋ^{45}tɕ^{h}iəŋ^{45}ŋa^{0}，sɤɯ^{213}i^{0}tsəʔ$^{\underline{43}}$kɤɯ^{0}ɕi^{213}tɕ^{h}iaʔ$^{\underline{43}}$ka^{0}， tɕ^{h}iɤɯ^{21}niĩ^{21}niĩ^{21}tsəʔ$^{\underline{43}}$kɤɯ^{0}ʐ̩əŋ^{45}ka^{0}，ia^{213}niĩ^{21}niĩ^{21}tsəʔ$^{\underline{43}}$lɛ̃^{213}kɤɯ^{0} ʐ̩əŋ^{45}ʐ̩əŋ^{45}xɔ^{213}，ia^{213}sa^{213}pəʔ$^{\underline{43}}$təʔ$^{\underline{43}}$tsəʔ$^{\underline{43}}$lɛ̃^{213}ŋar^{45}。

啊，每年的这个七月初七，它俫它们就私家自己约嘎好啊的……

a^{21}，məi^{213}niĩ^{45}təi^{0}tsəʔ$^{\underline{43}}$kɤɯ^{0}tɕ^{h}iəʔ$^{\underline{43}}$yʊʔ^{0}ts^{h}u^{21}tɕ^{h}iəʔ$^{\underline{43}}$，t^{h}a^{21} lɛ^{0}tɕ^{h}iɤɯ^{21}sɿ^{21}ka^{0}iaʔ$^{\underline{43}}$ka^{0}xɔ^{213}a^{0}təi^{0}……

啊，这些喜鹊嘎，多咪噢非常多！成千上万的啊！

a^{21}，tsəʔ$^{\underline{43}}$ɕia^{21}ɕi^{213}tɕ^{h}iaʔ$^{\underline{43}}$ka^{0}，tɤɯ^{21}lɛ^{0}ɔ^{0}！ ts^{h}əŋ^{45}tɕ^{h}iĩ^{21}saŋ^{21} vɛ̃^{21}təi^{0}a^{0}！

就到这个天河上头，嗯，这个，搭嘎个天桥，等于是……弄啊个鹊桥，就让这个牛郎同跟这个织女嘞见面，人家一家儿啊团聚。

tɕʰiɤɯ^{21} tɔ^{43} tsəʔ$^{\underline{43}}$ kɤɯ^{0}tʰĩ^{21} xɤɯ^{45} saŋ^{21} tʰəi^{0}，əŋ^{21}，tsəʔ$^{\underline{43}}$ kɤɯ^{0}，tæʔ$^{\underline{43}}$ka^{0}kɤɯ^{0}tʰĩ^{21}tɕʰiɔ^{45}，təŋ^{213}y^{0}sɿ^{21}……nɔŋ^{21}ŋa^{0}kɤɯ^{0}tɕʰiaʔ$^{\underline{43}}$ tɕʰiɔ^{45}，tɕʰiɤɯ^{21} ʐaŋ^{21} tsəʔ$^{\underline{43}}$ kɤɯ^{0}ŋəi^{45} laŋ^{45} tʰɔŋ^{45} tsəʔ$^{\underline{43}}$ kɤɯ^{0}tsəʔ$^{\underline{43}}$ny^{213}lə^{0}tɕĩ^{43}mĩ^{21}，ʐəŋ^{45}ka^{0}iəʔ$^{\underline{43}}$kar^{21}a^{0}tʰʊ̃^{45}tɕʰy^{21}。

所以现在人家总说的什呢鹊桥会，鹊桥会的呀，这个实际上就是这个牛郎织女的这个故事。

sɤɯ^{213}i^{0}ɕĩ^{43}tsʰɛ^{21}ʐəŋ^{45}ka^{0}tsɔŋ^{213}sʊʔ$^{\underline{43}}$təi^{0}səŋ^{213}ni^{0}tɕʰiaʔ$^{\underline{43}}$tɕʰiɔ^{45}xuəi^{21}，tɕʰiaʔ$^{\underline{43}}$tɕʰiɔ^{45}xuəi^{21}təi^{0}ia^{0}，tsəʔ$^{\underline{43}}$kɤɯ^{0}səʔ$^{\underline{45}}$tɕi^{43}saŋ^{0}tɕʰiɤɯ^{21}sɿ^{21}tsəʔ$^{\underline{43}}$kɤɯ^{0}ŋəi^{45}laŋ^{45}tsəʔ$^{\underline{43}}$ny^{213}təi^{0}tsəʔ$^{\underline{43}}$kɤɯ^{0}ku^{43}sɿ^{21}。

嗳，就这个样子。

ɛ^{21}，tɕʰiɤɯ^{21}tsəʔ$^{\underline{43}}$kɤɯ^{0}iaŋ^{21}tsɿ^{0}。

三　狼来了

laŋ^{45}lɛ^{45}lɔ^{0}

张桥话

以前有个放羊的小伢儿小孩儿，天天把啊个羊赶到山坡上去吃草，就没得事做。

ʅ^{213}tɕʰĩ^{45}iɤɯ^{213} kɤɯ^{0}faŋ^{43}iaŋ^{45}ti^{0}ɕiɔ^{213}ŋar^{45}，tʰĩ^{21}tʰĩ^{0}pa^{213}a^{0}kɤɯ^{0}iaŋ^{45}kɛ̃^{213} tɔ^{43} ɕiɛ̃^{21} pʰɤɯ^{21} saŋ^{0}tsʰy^{43}tɕʰiəʔ$^{\underline{43}}$tʂʰɔ^{213}，tɕʰiɤɯ^{21}məʔ$^{\underline{45}}$təʔ^{0}sɿ^{21}tsɤɯ^{43}。

时间一长啊，他就闲得，闲得发慌。

sɿ^{45} tɕiɛ̃^{21} iɪʔ$^{\underline{43}}$ tsʰaŋ^{45} ŋa^{0}，tʰa^{21} tɕʰiɤɯ^{21} ɕiɛ̃^{45} təʔ^{0}，ɕiɛ̃^{45} təʔ^{0}fæʔ$^{\underline{43}}$xuaŋ^{21}。

他望见山脚底下的大人在那嗨那里做活计干活啊，就对住对着山脚底下大喊:"狼来喽! 狼来喽!"

t^{h}a^{21} uaŋ^{21} tɕiĩ^{0} ɕiɛ̃^{21} tɕiaʔ$^{\underline{43}}$ tsɿ^{213} xa^{0} ti^{0} ta^{21} ʐəŋ^{0} tɕ^{h}iɛ^{21} lɤɯ^{43} xɛ^{0} tsʊ^{43} ʊʔ$^{\underline{45}}$ ts^{h}ɿ^{0} a^{0}, tɕ^{h}iɤɯ^{21} təi^{43} tʂ^{h}u^{0} ɕiɛ̃^{21} tɕiaʔ$^{\underline{43}}$ tsɿ^{213} xa^{0} ta^{21} xɛ̃^{43}: "laŋ^{45}lɛ^{45}lɔ^{43}! laŋ^{45}lɛ^{45}lɔ^{43}!"

山脚底下的大人一听啊,吓嘎一跳吓了一跳,赶紧把手上的活计活儿丢下来。

ɕiɛ̃^{21}tɕiaʔ$^{\underline{43}}$ tsɿ^{213} xa^{0} ti^{0} ta^{21} ʐəŋ^{0} iɪʔ$^{\underline{43}}$ t^{h}iəŋ^{43} ŋa^{0}, xəʔ$^{\underline{43}}$ ka^{0} iɪʔ$^{\underline{43}}$ t^{h}iɔ^{43}, kɛ̃^{213}tɕiəŋ^{0}pa^{213} ɕiɤɯ^{213} saŋ^{0}ti^{0}ʊʔ$^{\underline{45}}$tɕ^{h}i^{0}təi^{21}xa^{21}lɛ^{0}。

拿住拿着个锹啊,拿住拿着个担子往山顶上赶。

na^{45} tʂ^{h}u^{0} kɤɯ^{0} tɕ^{h}iɔ^{21} a^{0}, na^{45} tʂ^{h}u^{0} kɤɯ^{0} tɛ̃^{43} tʂʅ^{0} uaŋ^{213} ɕiɛ̃^{21} tiəŋ^{213}saŋ^{0}kʊ̃^{213}。

等到他俫他们溜跑到山顶上一望啊,个小伢儿这个小孩儿躺啊在那嗨那里,哈哈大笑:"我骗你俫你们的! 我骗你俫的!"

təŋ^{213}tɔ^{43} t^{h}a^{21} lɛ^{0} ləi^{21} tɔ^{0} ɕiɛ̃^{21} tiəŋ^{213} saŋ^{0} iɪʔ$^{\underline{43}}$ uaŋ^{21} ŋa^{0}, kɤɯ^{43} ɕiɔ^{213}ŋar^{45}t^{h}aŋ^{213} ŋa^{0} tɕ^{h}iɛ^{21} lɛ^{43} xɛ^{0}, xa^{21} xa^{21} ta^{21} ɕiɔ^{43}: "ŋɤɯ^{213} p^{h}iĩ^{43} nɛ^{43}ti^{0}! ŋɤɯ^{213}p^{h}iĩ^{43}nɛ^{43}ti^{0}!"

格些这些大人非常生气。骂啊他两句,又到山底下做活计干活。

kəʔ$^{\underline{43}}$ɕia^{0}ta^{21}ʐəŋ^{0}fəi^{21}ts^{h}aŋ^{45}səŋ^{21}ts^{h}ɿ^{43}。ma^{21} a^{0}t^{h}a^{21}lɛ̃^{213}ts^{h}y^{21}, iɤɯ^{21}tɔ^{43}ɕiɛ̃^{21}tsɿ^{213}xa^{0}tsɤɯ^{43}ʊʔ$^{\underline{45}}$ts^{h}ɿ^{0}。

过了两天啊,格小伢儿这个小孩儿又闲得发慌啊,他又对住对着山脚子下大喊,说"狼来喽! 狼来喽!"

kɤɯ^{43}lə^{0}lɛ̃^{213} t^{h}iĩ^{21} ŋa^{0}, kəʔ$^{\underline{43}}$ ɕiɔ^{213} ŋar^{45} iɤɯ^{21} ɕiɛ̃^{45} təʔ$^{\underline{43}}$ fɛʔ$^{\underline{43}}$ xuaŋ^{21} ŋa^{0}, t^{h}a^{21} iɤɯ^{21} tuəi^{43} tʂ^{h}u^{0} ɕiɛ̃^{21} tɕiaʔ$^{\underline{43}}$ tsɿ^{213} xa^{0} ta^{21} xɛ̃^{43}, sʊʔ$^{\underline{43}}$ "laŋ^{45}lɛ^{45}lɔ^{43}! laŋ^{45}lɛ^{45}lɔ^{43}!"

已经有些大人不尔理睬他,说肯定是哄人骗人的。

ɿ^{213}tɕiəŋ^{0}iɤɯ^{213}ɕia^{0}ta^{21}ʐəŋ^{0}pəʔ$^{\underline{43}}$ər^{213}t^{h}a^{0}, sʊʔ$^{\underline{43}}$k^{h}əŋ^{213}tiəŋ^{43}

sɿ^{0}xɔŋ^{213}ʐəŋ^{45}ti^{0}。

但是嘞，有几个大人就怕真的狼来了，就怕万一狼来了咋啊弄嘞怎么办呢？

tɛ̃^{43} sɿ^{0} lə^{0}，iɤɯ^{213} tsɿ^{213} kɤɯ^{0} ta^{21} ʐəŋ^{0} tɕʰiɤɯ^{21} pʰa^{43} tʂəŋ^{21} ti^{0} laŋ^{45}lɛ^{45}lɔ^{0}，tɕʰiɤɯ^{21} pʰa^{43} vɛ̃^{21} iɪʔ$^{\underline{43}}$laŋ^{45}lɛ^{45}lɔ^{0}tʂaŋ^{213}ŋa^{0}nɔŋ^{21}ŋə^{21}？

又溜跑到山顶上去望啊，一望格个这个小伢儿又是骗他俫他们的，格些这些大人非常生气。

iɤɯ^{21}ləi^{21} tɔ^{0} ɕiɛ̃^{21} tiəŋ^{213} saŋ^{0} tɕʰy^{43} uaŋ^{21} ŋa^{0}，iɪʔ$^{\underline{43}}$ uaŋ^{21} kəʔ$^{\underline{43}}$ kɤɯ^{0}ɕiɔ^{213} ŋar^{45} iɤɯ^{21} sɿ^{0} pʰiɪ̃^{43}tʰa^{21} lɛ^{0} ti^{0}，kəʔ$^{\underline{43}}$ ɕia^{0} ta^{21} ʐəŋ^{21} fəi^{21} tsʰaŋ^{45}səŋ^{21}tsʰɿ^{43}。

大概过了一段时间啊，小伢儿，有一天，他去放羊。他真的碰上一群狼。

ta^{21}kɛ^{43}kɤɯ^{43}lə^{0}iɪʔ$^{\underline{43}}$tʰʊ̃^{21}sɿ^{45}tɕiɛ̃^{21}ŋa^{0}，ɕiɔ^{213}ŋar^{45}，iɤɯ^{213}iɪʔ$^{\underline{43}}$tʰiɪ̃^{21}，tʰa^{21}tɕʰy^{43}faŋ^{43}iaŋ^{45}。tʰa^{21}tʂəŋ^{21}təi^{0}pʰɔŋ^{43}saŋ^{0}iɪʔ$^{\underline{43}}$tɕʰyəŋ^{45}laŋ^{45}。

他吓煞嘎了吓死了，赶紧往前头溜跑。溜跑到前头对底下喊"狼来喽！狼来喽！救命啊！救命啊！"

tʰa^{21}xəʔ$^{\underline{43}}$ɕiɛʔ$^{\underline{43}}$ka^{43}lɔ^{0}，kɛ̃^{213}tɕiəŋ^{0}uaŋ^{21}tɕʰiɪ̃^{45}tʰəi^{0}ləi^{21}。ləi^{21} tɔ^{0}tɕʰiɪ̃^{45}tʰəi^{0}tuəi^{43}tsɿ^{213}xa^{0}xɛ̃^{43}"laŋ^{45}lɛ^{45}lɔ^{0}！laŋ^{45}lɛ^{45}lɔ^{0}！tɕiɤɯ^{43} miəŋ^{21}ŋa^{0}！tɕiɤɯ^{43}miəŋ^{21}ŋa^{0}！"

但是一个人总都没有上来。大家总都认为他是骗人的。

tɛ̃^{43}sɿ^{0}iɪʔ$^{\underline{43}}$kɤɯ^{0}ʐəŋ^{45}tsɔŋ^{213}məi^{45}iɤɯ^{21}saŋ^{21}lɛ^{0}。ta^{21}tɕia^{21} tʂɔŋ^{213}ʐəŋ^{21}vəi^{0}tʰa^{21}sɿ^{21}pʰiɪ̃^{43}ʐəŋ^{45}təi^{0}。

到了晚上啊，些人这些人都收工家去回家了，咋啊怎么望啊格个这个小伢儿，还有些这些羊，咋啊怎么老是不家来回家的？

tɔ^{43}lɔ^{0}vɛ̃^{213}saŋ^{0}ŋa^{0}，ɕia^{21}ʐəŋ^{45}tɤɯ^{21}ɕiɤɯ^{21}kɔŋ^{21}ka^{21}tɕʰy^{0}lɔ^{0}，tsaŋ^{213}ŋa^{0} uaŋ^{21} ŋa^{0} kəʔ$^{\underline{43}}$ kɤɯ^{0} ɕiɔ^{213} ŋar^{45}，xa^{45} iɤɯ^{213} ɕia^{0} iaŋ^{45}，tʂaŋ^{213}ŋa^{0}lɔ^{213}sɿ^{0}pəʔ$^{\underline{43}}$ka^{21}lɛ^{0}ti^{0}？

就跑到那个山顶上去一望啊，小伢儿小孩儿还有些羊啊，总都被啊狼咬煞嘎了咬死了。

tɕʰiɤɯ^{21} pʰɔ^{45} tɔ^{43} lɤɯ^{43} kɤɯ^{0} ɕiɛ̃^{21} tiəŋ^{213} saŋ^{0} tɕʰy^{0} iɪʔ$^{\underline{43}}$ uaŋ^{21} ŋa^{0}，ɕiɔ^{213} ŋar^{45} xa^{45} iɤɯ^{213} ɕia^{0} iaŋ^{45} ŋa^{0}，tsɔŋ^{213} pəi^{21} a^{0} laŋ^{45} ŋɔ^{213} ɕiɛʔ$^{\underline{43}}$ka^{43}lə^{0}。

第二节　自选话题

一　民间传说“季三嗒子”

城关话

我今朝今天再说个民间的传说故事啊。

ŋɤɯ^{213}kəŋ^{21}tsɔ^{0}tɕiɛ^{43}sʊʔ$^{\underline{43}}$kɤɯ^{0}miəŋ^{43}tɕiɛ̃^{21}ti^{0}tsʰʊ̃^{45}sʊʔ$^{\underline{43}}$ku^{43} sɿ^{0}a^{0}。

在我们泰兴啊，传说故事，民间的故事啊，很多。什呢玉如意啰，什呢季三嗒子啰，多唻。

tɕʰiɛ^{21} ŋɤɯ^{213} məŋ^{0} tʰɛ^{43} ɕiəŋ^{21} ŋa^{0}，tsʰʊ̃^{45} sʊʔ$^{\underline{43}}$ ku^{43} sɿ^{0}，miəŋ^{43} tɕiɛ̃^{21}ti^{0}ku^{43}sɿ^{0}a^{0}，xəŋ^{213} tɤɯ^{21}。səŋ^{213} ni^{0} iɔʔ$^{\underline{43}}$ ʐu^{45} i^{43} lɔ^{0}，səŋ^{213} ni^{0} tɕi^{43} sɛ̃^{21} taʔ$^{\underline{43}}$tsɿ^{0}lɔ^{0}，tɤɯ^{21}lɛ^{0}。

实际上，季三嗒子嘞，老百姓说得最多。格个这个季三嗒子是哪开的哪里的人？

səʔ$^{\underline{45}}$ tɕi^{0} saŋ^{0}，tɕi^{43} sɛ̃^{21} taʔ$^{\underline{43}}$ tsɿ^{0} lə^{0}，lɔ^{213} pɔʔ$^{\underline{43}}$ ɕiəŋ^{43} sʊʔ$^{\underline{43}}$ təʔ$^{\underline{43}}$ tsuəi^{43}tɤɯ^{21}，kəʔ$^{\underline{43}}$kɤɯ^{0}tɕi^{43}sɛ̃^{21}taʔ$^{\underline{43}}$tsɿ^{0}sɿ^{21}la^{213}kʰɛ^{0}ti^{0}ʐəŋ^{45}？

就是我叫我们泰兴黄桥那一带的。

tɕʰiɤɯ^{21} sɿ^{0} ŋɤɯ^{213} tɕiɔ^{0} tʰɛ^{43} ɕiəŋ^{0} xuaŋ^{45} tɕʰiɔ^{45} lɤɯ^{43} iɪʔ$^{\underline{43}}$ tɛ^{43}ti^{0}。

过去在一千多年之前啊，不叫个黄桥，叫个黑松林。

kɤɯ^{43}tɕʰy^{43}tɕʰiɛ^{21}iɪʔ$^{\underline{43}}$tɕʰiĩ^{21}tɤɯ^{21}niĩ^{45}tsɿ^{21}tɕʰiĩ^{45}ŋa^{0}, pəʔ$^{\underline{43}}$ tɕiɔ^{43}kɤɯ^{0}xuaŋ^{43}tɕʰiɔ^{21}, tɕiɔ^{43}kɤɯ^{43}xəʔ$^{\underline{43}}$sɔŋ^{21}liəŋ^{45}。

就在黑松林啊，格个这个季三嗒子就出来喽。

tɕʰiɤɯ^{21}tɕʰiɛ^{21}xəʔ$^{\underline{43}}$sɔŋ^{21}liəŋ^{45}ŋa^{0}, kəʔ$^{\underline{43}}$kɤɯ^{0}tɕi^{43}sɛ̃^{21}taʔ$^{\underline{43}}$ tsɿ^{0}tɕʰiɤɯ^{21}tsʰuəʔ$^{\underline{43}}$lɛ^{0}lɔ^{0}。

兄弟三个，他是老三，季老三。

ɕiɔŋ^{21}tɕʰi^{0}sɛ̃^{21}kɤɯ^{0}, tʰa^{21}sɿ^{0}lɔ^{213}sɛ̃^{21}, tɕi^{43}lɔ^{213}sɛ̃^{21}。

因为他从小儿嘞，说话结结巴巴，叫个刁屄嗒舌的。

iəŋ^{21}vəi^{45}tʰa^{21}tsʰɔŋ^{45}ɕiɔr^{213}lə^{0}, sʊʔ$^{\underline{43}}$xua^{21}tɕiɪʔ$^{\underline{43}}$tɕiɪʔ$^{\underline{43}}$pa^{21} pa^{21}, tɕiɔ^{43}kɤɯ^{0}tiɔ^{21}pi^{21}taʔ$^{\underline{43}}$ɕiɪʔ$^{\underline{45}}$ti^{0}。

泰兴人说话叫个刁屄嗒舌的，所以，叫个"嗒子"，季三嗒子。

tʰɛ^{43}ɕiəŋ^{0}ʐəŋ^{45}sʊʔ$^{\underline{43}}$xua^{21}tɕiɔ^{43}kɤɯ^{0}tiɔ^{21}pi^{21}taʔ$^{\underline{43}}$ɕiɪʔ$^{\underline{45}}$ti^{0}, sɤɯ^{45}i^{213}, tɕiɔ^{43}kɤɯ^{0}"taʔ$^{\underline{43}}$tsɿ^{0}", tɕi^{43}sɛ̃^{21}taʔ$^{\underline{43}}$tsɿ^{0}。

格个这个季三嗒子啊，从小儿聪明得扎实很，厉害，过目不忘。

kəʔ$^{\underline{43}}$kɤɯ^{0}tɕi^{43}sɛ̃^{21}taʔ$^{\underline{43}}$tsɿ^{0}a^{0}, tsʰɔŋ^{45}ɕiɔr^{213}tsʰɔŋ^{21}miəŋ^{0}təʔ$^{\underline{43}}$ tɕiæʔ$^{\underline{43}}$səʔ^{0}, kɤɯ^{43}mɔʔ$^{\underline{45}}$pəʔ$^{\underline{43}}$uaŋ^{21}。

但是有一条，长到头二十岁的时候，只有十三多拳高，是个"矮冬瓜"。

tɛ̃^{43}sɿ^{21}iɤɯ^{213}iɪʔ$^{\underline{43}}$tʰiɔ^{45}, tsaŋ^{213}tɔ^{43}tʰəi^{45}ər^{21}səʔ^{0}suəi^{43}ti^{0}sɿ^{45}xəi^{0}, tsəʔ$^{\underline{43}}$iɤɯ^{213}səʔ$^{\underline{45}}$sɛ̃^{21}tɤɯ^{21}tɕʰyʊ̃^{45}kɔ^{21}, sɿ^{21}kɤɯ^{0}"ŋɛ^{213}tɔŋ^{21}kua^{21}"。

格喳这个，那么嘞，长得还又不漂亮，"丑八怪"。

kəʔ$^{\underline{43}}$tsa^{21}lə^{0}, tsaŋ^{213}təʔ$^{\underline{43}}$xa^{45}iɤɯ^{21}pəʔ$^{\underline{43}}$pʰiɔ^{43}liaŋ^{0}, "tɕʰiɤɯ^{213} pæʔ$^{\underline{43}}$kuɛ^{43}"。

丑归丑啊，人家说"福在丑人面上"啊，格个这个季三嗒子聪明得扎实很，厉害噶！

tɕʰiɤɯ^{213}kuəi^{21}tɕʰiɤɯ^{213}a^{0}, ʐəŋ^{45}ka^{0}sʊʔ$^{\underline{43}}$"fɔʔ$^{\underline{43}}$tɕʰiɛ^{21}tɕʰiɤɯ^{213} ʐəŋ^{45}miĩ^{21}saŋ^{0}"ŋa^{0}, kəʔ$^{\underline{43}}$kɤɯ^{0}tɕi^{43}sɛ̃^{21}taʔ$^{\underline{43}}$tsɿ^{0}tsʰɔŋ^{21}miəŋ^{0}təʔ$^{\underline{43}}$

tɕiæʔ$^{\underline{43}}$səʔ^{0}kɛ^{0}!

从小儿哪个人，嗳，眨眼翻反应快，哪个人总说不过他。

tsʰɔŋ^{45}ɕiɔr^{213}la^{213}kɤɯ^{0}ʐəŋ^{45}，ɛ^{43}，tɕiæʔ$^{\underline{43}}$ŋɛ̃^{213}fɛ̃^{21}，la^{213}kɤɯ^{0}ʐəŋ^{45}tsɔŋ^{213}sʊʔ$^{\underline{43}}$pəʔ$^{\underline{43}}$kɤɯ^{43}tʰa^{21}。

哪个人读书，他就一遍头一遍，旁人就十遍才记得。

la^{213}kɤɯ^{0}ʐəŋ^{45}tʰɔʔ$^{\underline{45}}$su^{21}，tʰa^{21}tɕʰiɤɯ^{21}iɪʔ$^{\underline{43}}$pʰĩ^{43}tʰəi^{45}，pʰaŋ^{45}ʐəŋ^{45}tɕʰiɤɯ^{21}səʔ$^{\underline{45}}$pʰĩ^{43}tɕʰiɛ^{45}tɕi^{43}təʔ$^{\underline{43}}$。

后来上京赶考的时候，他是个矮子唻，十三多拳高唻，他的个爹爹父亲就把他架马肩，架啊肩膊肩膀上。

xəi^{21}lɛ^{45}saŋ^{21}tɕiəŋ^{21}kʊ̃^{213}kʰɔ^{213}ti^{0}sɿ^{45}xəi^{0}，tʰa^{21}sɿ^{21}kɤɯ^{0}ŋɛ^{213}tsɿ^{0}lɛ^{0}，səʔ$^{\underline{45}}$sɛ̃^{21}tɤɯ^{21}tɕʰyʊ̃^{45}kɔ^{21}lɛ^{0}，tʰa^{21}ti^{0}kɤɯ^{0}tia^{21}tia^{0}tɕʰiɤɯ^{21}pa^{213}tʰa^{0}ka^{43}ma^{213}tɕĩ^{21}，ka^{43}a^{0}tɕĩ^{21}paʔ^{0}saŋ^{21}。

因为那个衙门的那个午槛门槛高嘞啊，他家爹爹父亲把他架马肩，跨午槛门槛，去赶考。

iəŋ^{21}vəi^{45}lɤɯ^{43}kɤɯ^{0}ia^{43}məŋ^{21}ti^{0}lɤɯ^{43}kɤɯ^{0}vu^{213}kʰɛ̃^{0}kɔ^{21}lɛ^{0}a^{0}，tʰa^{21}ka^{0}tia^{21}tia^{0}pa^{213}tʰa^{0}ka^{43}ma^{213}tɕĩ^{21}，kʰua^{43}vu^{213}kʰɛ̃^{0}，tɕʰy^{43}kʊ̃^{45}kʰɔ^{213}。

格些这些考生噢，总都笑他："嘿嘿嘿嘿，恁你噢，将父当马骑！"

kəʔ$^{\underline{43}}$ɕia^{0}kʰɔ^{213}səŋ^{21}ŋɔ^{0}，tsɔŋ^{213}ɕiɔ^{43}tʰa^{0}："xəi^{21}xəi^{21}xəi^{21}xəi^{21}，nəŋ^{213}ŋɔ^{0}，tɕiaŋ^{21}fu^{21}taŋ^{43}ma^{213}tɕʰi^{45}!"

嘿，他马上眼睛一眨，就应对啰："望子成龙。"

xəi^{21}，tʰa^{21}ma^{213}saŋ^{0}ŋɛ̃^{213}tɕiəŋ^{0}iɪʔ$^{\underline{43}}$tɕiæʔ$^{\underline{43}}$，tɕʰiɤɯ^{21}iəŋ^{43}tuəi^{43}lɔ^{0}："uaŋ^{21}tsɿ^{213}tsʰəŋ^{45}lɔŋ^{45}。"

聪明啊，嗳，人家笑他"恁你啊，骑啊恁你家爹爹父亲肩膊唻肩膀上嗳，来噢，考试唻，恁你是将父当马骑"嗳，他马上就回答"望子成龙"，聪明！

tsʰɔŋ^{21} miəŋ^{0} ŋa^{0}，ɛ^{43}，ʐəŋ^{45} ka^{0} ɕiɔ^{43} tʰa^{0}“nəŋ^{213} ŋa^{0}，tɕʰi^{45} a^{0} nəŋ^{213}ka^{0}tia^{21} tia^{0}tɕiĩ^{21}paʔ^{0}saŋ^{21} ŋɛ^{0}，lɛ^{45} ɔ^{0}，kʰɔ^{213} sɿ^{43} lɛ^{0}，nəŋ^{213} sɿ^{21} tɕiaŋ^{21} fu^{21} taŋ^{43} ma^{213} tɕʰi^{45}” ɛ^{0}，tʰa^{21} ma^{213} saŋ^{0} tɕʰiɤɯ^{21} xuəi^{45} tæʔ$^{\underline{43}}$“uaŋ^{21}tsɿ^{213}tsʰəŋ^{45}lɔŋ^{45}”，tsʰɔŋ^{21}miəŋ^{0}！

结果嘞，个这个嗒子啊，还真的中啊状元。中啊状元，不一样啊啦！

tɕiɪʔ$^{\underline{43}}$ kɤɯ^{213} lə^{0}，kɤɯ^{43} taʔ$^{\underline{43}}$ tsɿ^{0} a^{0}，xa^{45} tsəŋ^{21} ti^{0} tsɔŋ^{43} ŋa^{0} tsʰuaŋ^{21} yʊ̃^{0}。tsɔŋ^{43}ŋa^{0}tsʰuaŋ^{21} yʊ̃^{0}，pəʔ$^{\underline{43}}$iɪʔ$^{\underline{43}}$iaŋ^{21} ŋa^{0}la^{0}！

后来有一年子家来回家，回乡探亲啊，望他妈妈呀。

xəi^{21}lɛ^{45}iɤɯ^{213} iɪʔ$^{\underline{43}}$ niĩ^{45}tsɿ^{0} ka^{21} lɛ^{0}，xuəi^{45} ɕiaŋ^{21} tʰʊ̃^{43} tɕʰiəŋ^{21} ŋa^{0}，uaŋ^{21} tʰa^{21} ma^{21} ma^{0}ia^{0}。

格个这个妈妈嬷，穷啊，家里啊，种田的呀。不要说出去啰，总都不曾离开个这个黑松林家里。

kəʔ$^{\underline{43}}$kɤɯ^{0}ma^{21}ma^{0}mə^{0}，tɕʰiɔŋ^{45} ŋa^{0}，ka^{21}li^{0}a^{0}，tsɔŋ^{43} tʰiĩ^{45}tia^{0}。pəʔ$^{\underline{43}}$iɔ^{43} sʊ̃ʔ$^{\underline{43}}$ tsʰuəʔ$^{\underline{43}}$ tɕʰy^{43} lɔ^{0}，tsɔŋ^{213} pəʔ$^{\underline{43}}$ tsʰəŋ^{45} li^{43} kʰɛ^{21} kɤɯ^{43} xəʔ$^{\underline{43}}$sɔŋ^{21}liəŋ^{45}ka^{21}li^{0}。

就同嗒子说嘎，说的“三啊”——他是老三。

tɕʰiɤɯ^{21}tʰɔŋ^{45}taʔ$^{\underline{43}}$tsɿ^{0}sʊ̃ʔ$^{\underline{43}}$kɔ^{0}，sʊ̃ʔ$^{\underline{43}}$ti^{0}“sɛ̃^{213} ŋa^{0}”——tʰa^{21} sɿ^{21}lɔ^{45}sɛ̃^{213}。

喊：“三啊，恁你在京城做官噢，见到皇宫噢，见到皇上噢，哎哟，哑你家妈妈在家里，种田种啊一世噢，总都不曾望见皇宫是个什呢什么样子。”

xɛ̃^{43}：“sɛ̃^{213}ŋa^{0}，nəŋ^{213}tɕʰiɛ^{21}tɕiəŋ^{21}tsʰəŋ^{45}tsɤɯ^{43}kʊ̃^{21}ŋɔ^{0}，tɕiĩ^{43} tɔ^{43}xuaŋ^{43}kɔŋ^{21} ŋɔ^{0}，tɕiĩ^{43}tɔ^{43} xuaŋ^{45} saŋ^{0}ŋɔ^{0}，ɛ^{21} iɔ^{21}，ŋa^{213} ma^{21} ma^{0} tɕʰiɛ^{21}ka^{21} li^{0}，tsɔŋ^{43} tʰiĩ^{45} tsɔŋ^{43} ŋa^{0} iɪʔ$^{\underline{43}}$ sɿ^{43} ɔ^{0}，tsɔŋ^{213} pəʔ$^{\underline{43}}$ tsʰəŋ^{45} uaŋ^{21}tɕiĩ^{43}xuaŋ^{43}kɔŋ^{21}sɿ^{21}kɤɯ^{0}səŋ^{213}ni^{0}iaŋ^{21}tsɿ^{0}。”

嗨，格个这个嗒子一听啊，心里一愣：是的啊，我要孝顺瓦我妈妈呀！我做官做到今朝今天，我还不曾好点啊孝顺瓦我妈妈咪。

xɛ^{21}，kəʔ$^{\underline{43}}$ kɤɯ^{0} taʔ$^{\underline{43}}$ tsɿ^{0} iɪʔ$^{\underline{43}}$ tʰiəŋ^{43} ŋa^{0}，ɕiəŋ^{21} li^{0} iɪʔ$^{\underline{43}}$ ləŋ^{21}：sɿ^{21} tia^{0}，ŋɤɯ^{213} iɔ^{43} ɕiɔ^{43} suəŋ^{0} ua^{213} ma^{21} ma^{0} ia^{0}，ŋɤɯ^{213} tsɤɯ^{43} kũ^{21} tsɤɯ^{43} tɔ^{43} kəŋ^{21} tsɔ^{0}，ŋɤɯ^{213} xa^{45} pəʔ$^{\underline{43}}$ tsʰəŋ^{45} xɔ^{213} tiĩ^{0} ŋa^{0} ɕiɔ^{43} suəŋ^{0} ua^{213} ma^{21} ma^{0} lɛ^{0}。

既然瓦我妈妈想啊望望皇宫什呢什么样子，我□便无论如何咋啊怎样，我要想办法噶呀。

tɕi^{43} ĩ^{45} ua^{213} ma^{21} ma^{0} ɕiaŋ^{213} ŋa^{0} uaŋ^{21} uaŋ^{0} xuaŋ^{43} kɔŋ^{21} səŋ^{213} ni^{0} iaŋ^{21} tsɿ^{0}，ŋɤɯ^{213} tɕiɛ̃^{21} pʰiĩ^{21} tsaŋ^{213} ŋa^{0}，ŋɤɯ^{213} iɔ^{43} ɕiaŋ^{213} pɛ̃^{43} fæʔ$^{\underline{43}}$ kɛ^{43} ia^{0}。

当天夜上夜里就把那些木匠瓦匠召集起来：同我起砌一个皇宫。

taŋ^{21} tʰiĩ^{21} ia^{21} saŋ^{0} tɕʰiɤɯ^{21} pa^{213} lɤɯ^{43} ɕia^{0} mɔʔ$^{\underline{45}}$ tɕʰiaŋ^{0} ua^{213} tɕʰiaŋ^{0} tsɔ^{21} tɕʰiɪʔ^{0} tɕʰi^{213} lɛ^{0}：tʰɔŋ^{45} ŋɤɯ^{0} tɕʰi^{213} iɪʔ$^{\underline{43}}$ kɤɯ^{0} xuaŋ^{43} kɔŋ^{21}。

嗨哟，哪个晓得，格这皇宫造啊好啊喽，惹啊事啦。

xɛ^{21} iɔ^{0}，la^{213} kɤɯ^{0} ɕiɔ^{213} təʔ$^{\underline{43}}$，kəʔ$^{\underline{43}}$ xuaŋ^{43} kɔŋ^{21} tsʰɔ^{21} a^{0} xɔ^{213} a^{0} lɔ^{0}，ʐa^{213} a^{0} sɿ^{21} la^{0}。

有人告他的状啊，说季三嗒子啊想啊造反啊，起砌皇宫啊。

iɤɯ^{213} ʐəŋ^{45} kɔ^{43} tʰa^{0} ti^{0} tsʰuaŋ^{21} ŋa^{0}，sũʔ$^{\underline{43}}$ tɕi^{43} sɛ̃^{21} taʔ$^{\underline{43}}$ tsɿ^{0} a^{0} ɕiaŋ^{213} ŋa^{0} tsʰɔ^{21} fɛ̃^{213} ŋa^{0}，tɕʰi^{213} xuaŋ^{43} kɔŋ^{21} ŋa^{0}。

格个这个罪名大啦，说哪个私家自家，自己嘞起砌皇宫。不要说一个头，十个头总都来不期来不及杀！

kəʔ$^{\underline{43}}$ kɤɯ^{0} tsʰuəi^{21} miəŋ^{45} ta^{21} la^{0}，sũʔ$^{\underline{43}}$ la^{213} kɤɯ^{0} sɿ^{21} ka^{21} lə^{0} tɕʰi^{213} xuaŋ^{43} kɔŋ^{21}。pəʔ$^{\underline{43}}$ iɔ^{43} sũʔ$^{\underline{43}}$ iɪʔ$^{\underline{43}}$ kɤɯ^{43} tʰəi^{45}，səʔ$^{\underline{45}}$ kɤɯ^{0} tʰəi^{45} tsɔŋ^{213} lɛ^{45} pəʔ$^{\underline{43}}$ tɕʰi^{21} ɕiæʔ$^{\underline{43}}$！

有人告诵告诉他，说的噢："没得命噢，有人去告恁你噢，恁你起皇宫!”

iɤɯ^{213} ʐəŋ^{45} kɔ^{43} sɔŋ^{43} tʰa^{21}，sʊ̃ʔ$^{\underline{43}}$ tiɔ^{0}：“məʔ$^{\underline{45}}$ təʔ^{0} miəŋ^{21} ŋɔ^{0}，iɤɯ^{213} ʐəŋ^{45} tɕʰy^{43} kɔ^{43} nəŋ^{213} ŋɔ^{0}，nəŋ^{213} tɕʰi^{213} xuaŋ^{43} kɔŋ^{21}!”

嘿，是的呀，惹啊祸啦！立即又来找格些这些，嗯，格些这些工匠，马上拿把格些这些宫殿里头塑的些菩萨。

xəi^{21}，sɿ^{21} tia^{0}，ʐa^{213} a^{0} xɤɯ^{21} la^{0}！liəʔ$^{\underline{45}}$ tɕiɪʔ$^{\underline{43}}$ iɤɯ^{21} lɛ^{45} tsɔ^{213} kəʔ$^{\underline{43}}$ ɕia^{0}，əŋ^{21}，kəʔ$^{\underline{43}}$ ɕia^{0} kɔŋ^{21} tɕʰiaŋ^{0}，ma^{213} saŋ^{0} na^{45} kəʔ$^{\underline{43}}$ ɕia^{0} kɔŋ^{21} tĩɪ^{43} li^{213} tʰəi^{0} su^{43} ti^{0} ɕia^{21} pʰu^{45} ɕiæʔ^{0}。

嗳，我起砌的庙，而且，起啊个名字，叫个“清云禅寺”。

ɛ^{21}，ŋɤɯ^{213} tɕʰi^{213} ti^{0} miɔ^{21}，ər^{45} tɕʰiɛ^{213}，tɕʰi^{213} a^{0} kɤɯ^{0} miəŋ^{43} tsʰɿ^{21}，tɕiɔ^{43} kɤɯ^{43}“tɕʰiəŋ^{21} yəŋ^{45} tɕʰĩɪ^{45} sɿ^{21}”。

起砌啊好啊以后，要来查咪。查吧不是的咪，不是起砌的皇宫，是起砌的庙。

tɕʰi^{213} a^{0} xɔ^{213} a^{0} i^{213} xəi^{0}，iɔ^{43} lɛ^{45} tsʰa^{45} lɛ^{0}。tsʰa^{45} pa^{0} pəʔ$^{\underline{43}}$ sɿ^{21} ti^{0} lɛ^{0}，pəʔ$^{\underline{43}}$ sɿ^{21} tɕʰi^{213} ti^{0} xuaŋ^{43} kɔŋ^{21}，sɿ^{21} tɕʰi^{213} ti^{0} miɔ^{21}。

但不管咋啊怎么说呗，慊你惹啊祸嘞。

tɛ̃^{43} pəʔ$^{\underline{43}}$ kʊ̃^{213} tsaŋ^{213} ŋa^{0} sʊ̃ʔ^{43} pə^{0}，nəŋ^{213} ʐa^{213} a^{0} xɤɯ^{21} lə^{0}。

嗯，而且吧，平时嘎嘞，格这嗒子嘞，又促狭聪明，狡猾，个可懂啊？促狭佬儿！

əŋ^{21}，ər^{45} tɕʰiɛ^{213} pa^{0}，pʰiəŋ^{45} sɿ^{45} ka^{0} lə^{0}，kəʔ$^{\underline{43}}$ taʔ$^{\underline{43}}$ tsɿ^{0} lə^{0}，iɤɯ^{21} tsʰɔʔ$^{\underline{43}}$ kʰuæʔ$^{\underline{43}}$，kʰɤɯ^{43} tɔŋ^{213} ŋa^{0}？tsʰɔʔ$^{\underline{43}}$ kʰuæʔ$^{\underline{43}}$ lɔr^{213}！

得罪啊不少人，人家要□暗算，整，搞他。

təʔ$^{\underline{43}}$ tsʰuəi^{0} a^{0} pəʔ$^{\underline{43}}$ sɔ^{213} ʐəŋ^{45}，ʐəŋ^{43} ka^{21} iɔ^{43} tɕʰiɤɯ^{213} tʰa^{21}。

格个这个时候嘞，没得用，充军。不杀慊你的头了，充军。

kəʔ$^{\underline{43}}$ kɤɯ^{0} sɿ^{45} xəi^{0} lə^{0}，məʔ$^{\underline{45}}$ təʔ^{0} iɔŋ^{21}，tsʰɔŋ^{21} tɕyəŋ^{21}。pəʔ$^{\underline{43}}$ ɕiæʔ$^{\underline{43}}$ nəŋ^{213} ti^{0} tʰəi^{45} lɔ^{0}，tsʰɔŋ^{21} tɕyəŋ^{21}。

格这嗒子啊，坏咪。他说：“充军啊，我旁的落头别的地方，我总都去啊，我就是一个落头地方不去。”

kəʔ$^{\underline{43}}$ taʔ$^{\underline{43}}$ tsɿ^{0} a^{0}，xuɛ^{21} lɛ^{0}。 tʰa^{21} sũʔ$^{\underline{43}}$：“tsʰɔŋ^{21} tɕyəŋ^{21} ŋa^{0}，ŋɤɯ^{213} pʰaŋ^{45} ti^{0} laʔ$^{\underline{45}}$ tʰəi^{0}，ŋɤɯ^{213} tsɔŋ^{213} tɕʰy^{43} a^{0}，ŋɤɯ^{213} tɕʰiɤɯ^{21} sɿ^{0} iɪʔ$^{\underline{43}}$ kɤɯ^{0} laʔ$^{\underline{45}}$ tʰəi^{0} pəʔ$^{\underline{43}}$ tɕʰy^{43}。”

皇上说的：“哪个落头不去啊？”

xuaŋ^{45} saŋ^{0} sũʔ$^{\underline{43}}$ ti^{0}：“la^{213} kɤɯ^{0} laʔ$^{\underline{45}}$ tʰəi^{0} pəʔ$^{\underline{43}}$ tɕʰy^{43} a^{0}？”

“黑松林我不去。”

“xəʔ$^{\underline{43}}$ sɔŋ^{21} liəŋ^{45} ŋɤɯ^{213} pəʔ$^{\underline{43}}$ tɕʰy^{43}。”

“啊，什呢事不去啊？”

“a^{21}，səŋ^{45} ni^{0} sɿ^{21} pəʔ$^{\underline{43}}$ tɕʰy^{43} a^{0}？”

“黑松林的个蚊子噢，有麻雀儿大唻，要咬煞非常人嗳。”

“xəʔ$^{\underline{43}}$ sɔŋ^{21} liəŋ^{45} ti^{0} kɤɯ^{0} vəŋ^{45} tsɿ^{0} ɔ^{0}，iɤɯ^{213} ma^{45} tɕiar^{43} ta^{21} lɛ^{0}，iɔ^{43} ŋɔ^{213} ɕiæʔ$^{\underline{43}}$ ʐəŋ^{45} ŋɛ^{0}。”

皇帝一听：哦，我倒要依恁你啊？啊，恁你说不去的地方，我就要教恁你去！

xuaŋ^{45} tɕʰi^{0} iɪʔ$^{\underline{43}}$ tʰiəŋ^{43}，ɔ^{21}，ŋɤɯ^{213} tɔ^{43} iɔ^{43} i^{21} nəŋ^{213} ŋa^{0}？ a^{21}，nəŋ^{213} sũʔ$^{\underline{43}}$ pəʔ$^{\underline{43}}$ tɕʰy^{43} ti^{0} tɕʰi^{21} faŋ^{0}，ŋɤɯ^{213} tɕʰiɤɯ^{21} iɔ^{43} kɔ^{21} nəŋ^{213} tɕʰy^{43}！

“不行！ 就要把恁你充军到黑松林！”

“pəʔ$^{\underline{43}}$ ɕiəŋ^{45}！ tɕʰiɤɯ^{21} iɔ^{43} pa^{213} nəŋ^{213} tsʰɔŋ^{21} tɕyəŋ^{21} tɔ^{43} xəʔ$^{\underline{43}}$ sɔŋ^{21} liəŋ^{45}！”

他一听噢，恨不得肚肚子肚里里面笑煞很，非常嘎唻，我就是要回老家唻，我就是要回黑松林哎。

tʰa^{21} iɪʔ$^{\underline{43}}$ tʰiəŋ^{43} ŋɔ^{0}，xəŋ^{21} pəʔ$^{\underline{43}}$ təʔ$^{\underline{43}}$ tu^{213} tʰu^{21} li^{0} ɕiɔ^{43} ɕiæʔ$^{\underline{43}}$ ka^{0} lɛ^{0}，ŋɤɯ^{213} tɕʰiɤɯ^{21} sɿ^{0} iɔ^{43} xuəi^{45} lɔ^{213} ka^{21} lɛ^{0}，ŋɤɯ^{213} tɕiʰɤɯ^{21} sɿ^{0} iɔ^{43} xuəi^{45} xəʔ$^{\underline{43}}$ sɔŋ^{21} liəŋ^{45} ŋɛ^{0}。

啊，立即趴下来，磕头，格喳然后，啊：“谢谢皇上，谢谢皇上！”

a^{21}，liəʔ$^{\underline{45}}$ tɕiɪʔ$^{\underline{43}}$ pʰa^{21} xa^{21} lɛ^{0}，kʰʊʔ$^{\underline{43}}$ tʰəi^{45}，kəʔ$^{\underline{43}}$ tsa^{21}，a^{21}：“tɕʰia^{21}

tɕ^{h}ia^{0}xuaŋ^{45}saŋ^{0},tɕ^{h}ia^{21}tɕ^{h}ia^{0}xuaŋ^{45}saŋ^{0}!”

格喳然后，接着，爬起来走的时候，“唉，妻到……夫到天边妻不行啊！”

kəʔ$^{\underline{43}}$tsa^{21},p^{h}a^{45}tɕ^{h}i^{213}lɛ^{0}tsɤɯ^{213}ti^{0}sɿ^{45}xəi^{0},“ɛ^{21},tɕ^{h}i^{21}tɔ^{43}……fu^{21}tɔ^{43}t^{h}iĩ^{21}piĩ^{21}tɕ^{h}i^{21}pəʔ$^{\underline{43}}$ɕiəŋ^{45}ŋa^{0}!”

“啊?!”皇上一听，恁你又说的入鬼话怪话，胡话呀！历古以来，是“夫到天边妻要行”，恁你咋啊说的什呢“夫到天边妻不行”的呀？啊?!

“a^{45}?!” xuaŋ^{45} saŋ^{0} iɪʔ$^{\underline{43}}$ t^{h}iəŋ^{43}, nəŋ^{213} iɤɯ^{21} sʊʔ$^{\underline{43}}$ ti^{0} ʐəʔ$^{\underline{45}}$ kuəi^{213}xua^{21}ia^{0}！ liəʔ$^{\underline{45}}$ku^{213}i^{213}lɛ^{45},sɿ^{21}“fu^{21}tɔ^{43}t^{h}iĩ^{21}piĩ^{21}tɕ^{h}i^{21}iɔ^{43}ɕiəŋ^{45}”,nəŋ^{213} tsaŋ^{213} ŋa^{0} sʊʔ$^{\underline{43}}$ ti^{0} səŋ^{45} ni^{0}“fu^{21} tɔ^{43} t^{h}iĩ^{21} piĩ^{21} tɕ^{h}i^{21} pəʔ$^{\underline{43}}$ɕiəŋ^{45}”tia^{0}？ a^{45}?!

恁你还做，恁你还做，恁你还做状元嗳！恁你木族狂妄无知嘎了！恁你噢！“夫到天边妻要行”！

nɔŋ^{213}xa^{45}tsɤɯ^{43},nɔŋ^{213}xa^{45}tɕɤɯ^{43},nɔŋ^{213}xa^{45}tɕɤɯ^{43}tɕ^{h}uaŋ^{21}yʊ̃^{0}ŋɛ^{0}！ nəŋ^{213}mɔʔ$^{\underline{45}}$ts^{h}ɔʔ$^{\underline{45}}$ka^{0}lɔ^{0}！ nəŋ^{213}ŋɔ^{0}！ “fu^{21}tɔ^{43}t^{h}iĩ^{21}piĩ^{21}tɕ^{h}i^{21}iɔ^{43}ɕiəŋ^{45}!”

嗒子马上又趴下来，磕三个头，“谢谢皇上，谢谢皇上噢!”他实际上就是要把他家女将妻子，女人带家来，不肯两个人分开。

taʔ$^{\underline{43}}$tsɿ^{0} ma^{213} saŋ^{0} iɤɯ^{21} p^{h}a^{21} xa^{21} lɛ^{0}, k^{h}ʊʔ$^{\underline{43}}$ sɛ̃^{21} kɤɯ^{0} t^{h}əi^{45},“tɕ^{h}ia^{21} tɕ^{h}ia^{0} xuaŋ^{45} saŋ^{0}, tɕ^{h}ia^{21} tɕ^{h}ia^{0} xuaŋ^{45} saŋ^{0} ŋɔ^{0}!” t^{h}a^{21} səʔ$^{\underline{45}}$tɕi^{0}saŋ^{0}tɕ^{h}iɤɯ^{21} sɿ^{0} iɔ^{43} pa^{213} t^{h}a^{21} ka^{0} ny^{213} tɕiaŋ^{0} tɛ^{43} ka^{21} lɛ^{0}, pəʔ$^{\underline{43}}$k^{h}əŋ^{213}lɛ̃^{213}kɤɯ^{0}ʐəŋ^{45}fəŋ^{21}k^{h}ɛ^{21}。

来噢，不肯带家来带回家呗，老婆不肯带家来呗，格这一生一世就分离唻。

lɛ^{45}ɔ^{0},pəʔ$^{\underline{43}}$k^{h}əŋ^{213}tɛ^{43}ka^{21}lɛ^{0}pə^{0},lɔ^{213}p^{h}ɤɯ^{0}pəʔ$^{\underline{43}}$k^{h}əŋ^{213}tɛ^{43}ka^{21}lɛ^{0}pə^{0},kəʔ$^{\underline{43}}$iɪʔ$^{\underline{43}}$səŋ^{21}iɪʔ$^{\underline{43}}$sɿ^{43}tɕ^{h}iɤɯ^{21}fəŋ^{21}li^{45}lɛ^{0}。

恁你要说他格个这个嗒子啊，聪明就聪明这个地方。

nəŋ^{213} iɔ^{43} sʊʔ$^{\underline{43}}$ tʰa^{21} kəʔ$^{\underline{43}}$ kɤɯ^{0} taʔ$^{\underline{43}}$ tsɿ^{0} a^{0}, tsʰɔŋ^{21} miəŋ^{0} tɕʰiɤɯ^{21} tsʰɔŋ^{21} miəŋ^{0} tsəʔ$^{\underline{43}}$ kɤɯ^{43} tɕʰi^{21} faŋ^{0}。

他总都说的反话，嗯，这个反话呀，还就把人绕住啊的，连皇上都把被他绕住啊的。

tʰa^{21} tsɔŋ^{213} sʊʔ$^{\underline{43}}$ ti^{0} fɛ̃^{213} xua^{0}, əŋ^{21}, tsəʔ$^{\underline{43}}$ kɤɯ^{0} fɛ̃^{213} xua^{0} ia^{0}, xa^{45} tɕʰiɤɯ^{21} pa^{213} ʐəŋ^{45} ʐɔ^{21} tsʰu^{21} a^{21} ti^{0}, liĩ^{45} xuaŋ^{45} saŋ^{0} tɤɯ^{21} pa^{213} tʰa^{21} ʐɔ^{21} tsʰu^{21} a^{21} ti^{0}。

所以噢，嗯，当然，季三嗒子的个促狭聪明，狡猾，他的些后人不曾传下去，个可懂啊。

sɤɯ^{45} i^{213} ɔ^{0}, əŋ^{21}, taŋ^{21} ĩĩ^{45}, tɕi^{43} sɛ̃^{21} taʔ$^{\underline{43}}$ tsɿ^{0} ti^{0} kɤɯ^{0} tsʰɔʔ$^{\underline{43}}$ kʰuæʔ$^{\underline{43}}$, tʰa^{21} ti^{0} ɕia^{0} xəi^{21} ʐəŋ^{45} pəʔ$^{\underline{43}}$ tsʰəŋ^{45} tsʰʊ̃^{45} xa^{0} tɕʰy^{43}, kɤɯ^{43} tɔŋ^{213} ŋa^{0}。

啊，但是他的个聪明，他的后人传下去啰。就包括我们现在泰兴人。

a^{21}, tɛ̃^{43} sɿ^{21} tʰa^{21} ti^{0} kɤɯ^{0} tsʰɔŋ^{21} miəŋ^{0}, tʰa^{21} ti^{0} xəi^{21} ʐəŋ^{45} tsʰʊ̃^{45} xa^{0} tɕʰy^{43} lɔ^{0}。tɕʰiɤɯ^{21} pɔ^{21} kuæʔ$^{\underline{43}}$ ŋɤɯ^{213} məŋ^{0} ɕiĩ^{43} tɕʰiɛ^{21} tʰɛ^{43} ɕiəŋ^{0} ʐəŋ^{45}。

我也不是吹牛呀，我叫我们泰兴人，在整个全国来说，嘿，人家总都说，恁叫你们泰兴人聪明得扎实很，厉害噶！

ŋɤɯ^{45} ia^{213} pəʔ$^{\underline{43}}$ sɿ^{21} tsʰuəi^{21} ŋəi^{45} ia^{0}, ŋɤɯ^{213} tɕiɔ^{0} tʰɛ^{43} ɕiəŋ^{0} ʐəŋ^{45}, tɕʰiɛ^{21} tsəŋ^{213} kɤɯ^{0} tɕʰyʊ̃^{45} kɔʔ$^{\underline{43}}$ lɛ^{45} sʊ̃ʔ$^{\underline{43}}$, xəi^{21}, ʐəŋ^{45} ka^{0} tsɔŋ^{213} sʊʔ$^{\underline{43}}$, nəŋ^{213} tɕiɔ^{0} tʰɛ^{43} ɕiəŋ^{0} ʐəŋ^{45} tsʰɔŋ^{21} miəŋ^{0} təʔ$^{\underline{43}}$ tɕiæʔ$^{\underline{43}}$ səʔ^{0} kɛ^{0}!

二　地方游戏

城关话

现在呗,有电脑唻,那时候没电脑嗳。就是,那时候的伢儿孩子耍子玩耍,耍什呢杲昃玩什么东西嘞?耍的杲昃多唻!

ɕĩĩ^{43} tɕ^{h}iɛ^{21} pɛ^{0}, iɤɯ^{213} tiĩ^{43} nɔ^{213} lɛ^{0}, lɤɯ^{43} sɿ^{45} xɤɯ^{0} məʔ$^{\underline{45}}$ tiĩ^{43} nɔ^{213} ɛ^{0}。tɕ^{h}iɤɯ^{21} sɿ^{0}, lɤɯ^{43} sɿ^{45} xɤɯ^{0} ti^{0} ŋar^{43} sua^{213} tsɿ^{0}, sua^{213} səŋ^{45} ni^{0} kɔ^{213} tsɿ^{0} lə^{0}? sua^{213} ti^{0} kɔ^{213} tsɿ^{0} tɤɯ^{21} lɛ^{0}!

耷巴儿一种儿童游戏、踢毽子、梭打儿、滚铁环。

taʔ$^{\underline{43}}$ par^{21}、t^{h}iɪʔ$^{\underline{43}}$ tɕĩĩ^{43} tsɿ^{0}、sɤɯ^{21} tar^{213}、kuəŋ^{213} t^{h}iɪʔ$^{\underline{43}}$ k^{h}uɛ̃^{45}。

还有那个子儿,叫个抓子。

xa^{45} iɤɯ^{213} lɤɯ^{43} kɤɯ^{0} tsər^{213}, tɕiɔ^{43} kɤɯ^{0} tsua^{21} tsɿ^{213}。

还有拿火柴葶子火柴棒,一撒,一挑,挑啊耍子的把火柴棒挑着玩,以不碰动其他火柴棒为赢。

xa^{45} iɤɯ^{213} na^{45} xɤɯ^{213} tɕ^{h}iɛ^{0} t^{h}iəŋ^{45} tsɿ^{0}, iɪʔ$^{\underline{43}}$ sa^{213}, iɪʔ$^{\underline{43}}$ t^{h}iɔ^{21}, t^{h}iɔ^{21} a^{0} sua^{213} tsɿ^{0} ti^{0}。

还有打打不死唻,还有斗鸡。

xa^{45} iɤɯ^{213} ta^{213} ta^{213} pəʔ$^{\underline{43}}$ sɿ^{213} lɛ^{0}, xa^{45} iɤɯ^{213} təi^{43} tɕi^{21}。

嗳哟,没得事的时候,我叫我们去□音"碗"。扣,覆盖,套取假蝼知了。

ɛ^{21} iɔ^{45}, məʔ$^{\underline{45}}$ təʔ$^{\underline{43}}$ sɿ^{21} ti^{0} sɿ^{45} xɤɯ^{0}, ŋɤɯ^{213} tɕiɔ^{0} tɕ^{h}y^{43} ʊ̃^{213} tɕia^{213} ləi^{45}。

弄那个草嘞,一扎扎几个绾子,弄竹子。等于是弄啊好啊的,就兹靠啊那个树上去□音"碗"。扣,覆盖,套取啊,□音"碗"。扣,覆盖,套取假蝼知了。

nɔŋ^{21} lɤɯ^{43} kɤɯ^{0} ts^{h}ɔ^{213} lə^{0}, iɪʔ$^{\underline{43}}$ tɕiæʔ$^{\underline{43}}$ tɕiæʔ$^{\underline{43}}$ tɕi^{213} kɤɯ^{0} ʊ̃^{213} tsɿ^{0}, nɔŋ^{21} tsɔʔ$^{\underline{43}}$ tsɿ^{0}。təŋ^{213} y^{0} sɿ^{21} nɔŋ^{21} ŋa^{0} xɔ^{213} a^{0} ti^{0}, tɕ^{h}iɤɯ^{21} tsɿ^{21}

a^{0}lɤɯ^{43}kɤɯ^{0}su^{21}saŋ^{0}tɕ^{h}y^{43}ʊ̃^{213}ŋa^{0},ʊ̃^{213}tɕia^{213}ləi^{45}。

一□,□音"碗"。扣,覆盖,套取到之后,家来回到家赶快,放啊锅膛土灶烧草的地方里一烧,喷香的,好吃嘎不得了唻! 实际上格个杲昃这个东西,也是绿色产品啊。

iɪʔ$^{\underline{43}}$ ʊ̃^{213}, ʊ̃^{213} tɔ^{43} tsɿ^{21} xɤɯ^{21}, ka^{21} lɛ^{0} kɛ̃^{213} k^{h}uɛ^{43}, faŋ^{43} ŋa^{0} kɤɯ^{21}t^{h}aŋ^{0}li^{0}iɪʔ$^{\underline{43}}$sɔ^{21}, p^{h}əŋ^{43}ɕiaŋ^{21}ti^{0}, xɔ^{213}tɕ^{h}iəʔ$^{\underline{43}}$ka^{0}pəʔ$^{\underline{43}}$təʔ$^{\underline{43}}$liɔ^{213}lɛ^{0}! səʔ$^{\underline{45}}$tɕi^{0}saŋ^{0}kəʔ$^{\underline{43}}$kɤɯ^{0}kɔ^{213}tsɿ^{0}, ia^{213}sɿ^{0}lɔʔ$^{\underline{45}}$səʔ$^{\underline{43}}$ts^{h}ɛ̃^{45} p^{h}iəŋ^{213}ŋa^{0}。

格个这个假蝼肉子知了肉非常香,非常好吃。

kəʔ$^{\underline{43}}$kɤɯ^{0}tɕia^{213}ləi^{45}ʐɔʔ$^{\underline{45}}$tsɿ^{0}fəi^{213}ts^{h}aŋ^{45}ɕiaŋ^{21}, fəi^{213}ts^{h}aŋ^{45} xɔ^{213}tɕ^{h}iəʔ$^{\underline{43}}$。

格喳这个,还有什呢什么? 没得事,是到那个田里。

kəʔ$^{\underline{43}}$tsa^{21}, xa^{45}iɤɯ^{213}səŋ^{45}ni^{0}? məʔ$^{\underline{45}}$təʔ^{0}sɿ^{21}, sɿ^{21}tɔ^{43}lɤɯ^{43} kɤɯ^{0}t^{h}ɪ̃^{45}li^{0}。

那个,麦嘎,小麦,应该是小麦嘎,长得要熟不熟的时候。

lɤɯ^{43}kɤɯ^{0}, mɔʔ$^{\underline{45}}$ka^{0}, ɕiɔ^{213}mɔʔ$^{\underline{45}}$, iəŋ^{43}kɛ^{21}sɿ^{21}ɕiɔ^{213}mɔʔ$^{\underline{45}}$ ka^{0}, tsaŋ^{213}təʔ^{0}iɔ^{43}sɔʔ$^{\underline{45}}$pəʔ$^{\underline{43}}$sɔʔ$^{\underline{45}}$ti^{0}sɿ^{45}xɤɯ^{0}。

我叫我们走从那个上头一抹,扽下来拽下来。

ŋɤɯ^{213} tɕiɔ^{0} tsɤɯ^{213} lɤɯ^{43} kɤɯ^{0} saŋ^{21} t^{h}ɤɯ^{0} iɪʔ$^{\underline{43}}$ mæʔ$^{\underline{45}}$, təŋ^{43} xa^{0}lɛ^{0}。

叫个镇愣子一种食品,将要熟的麦粒,我叫我们摆啊草上头,一烧,就是就地取材啊。一烧,烧啊之后就吃,喷香的也是。

tɕiɔ^{43} kɤɯ^{0} tsəŋ^{43} ləŋ^{43} tsɿ^{0}, ŋɤɯ^{213} tɕiɔ^{0} pɛ^{213} a^{0} ts^{h}ɔ^{213} saŋ^{21} t^{h}ɤɯ^{0}, iɪʔ$^{\underline{43}}$sɔ^{21}, tɕ^{h}iɤɯ^{21}sɿ^{0}tɕ^{h}iɤɯ^{21}tɕ^{h}i^{21}ts^{h}uəi^{213}tɕ^{h}iɛ^{45}a^{0}。iɪʔ$^{\underline{43}}$ sɔ^{21}, sɔ^{21}a^{0}tsɿ^{21}xɤɯ^{0}tɕ^{h}iɤɯ^{21}tɕ^{h}iəʔ$^{\underline{43}}$, p^{h}əŋ^{43}ɕiaŋ^{21}ti^{0}ia^{213}sɿ^{0}。

三 歇后语

城关话

斜头儿贴烧饼——□嗒。

tɕʰia^{21}tʰər^{45}tʰiɪʔ$^{\underline{43}}$sɔ^{21}piəŋ^{0}——saʔ$^{\underline{45}}$taʔ$^{\underline{43}}$。

土地佬儿骑雄鸡——神气谷谷的。

tʰu^{213}tɕʰi^{0}lɔ^{213}ər^{0}tɕʰi^{45}iɔŋ^{43}tɕi^{21}——səŋ^{45}tɕʰi^{43}kɔʔ$^{\underline{43}}$kɔʔ$^{\underline{43}}$ti^{0}。

土地庙没得顶——神气通天。

tʰu^{213}tɕʰi^{0}miɔ^{21}məʔ$^{\underline{45}}$təʔ$^{\underline{43}}$tiəŋ^{213}——səŋ^{45}tɕʰi^{0}tʰɔŋ^{21}tʰĩɪ^{21}。

菩萨家儿子——小神。

pʰu^{45}ɕiæʔ^{0}ka^{0}ər^{45}tsɿ^{0}——ɕiɔ^{213}səŋ^{45}。

寿星佬儿卖妈妈呀——倚老卖老。

ɕiɤɯ^{21}ɕiəŋ^{21}lɔr^{213}mɛ^{21}ma^{21}ma^{21}ia^{0}——i^{45}lɔ^{213}mɛ^{21}lɔ^{213}。

蚊子叮住泥菩萨咬啊——找啊错啊人。

vəŋ^{45}tsɿ^{0}tiəŋ^{21}tsʰu^{21}ni^{43}pʰu^{21}ɕiæʔ^{0}ŋɔ^{213}a^{0}——tsɔ^{213}a^{0}tsʰɤɯ^{21}a^{0}ʐəŋ^{45}。

关老爷卖豆腐——人硬货不硬。

kuɛ̃^{21}lɔ^{213}i^{0}mɛ^{21}tʰəi^{21}fu^{0}—ʐəŋ^{45}ŋəŋ^{21}xɤɯ^{43}pəʔ$^{\underline{43}}$ŋəŋ^{21}。

瘌子打伞——现成的头脑。

læʔ$^{\underline{45}}$tsɿ^{0}ta^{213}ɕiɛ̃^{213}——ɕĩɪ^{21}tsʰəŋ^{45}ti^{0}tʰəi^{45}nɔ^{213}。

癞子抓痒——□音“惑”起来喽。

lɛ^{21}tsɿ^{0}tsua^{21}iaŋ^{213}——xɔʔ$^{\underline{43}}$tɕʰi^{213}lɛ^{0}lɔ^{0}。

癞子马马已婚女子的贬称抓痒——□起来喽。

lɛ^{21}tsɿ^{0}ma^{213}ma^{0}tsua^{21}iaŋ^{213}——xɔʔ$^{\underline{43}}$tɕʰi^{213}lɛ^{0}lɔ^{0}。

四　传统节日

城关话

嗳,现在格个这个社会啊,变化大呀了。变来变去啊,我叫我们泰兴还有哪些不曾变?有些风俗习惯不曾变。今朝今天我就来讲讲我叫我们泰兴的传统节日嘎。

ɛ^{43}, ɕiĩ^{43} tɕʰiɛ̃^{21} kəʔ$^{\underline{43}}$ kɤɯ^{0} ɕiɛ̃^{21} xuəi^{21} a^{0}, piĩ^{43} xua^{0} ta^{21} ia^{0} lɔ^{0}。piĩ^{43} lɛ^{45} piĩ^{43} tɕʰy^{43} a^{0}, ŋɤɯ^{213} tɕiɔ^{0} tʰɛ^{43} ɕiəŋ^{0} xa^{45} iɤɯ^{213} la^{213} ɕia^{0} pəʔ$^{\underline{43}}$ tsʰəŋ^{0} piĩ^{43}? iɤɯ^{213} ɕia^{0} fɔŋ^{21} sɔʔ^{0} ɕiəʔ$^{\underline{45}}$ kuɛ̃^{0} pəʔ$^{\underline{43}}$ tsʰəŋ^{0} piĩ^{43}。kəŋ^{21} tsɔ^{0} ŋɤɯ^{213} tɕʰiɤɯ^{21} lɛ^{45} kaŋ^{213} kaŋ^{0} ŋɤɯ^{213} tɕiɔ^{0} tʰɛ^{43} ɕiəŋ^{43} ti^{0} tsʰʊ̃^{45} tʰɔŋ^{213} tɕiɪʔ$^{\underline{43}}$ iɪʔ$^{\underline{45}}$ ka^{0}。

我就记得小时家过年,小伢儿小孩儿最欢喜的就是个过年。

ŋɤɯ^{213} tɕʰiɤɯ^{21} tɕi^{43} təʔ^{0} ɕiɔ^{213} sɿ^{45} ka^{0} kɤɯ^{43} niĩ^{45}, ɕiɔ^{213} ŋar^{43} tsuəi^{43} xɤɯ^{21} ɕi^{0} ti^{0} tɕʰiɤɯ^{21} sɿ^{0} kɤɯ^{0} kɤɯ^{43} niĩ^{45}。

早上啊起来,就帮啊大人开始贴对子啊,贴福字啊,然后嘞,到啊三十夜,吃夜饭的时候,问大人要红包,三十夜叫个“守岁”。

tsɔ^{213} saŋ^{0} ŋa^{0} tɕʰi^{213} lɛ^{0}, tɕʰiɤɯ^{21} paŋ^{21} ŋa^{0} ta^{21} ʐəŋ^{0} kʰɛ^{21} sɿ^{213} tʰiɪʔ$^{\underline{43}}$ təi^{43} tsɿ^{0} a^{0}, tʰiɪʔ$^{\underline{43}}$ fɔʔ$^{\underline{43}}$ tsʰɿ^{21} a^{0}, ʐɛ̃^{43} xɤɯ^{21} lə^{0}, tɔ^{43} a^{0} ɕiɛ̃^{21} səʔ$^{\underline{21}}$ ia^{21}, tɕʰiəʔ$^{\underline{43}}$ ia^{21} fɛ̃^{21} ti^{0} sɿ^{45} xɤɯ^{0}, vəŋ^{21} ta^{21} ʐəŋ^{0} iɔ^{43} xɔŋ^{45} pɔ^{21}, ɕiɛ̃^{21} səʔ$^{\underline{21}}$ ia^{21} tɕiɔ^{43} kɤɯ^{0} “ɕiɤɯ^{213} suəi^{43}”。

后来,我记得正月初一呗,肯定是,全家子总都是穿戴一新,到邻舍家呀,到亲戚家呀,拜年……然后发糖啊,拿烟的。然后我叫我们,正月初二,一般总都是到婆奶奶外婆家呀、到舅舅家呀去拜年啊。那时候拎的些茶食,我还记得,小时候什呢什么京枣啊、桃酥啊……还记得,稍微大点儿,我叫我们还拎个蛋糕。

xɤɯ^{21} lɛ^{45}, ŋɤɯ^{213} tɕi^{43} təʔ^{0} tsəŋ^{21} yʊʔ^{0} tsʰu^{21} iɪʔ$^{\underline{43}}$ pɛ^{0}, kʰəŋ^{213}

tiəŋ43 sɿ21，tɕʰyʊ̃45 ka21 tsɿ0 tsɔŋ213 sɿ0 tsʰʊ̃21 tɛ43 iɪʔ43 ɕiəŋ21，tɔ43 liəŋ45 saʔ43 ka0 ia0，tɔ43 tɕʰiəŋ21 tɕʰi0 ka21 ia0，pɛ43 niɪ̃45……ʐɛ̃43 xɤɯ21 fæʔ43 tʰaŋ45 ŋa0，na45 ɪ̃21 ti0。ʐɛ̃43 xɤɯ21 ŋɤɯ213 tɕiɔ0，tsəŋ21 yʊʔ0 tsʰu21 ər21，iɪʔ43 pɛ̃21 tsɔŋ213 sɿ0 tɔ43 pʰɤɯ45 nɛ213 nɛ0 ka43 ia0、tɔ43 tɕʰiɤɯ21 tɕʰiɤɯ0 ka0 ia0 tɕʰy43 pɛ43 niɪ̃45 ŋa0。lɤɯ43 sɿ45 xɤɯ0 liəŋ21 ti0 ɕia21 tsʰa45 səʔ45，ŋɤɯ213 xa45 tɕi43 təʔ0，ɕiɔ213 sɿ45 xɤɯ0 səŋ45 ni0 tɕiəŋ21 tsɔ213 a0、tʰɔ43 su21 a0……xa45 tɕi43 təʔ43，sɔ21 vəi45 ta21 tiər0，ŋɤɯ213 tɕiɔ0 xa45 liəŋ21 kɤɯ0 tʰɛ̃21 kɔ21。

格歇个这时候人家呗，又高级起来了，哎哟，花色越来越多了。我叫我们泰兴，好像，正月初五叫个什呢这个，那个财神日子啊。就是家家人家，好像，深更半夜就开始放炮仗啊了。

kəʔ43 ɕiɪʔ0 kɤɯ0 ʐəŋ43 ka21 pɛ0，iɤɯ21 kɔ21 tɕʰiɪʔ0 tɕʰi213 lɛ0 lɔ0，ɛ21 iɔ0，xua21 səʔ43 yʊʔ21 lɛ45 yʊʔ45 tɤɯ21 lɔ0。ŋɤɯ213 tɕiɔ0 tʰɛ43 ɕiəŋ0，xɔ213 tɕʰiaŋ21，tsəŋ21 yʊʔ0 tsʰu21 vu213 tɕiɔ43 kɤɯ0 səŋ45 ni0 tɕʰiɛ45 səŋ0 iɪʔ45 tsɿ0 a0。tɕʰiɤɯ21 sɿ0 ka21 ka0 ʐəŋ43 ka21，xɔ213 tɕʰiaŋ0，səŋ21 kəŋ0 pʊ̃43 ia21 tɕʰiɤɯ21 kʰɛ21 sɿ213 faŋ43 pʰɔ43 tsaŋ43 ŋa0 lɔ0。

做生意的人家呗，初五的早上啊，怎样总要开张，迎接下子。

tsɤɯ43 səŋ21 i0 ti0 ʐəŋ43 ka21 pɛ0，tsʰu21 vu213 ti0 tsɔ213 saŋ0 ŋa0，tsaŋ213 ŋa0 tsɔŋ213 iɔ43 kʰɛ21 tsaŋ21，iəŋ45 tɕiɪʔ43 xa0 tsɿ0。

要保佑自家，财源滚滚噢，开门大吉。

iɔ43 pɔ213 iɤɯ0 tsʰɿ21 ka0，tɕʰiɛ45 yʊ̃45 kuəŋ45 kuəŋ213 ŋɔ0，kʰɛ21 məŋ45 ta21 tɕiɪʔ43。

格喳那么，接下来是十三高灯，十三高灯十四吃。

kəʔ43 tsa21，tɕiɪʔ43 xa0 lɛ0 sɿ21 səʔ45 ɕiɛ̃21 kɔ21 təŋ21，səʔ45 ɕiɛ̃21 kɔ21 təŋ21 səʔ45 sɿ43 tɕʰiəʔ43。

十八落灯，“高灯圆子落灯吃，宝宝吃嘎肚里汪荡心”，说的就是格个这个。

səʔ$^{\underline{45}}$ pæʔ$^{\underline{43}}$ laʔ$^{\underline{45}}$ təŋ^{21}，"kɔ^{21} təŋ^{21} yʊ̃^{45} tsɿ^{0} laʔ$^{\underline{45}}$ təŋ^{21} tɕʰiəʔ$^{\underline{43}}$，pɔ^{213}pɔ^{0}tɕʰiəʔ$^{\underline{43}}$ka^{0}tʰu^{21}li^{0}uaŋ^{43}taŋ^{43}ɕiəŋ^{21}"，sʊʔ$^{\underline{43}}$ti^{0}tɕʰiɤɯ^{21}sɿ^{0}kəʔ$^{\underline{43}}$kɤɯ^{0}。

有兔子灯啊、龙灯啊、蛤蟆灯，还有人家单位上弄的那个车子……花灯。

iɤɯ^{213} tʰu^{43} tsɿ^{0} təŋ^{21} ŋa^{0}、lɔŋ^{43} təŋ^{21} ŋa^{0}、xa^{43} ma^{21} təŋ^{21}，xa^{45} iɤɯ^{213} ʐəŋ^{43} ka^{21} tɛ̃^{21} vəi^{21} saŋ^{0} nɔŋ^{21} ti^{0} lɤɯ^{43} kɤɯ^{0} tsʰa^{21} tsɿ^{0} …… xua^{21}təŋ^{21}。

从那个大庆路上，像游街似的。

tsʰɔŋ^{45} lɤɯ^{43} kɤɯ^{0} ta^{21} tɕʰiəŋ^{43} lu^{21} saŋ^{21}，tɕʰiaŋ^{21} iɤɯ^{45} kɛ^{21} sɿ^{21}ti^{0}。

舞龙灯、舞狮子总有得。过啊正月半呗，好像……应该就是我叫我们泰兴最大的个节气呗，就是清明节。清明节早上啊，小时家记得，还吃个什呢什么，叫个杨柳叶子烧饼。

vu^{213}lɔŋ^{43} təŋ^{21}、vu^{213} sɿ^{21} tsɿ^{0} tsɔŋ^{45} iɤɯ^{213} təʔ^{0}。kɤɯ^{43} a^{0} tsəŋ^{21} yʊʔ^{0}pʊ̃^{43}pɛ^{0}，xɔ^{213}tɕʰiaŋ^{0}……iəŋ^{43}kɛ^{21}tɕʰiɤɯ^{21}sɿ^{0}ŋɤɯ^{213}tɕiɔ^{0}tʰɛ^{43} ɕiəŋ^{0}tsuəi^{43} ta^{21} ti^{0} kɤɯ^{0} tɕiɪʔ$^{\underline{43}}$ tɕʰi^{43} pɛ^{0}，tɕʰiɤɯ^{21} sɿ^{0} tɕʰiəŋ^{21} miəŋ^{0} tɕiɪʔ$^{\underline{43}}$。tɕʰiəŋ^{21} miəŋ^{0} tɕiɪʔ$^{\underline{43}}$ tsɔ^{213} saŋ^{0} ŋa^{0}，ɕiɔ^{213} sɿ^{45} ka^{0} tɕi^{43} təʔ^{0}，xa^{45}tɕʰiəʔ$^{\underline{43}}$kɤɯ^{0}səŋ^{45}ni^{0}，tɕiɔ^{43}kɤɯ^{0}iaŋ^{45}ləi^{0}iɪʔ$^{\underline{45}}$tsɿ^{0}sɔ^{21}piəŋ^{0}。

弄那个荞麦屑，还有韭菜，还有格个这个杨柳叶子。

nɔŋ^{21}lɤɯ^{43}kɤɯ^{0}tɕʰiɔ^{45} mɔʔ$^{\underline{45}}$ ɕiɪʔ$^{\underline{43}}$，xa^{45} iɤɯ^{0} tɕiɤɯ^{213} tɕʰiɛ^{43}，xa^{45}iɤɯ^{213}kəʔ$^{\underline{43}}$kɤɯ^{0}iaŋ^{45}ləi^{0}iɪʔ$^{\underline{45}}$tsɿ^{0}。

清明节底下，就到多午端午了。五月初五。

tɕʰiəŋ^{21} miəŋ^{0} tɕiɪʔ$^{\underline{43}}$ tɕi^{213} xa^{0}，tɕʰiɤɯ^{21} tɔ^{43} tɤɯ^{21} vu^{0} lɔ^{0}。vu^{213} yʊʔ^{0}tsʰu^{21}vu^{213}。

过多午节端午节之前还有个二月初二。"二月二，带女儿，不带女儿啊，不带女儿穷鬼儿啊。"

kɤɯ^{43}tɤɯ^{21}vu^{0}tɕiɪʔ$^{\underline{43}}$tsɿ^{21}tɕʰĩ^{45}xa^{45}iɤɯ^{213}kɤɯ^{0}ər^{21}yʊʔ^{0}tsʰu^{21}

ər^{21}。"ər^{21} yʊʔ^{0} ər^{21}，tɛ^{43} ny^{213} ər^{45}，pəʔ$^{\underline{43}}$ tɛ^{43} ny^{213} ər^{45} a^{0}，pəʔ$^{\underline{43}}$ tɛ^{43} ny^{213} ər^{45} tɕ^{h}iɔŋ^{45} kuər^{213} a^{0}。"

说的是，随恁家你家咋啊怎样穷，格这一天一定要把恁带家去把你带回家。

sʊʔ$^{\underline{43}}$ ti^{0} sɿ^{0}，ts^{h}uəi^{45} nəŋ^{213} ka^{0} tsaŋ^{213} ŋa^{0} tɕ^{h}iɔŋ^{45}，kəʔ$^{\underline{43}}$ iɪʔ$^{\underline{43}}$ t^{h}iĩ^{21} iɪʔ$^{\underline{43}}$ tiəŋ^{43} iɔ^{43} pa^{213} nəŋ^{0} tɛ^{43} ka^{21} tɕ^{h}y^{0}。

问下往下数噢，过啊多午端午，底下是七月半，鬼节，七月半烧纸。

vəŋ^{21} xa^{21} su^{213} ɔ^{0}，kɤɯ^{43} a^{0} tɤɯ^{21} vu^{0}，tɕi^{213} xa^{0} sɿ^{0} tɕ^{h}iəʔ$^{\underline{43}}$ yʊʔ^{0} pʊ̃^{43}，kuəi^{213} tɕiɪʔ$^{\underline{43}}$，tɕ^{h}iəʔ$^{\underline{43}}$ yʊʔ^{0} pʊ̃^{43} sɔ^{21} tsɿ^{213}。

七月三十也烧纸，烧那个野鬼，叫那个"斋孤"。

tɕ^{h}iəʔ$^{\underline{43}}$ yʊʔ^{0} ɕiɛ̃^{21} səʔ^{0} ia^{213} sɔ^{21} tsɿ^{213}，sɔ^{21} lɤɯ^{43} kɤɯ^{0} ia^{45} kuəi^{213}，tɕiɔ^{43} lɤɯ^{43} kɤɯ^{0}"tɕiɛ^{21} ku^{21}"。

桥头啊，什呢什么路边上嘎，岔路啊，要烧。是保佑伢儿孩子平安，走到格些这些路，总要平平安安的。

tɕiɔ^{45} t^{h}əi^{45} a^{0}，səŋ^{45} ni^{0} lu^{21} piĩ^{21} saŋ^{21} ŋa^{0}，ts^{h}a^{43} lu^{21} a^{0}，iɔ^{43} sɔ^{21}。sɿ^{21} pɔ^{213} iɤɯ^{0} ŋar^{43} p^{h}iəŋ^{45} ŋɛ̃^{21}，tsɤɯ^{213} tɔ^{43} kəʔ^{43} ɕia^{0} lu^{21}，tsɔŋ^{21} iɔ^{43} p^{h}iəŋ^{45} p^{h}iəŋ^{45} ŋɛ̃^{21} ŋɛ̃^{21} ti^{0}。

格底下下面就是八月半，凉月子粑粑，就是……做涨烧饼哦，敬月亮。

kəʔ$^{\underline{43}}$ tɕi^{213} xa^{0} tɕ^{h}iɤɯ^{21} sɿ^{0} pæʔ$^{\underline{43}}$ yʊʔ^{0} pʊ̃^{43}，liaŋ^{45} yʊʔ$^{\underline{45}}$ tsɿ^{0} pa^{21} pa^{0}，tɕ^{h}iɤɯ^{21} sɿ^{0}……tsɤɯ^{43} tsaŋ^{213} sɔ^{0} piəŋ^{0} ŋɔ^{0}，tɕiəŋ^{43} yʊʔ$^{\underline{45}}$ liaŋ^{0}。

像我叫我们泰兴泰兴城叫个酵烧饼，乡下叫个涨烧饼。

tɕ^{h}iaŋ^{21} ŋɤɯ^{213} tɕiɔ^{0} t^{h}ɛ^{43} ɕiəŋ^{0} tɕiɔ^{43} kɤɯ^{0} kɔ^{43} sɔ^{0} piəŋ^{0}，ɕiaŋ^{21} xa^{0} tɕiɔ^{43} kɤɯ^{0} tsaŋ^{213} sɔ^{0} piəŋ^{0}。

我叫我们泰兴的个黄桥决战，就是靠格个这个酵烧饼，打啊胜仗的。我叫我们泰兴的格些这些人做啊多少烧饼。

ŋɤɯ^{213}tɕiɔ^{0}tʰɛ^{43}ɕiəŋ^{43}ti^{0}kɤɯ^{0}xuaŋ^{45}tɕʰiɔ^{45}tɕyʊʔ$^{\underline{43}}$tsɛ̃^{43},tɕʰiɤɯ^{21}sɿ^{0}kʰɔ^{43}kəʔ$^{\underline{43}}$kɤɯ^{0}kɔ^{43}sɔ^{0}piəŋ^{0},ta^{213}a^{0}səŋ^{43}tsaŋ^{43}ti^{0}。ŋɤɯ^{213}tɕiɔ^{0}tʰɛ^{43}ɕiəŋ^{0}ti^{0}kəʔ$^{\underline{43}}$ɕia^{0}ʐəŋ^{45}tsɤɯ^{43}a^{0}tɤɯ^{21}sɔ^{213}sɔ^{21}piəŋ^{21}。

黄桥那肚里那地方,就是家家户户做的格个这个酵烧饼,叫涨烧饼。

xuaŋ^{45}tɕʰiɔ^{45}lɤɯ^{43}tʰu^{21}li^{0},tɕʰiɤɯ^{21}sɿ^{0}ka^{21}ka^{0}xu^{21}xu^{0}tsɤɯ^{43}ti^{0}kəʔ$^{\underline{43}}$kɤɯ^{0}kɔ^{43}sɔ^{0}piəŋ^{0},tɕiɔ^{43}tsaŋ^{213}sɔ^{0}piəŋ^{0}。

送啊前线去。

sɔŋ^{43}ŋa^{0}tɕʰĩĩ^{45}ɕĩĩ^{43}tɕʰy^{43}。

还有个歌唻,"黄桥烧饼黄又黄啊,黄桥烧饼充军粮啊……"

xa^{45}iɤɯ^{213}kɤɯ^{0}kʊ^{21}lɛ^{0},"xuaŋ^{45}tɕʰiɔ^{45}sɔ^{21}piəŋ^{0}xuaŋ^{45}iɤɯ^{0}xuaŋ^{45}ŋa^{0},xuaŋ^{45}tɕʰiɔ^{45}sɔ^{21}piəŋ^{0}tsʰɔŋ^{21}tɕyəŋ^{21}liaŋ^{45}ŋa^{0}……"

实际上,在宗教上,还有个传统的节噶。

səʔ$^{\underline{45}}$tɕi^{43}saŋ^{0},tɕʰiɛ^{21}tsɔŋ^{21}tɕiɔ^{43}saŋ^{0},xa^{45}iɤɯ^{213}kɤɯ^{0}tsʰʊ̃^{45}tʰɔŋ^{213}ti^{0}tɕiɪʔ$^{\underline{43}}$kɛ^{0}。

二月十九、六月十九、九月十九,庙上热嘈啊没得命十分热闹,到现在还是的哦,是观音菩萨过生日。

ər^{21}yʊʔ^{0}səʔ$^{\underline{45}}$tɕiɤɯ^{213}、lɔʔ^{21}yʊʔ^{0}səʔ$^{\underline{45}}$tɕiɤɯ^{213}、tɕiɤɯ^{213}yʊʔ^{0}səʔ$^{\underline{45}}$tɕiɤɯ^{213},miɔ^{21}saŋ^{0}iɪʔ$^{\underline{45}}$tsʰɔʔ^{0}a^{0}məʔ$^{\underline{45}}$təʔ^{0}miəŋ^{21},tɔ^{43}ɕĩĩ^{43}tɕʰiɛ^{21}xa^{45}sɿ^{21}tiɔ^{0},sɿ^{21}kʊ̃^{21}ĩĩ^{21}pʰu^{45}ɕiɛʔ$^{\underline{43}}$kɤɯ^{43}səŋ^{21}iɪʔ^{0}。

二月十九是观音菩萨出生,六月十九是观音菩萨成道,九月十九是观音菩萨出家。

ər^{21}yʊʔ^{0}səʔ$^{\underline{45}}$tɕiɤɯ^{213}sɿ^{21}kʊ̃^{21}ĩĩ^{21}pʰu^{45}ɕiɛʔ$^{\underline{43}}$tsʰuəʔ$^{\underline{43}}$səŋ^{21},lɔʔ^{21}yʊʔ^{0}səʔ$^{\underline{45}}$tɕiɤɯ^{213}sɿ^{21}kʊ̃^{21}ĩĩ^{21}pʰu^{45}ɕiɛʔ$^{\underline{43}}$tsʰəŋ^{45}tʰɔ^{21},tɕiɤɯ^{213}yʊʔ^{0}səʔ$^{\underline{45}}$tɕiɤɯ^{213}sɿ^{21}kʊ̃^{21}ĩĩ^{21}pʰu^{45}ɕiɛʔ$^{\underline{43}}$tsʰuəʔ$^{\underline{43}}$tɕia^{21}。

五　名胜古迹

城关话

我叫我们泰兴过去有个“十个”——十大景点，恁叫你们个可晓得？

ŋɤɯ^{213}tɕiɔ^{0}tʰɛ^{43}ɕiəŋ^{0}kɤɯ^{43}tɕʰy^{43}iɤɯ^{213}kɤɯ^{0}“səʔ$^{\underline{45}}$kɤɯ^{0}”——səʔ$^{\underline{45}}$ta^{0}tɕiəŋ^{45}tiĩ^{213}，nəŋ^{213}tɕiɔ^{0}kɤɯ^{43}ɕiɔ^{213}təʔ$^{\underline{43}}$？

格个这个十大景点，出色噶呀。当然，有几个版本。但是我最近啊，又问啊多少个老人家，还要统一的口径，哪十个景点？鼓楼……

kəʔ$^{\underline{43}}$kɤɯ^{0}səʔ$^{\underline{45}}$ta^{21}tɕiəŋ^{45}tiĩ^{213}，tsʰuəʔ$^{\underline{43}}$səʔ$^{\underline{43}}$kɛ^{43}ia^{0}。taŋ^{21}iĩ^{45}，iɤɯ^{45}tɕi^{213}kɤɯ^{0}pɛ̃^{45}pəŋ^{213}。tɛ̃^{43}sɿ^{21}ŋɤɯ^{213}tsuəi^{43}tɕʰiəŋ^{21}ŋa^{0}，iɤɯ^{21}vəŋ^{21}ŋa^{0}tɤɯ^{21}sɔ^{213}kɤɯ^{0}lɔ^{213}ʐəŋ^{45}ka^{0}，xa^{45}iɔ^{43}tʰɔŋ^{213}iɪʔ$^{\underline{43}}$ti^{0}kʰəi^{213}tɕiəŋ^{21}，la^{213}səʔ$^{\underline{45}}$kɤɯ^{0}tɕiəŋ^{45}tiĩ^{213}？ku^{213}ləi^{45}……

二水关，三井头。

ər^{21}suəi^{45}kuɛ̃^{21}，ɕiɛ̃^{21}tɕiəŋ^{213}tʰəi^{45}。

四关厢，五城门，六角桥，七星池，八善堂，九才桥，还有十院寺。

sɿ^{43}kuɛ̃^{0}ɕiaŋ^{21}，vu^{213}tsʰəŋ^{43}məŋ^{21}，lɔʔ$^{\underline{45}}$kaʔ^{0}tɕʰiɔ^{45}，tɕʰiəʔ$^{\underline{43}}$ɕiəŋ^{21}tsʰɿ^{45}，pæʔ$^{\underline{43}}$ɕiĩ^{21}tʰaŋ^{45}，tɕiɤɯ^{213}tɕʰiɛ^{45}tɕʰiɔ^{45}，xa^{45}iɤɯ^{213}səʔ^{21}yʊ̃^{21}tsʰɿ^{21}。

嗳，十大景点啊。过去总说嘎，恁叫你们格个这个苏北，是个一塌平平地。哎呀！

ɛ^{43}，səʔ$^{\underline{45}}$ta^{21}tɕiəŋ^{45}tiĩ^{213}a^{21}。kɤɯ^{43}tɕʰy^{43}tsɔŋ^{213}sʊʔ$^{\underline{43}}$ka^{0}，nəŋ^{213}tɕiɔ^{0}kəʔ$^{\underline{43}}$kɤɯ^{0}su^{21}pɔʔ$^{\underline{43}}$，sɿ^{21}kɤɯ^{0}iɪʔ$^{\underline{43}}$tʰɛʔ$^{\underline{43}}$pʰiəŋ^{45}。ɛ^{21}ia^{0}！

实际上，我叫我们过去老泰兴城啊，还有几个小山，恁叫你们个可晓得？

səʔ$^{\underline{45}}$tɕi^{43}saŋ^{0}，ŋɤɯ^{213}tɕiɔ^{0}kɤɯ^{43}tɕ^{h}y^{43}lɔ^{213}t^{h}ɛ^{43}ɕiəŋ^{0}ts^{h}əŋ^{45}ŋa^{0}，xa^{45}iɤɯ^{0}tɕi^{213}kɤɯ^{0}ɕiɔ^{45}ɕiɛ̃^{21}，nəŋ^{213}tɕiɔ^{0}kɤɯ^{43}ɕiɔ^{213}təʔ^{0}？

说起来是个山，实际上是个土墩。过去泰兴人说嘎："三山不出头，淮水向东流。富贵无三代呀，清官不到头。"是格个这个说法。

sʊʔ$^{\underline{43}}$tɕi^{213}lɛ^{0}sɿ^{21}kɤɯ^{0}ɕiɛ̃^{21}，səʔ$^{\underline{45}}$tɕi^{43}saŋ^{0}sɿ^{21}kɤɯ^{0}t^{h}u^{213}təŋ^{21}。kɤɯ^{43}tɕ^{h}y^{43}t^{h}ɛ^{43}ɕiəŋ^{0}ʐəŋ^{45}sʊʔ$^{\underline{43}}$ka^{0}："ɕiɛ̃^{21}ɕiɛ̃^{21}pəʔ$^{\underline{43}}$ts^{h}uəʔ$^{\underline{43}}$t^{h}əi^{45}，xuɛ^{45}suəi^{213}ɕiaŋ^{43}tɔŋ^{21}ləi^{45}。fu^{43}kuəi^{43}vu^{45}ɕiɛ̃^{21}t^{h}ɛ^{21}ia^{0}，tɕ^{h}iəŋ^{21}kʊ̃^{21}pəʔ$^{\underline{43}}$tɔ^{43}t^{h}əi^{45}。"sɿ^{21}kəʔ$^{\underline{43}}$kɤɯ^{0}sʊʔ$^{\underline{43}}$fæʔ$^{\underline{43}}$。

我叫我们泰兴没得山，只好弄个土墩子当啊个山。

ŋɤɯ^{213}tɕiɔ^{0}t^{h}ɛ^{43}ɕiəŋ^{0}məʔ$^{\underline{45}}$təʔ^{0}ɕiɛ̃^{21}，tsəʔ$^{\underline{43}}$xɔ^{213}nɔŋ^{21}kɤɯ^{0}t^{h}u^{213}təŋ^{21}tsɿ^{0}taŋ^{43}ŋa^{0}kɤɯ^{0}ɕiɛ̃^{21}。

"淮水向东流"，淮河的水到啊我叫我们泰兴，嗳，它就转啊头，掉啊头，问往嘎东，它不问往泰兴流了。过去也说嘎，"富贵无三代"噢，"清官不到头"。

"xuɛ^{45} suəi^{213} ɕiaŋ^{43} tɔŋ^{21} ləi^{45}"，xuɛ^{43} xɤɯ^{21} ti^{0} suəi^{213} tɔ^{43} a^{0} ŋɤɯ^{213}tɕiɔ^{0}t^{h}ɛ^{43}ɕiəŋ^{0}，ɛ^{43}，t^{h}a^{21}tɕ^{h}iɤɯ^{21}tsʊ̃^{213}ŋa^{0}t^{h}əi^{45}，tiɔ^{43}a^{0}t^{h}əi^{45}，vəŋ^{21}ŋa^{0}tɔŋ^{21}，t^{h}a^{21}pəʔ$^{\underline{43}}$vəŋ^{21}t^{h}ɛ^{43}ɕiəŋ^{0}ləi^{45}lɔ^{0}。kɤɯ^{43}tɕ^{h}y^{0}ia^{213} sʊʔ$^{\underline{43}}$ka^{0}，"fu^{43} kuəi^{43} vu^{45} ɕiɛ̃^{21} t^{h}ɛ^{21}" ɔ^{0}，"tɕ^{h}iəŋ^{21} kʊ̃^{21} pəʔ$^{\underline{43}}$ tɔ^{43} t^{h}əi^{45}"。

咋啊怎么"清官不到头"？不是说我叫我们泰兴的，嗳，老百姓不好，不是的，老百姓好。

tsaŋ^{213}ŋa^{0}"tɕ^{h}iəŋ^{21}kʊ̃^{21}pəʔ$^{\underline{43}}$tɔ^{43}t^{h}əi^{45}"？pəʔ$^{\underline{43}}$sɿ^{0}sʊʔ$^{\underline{43}}$ŋɤɯ^{213}tɕiɔ^{0}t^{h}ɛ^{43}ɕiəŋ^{0}ti^{0}，ɛ^{43}，lɔ^{213}pɔʔ$^{\underline{43}}$ɕiəŋ^{43}pəʔ$^{\underline{43}}$xɔ^{213}，pəʔ$^{\underline{43}}$sɿ^{0}ti^{0}，lɔ^{213}pɔʔ$^{\underline{43}}$ɕiəŋ^{43}xɔ^{213}。

就是恁你要当格个这个官，恁你不问向顶上上级拍马屁，不去送银子，不向老百姓搜刮，恁你的个官当不成。

tɕ^{h}iɤɯ^{21} sɿ^{21} nəŋ^{213} iɔ^{43} taŋ^{21} kəʔ$^{\underline{43}}$ kɤɯ^{0} kʊ̃^{21}，nəŋ^{213} pəʔ$^{\underline{43}}$ vəŋ^{21} tiəŋ^{213} saŋ^{0} p^{h}ɔʔ$^{\underline{43}}$ ma^{213} p^{h}i^{43}，pəʔ$^{\underline{43}}$ tɕ^{h}y^{43} sɔŋ^{43} iəŋ^{45} tsɿ^{0}，pəʔ$^{\underline{43}}$ ɕiaŋ^{43} lɔ^{213} pɔʔ$^{\underline{43}}$ ɕiəŋ^{43} sɤɯ^{21} kuæʔ$^{\underline{43}}$，nəŋ^{213} ti^{0} kɤɯ^{0} kʊ̃^{21} taŋ^{21} pəʔ^{0} ts^{h}əŋ^{45}。

恁你想搜刮老百姓，恁你就当官；恁你不搜刮老百姓，恁你当不成清官——“清官不到头”。

nəŋ^{45} ɕiaŋ^{213} sɤɯ^{21} kuæʔ$^{\underline{43}}$ lɔ^{213} pɔʔ$^{\underline{43}}$ ɕiəŋ^{43}，nəŋ^{213} tɕ^{h}iɤɯ^{21} taŋ^{21} kʊ̃^{21}；nəŋ^{213} pəʔ$^{\underline{43}}$ sɤɯ^{21} kuæʔ$^{\underline{43}}$ lɔ^{213} pɔʔ$^{\underline{43}}$ ɕiəŋ^{43}，nəŋ^{213} taŋ^{21} pəʔ^{0} ts^{h}əŋ^{45} tɕ^{h}iəŋ^{21} kʊ̃^{21}——“tɕ^{h}iəŋ^{21} kʊ̃^{21} pəʔ$^{\underline{43}}$ tɔ^{43} t^{h}əi^{45}”。

泰兴十景里头啊，第一个鼓楼啊，老市政府里头啊还有个钟塔嘎似的，顶上挂的个个可是个钟啊？

t^{h}ɛ^{43} ɕiəŋ^{0} səʔ$^{\underline{45}}$ tɕiəŋ^{213} li^{213} t^{h}əi^{0} a^{0}，tɕ^{h}i^{21} iɪʔ$^{\underline{43}}$ kɤɯ^{0} ku^{213} ləi^{45} a^{0}，lɔ^{213} sɿ^{21} tsəŋ^{43} fu^{213} li^{213} t^{h}əi^{0} a^{0} xa^{45} iɤɯ^{213} kɤɯ^{0} tsɔŋ^{21} t^{h}æʔ$^{\underline{43}}$ ka^{0} sɿ^{21} ti^{0}，tiəŋ^{213} saŋ^{0} kua^{43} ti^{0} kɤɯ^{0} kɤɯ^{43} sɿ^{21} kɤɯ^{0} tsɔŋ^{21} ŋa^{0}？

我叫我们老市政府上头有个……叫个中山塔。

ŋɤɯ^{213} tɕiɔ^{0} lɔ^{213} sɿ^{21} tsəŋ^{43} fu^{213} saŋ^{21} t^{h}əi^{0} iɤɯ^{213} kɤɯ^{0}……tɕiɔ^{43} kɤɯ^{0} tsɔŋ^{21} ɕiɛ̃^{21} t^{h}æʔ$^{\underline{43}}$。

顶上有个钟。嗯，这个钟是干什么的？做什杲昃什么的？

tiəŋ^{213} saŋ^{0} iɤɯ^{213} kɤɯ^{0} tsɔŋ^{21}。əŋ^{21}，tsəʔ$^{\underline{43}}$ kɤɯ^{0} tsɔŋ^{21} sɿ^{21} kɛ̃^{43} səŋ^{45} mɤɯ^{0} ti^{0}？tsɤɯ^{43} səŋ^{45} kɔ^{213} tsɿ^{0} ti^{0}？

过去失火了，这个人爬上去一望，就敲钟，“当——当——”什杲昃什么东西，怎么回事？嗳哟！一听，东门失火！叫个“一东，二西，三南，四北”。那过去吧，不像现在，要是失火弄个手机一打，没得没有。就是，过去失火以后，有人天天在那嗨那里值班。过去整个泰兴城，总是些都是平房……

kɤɯ^{43} tɕ^{h}y^{43} səʔ$^{\underline{43}}$ xɤɯ^{213} lɔ^{0}，tsəʔ$^{\underline{43}}$ kɤɯ^{0} zʅəŋ^{45} p^{h}a^{45} saŋ^{0} tɕ^{h}y^{0} iɪʔ$^{\underline{43}}$ uaŋ^{21}，tɕ^{h}iɤɯ^{21} k^{h}ɔ^{21} tsɔŋ^{21}，“taŋ^{43}——taŋ^{43}——”səŋ^{45} kɔ^{213} tsɿ^{0}？ɛ^{21} iɔ^{0}！iɪʔ$^{\underline{43}}$ t^{h}iəŋ^{43}，tɔŋ^{21} məŋ^{0} səʔ$^{\underline{43}}$ xɤɯ^{213}！tɕiɔ^{43} kɤɯ^{0} “iɪʔ$^{\underline{43}}$ tɔŋ^{21}，ər^{21} ɕi^{21}，sɛ̃^{21} nʊ̃^{45}，sɿ^{43} pɔʔ$^{\underline{43}}$”。lɤɯ^{43} kɤɯ^{43} tɕ^{h}y^{43} pa^{0}， pəʔ$^{\underline{43}}$tɕ^{h}iaŋ^{21}ɕiĩ^{43}tɕ^{h}iɛ^{21},iɔ^{43}sɿ^{0}səʔ$^{\underline{43}}$xɤɯ^{213}nɔŋ^{21}kɤɯ^{0}ɕiɤɯ^{213}tɕi^{0}iɪʔ$^{\underline{43}}$ta^{213},məʔ$^{\underline{45}}$təʔ$^{\underline{43}}$。tɕ^{h}iɤɯ^{21}sɿ^{0},kɤɯ^{43}tɕ^{h}y^{43}səʔ$^{\underline{43}}$xɤɯ^{213}i^{213}xɤɯ^{0},iɤɯ^{213}ʐəŋ^{45}t^{h}iĩ^{21}t^{h}iĩ^{0}tɕ^{h}iɛ^{21}lɤɯ^{43}xɛ^{0}ts^{h}əʔ$^{\underline{43}}$pɛ̃^{21}。kɤɯ^{43}tɕ^{h}y^{43}tsəŋ^{213}kɤɯ^{0}t^{h}ɛ^{43}ɕiəŋ^{0}ts^{h}əŋ^{45},tsɔŋ^{213}sɿ^{0}ɕia^{0}p^{h}iəŋ^{45}faŋ^{45}……

哪个地方失火,马上一望就晓得。

la^{213}kɤɯ^{0}tɕ^{h}i^{21}faŋ^{0}səʔ$^{\underline{43}}$xɤɯ^{213},ma^{213}saŋ^{0}iɪʔ$^{\underline{43}}$uaŋ^{21}tɕ^{h}iɤɯ^{21}ɕiɔ^{213}təʔ$^{\underline{43}}$。

格个这个值班的人,如果望见东门失火,"当——当——当——";如果望见是,是那个,西门失火……

kəʔ$^{\underline{43}}$kɤɯ^{0}ts^{h}əʔ$^{\underline{43}}$pɛ̃^{21}ti^{0}ʐəŋ^{45},ʐu^{45}kɤɯ^{213}uaŋ^{21}tɕiĩ^{0}tɔŋ^{21}məŋ^{0}səʔ$^{\underline{43}}$xɤɯ^{213},"taŋ^{43}——taŋ^{43}——taŋ^{43}——";ʐu^{45}kɤɯ^{213}uaŋ^{21}tɕiĩ^{0}sɿ^{21},sɿ^{21}lɤɯ^{43}kɤɯ^{0},ɕi^{21}məŋ^{0}səʔ$^{\underline{43}}$xɤɯ^{213}……

"当当——当当——当当——",是那个西门失火。格个这个老百姓一听,哟,失火了!失火了!马上啊一听,"当当当——当当当——当当当——",不得了!南门失火!南门失火!就是"一东,二西,三南,四北"。

"taŋ^{43}taŋ^{43}——taŋ^{43}taŋ^{43}——taŋ^{43}taŋ^{43}——",sɿ^{21}lɤɯ^{43}kɤɯ^{0}ɕi^{21}məŋ^{0}səʔ$^{\underline{43}}$xɤɯ^{213}。kəʔ$^{\underline{43}}$kɤɯ^{0}lɔ^{213}pɔʔ$^{\underline{43}}$ɕiəŋ^{43}iɪʔ$^{\underline{43}}$t^{h}iəŋ^{43},iɔ^{43},səʔ$^{\underline{43}}$xɤɯ^{213}lɔ^{0}!səʔ$^{\underline{43}}$xɤɯ^{213}lɔ^{0}!ma^{213}saŋ^{0}ŋa^{0}iɪʔ$^{\underline{43}}$t^{h}iəŋ^{43},"taŋ^{43}taŋ^{43}taŋ^{43}——taŋ^{43}taŋ^{43}taŋ^{43}——taŋ^{43}taŋ^{43}taŋ^{43}——",pəʔ$^{\underline{43}}$təʔ$^{\underline{43}}$liɔ^{213}nʊ̃^{43}məŋ^{21}səʔ$^{\underline{43}}$xɤɯ^{213}!nʊ̃^{43}məŋ^{21}səʔ$^{\underline{43}}$xɤɯ^{213}!tɕ^{h}iɤɯ^{21}sɿ^{0}"iɪʔ$^{\underline{43}}$tɔŋ^{21},ər^{21}ɕi^{21},sɛ̃^{21}nʊ̃^{45},sɿ^{43}pɔʔ$^{\underline{43}}$"。

格个这个中山塔的钟,它的作用,就是为了救火。就是为了告诉你,格个这个水龙消防水龙,救火嘞!

kəʔ$^{\underline{43}}$kɤɯ^{0}tsɔŋ^{21}ɕiɛ̃^{21}t^{h}æʔ$^{\underline{43}}$ti^{0}tsɔŋ^{21},t^{h}a^{21}ti^{0}tsaʔ$^{\underline{43}}$iɔŋ^{0},tɕ^{h}iɤɯ^{21}sɿ^{0}vəi^{21}liɔ^{0}tɕiɤɯ^{43}xɤɯ^{213}。tɕ^{h}iɤɯ^{21}sɿ^{0}vəi^{21}lɔ^{0}kɔ^{43}su^{0}ni^{213},kəʔ$^{\underline{43}}$kɤɯ^{0}suəi^{213}lɔŋ^{45},tɕiɤɯ^{43}xɤɯ^{213}lə^{0}!

嗳,水龙局消防局,水龙局马上,一听,溜啊去跑着去,旁的水龙他也一听……

ε^{43},suəi^{213} lɔŋ^{45} tɕ^{h} iɔʔ$^{\underline{43}}$,suəi^{213} lɔŋ^{45} tɕ^{h} iɔʔ$^{\underline{43}}$ ma^{213} saŋ^{0},iɪʔ$^{\underline{43}}$ t^{h}iəŋ^{43},ləi^{21} a^{0}tɕ^{h}y^{43},p^{h}aŋ^{45}ti^{0}suəi^{213}lɔŋ^{45}t^{h}a^{21}ia^{213}iɪʔ$^{\underline{43}}$t^{h}iəŋ^{43}……

就是三井头的个巷子里头,有个专门的储水池。在那个里头嘞,把那个水储啊满啊的。然后,就是格些人这些人到那个落头地方去灌水嗳,把水灌啊那个水龙车子里头。格喳这个,那个,水龙车子,人推啊走推着走啊,不是骑啊……

tɕ^{h}iɤɯ^{21} sɿ^{0} sε̃^{21} tɕiəŋ^{0} t^{h} ɤɯ^{45} ti^{0} kɤɯ^{0} xaŋ^{21} tsɿ^{0} li^{213} t^{h}ɤɯ^{0},iɤɯ^{213}kɤɯ^{0}tsʊ̃^{21}məŋ^{45}ti^{0}ts^{h}u^{45}suəi^{213}ts^{h}ɿ^{45}。tɕ^{h}iε^{21}lɤɯ^{43}kɤɯ^{0}li^{213} t^{h}ɤɯ^{0}lə^{0},pa^{213}lɤɯ^{43}kɤɯ^{0}suəi^{213}ts^{h}u^{213}a^{0}mʊ̃^{213}ŋa^{0}ti^{0}。ʐε̃^{45} xɤɯ^{21},tɕ^{h}iɤɯ^{21} sɿ^{0} kəʔ$^{\underline{43}}$ ɕia^{0} ʐəŋ^{45} tɔ^{43} lɤɯ^{43} kɤɯ^{0} laʔ$^{\underline{45}}$ t^{h} ɤɯ^{0} tɕ^{h}y^{43} kʊ̃^{43} suəi^{213} ε^{0},pa^{45} suəi^{213} kʊ̃^{43} ŋa^{0} lɤɯ^{43} kɤɯ^{0} suəi^{213} lɔŋ^{45} ts^{h}a^{21} tsɿ^{0} li^{213} t^{h}ɤɯ^{0}。kəʔ$^{\underline{43}}$tsa^{21},suəi^{213} lɔŋ^{45} ts^{h} a^{21} tsɿ^{0},ʐəŋ^{45} t^{h}uəi^{21} a^{0} tsɤɯ^{21} a^{0},pəʔ$^{\underline{43}}$sɿ^{21}tɕ^{h}i^{45}a^{0}……

是一下子,就问朝,往东半个东边啦;是两下子,就问朝,往西半个西边啦。嗳,是这个作用。中山塔的钟,是救火用的。

sɿ^{21}iɪʔ$^{\underline{43}}$xa^{45}tsɿ^{0},tɕ^{h}iɤɯ^{21} vəŋ^{21} tɔŋ^{21} pʊ̃^{0}kɤɯ^{43}la^{0};sɿ^{21}lε̃^{213} xa^{45} tsɿ^{0},tɕ^{h} iɤɯ^{21} vəŋ^{21} ɕi^{21} pʊ̃^{0} kɤɯ^{43} la^{0}。ε^{43},sɿ^{21} tsəʔ$^{\underline{43}}$ kɤɯ^{0} tsaʔ$^{\underline{43}}$ iɔŋ^{0}。tsɔŋ^{21}ɕiε̃^{21}t^{h}æʔ$^{\underline{43}}$ti^{0}tsɔŋ^{21},sɿ^{21}tɕiɤɯ^{43}xɤɯ^{213}iɔŋ^{21}ti^{0}。

说说我叫我们泰兴的巷子啊。

sʊʔ$^{\underline{43}}$sʊʔ$^{\underline{\quad}}$ŋɤɯ^{213}tɕiɔ^{0}t^{h}ε^{43}ɕiəŋ^{0}ti^{0}xaŋ^{21}tsɿ^{0}a^{0}。

什呢什么土山巷啊,阴阳巷啊。

səŋ^{45}ni^{0}t^{h}u^{213}ɕiε̃^{21}xaŋ^{21}ŋa^{0},iəŋ^{21}iaŋ^{0}xaŋ^{21}ŋa^{0}。

从南门开始起。有得狮子巷、有得鞠家巷、有得马家巷、有得年家巷,有得恁个那个叫个……还有个东鞠家巷、西鞠家巷、土山巷,格喳这个,那个……阴阳巷、银锭巷。

ts^{h}ɔŋ^{45}nʊ̃^{43} məŋ^{21} k^{h} ε^{21} sɿ^{213} tɕ^{h}i^{213}。iɤɯ^{213} təʔ^{0} sɿ^{21} tsɿ^{0} xaŋ^{21}、 iɤɯ^{213} təʔ^{0} tɕiɔʔ$^{\underline{43}}$ ka^{0} xaŋ^{21}、iɤɯ^{213} təʔ^{0} ma^{213} ka^{0} xaŋ^{21}、iɤɯ^{213} təʔ^{0} nɪ̃^{43} ka^{21} xaŋ^{21}, iɤɯ^{213} təʔ^{0} nəŋ^{21} kɤɯ^{0} tɕiɔ^{43} kɤɯ^{0} …… xa^{45} iɤɯ^{213} kɤɯ^{0} tɔŋ^{21} tɕiɔʔ$^{\underline{43}}$ ka^{0} xaŋ^{21}、ɕi^{21} tɕiɔʔ$^{\underline{43}}$ ka^{0} xaŋ^{21}、tʰu^{213} ɕiɛ̃^{21} xaŋ^{21}, kəʔ$^{\underline{43}}$tsa^{21}……iəŋ^{21}iaŋ^{0}xaŋ^{21}、iəŋ^{45}tiəŋ^{43}xaŋ^{21}。

实际上,还有个老皮巷。人家说起来难听,叫个“老屁巷”,实际上是个“老——皮——巷”。他格个这个皮巷里头,专门做皮鞋的,做皮制产品的。叫个“老皮巷”。

səʔ$^{\underline{45}}$tɕi^{0}saŋ^{0}, xa^{45}iɤɯ^{213}kɤɯ^{0}lɔ^{213}pʰi^{45}xaŋ^{21}。ʐəŋ^{43}ka^{21}sʊʔ$^{\underline{43}}$tɕʰi^{0}lɛ^{0}nɛ̃^{45}tʰiəŋ^{43}, tɕiɔ^{43}kɤɯ^{0}“lɔ^{213}pʰi^{43}xaŋ^{21}”, səʔ$^{\underline{45}}$tɕi^{0}saŋ^{0}sɿ^{21} kɤɯ^{0}“lɔ^{213}——pʰi^{45}——xaŋ^{21}”。tʰa^{21} kəʔ$^{\underline{43}}$ kɤɯ^{0} pʰi^{45} xaŋ^{21} li^{213} tʰɤɯ^{0}, tsʊ̃^{21}məŋ^{45}tsɤɯ^{43}pʰi^{45}xɛ^{45}ti^{0}, tsɤɯ^{43}pʰi^{45}tsɿ^{43}tsʰɛ̃^{45}pʰiəŋ^{213} ti^{0}。tɕiɔ^{43}kɤɯ^{0}“lɔ^{213}pʰi^{45}xaŋ^{21}”。

姐姐巷。

tɕia^{213}tɕia^{0}xaŋ^{21}。

还有七条巷。那个七条巷,老早我打到针—打针,就朝七条巷里头溜跑。在工农兵医院旁边。

xa^{45}iɤɯ^{213}tɕʰiəʔ$^{\underline{43}}$tʰiɔ^{0}xaŋ^{21}。lɤɯ^{43}kɤɯ^{0}tɕʰiəʔ$^{\underline{43}}$tʰiɔ^{0}xaŋ^{21}, lɔ^{45}tsɔ^{213}ŋɤɯ^{213}ta^{213}tɔ^{0}tsəŋ^{21}, tɕʰiɤɯ^{21}tsʰɔ^{45}tɕʰiəʔ$^{\underline{43}}$tʰiɔ^{0}xaŋ^{21}li^{213} tʰɤɯ^{0}lɤɯ^{21}。tɕʰiɛ^{21}kɔŋ^{21}nɔŋ^{45}piəŋ^{21}i^{21}yʊ̃^{21}pʰaŋ^{45}pɪ̃^{21}。

我叫我们泰中泰兴中学前头,还有个学前巷。

ŋɤɯ^{213} tɕiɔ^{0} tʰɛ^{43} tsɔŋ^{21} tɕʰɪ̃^{45} tʰɤɯ^{0}, xa^{45} iɤɯ^{213} kɤɯ^{0} ɕiaʔ$^{\underline{45}}$ tɕʰɪ̃^{45}xaŋ^{21}。

南草巷、北草巷……

nʊ̃^{45}tsʰɔ^{213}xaŋ^{0}、pɔʔ$^{\underline{43}}$tsʰɔ^{213}xaŋ^{0}……

前熊家巷、后熊家巷。

tɕʰɪ̃^{45}ɕiɔŋ^{43}ka^{21}xaŋ^{21}、xəi^{21}ɕiɔŋ^{43}ka^{21}xaŋ^{21}。

包家巷,还有个……还有个泥人巷。

pɔ^{21}ka^{0}xaŋ^{21}，xa^{45}iɤɯ^{213}kɤɯ^{0}……xa^{45}iɤɯ^{213}kɤɯ^{0}ni^{45}ʐəŋ^{45}xaŋ^{21}。

我叫我们老泰兴的个城郭，还在我脑子里的里头清清爽爽清清楚楚的。

ŋɤɯ^{213}tɕiɔ^{0}lɔ^{213}tʰɛ^{43}ɕiəŋ^{0}ti^{0}kɤɯ^{0}tsʰəŋ^{45}kuaʔ^{0}，xa^{45}tɕʰiɛ^{21}ŋɤɯ^{213}nɔ^{213}tsɿ^{0}li^{213}ti^{0}tɕʰiəŋ^{21}tɕʰiəŋ^{0}suaŋ^{45}suaŋ^{213}ti^{0}。

铁匠巷，铁匠巷也有得。

tʰiɪʔ$^{\underline{43}}$tɕʰiaŋ^{0}xaŋ^{21}，tʰiɪʔ$^{\underline{43}}$tɕʰiaŋ^{0}xaŋ^{21}ia^{213}iɤɯ^{213}təʔ^{0}。

那个时候的个鼓楼街是很小的。南门到北门，蛇长形容其短，只有蛇那么长的路。等于是个蛇长的路。

lɤɯ^{43}kɤɯ^{0}sɿ^{45}xɤɯ^{0}ti^{43}kɤɯ^{0}ku^{213}lɤɯ^{45}kɛ^{21}sɿ^{21}xəŋ^{45}ɕiɔ^{213}ti^{0}。nʊ̃^{43}məŋ^{21}tɔ^{43}pɔʔ$^{\underline{43}}$məŋ^{45}，sa^{45}tsʰaŋ^{45}ti^{0}lu^{21}。təŋ^{213}y^{0}sɿ^{21}kɤɯ^{0}sa^{45}tsʰaŋ^{45}ti^{0}lu^{21}。

还有天水巷子、花园巷……

xa^{45}iɤɯ^{213}tʰĩ^{21}suəi^{213}xaŋ^{21}tsɿ^{0}、xua^{21}yʊ̃^{0}xaŋ^{0}……

六　特色小吃

城关话

格喳那么，接下来，我再说说我叫我们泰兴的名小吃……

kəʔ$^{\underline{43}}$tsa^{21}，ŋɤɯ^{213}tɕiɛ^{43}sʊʔ$^{\underline{43}}$sʊʔ$^{\underline{43}}$ŋɤɯ^{213}tɕiɔ^{0}tʰɛ^{43}ɕiəŋ^{43}ti^{0}miəŋ^{45}ɕiɔ^{213}tɕʰiəʔ$^{\underline{43}}$……

我叫我们泰兴的个摊烧饼，也叫光油烧饼。过去说的哦，泰兴的个光油烧饼："打啊握筋耳光总都不丢。"

ŋɤɯ^{213}tɕiɔ^{0}tʰɛ^{43}ɕiəŋ^{43}ti^{0}kɤɯ^{0}tʰɛ̃^{21}sɔ^{21}piəŋ^{0}，ia^{213}tɕiɔ^{43}kuaŋ^{43}iɤɯ^{0}sɔ^{21}piəŋ^{0}。kɤɯ^{43}tɕʰy^{0}sʊʔ$^{\underline{43}}$tiɔ^{0}，tʰɛ^{43}ɕiəŋ^{43}ti^{0}kɤɯ^{0}kuaŋ^{43}iɤɯ^{0}sɔ^{21}piəŋ^{0}："ta^{213}a^{0}uaʔ$^{\underline{43}}$tɕiəŋ^{21}tsɔŋ^{213}pəʔ$^{\underline{43}}$təi^{21}。"

但是，格个这个光油烧饼，望上去……做起来，对不起，相当的个考究。格个这个光油烧饼咋啊怎么做相做法？

tɛ̃^{43}sɿ^{0}，kəʔ$^{\underline{43}}$kɤɯ^{0}kuaŋ^{43}iɤɯ^{0}sɔ^{21}piəŋ^{0}，uaŋ^{21}saŋ^{21}tɕʰy^{0}……tsɤɯ^{43}tɕi^{0}lɛ^{45}，təi^{43}pəʔ$^{\underline{43}}$tɕʰi^{213}，ɕiaŋ^{21}taŋ^{21}ti^{0}kɤɯ^{0}kʰɔ^{213}tɕiɤɯ^{0}。kəʔ$^{\underline{43}}$kɤɯ^{0}kuaŋ^{43}iɤɯ^{0}sɔ^{21}piəŋ^{0}tsaŋ^{213}ŋa^{0}tsɤɯ^{43}ɕiaŋ^{43}？

过去呗，是弄那个把儿，就是那个芦穄秸子，扎的把儿。在锅子上轻轻儿啊一转，端点点儿油。油还不能多，油一多啊的就不行，要滑。格喳嘎呗这个，然后呢，和成薄薄的面，格这个面啊，也要稍许稍微薄点儿。要不然，摊下来是非常厚的，要薄薄的。要顺住格个这个锅子，大锅子，是大的，烧草锅子，轻轻儿一抹。

kɤɯ^{43}tɕʰy^{43}pɛ^{0}，sɿ^{21}nɔŋ^{21}lɤɯ^{43}kɤɯ^{0}par^{213}，tɕʰiɤɯ^{21}sɿ^{0}lɤɯ^{43}kɤɯ^{0}lu^{45} tɕi^{21} kɛ^{21} tsɿ^{0}，tɕiæʔ$^{\underline{43}}$ ti^{0} par^{213}。tɕʰiɛ^{21} kɤɯ^{21} tsɿ^{0} saŋ^{0} tɕʰiəŋ^{21}tɕʰiər^{45}a^{0}iɪʔ$^{\underline{43}}$tsõ^{43}，tõ^{21}ti^{21}tiər^{45}iɤɯ^{45}。iɤɯ^{45}xa^{45}pəʔ$^{\underline{43}}$nəŋ^{45} tɤɯ^{21}，iɤɯ^{45}iɪʔ$^{\underline{43}}$tɤɯ^{21}a^{0}ti^{0}tɕʰiɤɯ^{21}pəʔ$^{\underline{43}}$ɕiəŋ^{45}，iɔ^{43}væʔ$^{\underline{45}}$。kəʔ$^{\underline{43}}$tsa^{21}ka^{0}pɛ^{0}，xɤɯ^{45}tsʰəŋ^{45}pʰaʔ$^{\underline{45}}$pʰaʔ$^{\underline{45}}$ti^{0}miĩ^{21}，kəʔ$^{\underline{43}}$kɤɯ^{0}miĩ^{21}ŋa^{0}，ia^{213}iɔ^{43}sɔ^{21}ɕy^{0}pʰaʔ$^{\underline{45}}$tiər^{213}。iɔ^{43}pəʔ$^{\underline{43}}$iĩ^{45}，tʰɛ̃^{21}xa^{21}lɛ^{0}sɿ^{21}fəi^{21}tsʰaŋ^{45} xɤɯ^{21}ti^{0}。iɔ^{43}suəŋ^{21}tsʰu^{21}kəʔ$^{\underline{43}}$kɤɯ^{0}kɤɯ^{21}tsɿ^{0}，ta^{21}kɤɯ^{21}tsɿ^{0}，sɿ^{21}ta^{21}ti^{0}，sɔ^{21}tsʰɔ^{213}kɤɯ^{21}tsɿ^{0}，tɕʰiəŋ^{21}tɕʰiər^{45}iɪʔ$^{\underline{43}}$mæʔ$^{\underline{45}}$。

格喳嘎然后，是弄铲子啊，弄铲子弄啊锅子上一转。要小小的火，慢慢儿地把它烘，烘啊，然后，一起起出来的时候哦，还是个锅子的样子——整的。

kəʔ$^{\underline{43}}$tsa^{0}ka^{0}，sɿ^{21} nɔŋ^{21} tɕʰiɛ̃^{213} tsɿ^{0} a^{0}，nɔŋ^{21} tɕʰiɛ̃^{213} tsɿ^{0} nɔŋ^{21} ŋa^{0}kɤɯ^{21}tsɿ^{0}saŋ^{0}iɪʔ$^{\underline{43}}$tsõ^{43}。iɔ^{43}ɕiɔ^{45}ɕiɔ^{213}ti^{0}xɤɯ^{213}，miɛ̃^{21}miɛ̃r^{21}ti^{0}pa^{213}tʰa^{0}xɔŋ^{21}，xɔŋ^{21}ŋa^{0}，ʐɛ̃^{45}xɤɯ^{21}，iɪʔ$^{\underline{43}}$tɕʰi^{213}ti^{0}sɿ^{45}xɤɯ^{0}ɔ^{0}，xa^{45}sɿ^{0}kɤɯ^{0}kɤɯ^{21}tsɿ^{21}ti^{0}iaŋ^{21}tsɿ^{0}——tsəŋ^{213}ti^{0}。

摊出来的烧饼非常脆，非常薄，吃嘎嘴里非常香。

tʰɛ̃^{21} tsʰuəʔ$^{\underline{43}}$ lɛ^{0} ti^{0} sɔ^{21} piəŋ^{0} fəi^{21} tsʰaŋ^{45} tsʰuəi^{43}，fəi^{21} tsʰaŋ^{45} pʰaʔ$^{\underline{45}}$，tɕʰiəʔ$^{\underline{43}}$ka^{0}tsuəi^{213}li^{0}fəi^{21}tsʰaŋ^{45}ɕiaŋ^{21}。

而且过去有个说法，格个这个光油烧饼：“有得吃没得噎咽，到嘴不到肚。”蹦脆的，菲薄的咪薄薄的。

ər^{45} tɕ^{h}iɛ^{213} kɤɯ^{43} tɕ^{h}y^{43} iɤɯ^{213} kɤɯ^{0} sʊʔ$^{\underline{43}}$ fæʔ$^{\underline{43}}$，kəʔ$^{\underline{43}}$ kɤɯ^{0} kuaŋ^{43} iɤɯ^{0} sɔ^{21} piəŋ^{0}，“iɤɯ^{213} təʔ^{0} tɕ^{h}iəʔ$^{\underline{43}}$ məʔ$^{\underline{45}}$ təʔ^{0} iɪʔ$^{\underline{43}}$，tɔ^{43} tsuəi^{213} pəʔ$^{\underline{43}}$ tɔ^{43} t^{h}u^{21}。”pɔŋ^{213} ts^{h}uəi^{43} ti^{0}，fəi^{213} p^{h}aʔ$^{\underline{45}}$ ti^{0} lɛ^{0}。

我叫我们有下子到乡下去，人家摊烧饼的人来不期来不及我叫我们吃。

ŋɤɯ^{213} tɕiɔ^{0} iɤɯ^{213} xa^{21} tsɿ^{0} tɔ^{43} ɕiaŋ^{21} xa^{21} tɕ^{h}y^{0}，ʐəŋ^{45} ka^{0} t^{h}ɛ̃^{21} sɔ^{21} piəŋ^{0} ti^{0} ʐəŋ^{45} lɛ^{45} pəʔ$^{\underline{43}}$ tɕ^{h}i^{21} ŋɤɯ^{213} tɕiɔ^{0} tɕ^{h}iəʔ$^{\underline{43}}$。

五六个人，一锅子上来就吃嘎光光的。没得办法，到最后，些人我们这些人肚子还不曾饱不呗，吃到最后总都不曾饱。

vu^{213} lɔʔ$^{\underline{45}}$ kɤɯ^{0} ʐəŋ^{45}，iɪʔ$^{\underline{43}}$ kɤɯ^{21} tsɿ^{0} saŋ^{21} lɛ^{0} tɕ^{h}iɤɯ^{21} tɕ^{h}iəʔ$^{\underline{43}}$ ka^{0} kuaŋ^{21} kuaŋ^{21} ti^{0}。məʔ$^{\underline{45}}$ təʔ^{0} pɛ̃^{43} fæʔ$^{\underline{43}}$，tɔ^{43} tsuəi^{43} xɤɯ^{21}，ɕia^{21} ʐəŋ^{45} tu^{213} tsɿ^{0} xa^{45} pəʔ$^{\underline{43}}$ ts^{h}əŋ^{45} pɔ^{213} pəʔ^{0}，tɕ^{h}iəʔ$^{\underline{43}}$ tɔ^{43} tsuəi^{43} xɤɯ^{21} tsɔŋ^{213} pəʔ$^{\underline{43}}$ ts^{h}əŋ^{45} pɔ^{213}。

实际上我叫我们泰兴还有个著名小菜，酱豆子卧萝卜胡萝卜。

səʔ$^{\underline{45}}$ tɕi^{0} saŋ^{0} ŋɤɯ^{213} tɕiɔ^{0} t^{h}ɛ^{43} ɕiəŋ^{0} xa^{45} iɤɯ^{213} kɤɯ^{0} tsu^{43} miəŋ^{45} ɕiɔ^{213} tɕ^{h}iɛ^{43}，tɕiaŋ^{43} t^{h}ɤɯ^{21} tsɿ^{0} ɤɯ^{43} lɤɯ^{21} p^{h}ɔʔ^{0}。

比扬州的个那个什呢什么酱菜，还要出名嗳。

pi^{213} iaŋ^{43} tsɤɯ^{21} ti^{0} kɤɯ^{0} lɤɯ^{43} kɤɯ^{0} səŋ^{45} ni^{0} tɕiaŋ^{43} tɕ^{h}iɛ^{43}，xa^{45} iɔ^{43} ts^{h}uəʔ$^{\underline{43}}$ miəŋ^{45} ŋɛ^{43}。

格个这个酱豆子卧萝卜胡萝卜，考教考究啊没得命很，非常！

kəʔ$^{\underline{43}}$ kɤɯ^{0} tɕiaŋ^{43} t^{h}ɤɯ^{21} tsɿ^{0} ɤɯ^{43} lɤɯ^{21} p^{h}ɔʔ^{0}，kɔ^{213} tɕiɔ^{0} a^{0} məʔ$^{\underline{45}}$ təʔ^{0} miəŋ^{21}！

先把个黄豆一煮，煮啊好啊哩，格喳是然后，接着……不光是就杠啊这样等啊，就放到那个落头地方，等它长黄子一种有益菌的菌丝，黄色啊。不行，非得要用弄一件格个这个厚的衣裳，把它捂起来。

çĩ^{21} pa^{213} kɤɯ^{0} uaŋ^{43} tʰɤɯ^{21} iɪʔ$^{\underline{43}}$ tsu^{213}, tsu^{213} a^{0} xɔ^{213} a^{0} li^{0}, kəʔ$^{\underline{43}}$ tsa^{21} sɿ^{0} …… pəʔ$^{\underline{43}}$ kuaŋ^{21} sɿ^{0} tɕʰiɤɯ^{21} kaŋ^{43} ŋa^{0} təŋ^{213} ŋa^{0}, tɕʰiɤɯ^{21} faŋ^{43} tɔ^{43} lɤɯ^{43} kɤɯ^{0} laʔ$^{\underline{45}}$ tʰɤɯ^{0}, təŋ^{213} tʰa^{0} tsaŋ^{213} uaŋ^{45} tsɿ^{0} a^{0}。pəʔ$^{\underline{43}}$ ɕiəŋ^{45}, fəi^{21} təʔ^{0} iɔ^{43} nɔŋ^{21} iɪʔ$^{\underline{43}}$ tɕʰĩ^{21} kəʔ$^{\underline{43}}$ kɤɯ^{0} xɤɯ^{21} ti^{0} i^{21} saŋ^{0}, pa^{213} tʰa^{0} vu^{43} tɕʰi^{213} lɛ^{0}。

捂起来嘞，防备叮粘啊格个这个衣裳上，上头弄一层纸。

vu^{43} tɕʰi^{213} lɛ^{0} lə^{0}, faŋ^{45} pəi^{0} tiəŋ^{21} ŋa^{0} kəʔ$^{\underline{43}}$ kɤɯ^{0} i^{21} saŋ^{21} saŋ^{0}, saŋ^{21} tʰɤɯ^{0} nɔŋ^{21} iɪʔ$^{\underline{43}}$ tsʰəŋ^{45} tsɿ^{213}。

要等到什呢格色什么样子才好拿把格个这个衣裳拿掉里嘞？要望啊格个这个酱黄子已经发嘎黄噢，就是豆子上头总长啊貌毛了。

iɔ^{43} təŋ^{213} tɔ^{0} səŋ^{45} ni^{0} kəʔ$^{\underline{43}}$ səʔ$^{\underline{43}}$ tɕʰiɛ^{45} xɔ^{213} na^{45} kəʔ$^{\underline{43}}$ kɤɯ^{0} i^{21} saŋ^{0} na^{45} tʰiɔ^{43} li^{0} lə^{0}? iɔ^{43} uaŋ^{21} ŋa^{0} kəʔ$^{\underline{43}}$ kɤɯ^{0} tɕiaŋ^{43} uaŋ^{43} tsɿ^{0} i^{213} tɕiəŋ^{0} fæʔ$^{\underline{43}}$ ka^{0} uaŋ^{45} ŋɔ^{0}, tɕʰiɤɯ^{21} sɿ^{0} tʰɤɯ^{21} tsɿ^{0} saŋ^{21} tʰɤɯ^{0} tsɔŋ^{213} tsaŋ^{213} ŋa^{0} mɔ^{21} lɔ^{0}。

格个这个貌毛嘞，要黄黄的貌毛。发黑的，就证明格个这个失败掉了。

kəʔ$^{\underline{43}}$ kɤɯ^{0} mɔ^{21} lə^{0}, iɔ^{43} uaŋ^{45} uaŋ^{45} ti^{0} mɔ^{21}。fæʔ$^{\underline{43}}$ xəʔ$^{\underline{43}}$ ti^{0}, tɕʰiɤɯ^{21} tsəŋ^{43} miəŋ^{45} kəʔ$^{\underline{43}}$ kɤɯ^{0} səʔ$^{\underline{43}}$ pʰɛ^{21} tʰiɔ^{21} lɔ^{0}。

长出来之后，然后嘞，就是烧开水，等它凉啊的之后，把格个这个酱豆子，拿格个这个豆子全部朝水里头一浸。浸下去之后，还要等一个时期。恁你假如考教考究，格歇个现在，这时候考教考究，还要放点儿味精啊什呢杲戾什么东西的，等它慢慢儿啊再浸。浸到一段时期之后，不是有个卧萝卜胡萝卜小菜好吃不吧……

tsaŋ^{213} tsʰuəʔ$^{\underline{43}}$ lɛ^{0} tsɿ^{21} xɤɯ^{21}, iĩ^{45} xɤɯ^{21} lə^{0}, tɕʰiɤɯ^{21} sɿ^{0} sɔ^{21} kʰɛ^{21} suəi^{213}, təŋ^{213} tʰa^{0} liaŋ^{45} ŋa^{0} ti^{0} tsɿ^{21} xɤɯ^{21}, pa^{213} kəʔ$^{\underline{43}}$ kɤɯ^{0} tɕiaŋ^{43} tʰɤɯ^{0} tsɿ^{0}, na^{45} kəʔ$^{\underline{43}}$ kɤɯ^{0} tʰɤɯ^{21} tsɿ^{0} tɕʰyõ^{45} pʰu^{21} tsʰɔ^{45} suəi^{45}

li^{213}tʰɤɯ^{0}iɪʔ$^{\underline{43}}$tɕiəŋ^{43}。tɕiəŋ^{43}xa^{0}tɕʰy^{43}tsɿ^{21}xɤɯ^{21}，xa^{45}iɔ^{43}təŋ^{213}iɪʔ$^{\underline{43}}$kɤɯ^{43}sɿ^{45}tɕʰi^{21}。nəŋ^{213}tɕia^{213}ʐu^{0}kʰɔ^{213}tɕiɔ^{0}，kəʔ$^{\underline{43}}$ɕiɪʔ^{0}kɤɯ^{0}kʰɔ^{213}tɕiɔ^{0}，xa^{45}iɔ^{0}faŋ^{43}tiər^{21}vəi^{21}tɕiəŋ^{21}ŋa^{0}səŋ^{45}ni^{0}kɔ^{213}tsɿ^{0}ti^{0}，təŋ^{213}tʰa^{0}mɛ̃^{21}mɛr^{21}a^{0}tɕiɛ^{43}tɕiəŋ^{43}。tɕiəŋ^{43}tɔ^{43}iɪʔ$^{\underline{43}}$tʰʊ̃^{21}sɿ^{45}tɕʰi^{21}tsɿ^{21}xɤɯ^{21}，pəʔ$^{\underline{43}}$sɿ^{0}iɤɯ^{213}kɤɯ^{0}ɤɯ^{43}lɤɯ^{43}pʰɔʔ^{0}ɕiɔ^{213}tɕʰiɛ^{0}xɔ^{213}tɕʰiəʔ$^{\underline{43}}$pəʔ^{0}……

不是我叫我们泰兴长的格个这个卧萝卜胡萝卜不？就是胡萝卜。实际上，我叫我们泰兴话唻叫个卧萝卜。

pəʔ$^{\underline{43}}$sɿ^{0}ŋɤɯ^{213}tɕiɔ^{0}tʰɛ^{43}ɕiəŋ^{0}tsaŋ^{213}ti^{0}kəʔ$^{\underline{43}}$kɤɯ^{0}ɤɯ^{43}lɤɯ^{21}pʰɔʔ^{0}pəʔ^{0}？tɕʰiɤɯ^{21}sɿ^{0}fu^{45}lɤɯ^{45}pʰɔʔ^{0}。səʔ$^{\underline{45}}$tɕi^{0}saŋ^{0}，ŋɤɯ^{213}tɕiɔ^{0}tʰɛ^{43}ɕiəŋ^{0}xua^{21}lɛ^{0}tɕiɔ^{43}kɤɯ^{0}ɤɯ^{43}lɤɯ^{21}pʰɔʔ^{0}。

格个这个卧萝卜嘎，洗啊干净啊的放进去之后，要隔一段时期，最起码要个把月。格喳这时候拿出来吃的话子，又脆又鲜。人家说嘎，吃嘎嘴里头蹦脆的哦。再加上糗子粥，搭烧饼。真真到那时候，是打握筋总不丢打嘴巴都不放。

kəʔ$^{\underline{43}}$kɤɯ^{0}ɤɯ^{43}lɤɯ^{21}pʰɔʔ^{0}ka^{0}，ɕi^{213}a^{0}kʊ̃^{21}tɕʰiəŋ^{21}ŋa^{0}ti^{0}faŋ^{43}tɕiəŋ^{43}tɕʰy^{43}tsɿ^{21}xɤɯ^{21}，iɔ^{43}kəʔ$^{\underline{43}}$iɪʔ$^{\underline{43}}$tʰʊ̃^{21}sɿ^{45}tɕʰi^{21}，tsuəi^{43}tɕʰi^{45}ma^{213}iɔ^{43}kɤɯ^{43}pa^{0}yʊʔ$^{\underline{45}}$。kəʔ$^{\underline{43}}$tsa^{21}na^{45}tsʰuəʔ$^{\underline{43}}$lɛ^{0}tɕʰiəʔ$^{\underline{43}}$ti^{0}xua^{21}tsɿ^{0}，iɤɯ^{21}tsʰuəi^{43}iɤɯ^{21}ɕiĩ^{21}。ʐəŋ^{45}ka^{0}sʊʔ$^{\underline{43}}$ka^{0}，tɕʰiəʔ$^{\underline{43}}$ka^{0}tsuəi^{213}li^{0}tʰɤɯ^{0}pɔŋ^{213}tsʰuəi^{43}tiɔ^{0}。tɕiɛ^{43}tɕia^{21}saŋ^{0}xɛ̃^{21}tsɿ^{0}tsɔʔ$^{\underline{43}}$，tɛʔ$^{\underline{43}}$sɔ^{21}piəŋ^{0}。tsəŋ^{21}tsəŋ^{0}tɔ^{43}lɤɯ^{43}sɿ^{45}xɤɯ^{0}，sɿ^{21}ta^{213}uaʔ$^{\underline{43}}$tɕiəŋ^{21}tsɔŋ^{213}pəʔ$^{\underline{43}}$təi^{21}。

我叫我们泰兴人最喜欢吃个糗子粥。

ŋɤɯ^{213}tɕiɔ^{0}tʰɛ^{43}ɕiəŋ^{43}ʐəŋ^{45}tsuəi^{43}ɕi^{213}xʊ̃^{0}tɕʰiəʔ$^{\underline{43}}$kɤɯ^{0}xɛ̃^{21}tsɿ^{0}tsɔʔ$^{\underline{43}}$。

恐怕，不问到哪嗨哪里，舍怕哪怕上香港，瓦我家有香港亲眷，舍怕哪怕上美国，总都要带点儿糗子去，怎啊的嘞？没得糗子粥不得过生不能活，每一天早上，总都要吃格个这个粯子粥。

kʰɔŋ^{213} pʰa^{0}, pəʔ$^{\underline{43}}$ vəŋ^{21} tɔ^{43} la^{21} xɛ^{0}, sa^{213} pʰa^{43} saŋ^{21} ɕiaŋ^{21} kaŋ^{213}, ua^{213} iɤɯ^{213} ɕiaŋ^{21} kaŋ^{213} tɕʰiəŋ^{21} tɕyʊ̃^{43}, sa^{213} pʰa^{43} saŋ^{21} məi^{213} kɔʔ$^{\underline{43}}$, tsɔŋ^{213} iɔ^{43} tɛ^{43} tiər^{0} xɛ̃^{21} tsɿ^{0} tɕʰy^{43}, tsəŋ^{213} ŋa^{0} ti^{43} lə^{0}? məʔ$^{\underline{45}}$ təʔ^{0} xɛ̃^{21} tsɿ^{0} tsɔʔ$^{\underline{43}}$ pəʔ$^{\underline{43}}$ təʔ^{0} kɤɯ^{43} səŋ^{21}, məi^{213} iɪʔ$^{\underline{43}}$ tʰiɪ̃^{21} tsɔ^{213} saŋ^{0}, tsɔŋ^{213} iɔ^{43} tɕʰiəʔ$^{\underline{43}}$ kəʔ$^{\underline{43}}$ kɤɯ^{0} xɛ̃^{21} tsɿ^{0} tsɔʔ$^{\underline{43}}$。

实际上，粯子，用现在话说，是绿色食品，是大麦粉做的。

səʔ$^{\underline{45}}$ tɕi^{0} saŋ^{0}, xɛ̃^{21} tsɿ^{0}, iɔŋ^{21} ɕiɪ̃^{43} tɕʰiɛ^{21} xua^{21} sʊʔ$^{\underline{43}}$, sɿ^{21} lɔʔ$^{\underline{45}}$ səʔ$^{\underline{43}}$ səʔ$^{\underline{45}}$ pʰiəŋ^{213}, sɿ^{21} ta^{21} mɔʔ^{0} fəŋ^{213} tsɤɯ^{43} ti^{0}。

可以治疗糖尿病啊格些这些杲戾东西的，有糖尿病的人，吃点粯子粥也有好处。

kʰɤɯ^{213} i^{0} tsʰɿ^{21} liɔ^{45} tʰaŋ^{45} niɔ^{21} pʰiəŋ^{21} ŋa^{0} kəʔ$^{\underline{43}}$ ɕia^{0} kɔ^{213} tsɿ^{0} ti^{0}, iɤɯ^{213} tʰaŋ^{45} niɔ^{21} pʰiəŋ^{21} ti^{0} ʐəŋ^{45}, tɕʰiəʔ$^{\underline{43}}$ tiɪ̃^{0} xɛ̃^{21} tsɿ^{0} tsɔʔ$^{\underline{43}}$ ia^{45} iɤɯ^{213} xɔ^{213} tsʰu^{0}。

而且过去，酱豆子卧萝卜胡萝卜，还有个叫个日晒夜露。总要，嗳，把那个蛆子拱拱，叫个爬蛆子，才好吃噶！没得蛆子还不鲜。

ər^{45} tɕʰiɛ^{213} kɤɯ^{43} tɕʰy^{43}, tɕiaŋ^{43} tʰɤɯ^{21} tsɿ^{0} ɤɯ^{43} lɤɯ^{21} pʰɔʔ^{0}, xa^{45} iɤɯ^{213} kɤɯ^{0} tɕiɔ^{43} kɤɯ^{0} iɪʔ$^{\underline{45}}$ sɛ^{43} ia^{21} lu^{21}。tsɔŋ^{213} iɔ^{43}, ɛ^{43}, pa^{213} lɤɯ^{43} kɤɯ^{0} tsʰuəi^{21} tsɿ^{0} kɔŋ^{213} kɔŋ^{0}, tɕiɔ^{43} kɤɯ^{0} pʰa^{45} tsʰuəi^{21} tsɿ^{0}, tɕʰiɛ^{45} xɔ^{213} tɕʰiəʔ$^{\underline{43}}$ kɛ^{0}! məʔ$^{\underline{45}}$ təʔ^{0} tsʰuəi^{21} tsɿ^{0} xa^{45} pəʔ$^{\underline{43}}$ ɕiɪ̃^{21}。

七　忆旧

城关话

泰兴城里头，提到我朱金珠，基本上，百分之八十的人总都认得。这个，我小的时候，在瓦我那个邻舍家的，一天夜的总是走路也是唱，啊，这个，做事也是唱。

tʰε^{43} ɕiəŋ^{0} tsʰəŋ^{45} li^{213} tʰɤɯ^{0}, tʰi^{45} tɔ^{43} ŋɤɯ^{213} tsu^{21} tɕiəŋ^{21} tsu^{21}, tɕi^{21} pəŋ^{213} saŋ^{0}, pɔʔ$^{\underline{21}}$ fəŋ^{0} tsʅ^{0} pæʔ$^{\underline{43}}$ səʔ$^{\underline{45}}$ ti^{0} ʐəŋ^{45} tsɔŋ^{213} ʐəŋ^{21} təʔ^{0}。tsəʔ$^{\underline{43}}$ kɤɯ^{0}, ŋɤɯ^{45} ɕiɔ^{213} ti^{0} sʅ^{45} xɤɯ^{0}, tɕʰiε^{21} ua^{213} lɤɯ^{43} kɤɯ^{0} liəŋ^{45} saʔ$^{\underline{43}}$ ka^{0} ti^{0}, iɪʔ$^{\underline{43}}$ tʰiĩ^{0} ia^{21} ti^{0} tsɤɯ^{213} lu^{21} ia^{213} sʅ^{0} tsʰaŋ^{43}, a^{21}, tsəʔ$^{\underline{43}}$ kɤɯ^{0}, tsɤɯ^{43} sʅ^{21} ia^{213} sʅ^{0} tsʰaŋ^{43}。

瓦邻舍我的邻居家的人,同给我取啊个名字,叫个“疯野人”,唱啊过唱着过。嗳,就是喜欢格种这种性格。不过从 18 岁开始,嗳,由于我会唱歌,会跳舞,也为我自己找啊个活路。

ua^{213} liəŋ^{45} saʔ$^{\underline{43}}$ ka^{0} ti^{0} ʐəŋ^{45}, tʰɔŋ^{45} ŋɤɯ^{213} tɕʰy^{213} a^{0} kɤɯ^{0} miəŋ^{45} tsʰʅ^{21}, tɕiɔ^{43} kɤɯ^{0}“fəŋ^{21} ia^{213} ʐəŋ^{45}”, tsʰaŋ^{43} ŋa^{0} kɤɯ^{43}。ε^{45}, tɕʰiɤɯ^{21} sʅ^{0} ɕi^{213} xʊ̃^{0} kəʔ$^{\underline{43}}$ tsɔŋ^{213} ɕiəŋ^{43} kəʔ$^{\underline{43}}$。pəʔ$^{\underline{43}}$ kɤɯ^{43} tsʰɔŋ^{45} səʔ$^{\underline{45}}$ pæʔ$^{\underline{43}}$ suəi^{43} kʰε^{21} sʅ^{213}, ε^{43}, iɤɯ^{45} y^{45} ŋɤɯ^{213} xuəi^{21} tsʰaŋ^{43} kɤɯ^{21}, xuəi^{21} tʰiɔ^{43} vu^{213}, ia^{213} vəi^{21} ŋɤɯ^{213} tsʰʅ^{21} tɕi^{213} tsɔ^{213} a^{0} kɤɯ^{0} xʊʔ$^{\underline{45}}$ lu^{21}。

那个时候,家里穷嗳,要找工作嘎,没得落头地方,只好到人家麦粉机器厂拍袋子的啰。

lɤɯ^{43} kɤɯ^{0} sʅ^{45} xɤɯ^{0}, ka^{21} li^{0} tɕʰiɔŋ^{45} ŋε^{0}, iɔ^{43} tsɔ^{213} kɔŋ^{21} tsaʔ$^{\underline{43}}$ ka^{0}, məʔ$^{\underline{45}}$ təʔ^{0} laʔ$^{\underline{45}}$ tʰɤɯ^{0}, tsəʔ$^{\underline{43}}$ xɔ^{213} tɔ^{43} ʐəŋ^{45} ka^{0} mɔʔ$^{\underline{45}}$ fəŋ^{213} tɕi^{21} tɕʰi^{43} tsʰaŋ^{213} pʰɔʔ$^{\underline{43}}$ tʰε^{21} tsʅ^{0} ti^{0} lɔ^{0}。

后来,就是在格个这个门口唱啊耍子的,被个我叫我们镇上的书记望见啊啰,望见啊听到……

xɤɯ^{21} lε^{45}, tɕʰiɤɯ^{21} sʅ^{0} tɕʰiε^{21} kəʔ$^{\underline{43}}$ kɤɯ^{0} məŋ^{45} kʰɤɯ^{213} tsʰaŋ^{43} ŋa^{0} sua^{213} tsʅ^{0} ti^{0}, pʰi^{21} kɤɯ^{0} ŋɤɯ^{213} tɕiɔ^{0} tsəŋ^{43} saŋ^{43} ti^{0} su^{21} tɕi^{43} uaŋ^{21} tɕiĩ^{43} ŋa^{0} lɔ^{0}, uaŋ^{21} tɕiĩ^{0} ŋa^{0} tʰiəŋ^{43} tɔ^{43}……

咦,格个这个小丫头怎啊怎么唱得杠啊这样好的? 说的是,嗳,我叫我们宣传队,就是我叫我们泰兴镇啊,有个业余宣传队,要招格些这些演员。不好把她弄啊那个落头地方,到我叫那嗨我们那里演文娱不? 好,就杠啊这样一说,就安排到泰兴那个电镀厂。

i^{45}, kəʔ$^{\underline{43}}$ kɤɯ^{0} ɕiɔ^{213} ŋa^{21} tʰəi^{0} tsaŋ^{213} ŋa^{0} tsʰaŋ^{43} təʔ^{0} kaŋ^{43} ŋa^{0} xɔ^{213} ti^{0}? sʊʔ$^{\underline{43}}$ ti^{0} sɿ^{21}, ɛ^{43}, ŋɤɯ^{213} tɕiɔ^{0} ɕyʊ̃^{21} tsʰʊ̃^{45} təi^{43}, tɕʰiɤɯ^{21} sɿ^{0} ŋɤɯ^{213} tɕiɔ^{0} tʰɛ^{43} ɕiəŋ^{0} tsəŋ^{43} ŋa^{0}, iɤɯ^{213} kɤɯ^{0} ɪʔ$^{\underline{21}}$ y^{45} ɕyʊ̃^{21} tsʰʊ̃^{45} təi^{43}, iɔ^{43} tsɔ^{21} kəʔ$^{\underline{43}}$ ɕia^{0} ɪ̃^{213} yʊ̃^{45}。pəʔ$^{\underline{43}}$ xɔ^{45} pa^{213} tʰa^{21} nɔŋ^{21} ŋa^{0} lɤɯ^{43} kɤɯ^{0} laʔ$^{\underline{45}}$ tʰɤɯ^{0}, tɔ^{43} ŋɤɯ^{213} tɕiɔ^{0} lɤɯ^{43} xɛ^{0} ɪ̃^{213} vəŋ^{45} y^{45} pəʔ^{0}? xɔ^{213}, tɕʰiɤɯ^{21} kaŋ^{43} ŋa^{0} ɪʔ$^{\underline{43}}$ sʊʔ$^{\underline{43}}$, tɕʰiɤɯ^{21} ɛ̃^{21} pʰɛ^{45} tɔ^{43} tʰɛ^{43} ɕiəŋ^{0} lɤɯ^{43} kɤɯ^{0} tɪ̃^{43} tʰu^{21} tsʰaŋ^{213}。

那个电镀厂啊，里头的文娱人员比较多。就相对地集中啊那个落头地方。所以说，镇上要搞什呢什么文娱活动，格些人这些人可以出来一起排练。就是私家自家，自己，厂里头把工资，侬私家你自己出来，等于是演出。

lɤɯ^{43} kɤɯ^{0} tɪ̃^{43} tʰu^{21} tsʰaŋ^{213} ŋa^{0}, li^{213} tʰɤɯ^{0} ti^{0} vəŋ^{45} y^{0} ʐəŋ^{45} yʊ̃^{45} pi^{213} tɕiɔ^{0} tɤɯ^{21}。tɕʰiɤɯ^{21} ɕiaŋ^{21} tuəi^{43} ti^{0} tɕʰɪʔ$^{\underline{43}}$ tsɔŋ^{21} ŋa^{0} lɤɯ^{43} kɤɯ^{0} laʔ$^{\underline{45}}$ tʰɤɯ^{0}。sɤɯ^{213} i^{0} sʊʔ$^{\underline{43}}$, tsəŋ^{43} saŋ^{0} iɔ^{43} kɔ^{213} səŋ^{45} ni^{0} vəŋ^{45} y^{0} xʊʔ$^{\underline{45}}$ tʰɔŋ^{0}, kəʔ$^{\underline{43}}$ ɕia^{0} ʐəŋ^{45} kʰɤɯ^{213} i^{0} tsʰuəʔ$^{\underline{43}}$ lɛ^{0} ɪʔ$^{\underline{43}}$ tɕʰi^{213} pʰɛ^{43} lɪ̃^{21}。tɕʰiɤɯ^{21} sɿ^{0} tsʰɿ^{21} ka^{0}, tsʰaŋ^{45} li^{213} tʰɤɯ^{0} pa^{213} kɔŋ^{21} tsɿ^{21}, nəŋ^{213} sɿ^{21} ka^{0} tsʰuəʔ$^{\underline{43}}$ lɛ^{0}, təŋ^{213} y^{0} sɿ^{21} ɪ̃^{213} tsʰuəʔ$^{\underline{43}}$。

后来吧，就是考虑到我又没得个正式工作，镇上就出嘎个调令，就是出嘎个通知啊，就把我安排到电镀厂，拿啊个十二块八角钱一个月。

xɤɯ^{21} lɛ^{45} pa^{0}, tɕʰiɤɯ^{21} sɿ^{0} kʰɔ^{213} ləi^{0} tɔ^{43} ŋɤɯ^{213} iɤɯ^{21} məʔ$^{\underline{45}}$ təʔ^{0} kɤɯ^{0} tsəŋ^{43} səʔ$^{\underline{43}}$ kɔŋ^{21} tsaʔ$^{\underline{43}}$, tsəŋ^{43} saŋ^{0} tɕʰiɤɯ^{21} tsʰuəʔ$^{\underline{43}}$ ka^{0} kɤɯ^{0} tiɔ^{43} liəŋ^{21}, tɕʰiɤɯ^{21} sɿ^{0} tsʰuəʔ$^{\underline{43}}$ ka^{0} kɤɯ^{0} tʰɔŋ^{21} tsɿ^{21} a^{0}, tɕʰiɤɯ^{21} pa^{45} ŋɤɯ^{213} ɛ̃^{21} pʰɛ^{45} tɔ^{43} tɪ̃^{43} tʰu^{21} tsʰaŋ^{213}, na^{45} a^{0} kɤɯ^{0} səʔ$^{\underline{21}}$ ər^{21} kʰuɛ^{43} pæʔ$^{\underline{43}}$ kaʔ^{0} tɕʰɪ̃^{45} ɪʔ$^{\underline{43}}$ kɤɯ^{43} yʊʔ$^{\underline{45}}$。

就把我调出来专门搞文娱。那个时候哦，侬你晓得，我第一次进厂的时候，家里穷哎，拿瓦妈妈我的妈妈的一件加布衫穿啊身上,当的个小褂子。真真是的啊,不哄恁叫你们,格个这个是老实话。

tɕʰiɤɯ^{21} pa^{45} ŋɤɯ^{213} tiɔ^{43} tsʰuəʔ$^{\underline{43}}$ lɛ^{0} tsʊ̃^{21} məŋ^{45} kɔ^{213} vəŋ^{45} y^{45}。lɤɯ^{43} kɤɯ^{0} sɿ^{45} xɤɯ^{0} ɔ^{0}, nəŋ^{45} ɕiɔ^{213} təʔ^{0}, ŋɤɯ^{213} tɕʰi^{21} iɪʔ$^{\underline{43}}$ tsʰɿ^{43} tɕiəŋ^{43} tsʰaŋ^{213} ti^{0} sɿ^{45} xɤɯ^{0}, ka^{21} li^{0} tɕʰiɔŋ^{45} ŋɛ^{0}, na^{45} ua^{213} ma^{21} ma^{0} ti^{0} iɪʔ$^{\underline{43}}$ tɕʰĩ^{21} ka^{21} pu^{0} sɛ̃^{21} tsʰʊ̃^{21} ŋa^{0} səŋ^{21} saŋ^{0}, taŋ^{43} ti^{0} kɤɯ^{0} ɕiɔ^{213} kua^{43} tsɿ^{0}。tsəŋ^{21} tsəŋ^{0} sɿ^{21} tia^{0}, pəʔ$^{\underline{43}}$ xɔŋ^{213} nəŋ^{213} tɕiɔ^{0}, kəʔ$^{\underline{43}}$ kɤɯ^{0} sɿ^{21} lɔ^{213} səʔ^{0} xua^{21}。

结果,我叫我们那个负责文娱的领导啊,一望,哎哟,格这是个多清纯的个小丫头啊! 说的啊,还又杠这样子漂亮啊,还又杠这样子单纯啊。嗨,肯定是个好苗子。

tɕiɪʔ$^{\underline{43}}$ kɤɯ^{213}, ŋɤɯ^{213} tɕiɔ^{0} lɤɯ^{43} kɤɯ^{0} fu^{43} tsəʔ$^{\underline{43}}$ vəŋ^{45} y^{45} ti^{0} liəŋ^{45} tɔ^{213} a^{0}, iɪʔ$^{\underline{43}}$ uaŋ^{21}, ɛ^{21} iɔ^{0}, kəʔ$^{\underline{43}}$ sɿ^{21} kɤɯ^{0} tɤɯ^{21} tɕʰiəŋ^{21} tsʰuəŋ^{45} ti^{0} kɤɯ^{0} ɕiɔ^{213} ŋa^{21} tʰɤɯ^{21} a^{0}! sʊʔ$^{\underline{43}}$ tia^{0}, xa^{45} iɤɯ^{21} kaŋ^{43} iaŋ^{21} tsɿ^{0} pʰiɔ^{43} liaŋ^{0} ŋa^{0}, xa^{45} iɤɯ^{21} kaŋ^{43} iaŋ^{21} tsɿ^{0} tɛ̃^{21} tsʰuəŋ^{45} ŋa^{0}。xɛ^{21}, kʰəŋ^{213} tiəŋ^{43} sɿ^{21} kɤɯ^{0} xɔ^{213} miɔ^{45} tsɿ^{0}。

告诵恁叫告诉你们啊,74 年,那个时候,哦,是 72 年的时候,我抱啊瓦家我家小丫头,是演的什呢嘞?《红灯记》选段,就是"痛说革命家史"格这一场。格这一场是我同瓦我姑子夫之姐妹两人演的,她演的奶奶,我演的李铁梅。

kɔ^{43} sɔŋ^{43} nəŋ^{213} tɕiɔ^{0} a^{0}, tɕʰiəʔ$^{\underline{43}}$ sɿ^{43} nĩ^{45}, lɤɯ^{43} kɤɯ^{0} sɿ^{45} xɤɯ^{0}, ɔ^{21}, sɿ^{21} tɕʰiəʔ$^{\underline{43}}$ ər^{21} nĩ^{45} ti^{0} sɿ^{45} xɤɯ^{0}, ŋɤɯ^{213} pʰɔ^{21} a^{0} ua^{213} ka^{0} ɕiɔ^{213} ŋa^{21} tʰɤɯ^{0}, sɿ^{21} ĩ^{213} ti^{0} səŋ^{45} ni^{0} lə^{0}?《xɔŋ^{45} təŋ^{21} tɕi^{43}》ɕyʊ̃^{213} tʊ̃^{43}, tɕʰiɤɯ^{21} sɿ^{0} "tʰɔŋ^{43} sʊʔ$^{\underline{43}}$ kəʔ$^{\underline{43}}$ miəŋ^{21} tɕia^{21} sɿ^{213}" kəʔ$^{\underline{43}}$ iɪʔ$^{\underline{43}}$ tsʰaŋ^{213}。kəʔ$^{\underline{43}}$ iɪʔ$^{\underline{43}}$ tsʰaŋ^{213} sɿ^{21} ŋɤɯ^{213} tʰɔŋ^{45} ua^{213} ku^{21} tsɿ^{0} lɛ̃^{213} ʐəŋ^{45} ĩ^{213} ti^{0}, tʰa^{21} ĩ^{213} ti^{0} nɛ^{213} nɛ^{0}, ŋɤɯ^{45} ĩ^{213} ti^{0} li^{213} tʰiɪʔ$^{\underline{43}}$ məi^{45}。

我叫我们格个这个节目嘎,也是我叫我们电镀厂啊,代表泰兴镇,到扬州市获得嘎一等奖。恐怕底下下面的掌声……我那个嗓子,那时候好得扎实非常好,后来做啊负责人以后啊,说话比较多,嗓子也变啊粗啊啰。

ŋɤɯ^{213}tɕiɔ^{0}kəʔ$^{\underline{43}}$kɤɯ^{0}tɕiɪʔ$^{\underline{43}}$mɔʔ^{0}ka^{0},ia^{213}sʅ^{0}ŋɤɯ^{213}tɕiɔ^{0}tiĩ^{43} t^{h}u^{0} ts^{h}aŋ^{213} ŋa^{0}, t^{h}ɛ^{21} piɔ^{213} t^{h}ɛ^{43} ɕiəŋ^{0} tsəŋ^{43}, tɔ^{43} iaŋ^{45} tsɤɯ^{21} sʅ^{21} xɔʔ$^{\underline{43}}$ təʔ$^{\underline{43}}$ ka^{0} iɪʔ$^{\underline{43}}$ təŋ^{213} tɕiaŋ^{213}。k^{h}ɔŋ^{213} p^{h}a^{0} tɕi^{213} xa^{0} ti^{0} tsaŋ^{213} səŋ^{21}……ŋɤɯ^{213} lɤɯ^{43} kɤɯ^{0} saŋ^{213} tsʅ^{0}, lɤɯ^{43} sʅ^{45} xɤɯ^{0} xɔ^{213} təʔ^{0} tɕiæʔ$^{\underline{43}}$səʔ^{0}, xɤɯ^{21} lɛ^{45} tsɤɯ^{43} a^{0} fu^{43} tsəʔ$^{\underline{43}}$ ʐəŋ^{45} i^{213} xɤɯ^{21} a^{0}, sʊʔ$^{\underline{43}}$ xua^{21} pi^{213}tɕiɔ^{0}tɤɯ^{21},saŋ^{213}tsʅ^{0}ia^{213}piĩ^{43}ŋa^{0}ts^{h}u^{21}a^{0}lɔ^{0}。

老早,声音好得扎实非常好。出来谢幕,是谢啊三趟。到啊最后,军区,就是文工团的人,发现啊我格个这个人才,就同跟我叫我们那个镇上的书记说嘎,说的:不噶,我叫我们要招李铁梅的格个这个角色,到今朝今天总都不曾找到个小姑娘。不好把这个小丫头把给我叫我们不?

lɔ^{45}tsɔ^{213}, səŋ^{21} iĩ^{0} xɔ^{213} təʔ^{0} tɕiæʔ$^{\underline{43}}$ səʔ^{0}。ts^{h}uəʔ$^{\underline{43}}$ lɛ^{0} tɕ^{h}ia^{21} maʔ$^{\underline{45}}$,sʅ^{21}tɕ^{h}ia^{21} a^{0} sɛ̃^{21} t^{h}aŋ^{43}。tɔ^{43} a^{0} tsuəi^{43} xɤɯ^{21}, tɕyəŋ^{21} tɕ^{h}y^{21}, tɕ^{h}iɤɯ^{21}sʅ^{0}vəŋ^{43}kɔŋ^{21}t^{h}ʊ̃^{45}ti^{0}ʐəŋ^{45},fæʔ$^{\underline{43}}$ɕiĩ^{43}ŋa^{0}ŋɤɯ^{213}kəʔ$^{\underline{43}}$kɤɯ^{0} ʐəŋ^{45}tɕ^{h}iɛ^{45}, tɕ^{h}iɤɯ^{21} t^{h}ɔŋ^{45} ŋɤɯ^{213} tɕiɔ^{0} lɤɯ^{43} kɤɯ^{0} tsəŋ^{43} saŋ^{0} ti^{0} su^{21}tɕi^{43}sʊʔ$^{\underline{43}}$ka^{0},sʊʔ$^{\underline{43}}$ti^{0}:pəʔ$^{\underline{43}}$kɔ^{0},ŋɤɯ^{213}tɕiɔ^{0}iɔ^{43}tsɔ^{21}li^{213}t^{h}iɪʔ$^{\underline{43}}$ məi^{45}ti^{0}kəʔ$^{\underline{43}}$kɤɯ^{0}kaʔ$^{\underline{43}}$səʔ^{0},tɔ^{43}kəŋ^{21}tsɔ^{21}tsɔŋ^{213}pəʔ$^{\underline{43}}$ts^{h}əŋ^{45}tsɔ^{213} tɔ^{43} kɤɯ^{0} ɕiɔ^{213} ku^{21} niaŋ^{0}。pəʔ$^{\underline{43}}$ xɔ^{45} pa^{213} tsəʔ$^{\underline{43}}$ kɤɯ^{0} ɕiɔ^{213} ŋa^{21} t^{h}ɤɯ^{0}pa^{45}ŋɤɯ^{213}tɕiɔ^{0}pə^{0}?

我叫我们镇长说的:还小丫头味,她有啊小丫头了啦!因为,我养啊伢儿了,八个月,不好再调出去了。而且也到啊那个叫个扬州那个文化工作队考过的,教叫家来回家等通知。

ŋɤɯ^{213}tɕiɔ^{0}tsəŋ^{43}tsaŋ^{213}sʊʔ$^{\underline{43}}$ti^{0}:xa^{45}ɕiɔ^{213}ŋa^{21}t^{h}ɤɯ^{0}lɛ^{0},t^{h}a^{21} iɤɯ^{213}a^{0}ɕiɔ^{213} ŋa^{21} t^{h}ɤɯ^{21} lə^{0} la^{0}! iəŋ^{21} vəi^{45}, ŋɤɯ^{213} iaŋ^{213} ŋa^{0} ŋar^{43}

lɔ^{0},pæʔ$^{\underline{43}}$kɤɯ^{0}yʊʔ$^{\underline{45}}$,pəʔ$^{\underline{43}}$xɔ^{213}tɕiɛ^{43}tiɔ^{43}ts^{h}uəʔ$^{\underline{43}}$tɕ^{h}y^{0}lɔ^{0}。ər^{45}tɕ^{h}iɛ^{213} ia^{213}tɔ^{43}a^{0}lɤɯ^{43}kɤɯ^{0}tɕiɔ^{43}kɤɯ^{0}iaŋ^{43}tsɤɯ^{21}lɤɯ^{43}kɤɯ^{0}vəŋ^{45}xua^{0} kɔŋ^{21}tsaʔ$^{\underline{43}}$təi^{43}k^{h}ɔ^{213}kɤɯ^{43}ti^{0},kɔ^{21}ka^{21}lɛ^{0}təŋ^{213}t^{h}ɔŋ^{21}tsɿ^{21}。

格歇个想想,格这一生也活得很精彩啊。

kəʔ$^{\underline{43}}$ɕiɪʔ$^{\underline{21}}$ kɤɯ^{0} ɕiaŋ^{213} ɕiaŋ^{0}, kəʔ$^{\underline{43}}$ iɪʔ$^{\underline{43}}$ səŋ^{21} ia^{213} xʊʔ$^{\underline{45}}$ təʔ^{0} xəŋ^{213}tɕiəŋ^{21}tɕ^{h}iɛ^{213}a^{0}。

参考文献

鲍明炜 1993　《江淮方言的特点》,《南京大学学报》第 4 期

鲍明炜主编 1998　《江苏省志·方言志》,南京大学出版社

鲍明炜、王均 2002　《南通地区方言研究》,江苏教育出版社

北京大学中文系语言学教研室 1989　《汉语方音字汇》,文字改革出版社

北京大学中文系语言学教研室 1995　《汉语方言词汇》,语文出版社

蔡华祥 2014　《东台方言的后缀"儿"和"儿+子"》,《中国语文》第 3 期

曹剑芬 2007　《现代语音研究与探索》,商务印书馆

曹志耘 2002　《南部吴语语音研究》,商务印书馆

曹志耘 2008　《汉语方言地图集》,商务印书馆

陈　俐 2006　《南通话词法研究》,南京师范大学硕士论文

[宋]陈彭年等　《广韵》,商务印书馆 1935

陈章太 1994　《北方话词汇的初步考察》,《中国语文》第 2 期

陈忠敏 2013　《汉语方言语音史研究与历史层次分析法》,中华书局

崔　平 2013　《类词缀的数量、性质及判定标准问题简述》,《辽东学院学报》第 15 卷第 4 期

丁邦新 1996　《如皋方言的音韵》,《史所集刊》36-1

［宋］丁度等《集韵》，上海古籍出版社 1985
丁声树 1981 《古今字音对照手册》，中华书局
丁声树 1989 《方言调查词汇手册》，《方言》第 2 期
董秀芳 2005 《汉语词缀的性质与汉语词法特点》，《汉语学习》第 6 期
［清］段玉裁 《说文解字注》，上海古籍出版社 1988
冯胜利 2009 《汉语的韵律、词法与句法》（修订本），北京大学出版社
冯胜利 2013 《汉语韵律句法学》，商务印书馆
顾 黔 1996 《何萱〈韵史〉及其音韵学思想研究》，《南京大学学报》第 4 期
顾 黔 1997 《通泰方言韵母研究——共时分布及历史溯源》，《中国语文》第 3 期
顾 黔 1999 The Initials of the Tongtay Dialects and their Historical Development：The Jing Series and The Jy Group，Journal of Chinese Linguistics（U.S.A），No.15.
［梁］顾野王 《大广益会玉篇》，中华书局 1987
［清］顾曾烜 《光绪泰兴县志》卷一，《中国地方志集成·江苏府县志辑》，江苏古籍出版社 1991
郭良夫 1983 《现代汉语的前缀和后缀》，《中国语文》第 4 期
韩陈其 2002 《汉语词缀新论》，《扬州大学学报》第 4 期
［金］韩道昭撰，宁忌浮校订《校订五音集韵》，中华书局 1992
贺 巍 1991 《获嘉方言的疑问句——兼论反复问句两种句型的关系》，《中国语文》第 5 期
贺 巍 1992 《汉语方言语法研究的几个问题》，《方言》第 2 期
侯精一 1999 《现代晋语的研究》，商务印书馆
胡利华 2008 《安徽蒙城方言的“可”字句》，《方言》第 3 期
胡裕树 1995 《现代汉语》，上海教育出版社

黄正德 1988 《汉语正反问句的模组语法》,《中国语文》第 4 期
江苏省和上海市方言调查指导组 1960 《江苏省和上海市方言概况》,江苏人民出版社
[清]江永 《四声切韵表》,中华书局 1985
蒋宗许 2009 《现代汉语词缀研究》,四川出版集团
李昌惠 1989 《遇摄韵在唐代的演变》,《汕头大学学报》第 4 期
李菡幽 2007 《现代汉语中缀问题浅议》,《福建论坛·人文社会科学版》专刊
李 荣 1983 《方言研究中的若干问题》,《方言》第 2 期
李 荣 1999 《现代汉语方言大词典》,江苏教育出版社
李如龙 1999 《论汉语方言语音的演变》,《语言研究》第 1 期
李小凡 1990 《也谈反复问句》,《语言学和汉语教学》,北京语言学院出版社
李永新 2007 《从会同方言看中古流摄和效摄的关系》,《湖南社会科学》第 3 期
刘丹青 1991 《苏州方言的发问词与"可 VP"句式》,《中国语文》第 1 期
刘纶鑫 1999 《客赣方言比较研究》,中国社会科学出版社
刘叔新 1990 《汉语描写词汇学》,商务印书馆
刘祥柏 1997 《六安丁集话的反复问形式》,《方言》第 1 期
刘新中 2003 《几个常见词缀在汉语方言中的分布》,《学术研究》第 11 期
刘勋宁 2003 《文白异读与语音层次》,《语言教学与研究》第 4 期
[俄]龙果夫 1959 《汉语的结构单位》,《中国语文》第 5 期
鲁国尧 1988 《泰州方音史与通泰方言史研究》,Computational Analyses of Asian and African Langueges, No.30, Japan
鲁国尧 2001 《通泰方言研究史脞述》,《方言》第 4 期

陆俭明、马真 1999 《现代汉语虚词散论》,语文出版社
罗常培 1963 《罗常培语言学论文选集》,中华书局
罗常培 2001 《罗常培文集》,山东教育出版社
吕叔湘 1979 《汉语语法分析问题》,商务印书馆
吕叔湘 1982 《中国文法要略》,商务印书馆
马庆株 1995 《现代汉语词缀的性质、范围和分类》,《中国语言学报》第 6 期
麦　耘 1995 《音韵与方言研究》,广东人民出版社
[法]梅耶 《历史语言学中的比较方法》,科学出版社 1957
彭建国 2010 《湘语音韵历史层次研究》,湖南大学出版社
[日]平田昌司 1982 《徽州方言古全浊声母的演变》,《均社论丛》第 12 期
钱乃荣 1992 《当代吴语研究》,上海教育出版社
钱曾怡 2002 《汉语方言研究的方法与实践》,商务印书馆
[日]桥本万太郎 1985 《语言地理类型学》,北京大学出版社
乔全生 2000 《晋方言语法研究》,商务印书馆
邵荣芬 1982 《切韵研究》,中国社会科学出版社
[日]太田辰夫著,蒋绍愚、徐昌华译 2003 《中国语历史文法》,北京大学出版社
泰兴县志编纂委员会 1993 《泰兴县志》,江苏人民出版社
谭其骧 1934 《晋永嘉丧乱后之民族迁徙》,《燕京学报》第 15 期
唐作藩 2002 《音韵学教程》,北京大学出版社
陶　寰 2003 《吴语一等韵带介音研究——以侯韵为例》,《吴语研究——第二届国际吴方言学术研讨会论文集》,上海教育出版社
汪　平 1984 《苏州话里表疑问的“阿、哪、啊”》,《中国语文》第 5 期

汪如东 1994 《海安方言的“可 VP”句式》,《淮海工学院学报》第 1 期
汪如东 2012 《江苏海安方言的“子”尾词》,《方言》第 4 期
王福堂 2005 《汉语方言语音的演变和层次》(修订版),语文出版社
王洪君 2014 《汉语历史语言学方法论与汉语方言音韵史个案研究》,商务印书馆
王 力 1985 《中国现代语法》,商务印书馆
王 力 1987 《汉语语音史》,《王力文集》(第十卷),山东教育出版社
王 琴 2008 《安徽阜阳方言的“可 VP”反复问句》,《方言》第 2 期
王世华 1985 《扬州话里两种反复问句共存》,《中国语文》第 6 期
王云路 2007 《试谈韵律与某些双音节的形成》,《中国语文》第 3 期
[清]王筠《说文释例》,上海书店出版社 1987
王泽鹏 1998 《现代汉语的中缀问题》,《烟台师范学报》第 4 期
吴振国 1990 《关于正反问句和“可”问句分合的一些理论方法问题》,《语言研究》第 2 期
邢向东 2002 《神木方言研究》,中华书局
熊正辉 1979 《南昌方言的声调及其演变》,《方言》第 4 期
徐杰、张媛媛 2011 《汉语方言中“可 VP”问句的性质》,《汉语学报》第 2 期
徐烈炯、邵敬敏 1999 《“阿 V”及其相关疑问句式比较研究》,《中国语文》第 3 期
徐通锵 2001 《历史语言学》,商务印书馆
徐小兵 2009 《泰兴方言中的几个特色程度副词考察》,《湖北

成人教育学院学报》第 15 卷第 6 期
许宝华、游汝杰 1984 《苏南和上海吴语的内部差异》,《方言》第 1 期
颜 森 1993 《黎川方言研究》,社会科学文献出版社
颜逸明 1994 《吴语概说》,华东师大出版社
杨耐思 1981 《中原音韵音系》,中国社会科学出版社
杨亦鸣 1992 《李氏音鉴音系研究》,陕西人民教育出版社
游汝杰 1993 《吴语里的反复问句》,《中国语文》第 2 期
游汝杰主编 2014 《上海地区方言调查研究》,复旦大学出版社
俞 扬 1961 《泰州话里的文白异读》,《中国语文》第 5 期
俞 扬 1991 《泰州方言的两种述补组合》,《中国语文》第 4 期
袁家骅 2001 《汉语方言概要》,北京大学出版社
袁毓林 1993 《正反问句及相关的类型学参项》,《中国语文》第 2 期
[明]岳元声 《方言据》,中华书局 1985
曾立英 2008 《现代汉语类词缀的定性与定量研究》,《世界汉语教学》第 4 期
张光宇 1999 《东南方言关系综论》,《方言》第 1 期
张桂宾 1997 《相对程度副词与绝对程度副词》,《华东师范大学学报》第 2 期
张 静 1987 《汉语语法问题》,中国社会科学出版社
张 敏 1990 《汉语方言反复问句的类型学研究:共时分布及其历时蕴含》,北京大学博士学位论文
张谊生 2000 《现代汉语副词研究》,学林出版社
赵元任 1956 《现代吴语的研究》,科学出版社
赵元任著,吕叔湘译 2005 《汉语口语语法》,商务印书馆
郑 伟 2013 《吴方言比较韵母研究》,商务印书馆
中国社会科学院、澳大利亚人文学院 1987 《中国语言地图

集》,香港朗文出版社
周　荐 1995　《汉语词汇研究史纲》,语文出版社
周祖谟 1993　《方言校笺》,中华书局
朱德熙 1982　《语法讲义》,商务印书馆
朱德熙 1985　《汉语方言里的两种反复问句》,《中国语文》第1期
朱德熙 1991　《"V-neg-VO"与"VO-neg-V"两种反复问句在汉语方言里的分布》,《中国语文》第5期
朱晓农 2005　《元音大转移和元音高化链移》,《民族语文》第1期
朱亚军 2001　《现代汉语的性质及其分类研究》,《汉语学习》第2期
祝鸿杰 1991　《汉语词缀研究管见》,《语言研究》第2期
Coblin, W. South2005　*Comparative Phonology of the Huang-Xiao Dialects*. 中央研究院语言学研究所
Hock, Hans Henrich　1986　*Principles of Historical Linguistics*. Berlin.
Labov, William　1994　*Principles of Linguistic Change: Internal Factors*. Cambridge. MA: Blackwell
Norman, Jerry　1988　*Chinese*. Cambridge University Press
W.P.Lehmann and Yakov Malkiel　1968　*Directions for Historical Linguistics*. University of Texas Press

附录一　城关话音系

一　声母(共 21 个)

p 布半帮	p^h怕盘步	m 母门没	f 飞符虎	v 外万挖
t 到当答	t^h太达稻	n 南年能		l 来拦辣
ts 知组争	ts^h草处助		s 苏诗生	ʐ 任人饶
tɕ 几周急	$tɕ^h$期愁旧		ɕ 西收薛	
k 贵果光	k^h空共柜	ŋ 袄爱牛	x 红好黑	
^{h}儿日热				

二　韵母(共 51 个)

ɿ	资支示	i	齐地妻	u	故粗赌	y	雨鱼喂
a	巴蛇架	ia	架姐野	ua	花瓜挂	ya	瘸曰茄
ɛ	爱盖来	iɛ	界且解	uɛ	拐快歪		
əi	飞流斗			uəi	灰桂柜		
ər	耳而二						
ɔ	包烧早	iɔ	表条交				
ɤɯ	婆河母	iɤɯ	九就丑				
ɛ̃	反眼间	iɛ̃	三间闲	uɛ̃	关还患	yɛ̃	删珊赚
ʊ̃	官岸专					yʊ̃	卷远全

		ĩɪ	年尖烟				
aŋ	上缸忙	iaŋ	央羊枪	uaŋ	王光广	yaŋ	□(栽种)
əŋ	硬门冷	iəŋ	灵林行	uəŋ	魂准昏	yəŋ	云群永
ɔŋ	公东风	iɔŋ	用兄胸				
aʔ	剥作落	iaʔ	药削学	uaʔ	扩郭捉		
əʔ	色失十	iəʔ	七吃极	uəʔ	忽骨窟	yəʔ	橘穴役
ɔʔ	屋木国	iɔʔ	菊育玉				
æʔ	辣夹鸭	iæʔ	甲杂插	uæʔ	刮滑猾	yæʔ	刷
ʊʔ	合活割					yʊʔ	月血缺
		iɪʔ	铁舌接				

三　声调(共6个)

调类	调值	例字
阴平	21	敲知近是厚共害坡
阳平	45	穷寒娘人平才爬文
上声	213	古纸口丑好死五女
去声	43	汉正盖靠帐唱菜变
阴入	<u>43</u>	急七各湿失竹曲出
阳入	<u>45</u>	六食白物纳入合舌

附录二　张桥话(乡村话)音系

一　声母(共21个)

p 布半帮	p^h怕盘步	m 母门没	f 飞符虎	v 外万挖
t 到当答	t^h太达稻	n 南年能		l 来拦辣
ts 鸡几记	ts^h 期奇起		s 诗西细	
tʂ知组争	$tʂ^h$草处助			ʐ 任人饶
tɕ 精紧急	$tɕ^h$桥旧恰		ɕ 修薛手	
k 贵果光	k^h空共柜	ŋ 袄爱牛	x 红好黑	
ø 儿日热				

说明:

1.张桥话的ts-组和tɕ-组是条件变体。当韵母为[ɿ](对应普通话的[ɿ]和[i])时,声母为ts-组;其余则为tɕ-组。

2.普通话ts-组和tʂ-组张桥话合为[tʂ][$tʂ^h$][ʐ]和[s]。张桥话的[s]对应普通话的[s][ʂ]和[ɕi]里的[ɕ]。

二　韵母(共51个)

ɿ	资齐地			u	故粗赌	y	雨鱼喂
a	巴蛇架	ia	架姐野	ua	花瓜挂	ya	瘸曰茄
ɛ	爱盖来	iɛ	界且解	uɛ	拐快歪		
əi	飞流斗			uəi	灰桂柜		

ər	耳而二						
ɔ	包烧早	iɔ	表条交				
ɣɯ	婆河母	iɣɯ	九就丑				
ɛ̃	反眼间	iɛ̃	三间闲	uɛ̃	关还患	yɛ̃	删珊赚
ʊ̃	官岸专					yʊ̃	卷远全
		ɪ̃	年尖烟				
aŋ	上缸忙	iaŋ	央羊枪	uaŋ	王光广	yaŋ	□(栽种)
əŋ	硬门冷	iəŋ	灵林行	uəŋ	魂准昏	yəŋ	云群永
ɔŋ	公东风	iɔŋ	用兄胸				
aʔ	剥作落	iaʔ	药削学	uaʔ	扩郭捉		
əʔ	色失十	iəʔ	七吃极	uəʔ	忽骨窟	yəʔ	橘穴役
ɔʔ	屋木国	iɔʔ	菊育玉				
æʔ	辣夹鸭	iæʔ	甲杂插	uæʔ	刮滑猾	yæʔ	刷
ʊʔ	合活割					yʊʔ	月血缺
		iɪʔ	铁舌接				

三　声调(共6个)

调类	调值	例字
阴平	21	敲知近是厚共害坡
阳平	45	穷寒娘人平才爬文
上声	213	古纸口丑好死五女
去声	43	汉正盖靠帐唱菜变
阴入	$\underline{43}$	急七各湿失竹曲出
阳入	$\underline{45}$	六食白物纳入合舌